# LEGISLAÇÃO ECONÓMICA
DA GUINÉ-BISSAU

EMÍLIO KAFFT KOSTA
DOCENTE DA FACULDADE DE DIREITO DE BISSAU
MESTRE EM DIREITO

RICARDO HENRIQUES DA PALMA BORGES
ASSISTENTE DA FACULDADE DE DIREITO DA UNIVERSIDADE DE LISBOA
ANTIGO DOCENTE DA FACULDADE DE DIREITO DE BISSAU
MESTRE EM DIREITO

# LEGISLAÇÃO ECONÓMICA DA GUINÉ-BISSAU

ALMEDINA
1955-2005

LEGISLAÇÃO ECONÓMICA DA GUINÉ-BISSAU

AUTOR
EMÍLIO KAFFT KOSTA
RICARDO HENRIQUES DA PALMA BORGES

EDITOR
EDIÇÕES ALMEDINA, SA
Rua da Estrela, n.º 6
3000-161 Coimbra
Tel.: 239 851 904
Fax: 239 851 901
www.almedina.net
editora@almedina.net

EXECUÇÃO GRÁFICA
G.C. – GRÁFICA DE COIMBRA, LDA.
Palheira – Assafarge
3001-453 Coimbra
producao@graficadecoimbra.pt

Setembro, 2005

DEPÓSITO LEGAL
231827/05

Toda a reprodução desta obra, por fotocópia ou outro qualquer processo,
sem prévia autorização escrita do Editor,
é ilícita e passível de procedimento judicial contra o infractor.

Aos alunos, docentes e funcionários – antigos, actuais e futuros – da Faculdade de Direito de Bissau

# NOTA DE APRESENTAÇÃO

Esta colectânea de legislação está pensada há largos anos, mas tardou a sua execução. Os autores, perante a modéstia do resultado que se oferece ao leitor, sentem necessidade de uma justificação, em particular para os que desconhecem a realidade guineense e as dificuldades da vivência do seu Direito.

Há que assinalar, desde logo, que a ausência de acesso a um suporte informático implicou um esforço de tratamento dos textos legislativos publicados. Não se mostra fácil o acesso aos *Boletins Oficiais da Guiné-Bissau*, pelo menos na sua totalidade. As compilações anuais da INACEP – Imprensa Nacional, E.P. são feitas por encomenda, e nem sempre o resultado da empreitada é isento de reparos: adquire--se uma obra pretensamente exaustiva, para descobrir que existem diversos hiatos. Faltam páginas ou mesmo números inteiros. Desde logo, há que descobrir se tais intervalos são reais ou aparentes. Poderão, com efeito, estar em causa meros lapsos de numeração – que nem sempre é sequencial, existindo, por exemplo, dois boletins com o mesmo número, e boletins posteriores com datas que antecedem outros que em algarismo lhe são anteriores, em curiosos jogos de paralaxe. A mitologia do processo legislativo alude também à existência de números reservados, que esperam pelas leis que irão preencher certas datas previamente disponibilizadas. Verdade ou mentira, o certo é que existem números que aparentemente nunca foram publicados, ou se o foram já não há memória viva de tal facto.

Tentam-se suprir as falhas que se crêem reais pela aquisição de números avulsos, mas existem "leis esgotadas" – isto é, em que a procura consumiu a respectiva edição –, havendo que aguardar nova impressão, sempre envolta em múltiplas contingências financeiras, que pode levar anos. No entretanto, tenta-se recorrer a colegas e amigos. Pela lei dos grandes números, o alargamento do universo de compilações consultadas reduzirá o número de hiatos. Este trabalho, que se poderá glosar como de "direito comparado", permite perceber que a lei não é igual para todos: uns têm-na – por se situarem no universo de conhecimento privilegiado da sua feitura ou circulação restrita, ou por maior acerto das suas compilações objecto de empreitada –; outros não.

Nem mesmo a legislação corrente é de fácil acesso. Desde, pelo menos, o conflito político-militar de 1998 que, a espaços, se raciona o papel, e a ordem de publicação é feita em função de critérios insondáveis; algumas leis apenas são publicadas muito depois da sua feitura. À data em que esta colectânea vai para o prelo, subsistem alguns números de *Boletins Oficiais* dos anos de 1999[1], 2001[2],

---

[1] N.os 25, 26, 29, 33, 40, 46-49.
[2] N.º 49, 51.

2002[3], 2003[4] que não foram consultados, por indisponibilidade dos mesmos. Por opção dos autores, o ano de 2004, em que se verifica idêntico problema, foi liminarmente excluído. Não se pode assegurar que aí, nos *Boletins Oficiais* por consultar, não se escondam diplomas relevantes, que alterem, revoguem ou completem o conteúdo dos agora tratados. Tudo isto contende com o que de mais básico se exige, em matéria de segurança jurídica. Qualquer pretensão, portanto, de perfeita actualização, total exaustividade e absoluto rigor, mesmo no simples conhecimento das fontes do Direito, matéria-prima do jurista, se revelou vã nestes últimos anos. No estádio actual da Guiné-Bissau, qualquer esforço deste género produzirá apenas e somente uma colectânea de legislação sob reserva do possível.

Seguidamente, as insuficiências de impressão dos próprios *Boletins Oficiais*, em termos de qualidade do papel – um breve olhar às lombadas das compilações permite vislumbrar meia dúzia de espécies e cores e uma palete de tonalidades –, mancha gráfica e consistência de tipos e dimensões de letra, inviabilizaram em grande medida a digitalização dos textos, tendo a quase totalidade dos mesmos sido objecto de trabalho dactilográfico.

Seguiu-se a selecção dos diplomas legais. A colectânea foi concebida em função da própria experiência docente na matéria, visando os normativos a que o estudante do Curso da Faculdade de Direito de Bissau deve ser exposto na sua aprendizagem jurídico-económica. Certamente que a colectânea servirá a outros públicos, profissionais, quanto mais não seja por ser a única no seu domínio... Procurou-se então fixar o essencial e o perene.

Em sede de Direito Financeiro tal foi relativamente fácil, perante uma quase total estabilidade legislativa e um reduzido universo potencial de leis. Apenas não foi contemplado o *Système Comptable Ouest Africain* (SYSCOA), da União Económica e Monetária Oeste-Africana (UEMOA), no contexto da qual existe um *Plan Comptable De L'État* (PCE UEMOA). Temos conhecimento que está projectada a sua tradução para português, mas – para evitar mais um adiamento da presente publicação – não quisemos condicionar a colectânea à concretização desse projecto, bem como a uma eventual autorização para aqui reproduzir o PCE UEMOA traduzido.

O mesmo já não se pode dizer do Direito Económico. Embora aqui os diplomas mais estruturantes também se mantenham, verifica-se maior produção legislativa, e algumas das matérias são inclusivamente voláteis, caso da regulação dos sectores económicos mais significativos, como o da castanha de cajú, a pesca, a mineração (que foram incluídos, este último com excepção do *Reglement n.º 18/ /2003/CM/UEMOA Portant Adoption Du Code Minier Communautaire de L' UEMOA*[5]), ou mais dinâmicos, como o das telecomunicações (que não foi abrangido).

---

[3] N.ºs 4, 12, 14, 16, 17, 19-46, 50-52.

[4] N.ºs 3, 5, 6, 9-27, 29, 30, 34, 37, 39-47, 49, 51, 52.

[5] Consultável em: http://www.uemoa.int/actes/2003/CM22_12_03/reglement_18_2003_-CM_UEMOA.htm ou em http://www.izf.net/izf/Documentation/JournalOfficiel/AfriqueOuest/2003/REG18_2003_cm.htm. Note-se que, nos termos do respectivo artigo 41.º, "Le présent Règlement qui abroge et remplace toutes dispositions antérieures contraires, entre en vigueur à compter de sa date de signature et sera publié au Bulletin Officiel de l'Union", sendo que o Regulamento foi "Fait à Lomé, le 22 décembre 2003". Não temos conhecimento que este Regulamento se encontre traduzido para português. Apesar da aplicabilidade directa dos Regulamentos da UEMOA e do primado desse Direito

Também o processamento de texto não é isento de dificuldades. Abundam as gralhas, os erros de português – em toda a extensão da gramática –, os cortes e omissões de texto, a diversidade de apresentação gráfica dos diplomas entre si e por vezes no seio de um mesmo diploma, para não referir problemas qualitativamente mais graves, como artigos ou números de artigos inexistentes, remissões erradas, interpretações abrogantes, *etc.*.

Havia que fixar um critério no tratamento da miríade de problemas suscitados. O único que se afigurou correcto, quer de um ponto de vista dogmático, quer de um prisma de exequibilidade, foi o da fidelidade ao texto original, sob pena de se fazer do corrector um intérprete e deste um legislador *de facto*. Corrigir implica sempre tomar posição, e a responsabilidade, *in casu*, é ainda maior, quando há a consciência, em termos materiais, que não é de esperar dos utilizadores da colectânea que a confrontem com os textos originais, tantas são as dificuldades, económicas e logísticas, no respectivo acesso. Seria vã e proclamatória, pois, qualquer advertência que a isso pretendesse induzir. Com realismo, é de esperar que o jurista que acede à colectânea tome por *lei* aquilo que aí se verte e se baste com ela.

Por paradoxal que pareça, houve então uma preocupação extrema em que as muitas deficiências que os textos legislativos apresentam passassem para a colectânea. Houve que garimpar o texto no sentido de este traduzir, com rigor, todo o desacerto do original[6]. Não é de excluir, apesar de um afincado esforço de transcrição quase fotográfica, e de uma aturada revisão de texto – quer através do confronto visual com o original, quer através de uma "leitura correctora" deste –, que não tenhamos atingido em toda a extensão o objectivo a que nos propusemos. Os erros que se verifiquem na colectânea podem muito bem ser resultado de involuntários lapsos dos seus autores, que façam até com que uma palavra se apresente bem grafada, uma frase tenha pleno sentido, uma remissão encontre destino. Assevera--se, com probabilidade, que o erro visível ao leitor comum não é tendencialmente da colectânea, mas é impossível garantir que a esta não possam ser imputados erros invisíveis.

Se em relação ao texto propriamente dito não houve quaisquer concessões em matéria de fidedignidade ao original, já em matéria gráfica, por imperativos de edição, houve várias.

Em primeiro lugar, as epígrafes dos artigos, ou o cabeçalho destes – quando aquelas não existam –, figuram sempre a negrito, entre parêntesis, com o artigo de forma abreviada (Art.), e a epígrafe a começar na mesma linha, mesmo quando tal

---

comunitário sobre o Direito guineense receamos que a ausência de tradução – problema que é comum à quase totalidade da legiferação oriunda de organizações de integração económica de matriz francófona a que a Guiné-Bissau pertence, que abstraem da especificidade lusófona desta – provoque mais uma discrepância entre o Direito legislado e o Direito praticado.

[6] Perante problema idêntico àquele com que nos deparámos, tomou posição semelhante José Joaquim Brito Antunes, explicada no prefácio a *Colectânea de Legislação Fiscal*, Compilação organizada por J. J. Brito Antunes e Ana Paula Dourado, Faculdade de Direito de Bissau, 1994, p. 6: "Cumpre ainda fazer uma chamada de atenção sobre as inúmeras disposições cuja redacção aparece truncada nos próprios Boletins Oficiais cujo sentido é por vezes difícil, senão impossível, de determinar através da respectiva interpretação. Não nos cabe, naturalmente, substituir o legislador, pelo que ressalvamos, apenas, não se tratar de uma questão de revisão de provas tipográficas".

não sucede no original. Os títulos, capítulos e secções são apresentados sempre em letra não maiúscula e a negrito, e os artigos e os números foram sempre dotados de pontos de separação (*v.g.* 1.º, n.º, *etc.*), figurando também a negrito, ainda que tal não suceda no texto oficialmente publicado. Houve ainda uma revisão geral dos alinhamentos e espaçamentos. Em segundo lugar, no Decreto-Lei n.º 3/91, de 14 de Outubro (Zonas Francas), o cabeçalho dos artigos figura centrado, a respeito do que sucede normalmente com os diplomas legislativos, em vez de o ser à esquerda do próprio texto, como no original.

Estas melhorias na legibilidade e consistência visual do texto em nada contendem com a interpretação do mesmo em condições de verdade perante o teor original, aspecto que os co-autores desta obra pretenderam salvaguardar. No mais, asseguramos, novamente, a tentativa de transcrição quase fotográfica dos *Boletins Oficiais*.

Esta colectânea deve a Pedro Cabral dos Santos Ribeiro de Sousa e a Maria Manuel Meruje, alunos que ora transitam para o 5.º ano da menção de Jurídico--Económicas da Faculdade de Direito da Universidade de Lisboa, um precioso, competente e rigoroso trabalho de revisão de texto, no já assinalado objectivo de conformidade ao original, detecção de problemas e processamento informático. E a Ana Maria Goulão de Oliveira Martins, arquitecta, uma boa ajuda na digitalização – quase perfeita – de três textos legislativos.

É ainda de elementar justeza assinalar o apoio concedido à edição e divulgação desta Colectânea por parte do Instituto da Cooperação da Faculdade de Direito da Universidade de Lisboa e do Instituto de Direito Económico, Financeiro e Fiscal da mesma Faculdade.

Atentas as dificuldades já assinaladas na feitura desta colectânea, em que a própria legística parece comungar das características pantanosas da Guiné-Bissau, os autores humildemente se penitenciam pelas deficiências que ela contenha, e exortam o público leitor a proporcionar, através de correio electrónico, as suas críticas, correcções, sugestões de melhoria, ou outras referências legislativas de que tenha conhecimento, de forma a que seja possível incorporar o acervo resultante dessa interactividade numa eventual futura edição.

Bissau e Lisboa, 24 de Setembro de 2004

Os autores,

EMÍLIO KAFFT KOSTA
Docente da Faculdade de Direito de Bissau
Mestre em Direito
kafftkosta@yahoo.com.br

RICARDO HENRIQUES DA PALMA BORGES
Assistente da Faculdade de Direito da Universidade de Lisboa
Antigo Docente da Faculdade de Direito de Bissau
Mestre em Direito
rhborges@yahoo.com

# PLANO DA COLECTÂNEA

## 1.ª PARTE – DIREITO FINANCEIRO

### Capítulo I – Finanças Estaduais

1. Constituição da República da Guiné-Bissau
2. Regimento da Assembleia Nacional Popular
3. Lei de Enquadramento do Orçamento Geral do Estado
4. Fundos Autónomos

### Capítulo II – Finanças Locais

5. Lei das Autarquias Locais
6. Lei das Finanças Locais

### Capítulo III – Contabilidade Pública

7. Princípios Gerais de Contabilidade Pública
8. Plano Oficial de Contabilidade

### Capítulo IV – Fiscalização Financeira

9. Lei Orgânica do Tribunal de Contas

## 2.ª PARTE – DIREITO DA ECONOMIA

### Capítulo I – Diplomas Estruturantes

10. Bases Gerais das Empresas de Capitais Públicos
11. Lei Quadro das Privatizações
12. Código do Investimento
13. Zonas Francas
14. Lei das Instituições Financeiras
15. Lei Orgânica do Banco Central da Guiné-Bissau
16. Convenção Miga

### Capítulo II – Sectores Económicos

17. Terra
18. Pescas
19. Minas
20. Castanha de Cajú

1.ª PARTE
# DIREITO FINANCEIRO

# CAPÍTULO I
# FINANÇAS ESTADUAIS

# 1.
# CONSTITUIÇÃO
# DA REPÚBLICA DA GUINÉ-BISSAU

# ASSEMBLEIA NACIONAL POPULAR[1]

## TÍTULO I
## Princípios fundamentais

### Da natureza e fundamentos do Estado

(...)

**Art. 9.º**
A República da Guiné-Bissau exerce a sua soberania:
1. Sobre todo o território nacional que compreende:
   a) A superfície emersa compreendida nos limites das fronteiras nacionais;
   b) O mar interior e o mar territorial definidos na Lei, assim como os respectivos leitos e subsolos;
   c) O estado aéreo suprajacente aos espaços geográficos referidos nas alíneas anteriores.
2. Sobre todos os recursos naturais, vivos e não vivos que se encontrem no seu território.

**Art. 10.º**
Na sua Zona Económica Exclusiva, definida por lei, o Estado da Guiné-Bissau exerce competência exclusiva em matéria de conservação e exploração de recursos naturais, vivos e não vivos.

---

[1] Constituição de 16 de Maio de 1984, alterada sucessivamente pelas Leis Constitucionais n.º 1/91, de 9 de Maio, n.º 2/91, de 4 de Dezembro, n.º 1/93, de 26 de Fevereiro (que alterou alguns artigos e republicou na íntegra a Constituição), n.º 1/95, de 1 de Dezembro, e n.º 1/96, de 16 de Dezembro. No caso dos artigos do Título I e do Título II optou-se por partir da versão originária e indicar as modificações posteriores, de forma a aquilatar da evolução da "Constituição Económica"; em relação aos artigos dos Títulos III e IV optou-se apenas por partir da versão republicada em 1993, indicando igualmente as modificações posteriores. Deve notar-se que a Lei Constitucional n.º 1/93, apesar de somente alterar alguns artigos na sua parte dispositiva, opera verdadeiras modificações em outros artigos, supostamente não alterados, na versão da Constituição que republica. Em caso de divergência entre a redacção desses outros artigos na Constituição republicada em 1993 e em versões anteriores da mesma prevaleceu a versão constante da referida republicação. Finalmente, na Constituição republicada de 1993, o artigo 20.º-A, que tinha sido introduzido pela Lei Constitucional n.º 1/91, passou a constar como artigo 21.º, pelo que esse artigo, na versão anterior à republicação, bem como os seguintes, sofreram avanços, em virtude da renumeração efectuada.

## Art. 11.[02]

**1.** A organização económica e social da República da Guiné-Bissau assenta nos princípios da economia de mercado, da subordinação do poder económico ao poder político e da coexistência das propriedades públicas, cooperativa e privada.

**2.** A organização económica e social da República da Guiné-Bissau tem como objectivo a promoção contínua do bem estar do povo e a eliminação de todas as formas de sujeição da pessoa humana a interesses degradantes, em proveito de indivíduos, de grupos ou de classes.

## Art. 12.[03]

**1.** Na República da Guiné-Bissau são reconhecidas as seguintes formas de propriedade:

*a)* A propriedade do Estado, património comum de todo o povo;
*b)* A propriedade cooperativa que, organizada sob a base do livre consentimento, incide sobre a exploração agrícola, a produção de bens de consumo, o artesanato e outras actividades fixadas por lei;
*c)* A propriedade privada que incide sobre bens distintos dos do Estado.

**2.** São propriedade do Estado o solo, o subsolo, as águas, as riquezas minerais, as principais fontes de energia. A riqueza florestal e as infraestruturas sociais.

## Art. 13.[04]

**1.** O Estado pode dar por concessão às cooperativas e outras pessoas jurídicas singulares ou colectivas, a exploração da propriedade Estatal desde que sirva o interesse geral e aumente as riquezas sociais.

---

[2] Artigo alterado pela Lei Constitucional n.º 1/91. Reproduz-se seguidamente a versão originária:
1. A organização económica e social da República da Guiné-Bissau tem como objectivo a promoção contínua do bem-estar do povo, a liquidação da exploração do homem pelo homem e a eliminação de todas as formas de sujeição da pessoa humana a interesses degradantes, em proveito de indivíduos, de grupos ou de classes.
2. Para a realização desse objectivo, o Estado da Guiné-Bissau promove:
*a)* A defesa e a consolidação da independência e da unidade nacional;
*b)* A eliminação das sequelas da dominação e exploração coloniais e de todas as formas de comportamento incompatíveis como progresso económico, social e cultural;
*c)* O desenvolvimento e o fortalecimento do poder democrático;
*d)* A edificação de uma economia nacional independente e o progresso social e cultural;
*e)* A criação das estruturas necessárias ao estabelecimento de um sistema de planeamento económico e social;
*f)* A criação da base técnico-material da sociedade e o controlo dos sectores básicos da economia como fundamento do progresso social;
*g)* A realização da Revolução Agrária tendo em vista o desenvolvimento da produção agrícola e como condição indispensável para a construção duma sociedade sem exploração;
*h)* A organização de cooperatives e o estímulo à produção popular;
*i)* O desenvolvimento de relações de cooperação com outros Estados e povos.

[3] O número 2 foi alterado pela Lei Constitucional n.º 1/91. Reproduz-se seguidamente a versão originária:
2. São propriedades do Estado o solo, o subsolo, as águas, as riquezas minerais, as principais fontes de energia, a riqueza florestal, os meios básicos de produção industrial, os meios de informação e comunicação, os bancos, os seguros, as infra-estruturas e os meios fundamentais de transporte.

[4] Os números 1, 2 e 3 foram alterados pela Lei Constitucional n.º 1/91, sendo o n.º 4 eliminado pelo mesmo diploma. Reproduz-se seguidamente a versão originária:

**2.** Revogado

**3.** O Estado promove o investimento do capital estrangeiro desde que seja útil ao desenvolvimento económico e social do País.

### Art. 14.º

O Estado reconhece o direito à herança, nos termos da lei.

### Art. 15.º

A Saúde Pública tem por objectivo promover o bem-estar físico e mental das populações e a sua equlibrada inserção no meio sócio-ecológico em que vivem. Ela deve orientar-se para a prevenção e visar a socialização progressiva da medicina e dos sectores médico-medicamentosos.

### Art. 16.º

**1.** A Educação visa a formação do homem[5]. Ela deverá manter-se estreitamente ligada ao trabalho produtivo, proporcionar a aquisição de qualificações, conhecimentos e valores que permitam ao cidadão inserir-se na comunidade e contribuir para o seu incessante progresso.

**2.** O Estado considera a liquidação do analfabetismo como uma tarefa fundamental.

### Art. 17.º

**1.** É imperativo fundamental do Estado criar e promover as condições favoráveis à preservação da identidade cultural, como suporte da consciência e dignidade nacionais e factor estimulante do desenvolvimento harmonioso da sociedade. O Estado preserva e defende o património cultural do povo, cuja valorização deve servir o progresso e a salvaguarda da dignidade humana.

**2.** Serão criadas condições para que todos os cidadãos tenham acesso à cultura e sejam incentivados a participar activamente na sua criação e difusão.

**3.** Incumbe ao Estado encorajar e promover a prática e a difusão dos desportos e da cultura física.

### Art. 18.º

**1.** A República da Guiné-Bissau estabelece e desenvolve relações com os outros países na base do Direito Internacional, dos princípios da independência

---

1. A economia nacional rege-se pelo princípio da direcção e planificação estatais.

2. O Estado controla o comércio externo, é detentor do sistema monetário e detém, em particular, o exclusivo das operações sobre o ouro e as divisas.

3. O Estado pode dar por concessão às cooperativas e outras pessoas jurídicas singulares ou colectivas a exploração da propriedade estatal desde que sirva o interesse geral e aumente as riquezas sociais.

4. O Estado pode autorizar o investimento do capital estrangeiro desde que seja útil ao desenvolvimento económico e social do país.

Posteriormente, a Lei Constitucional n.º 1/96 veio revogar o n.º 2, que seguidamente se reproduz:

2. O Estado é detentor dos instrumentos de emissão monetária, modera o comércio externo e controla, por intermédio do Banco Central, as operações sobre o ouro e as divisas.

[5] Na versão anterior à republicação operada pela Lei Constitucional n.º 1/93 constava: "formação integral do homem".

nacional, da igualdade entre os Estados, da não ingerência nos assuntos internos e da reciprocidade de vantagens, da coexistência pacífica e do não alinhamento.

**2.** A República da Guiné-Bissau defende o direito dos povos à autodeterminação e à independência, apoia a luta dos povos contra o colonialismo, o imperialismo, o racismo e todas as demais formas de opressão e exploração; preconiza a solução pacífica dos conflitos internacionais e participa nos esforços tendentes a assegurar a paz e a justiça nas relações entre os Estados e o estabelecimento de uma nova ordem económica internacional.

**3.** Sem prejuízo das conquistas alcançadas através da luta de libertação nacional, a República da Guiné-Bissau participa nos esforços que realizam os Estados Africanos[6], na base regional ou continental, em ordem à concretização do princípio da Unidade Africana.

(...)

## TÍTULO II
## Dos direitos, liberdades, garantias e deveres fundamentais

### Art. 24.º
Todos os cidadãos são iguais perante a lei, gozam dos mesmos direitos e estão sujeitos aos mesmos deveres, sem distinção da raça, sexo, nível social, intelectual ou cultural, crença religiosa ou convicção filosófica.

### Art. 25.º
O homem e a mulher são iguais perante a lei em todos os domínios da vida política, económica, social e cultural.

### Art. 26.º
**1.** O Estado reconhece a constituição da família e assegura a sua protecção.

**2.** Os filhos são iguais perante a lei, independentemente do estado civil dos progenitores.

**3.** Os conjuges têm iguais direitos e deveres quanto à capacidade civil e política e à manutenção e educação dos filhos[7].

### Art. 27.º
**1.** Todo o cidadão nacional que resida ou se encontre no estrangeiro goza dos mesmos direitos e está sujeito aos mesmos deveres que os demais cidadãos, salvo no que seja incompatível com a sua ausência do País[8].

**2.** Os cidadãos residentes no estrangeiro gozam do cuidado e da protecção do Estado.

---

[6] Na versão anterior à republicação operada pela Lei Constitucional n.º 1/93 constava "estados africanos".

[7] Inserido, como n.º 3 do então artigo 25.º, pela Lei Constitucional n.º 1/93, e renumerado em artigo 26.º pela republicação operada pelo referido diploma.

[8] Na versão anterior à republicação operada pela Lei Constitucional n.º 1/93 constava "com a ausência do país".

## Art. 28.º

**1.** Os estrangeiros, na base da reciprocidade, e os apátridas, que residam ou se encontrem[9] na Guiné-Bissau, gozam dos mesmos direitos e estão sujeitos aos mesmos deveres que o cidadão guineense, excepto no que se refere aos direitos políticos, ao exercício das funções públicas e aos demais direitos e deveres expressamente reservados por lei ao cidadão nacional.

**2.** O exercício de funções públicas só poderá ser permitido aos estrangeiros desde que tenham carácter predominantemente técnico, salvo acordo ou convenção internacional.

## Art. 29.º[10]

**1.** Os direitos fundamentais consagrados na Constituição não excluem quaisquer outros das demais leis da República e das regras aplicáveis de direito internacional.

**2.** Os preceitos constitucionais e legais relativos aos direitos fundamentais devem ser interpretados de harmonia com a Declaração Universal dos Direitos do Homem.

## Art. 30.º

**1.** Os preceitos constitucionais respeitantes aos direitos, liberdades e garantias são directamente aplicáveis e vinculam às entidades públicas e privadas[11].

**2.** O exercício dos direitos, liberdades e garantias fundamentais só poderá ser suspenso ou limitado em caso de estado de sítio ou de estado de emergência declarados nos termos da Constituição e da lei[12].

**3.** As leis restritivas de direitos, liberdades e garantias têm de revestir carácter geral e abstracto, devem limitar-se ao necessário para salvaguardar outros direitos ou interesses constitucionalmente protegidos e não podem ter efeitos retroactivos, nem diminuir o conteúdo essencial dos direitos[13].

(...)

## Art. 45.º[14]

**1.** É reconhecido aos trabalhadores a liberdade sindical como forma de promover a unidade, defender os seus direitos e proteger os seus interesses.

---

[9] Na versão anterior à republicação operada pela Lei Constitucional n.º 1/93 constava "encontram".

[10] Artigo alterado pela Lei Constitucional n.º 1/93. Reproduz-se seguidamente a versão originária, em que havia um corpo único do então artigo 28.º:

Os direitos, liberdades, garantias e deveres consagrados nesta Constituição não excluem quaisquer outros que sejam previstos nas demais leis da República.

[11] Preceito introduzido pela republicação operada pela Lei Constitucional n.º 1/93.

[12] Na versão anterior à Lei Constitucional n.º 1/91, o actual n.º 2 correspondia ao corpo único do então artigo 29.º. Na versão anterior à republicação operada pela Lei Constitucional n.º 1/93 constava apenas "nos termos da lei".

[13] Preceito introduzido pela Lei Constitucional n.º 1/91, como n.º 2 do então artigo 29.º. Pela republicação e renumeração operada pela Lei Constitucional n.º 1/93 o preceito passou a artigo 30.º, e aquele n.º 2 a n.º 3.

[14] Os quatro primeiros números foram introduzidos como o então artigo 36.º-A, aditado pela Lei Constitucional n.º 1/91. O n.º 5 foi introduzido pela parte dispositiva da Lei Constitucional n.º 1/93. Pela republicação e renumeração operada pela Lei Constitucional n.º 1/93 o preceito passou a artigo 45.º.

**2.** No exercício da liberdade sindical é garantida aos trabalhadores, sem qualquer discriminação, designadamente:
   a) A liberdade de constituição, de organização e de regulamentação interna das associações;
   b) O direito de exercício da actividade sindical nas empresas, nos termos previstos na lei.

**3.** As associações sindicais são independentes do Estado, do patronato, das confissões religiosas, dos partidos e outras associações políticas.

**4.** A lei assegura a protecção adequada aos representantes dos trabalhadores[15] contra quaisquer formas de limitações do exercício legítimo das suas funções.

**5.** As associações sindicais devem reger-se pelos princípios da organização e da gestão democráticas, baseados na eleição periódica e por escrutínio secreto dos orgãos dirigentes sem sujeição a qualquer autorização ou homologação, e assentes na participação dos trabalhadores em todos os domínios da actividade sindical.

(...)

### Art. 46.º[16]

**1.** Aquele que trabalha tem direito à protecção, segurança e higiene no trabalho.

**2.** O trabalhador só poderá ser despedido nos casos e nos termos previstos na lei, sendo proibidos os despedimentos por motivos políticos ou ideológicos[17].

**3.** O Estado criará gradualmente um sistema capaz de garantir ao trabalhador segurança social na velhice, na doença ou quando lhe ocorra incapacidade de trabalho.

### Art. 47.º[18]

**1.** É reconhecido aos trabalhadores o direito à greve nos termos da lei, competindo-lhes definir o âmbito de interesses profissionais a defender através da greve, devendo a lei estabelecer as suas limitações nos serviços e actividades essenciais, no interesse das necessidades inadiáveis da sociedade[19].

**2.** É proibido o Lock-Out.

(...)

---

[15] Na versão anterior à republicação operada pela Lei Constitucional n.º 1/93 constava: "representantes eleitos dos trabalhadores".

[16] Na versão originária, anterior à republicação operada pela Lei Constitucional n.º 1/93, era o artigo 37.º.

[17] Preceito alterado pela Lei Constitucional n.º 1/93. Reproduz-se seguidamente a versão da Lei Constitucional n.º 1/91:
   2. O trabalhador só poderá ser despedido nos casos e nos termos previstos na lei.

[18] Artigo aditado pela Lei Constitucional n.º 1/91, como o então artigo 37.º-A.

[19] Preceito alterado pela Lei Constitucional n.º 1/93. Reproduz-se seguidamente a versão da Lei Constitucional n.º 1/91:
   2. É reconhecido aos trabalhadores o direito à greve nos termos da lei, competindo-lhes definir o âmbito de interesses profissionais a defender, através da greve.

**Art. 50.º**[20]
1. É livre a criação intelectual, artística e científica que não contrarie a promoção do progresso social.
2. Esta liberdade compreende o direito de invenção, produção e divulgação de obras científicas, literárias ou artísticas.
3. A lei protegerá os direitos de autor.

(...)

**Art. 58.º**
Em conformidade com o desenvolvimento do país, o Estado criará progressivamente as condições necessárias à realização integral dos direitos de natureza económico[21] e social reconhecidos neste título.

## TÍTULO III
## Organização do Poder Político

(...)

### CAPÍTULO IV
### Da assembleia nacional popular

(...)

**Art. 85.º**
1. Compete à Assembleia Nacional Popular:
(...)
g) Aprovar o Orçamento Geral de Estado e o Plano Nacional de Desenvolvimento, bem como as respectivas leis;
(...)
k) Conferir ao Governo a autorização legislativa;
(...)
m) Apreciar as contas do Estado relativas a cada ano económico;
o) Zelar pelo cumprimento da Constituição e das leis e apreciar os actos do Governo e da Administração.

**Art. 86.º**[22]
É da exclusiva competência da Assembleia Nacional Popular legislar sobre as seguintes matérias:
(...)

---

[20] Na versão originária, anterior à republicação operada pela Lei Constitucional n.º 1/93, os n.º 1 e 3 correspondiam às duas frases do corpo único do então artigo 42.º. O n.º 2 foi aditado ao então artigo 42.º pela parte dispositiva da Lei Constitucional n.º 1/93.

[21] Na versão originária, anterior à republicação operada pela Lei Constitucional n.º 1/93 – então artigo 45.º – constava "económica".

[22] A Lei Constitucional n.º 1/96 veio revogar a alínea e), que seguidamente se reproduz:
e) Sistema Monetário;

b) Estatuto da terra e a forma da sua utilização;
(...)
d) Imposto e sistema fiscal;
(...)
h) Estado de sítio e estado de emergência;
i) Definição dos limites das águas territoriais e da Zona Económica Exclusiva.
j) Direitos, liberdades e garantias;
(...)

(...)

### Art. 87.º

É da exclusiva competência da Assembleia Nacional Popular legislar sobre as seguintes matérias, salvo autorização conferida ao Governo:
(...)
c) Expropriação e requisição por utilidade pública;
d) Estado e capacidade das pessoas;
e) Nacionalização dos meios de produção;
f) Delimitação dos sectores de propriedade e das actividades económicas.

(...)

### Art. 92.º

1. A Assembleia Nacional Popular pode autorizar o Governo a legislar, por Decreto-Lei, sobre matérias previstas no artigo 87.º. A Autorização deve estabelecer o seu objecto, a sua extensão e duração.
2. O termo da legislatura e a mudança de Governo acarretam a caducidade das autorizações legislativas concedidas.
3. Os Decretos-Lei aprovados pelo Governo no uso da competência legislativa delegada, serão remetidos à Assembleia Nacional Popular para ratificação, dispondo esta de um prazo de 30 dias para o efeito, findo o qual o Diploma será considerado ratificado.

(...)

## CAPÍTULO V
## DO GOVERNO

(...)

### Art. 100.º

1. No exercício das suas funções compete ao Governo:
a) Dirigir a Administração Pública, coordenando e controlando a actividade dos Ministérios e dos demais organismos centrais da administração e os do poder local;
b) Organizar e dirigir a execução das actividades políticas, económicas, culturais, científicas, sociais, de defesa e segurança, de acordo o seu programa;
c) Preparar o Plano de Desenvolvimento Nacional e o Orçamento Geral de Estado e assegurar a sua execução;

*d)* Legislar por Decretos-Lei e Decretos sobre matérias respeitantes à sua organização e funcionamento e sobre matérias não reservadas à Assembleia Nacional Popular;
*e)* Aprovar propostas de lei e submetê-las à Assembleia Nacional Popular;
*f)* Negociar e concluir acordos e convenções internacionais;
(...)
*h)* O mais que lhe for cometido por lei.

2. As competências atribuídas nas alíneas *a)*, *b)*, *d)*, e *e)* do número anterior são exercidas pelo Governo reunido em Conselho de Ministros.

(...)

## CAPÍTULO VI
## Do poder local

### Art. 105.º[23]

1. A organização do Poder Político do Estado compreende a existência das Autarquias Locais que gozam de autonomia administrativa e financeira.

2. As Autarquias Locais são pessoas colectivas territoriais, dotadas de Orgãos representativos, que visam a prossecução de interesses próprios das comunidades locais, não se subtraindo à estrutura unitária do Estado.

### Art. 106.º[24]

1. As Autarquias Locais são os Municípios, Secções autárquicas e Juntas Locais.

2. Nos Sectores funcionarão os Municípios, nas Secções administrativas funcionarão as Secções autárquicas e nas Juntas Locais funcionarão as Juntas de moradores.

(...)

### Art. 109.º[25]

As atribuições e a organização das Autarquias Locais, bem como a competência dos seus Orgãos, serão regulados por lei, de harmonia com o princípio da autonomia do Poder Local.

---

[23] Artigo aditado pela parte dispositiva da Lei Constitucional n.º 1/93 e alterado pela Lei Constitucional n.º 1/95. Reproduz-se seguidamente a redacção anterior, tal como constante da republicação operada pela Lei Constitucional n.º 1/93:

Os orgãos do poder local fazem parte do poder estatal unitário. Eles baseiam-se na participação popular, apoiam-se na iniciativa e capacidade criadora das comunidade locais e actuam em estreita coordenação com as organizações de massa e outras organizações sociais.

[24] Artigo alterado pela Lei Constitucional n.º 1/95. Reproduz-se seguidamente a redacção anterior, tal como constante da republicação operada pela Lei Constitucional n.º 1/93:

1. Para efeitos político-administrativos o território nacional divide-se em regiões, subdividindo-se estas em sectores. A lei pode estabelecer outras subdivisões.

2. A lei pode conferir a um sector o estatuto de Sector Autónomo, orgânica e directamente dependente da Administração Central.

[25] Artigo alterado pela Lei Constitucional n.º 1/95. Reproduz-se seguidamente a redacção anterior, tal como constante da republicação operada pela Lei Constitucional n.º 1/93:

São atribuições do Conselho Regional:

## Art. 110.º[26]

**1.** As Autarquias Locais têm património e finanças próprias.

**2.** O regime das finanças locais, a estabelecer por lei, deverá visar a justa repartição dos recursos públicos pelo Estado e pela autarquias locais e a necessária correcção de desigualdades entre as autarquias.

**3.** São receitas próprias das Autarquias Locais as provenientes da gestão do seu património e as cobradas pela utilização dos seus serviços.

(...)

## Art. 112.º

**1.** Nos limites da Constituição e das leis, as autarquias locais dispõem de poder regulamentar próprio.

**2.** A tutela administrativa sobre as autarquias locais consiste na verificação do cumprimento das leis por parte dos orgãos autárquicos e é exercida nos casos e segundo as formas previstas na lei.

(...)

---

1. Elevar a consciência cívica e política dos cidadãos;
2. Assegurar o respeito da ordem pública;
3. Defender os direitos dos cidadãos;
4. Melhorar constantemente as condições de vida e de trabalho dos cidadãos;
5. Cumprir prioritáriamente as tarefas regionais fixadas no Plano Nacional e promover a observância de uma disciplina rigorosa na execução desse plano;
6. Promover, desenvolver e controlar a actividade política, económica, social e cultural dos cidadãos e das suas colectividades.
7. Agir no sentido do reforço da capacidade de defesa e de segurança do país.
8. Valorizar os recursos locais, para o desenvolvimento económico da região e para satisfazer cada vez mais as necessidades da população no que respeita a bens e serviços.
9. Apoiar as actividades dos serviços instaladas na região;
10. Criar, dirigir e desenvolver instituições escolares, culturais, sanitárias, desportivas e outros serviços públicos;
11. As demais atribuições que lhes sejam cometidas pela Constituição e pela lei.

[26] Artigo alterado pela Lei Constitucional n.º 1/95. Reproduz-se seguidamente a redacção anterior, tal como constante da republicação operada pela Lei Constitucional n.º 1/93:

No cumprimento das suas atribuições e dentro de limites estabelecidos na constituição e nas leis, compete ao Conselho regional.

1. Cumprir e fazer cumprir as decisões dos órgãos superiores do estado.
2. Anular, suspender ou modificar as resuluções e decisões dos órgãos a ele sub-ordenados quando infrinjam à Constituição, as leis, os decretos-leis, os decretos, os regulamentos ou as resoluções dos órgãos superiores do Estado ou quando afectem os interesses de outras comunidades ou interesses gerais do país;
3. Constituir comissões eventuais para questões determinadas e comissões permanentes organizadas por tarefas de actividade para o auxiliarem, assim como ao Comité Regional de Estado, no exercício das suas funções;
4. Eleger e destituir os juízes assessores do Tribunal Popular Regional;
5. Aprovar o Orçamento Regional, conhecer as contas regionais e adoptar as medidas pertinentes;
6. Aprovar o programa anual de desenvolvimento da Região;
7. Exercer os demais poderes que lhe forem conferidos pela Constituição.

**Art. 115.**[27]

A Lei eleitoral determinará a forma da elegibilidade dos titulares dos orgãos das Autarquias Locais, sua composição, bem como o funcionamento, a duração do mandato e a forma dos seus actos.

(...)

**Art. 118.**[28]

As Autarquias Locais participam, por direito próprio e nos termos definidos pela lei nas recitas provenientes dos impostos directos.

(...)

## TÍTULO IV
## Garantia e revisão da constituição

(...)

### CAPÍTULO II
### Da revisão constitucional

(...)

---

[27] Artigo alterado pela Lei Constitucional n.º 1/95. Reproduz-se seguidamente a redacção anterior, tal como constante da republicação operada pela Lei Constitucional n.º 1/93:
São atribuições do Comité Regional de Estado;
1. Preparar as sessões ordinárias e extraordinárias do Conselho Regional;
2. Executar as resoluções adoptadas pelo Conselho Regional e as decisões dos órgãos superiores do Estado;
3. Apoiar a actividade dos membros dos Conselhos Regionais e das suas Comissões;
4. Anular a execução de qualquer decisão emanada dos órgãos locais hierarquicamente inferiores quando violem a Constituição, as leis ou medidas dos órgãos superiores do poder de Estado ou afectem os interesses de outras comunidades ou interesses gerais do país;
5. Elaborar o orçamento Regional;
6. Conhecer, apreciar e adoptar as medidas pertinentes sobre as contas dos órgãos hierarquicamente inferiores;
7. Preparar o programa anual de desenvolvimento da Região;
8. Dirigir os serviços administrativos e controlar as empresas locais;
9. Adoptar medidas de apoio às actividades das unidades produtivas e dos serviços instalados na Região;
10. Todas as demais que lhe forem cometidas por lei ou por resoluções do Conselho Regional.

[28] Artigo alterado pela Lei Constitucional n.º 1/95. Reproduz-se seguidamente a redacção anterior, tal como constante da republicação operada pela Lei Constitucional n.º 1/93:
1. Os Comités de Estado das circunscrições inferiores a Região têm por missão a realização, dentro do respectivo território, das actividades dos programas regional e nacional, e subordinam-se hierarquicamente aos Comités de Estado do escalão imediatamente superior, os quais orientam e controlam a sua actividade.

**Art. 130.º**
Nenhum projecto de revisão poderá afectar:
(...)
c) A integridade do território nacional.
(...)
e) Direitos, Liberdades e Garantias dos Cidadãos;
f) Direitos Fundamentais dos Trabalhadores
(...)

# 2.
# REGIMENTO
# DA ASSEMBLEIA NACIONAL POPULAR

# ASSEMBLEIA NACIONAL POPULAR[1]

## TÍTULO II
## Deputados e grupos parlamentares

### CAPÍTULO I
### Deputados

(...)

**Art. 15.º (Poderes)**
Constituem poderes dos deputados:
a) Apresentar projectos de revisão constitucional;
b) Apresentar projectos de lei, de referendo, de resolução e de deliberação;
c) Apresentar propostas de alteração;
d) Requerer a apreciação de decretos-leis para efeitos de alteração ou de recusa de ratificação;

(...)

## TÍTULO III
## Organização da assembleia nacional popular

(...)

### CAPÍTULO III
### Comissões

(...)

**Art. 45.º (Comissões especializadas permanentes)**
1. As Comissões Especializadas Permanentes são grupos de trabalho especializados em razão da matéria e que têm como função preparar as questões a submeter à apreciação do Plenário.

---

[1] Lei n.º 7/94, de 5 de Dezembro, com as alterações da Lei n.º 3/96, de 24 de Abril.

2. As Comissões Especializadas Permanentes são compostas por 5 deputados e nos termos do artigo 38.º do presente Regimento.
3. São constituídas as seguintes Comissões Especializadas Permanentes:
(...)
*d)* Assuntos Económicos, Financeiros, Plano, Comércio e Indústria;
*e)* Agricultura, Pescas, Recursos Naturais, Ambiente e Turismo;
*f)* Saúde, Assuntos Sociais, Educação, Cultura, Desporto e Comunicação Social;
*g)* Obras Públicas, Habitação, Transportes, Energia, Ciência e Tecnologia.

### Art. 46.º (Competência)
Compete às Comissões Especializadas Permanentes:
*a)* Pronunciar-se sobre todas as questões submetidas à sua apreciação pelos Deputados, pela Mesa ou pelo Plenário;
*b)* Realizar estudos e fornecer à Assembleia e à Mesa elementos que permitam a apreciação e o controlo das actas do Governo e de entidades públicas;
*c)* Verificar o cumprimento pelo Governo e pela Administração das leis e resoluções da Assembleia, podendo sugerir a esta as medidas julgadas convenientes;
*d)* Elaborar e aprovar o seu Regulamento.

(...)

# TÍTULO V
# Forma dos actos e do processo

## CAPÍTULO II
## Formas de processo

### Art. 89.º (Poder de Iniciativa)
A iniciativa da lei compete aos Deputados e ao Governo.

### Art. 90.º (Formas de iniciativa)
1. A iniciativa originária da lei assume a forma de projecto de lei quando exercida pelos Deputados e de proposta de lei quando exercida pelo Governo.
2. A iniciativa superveniente reveste a forma de proposta de alteração, que poderá ter a natureza de emenda, substituição, aditamento ou eliminação.

### Art. 91.º [2] (Exercício de iniciativa)
1. Nenhum projecto de lei pode ser subscrito por mais de 5 Deputados.

---

[2] O n.º 1 foi alterado pela Lei n.º 3/96. Reproduz-se seguidamente a redacção anterior:
1. Nenhum projecto de lei pode ser subscrito por mais de 10 Deputados.

2. As propostas de lei são subscritas pelo Primeiro-Ministro e Ministros competentes em razão da matéria e devem conter a menção de que foram aprovadas em Conselho de Ministros.

Art. 92.º (Limites de iniciativa)
Não são admitidos projectos e propostas de lei ou propostas de alteração que:
a) Infrinjam a Constituição ou os princípios nela consignados;
b) Não definam concretamente o sentido das modificações a introduzir na ordem legislativa;
c) Envolvam, no ano económico em curso, aumento das despesas ou diminuição das receitas do Estado previstas no Orçamento.

(...)

Art. 100.º (Discussão na generalidade e na especialidade)
1. A discussão poderá compreender dois debates: um na generalidade e outro na especialidade.
2. A discussão na generalidade versa sobre os princípios e o sistema de cada projecto ou proposta de lei.
3. A discussão na especialidade cabe à comissão competente em razão da matéria, salvo avocação pelo Plenário, e versa sobre disposição, número e alínea do projecto ou proposta de lei ou proposta de alteração.

Art. 103.º (Votação na generalidade e na especialidade)
1. A votação na generalidade far-se-á sobre cada projecto ou proposta de lei ou, se a Assembleia assim o deliberar, parte do projecto ou proposta.
2. A votação na especialidade far-se-á sobre cada artigo, número ou alínea.

(...)

Art. 105.º (Votação final global)
Finda a discussão e a votação na especialidade e aprovado o texto, este será enviado ao Plenário para votação final global na primeira ou segunda reunião posterior à sua distribuição em folhas avulsas aos grupos parlamentares.

(...)

CAPÍTULO VI
Processo do plano, do orçamento e das contas públicas

Art. 121.º (Apresentação das propostas de lei)
O Governo enviará à Assembleia Nacional Popular até 15 de Novembro de cada ano as propostas de lei do Plano Nacional de Desenvolvimento e do Orçamento Geral do Estado, referentes ao ano económico seguinte.

### Art. 122.º (Processo)
**1.** Recebida qualquer das propostas, o Presidente da Assembleia Nacional Popular ordenará a sua remissão à comissão competente em razão da matéria, para efeitos de parecer, bem como a sua distribuição a todos os grupos parlamentares.
**2.** A comissão referida no número anterior poderá marcar as reuniões que julgue necessárias com a participação de membros de Governo.

### Art. 123.º (Debates)
**1.** O debate na generalidade será aberto e encerrado por uma exposição do membro do Governo.
**2.** Qualquer Deputado poderá formular perguntas e pedir os esclarecimentos que julgue úteis para eventuais intervenções sobre a matéria.
**3.** O debate, na especialidade, das propostas de lei do Orçamento Geral do Estado deve ser organizado de modo a discutir-se, sucessivamente, o orçamento de cada Ministério, nele intervindo o respectivo membro do Governo.

### Art. 124.º (Votação final global)
**1.** As propostas de lei do Plano Nacional de Desenvolvimento e do Orçamento Geral do Estado são objecto de votação final global.
**2.** A proposta de lei do Orçamento Geral do Estado deve ser votada até 31 de Dezembro.

### Art. 125.º (Forma)
**1.** A deliberação de aprovação das propostas de lei do Plano Nacional de Desenvolvimento e do Orçamento Geral do Estado revestem a forma de lei.
**2.** A deliberação de rejeição das propostas a que, se refere o número anterior assume a forma de resolução.

### Art. 126.º (Conta Geral do Estado)
**1.** O Governo remete à Assembleia Nacional Popular, até 31 de Março do ano seguinte áquele a que respeitam, a Conta Geral do Estado e toda a documentação necessária à sua apreciação, designadamente o relatório do Tribunal de Contas e os relatórios de execução do Plano.
**2.** A Conta Geral do Estado e a respectiva documentação são remetidas pelo Presidente à comissão competente em razão da matéria, para efeitos de parecer.

### Art. 127.º (Contas de outras entidades públicas)
As disposições dos artigos anteriores são aplicáveis, com as necessárias adaptações, à apreciação das contas das demais entidades públicas que, nos termos da lei, as devam submeter à Assembleia Nacional Popular.

### Art. 128.º (Publicação)
Apreciadas e aprovadas as Contas do Estado, o Presidente da Assembleia manda publicar a respectiva resolução no Boletim Oficial.

(...)

## TÍTULO VI
## Disposições gerais

**Art. 151.º (Entrada em vigor)**
A presente Lei entra imediatamente em vigor independentemente da sua publicação no Boletim Oficial.

Aprovado em 11 de Novembro de 1994. – O Presidente da Assembleia Nacional Popular, *Malam Bacai Sanha*.

Promulgada em 30 de Novembro de 1994.

Publique-se.

O Presidente da República, *João Bernardo Vieira*.

# 3.
# LEI DE ENQUADRAMENTO DO ORÇAMENTO GERAL DO ESTADO

# LEI N.º 3/87
## de 9 de Junho

O Ministério das Finanças tem vindo a desenvolver um grande esforço no sentido de introduzir rigor e transparência na actividade financeira do Estado. Esse esforço iniciou-se com a reforma da contabilidade pública e a integração das despesas de investimento e funcionamento num orçamento consolidado.

Com a lei de enquadramento do Orçamento Geral do Estado, o sistema jurídico orçamental fica dotado de uma pedra angular.

Através da mesma fica disciplinada a forma a que deve obedecer a elaboração do Orçamento e têm consagração os princípios orçamentais universalmente consagrados, tais como a unidade e universalidade, a anualidade, o princípio do orçamento bruto, a não consignação e a especificação.

O articulado contempla igualmente princípios disciplinares da actividade financeira do Estado, designadamente a obrigação de se preverem as formas de financiamento do défice, as condições de recurso ao crédito público e ainda as regras fundamentais de execução orçamental.

A este respeito destaca-se como de primordial importância a disciplina das alterações orçamentais, que passam a necessitar da responsabilização do Estado ao nível do Conselho de Estado, órgão supremo no intervalo das sessões da Assembleia Nacional Popular.

A lei contempla igualmente mecanismos suficientes para que o equilíbrio orçamental seja equacionado na Assembleia Nacional Popular, órgão supremo de soberania, com todos os elementos de análise que o Governo fica obrigado a fornecer-lhe.

Nestes termos,

A Assembleia Nacional Popular decreta, nos termos do n.º 7 do artigo 56.º da Constituição, o seguinte:

## CAPÍTULO I
### Princípios e regras orçamentais

#### Art. 1.º (Objecto)

As regras referentes ao Orçamento Geral do Estado, os procedimentos para a sua elaboração, execução, alteração e fiscalização e a responsabilidade orçamental obedecem aos princípios e normas constantes da presente lei.

### Art. 2.º (Anualidade)

O Orçamento Geral do Estado é anual e o ano económico coincide com o ano civil.

### Art. 3.º (Unidade e universalidade)

1. O Orçamento Geral do Estado é unitário e compreenderá todas as receitas e despesas da Administração Central, incluindo as receitas e despesas dos serviços e fundos autónomos.

2. O orçamento da Administração Local é independente, na sua elaboração, aprovação e execução, do Orçamento Geral do Estado, mas deste deverá constar, em mapas globais anexos, os elementos necessários à apreciação da situação financeira de todo o sector público administrativo.

### Art. 4.º (Orçamento bruto)

1. Todas as receitas serão inscritas no Orçamento Geral do Estado pela importância integral em que foram avaliadas, sem dedução alguma para encargos de cobrança ou de qualquer outra natureza.

2. Todas as despesas serão inscritas no Orçamento pela sua importância integral, sem dedução de qualquer espécie.

### Art. 5.º (Não consignação)

1. No Orçamento Geral do Estado não poderá afectar-se o produto de quaisquer receitas a cobertura de determinadas despesas.

2. Exceptuam-se do disposto no número anterior os casos em que, por virtude de autonomia financeira ou de outra razão especial, a lei expressamente determine a afectação de certas receitas e determinadas despesas.

### Art. 6.º (Especificação)

1. O Orçamento Geral do Estado deve especificar suficientemente as receitas nele previstas e as despesas nele fixadas.

2. São nulos os créditos orçamentais que possibilitem a existência de dotações para utilização confidencial ou para fundos secretos, sem prejuízo dos regimes especiais de utilização de verbas que excepcionalmente se justifiquem por razões de segurança nacional, os quais serão autorizados pela Assembleia Nacional Popular, sob proposta do Governo.

### Art. 7.º (Classificação das receitas e despesas)

1. A especificação das receitas e despesas reger-se-á, no Orçamento Geral do Estado, por códigos de classificação orgânica, económica e funcional, devendo ser essas receitas e despesas sempre agrupadas, dentro da classificação económica, em correntes e de capital.

2. A estrutura dos códigos de classificação referidos no número anterior será definida por decreto do Governo.

## CAPÍTULO II
### Procedimentos para a elaboração do Orçamento Geral do Estado

**Art. 8.º (Proposta do Orçamento)**
1. O Governo deve apresentar à Assembleia Nacional Popular, até 15 de Dezembro, uma proposta de orçamento para o ano económico seguinte, elaborada de harmonia com a estratégia e objectivos do desenvolvimento económico definidos no plano anual.
2. Na elaboração da proposta de orçamento deve ser dada prioridade às obrigações decorrentes da lei ou de contrato e, seguidamente, à execução de programas ou projectos plurianuais e outros empreendimentos constantes do plano e a execução de outros programas ou projectos plurianuais, devendo ainda assegurar-se a necessária correlação entre previsões orçamentais e a evolução provável da conjuntura.

**Art. 9.º (Conteúdo da proposta de orçamento)**
A proposta de orçamento deve conter o articulado da respectiva proposta de lei e os mapas orçamentais e ser acompanhada de anexos informativos.

**Art. 10.º (Conteúdo do articulado da proposta de lei)**
O articulado da proposta de lei deve conter, além das normas de aprovação dos mapas orçamentais e das normas necessárias para orientar a execução orçamental, a indicação das fontes de financiamento do eventual défice orçamental, a discriminação das condições gerais de recurso ao crédito público, a indicação do destino a dar aos fundos resultantes de eventual excedente e todas as outras medidas que se revelarem indispensáveis à correcta administração orçamental do Estado para o ano económico a que o Orçamento se destina.

**Art. 11.º (Estrutura dos mapas orçamentais)**
Os mapas orçamentais a que se refere o artigo 9.º da presente lei são os seguintes:
I) Receitas especificadas segundo uma classificação económica, por capítulos, grupos e artigos, com discriminação das contas de ordem;
II) Despesas especificadas segundo uma classificação orgânica, por capítulos;
III) Despesas especificadas segundo uma classificação económica;
IV) Despesas especificadas segundo uma classificação funcional, por funções e subfunções;
V) Receitas e despesas dos serviços e fundos autónomos e da Administração Local.

**Art. 12.º (Anexos informativos)**
O Governo deve apresentar à Assembleia Nacional Popular, com a proposta de orçamento, todos os elementos necessários à justificação da política orçamental apresentada, designadamente do eventual défice corrente e das formas da sua cobertura, um relatório justificativo das variações das previsões das receitas e despesas relativamente ao orçamento anterior, relatório sobre a dívida pública e as contas do Tesouro, relatório sobre a situação dos fundos e serviços autónomos, uma versão

provisória do orçamento consolidado do sector público administrativo e um relatório sobre a dívida global das restantes entidades integradas no sector público administrativo.

**Art. 13.º (Discussão e votação do Orçamento)**

**1.** Se a Assembleia Nacional Popular não votar ou, tendo votado, não aprovar a proposta do Orçamento, incluindo o articulado e os mapas orçamentais, de modo que possa entrar em execução no início do ano económico a que se destina, manter-se-á em vigor o orçamento do ano anterior, incluindo o articulado e os mapas orçamentais, com as alterações que nele tenham sido introduzidos ao longo da sua efectiva execução.

**2.** A manutenção da vigência do orçamento do ano anterior abrange a autorização para a cobrança de todas as receitas nele previstas, bem como a prorrogação da autorização referente aos regimes das receitas que se destinam apenas a vigorar até ao final do referido ano.

**3.** Durante o período em que se mantiver em vigor o orçamento do ano anterior, a execução do orçamento das despesas deve obedecer ao princípio da utilização por duodécimos das verbas fixadas no mapa orgânico das despesas.

**4.** Durante o período transitório referido nos números anteriores são aplicáveis os princípios sobre alterações orçamentais estabelecidas no artigo 19.º da presente lei.

**5.** Quando ocorrer a situação prevista no n.º 1, o Governo deve apresentar à Assembleia Nacional Popular uma nova proposta de orçamento para o respectivo ano económico, no prazo de 90 dias sobre a data de rejeição.

**6.** O novo orçamento deve integrar a parte do orçamento anterior que tenha sido executada até à cessação do regime transitório estabelecido nos números anteriores.

## CAPÍTULO III
### Execução do Orçamento e alterações orçamentais

**Art. 14.º (Execução orçamental)**

O Governo deve adoptar medidas estritamente necessárias para que o Orçamento Geral do Estado possa começar a ser executado no início do ano económico a que se destina, devendo, no exercício do poder de execução orçamental, aprovar os decretos contendo as disposições necessárias a tal execução, tendo sempre em conta o princípio da mais racional utilização possível das dotações aprovadas e o princípio da melhor gestão de tesouraria.

**Art. 15.º (Efeitos do orçamento das receitas)**

**1.** Nenhuma receita pode ser liquidada ou cobrada, mesmo que seja legal, se não tiver sido objecto de inscrição orçamental.

**2.** A cobrança pode, todavia, ser efectuada mesmo para além do montante inscrito no orçamento.

**Art. 16.º (Efeitos do orçamento das despesas)**

**1.** As dotações orçamentais constituem o limite máximo a utilizar na realização das despesas.

2. Nenhuma despesa pode ser efectuada sem que, além de ser legal, se encontre suficientemente discriminada no Orçamento Geral do Estado, tenha cabimento no correspondente crédito orçamental e obedeça ao princípio da utilização por duodécimos, salvas, neste caso, as excepções autorizadas por lei.

3. Nenhuma despesa pode, ainda, ser efectuada sem que, além de satisfeitos os requisitos referidos no número anterior, tenha sido previamente justificada quanto à sua eficácia, eficiência e pertinência.

4. Nenhum encargo pode ser assumido sem que a correspondente despesa obedeça aos requisitos dos números anteriores.

### Art. 17.º (Administração orçamental e contabilidade pública)

1. A aplicação das dotações orçamentais e o funcionamento da administração orçamental obedecem às normas da contabilidade pública.

2. A vigência e a execução do Orçamento Geral do Estado obedecem ao sistema do ano económico.

### Art. 18.º (Alterações orçamentais)

1. As alterações que impliquem aumento da despesa total do Orçamento Geral do Estado ou dos montantes de cada sector orgânico, ao nível do Ministério, só poderão ser efectuadas por decreto-lei do Conselho de Estado.

2. Exceptuam-se do disposto no número anterior as despesas não previstas e inadiáveis, para os quais o Governo poderá efectuar inscrições ou reforço de verbas com contrapartida em dotação provisional a inscrever no orçamento do Ministério das Finanças, destinada a essa finalidade.

3. Exceptuam-se do regime consignado nos números anteriores as verbas relativas às contas de ordem, cujos quantitativos de despesa podem ser alterados automaticamente até à concorrência das cobranças efectivas de receitas.

4. Exceptuam-se ainda do regime definido nos n.ᵒˢ 1 a 3 as despesas que, por expressa determinação da lei, possam ser realizadas com utilização de saldos de dotações de anos anteriores, bem como as despesas que tenham compensação em receita.

5. O Governo definirá, por decreto, as regras gerais a que deverão obedecer as alterações orçamentais que forem da sua competência.

## CAPÍTULO IV
## Fiscalização e responsabilidades orçamentais

### Art. 19.º (Fiscalização orçamental)

1. A fiscalização administrativa da execução orçamental compete, além da própria entidade responsável pela gestão e execução, a entidades hierarquicamente superiores e de tutela, a órgãos gerais de inspecção e controle administrativo e aos serviços de contabilidade pública, devendo ser efectuada nos termos da legislação aplicável.

2. A fiscalização jurisdicional de execução orçamental compete ao Tribunal Administrativo e de Contas e deve ser efectuada nos termos da legislação aplicável.

**3.** A fiscalização a exercer pelas entidades referidas nos números anteriores deve atender ao princípio de que a execução orçamental deve obter a maior utilidade e rendimento sociais com o mais baixo custo.

### Art. 20.º (Responsabilidade pela execução orçamental)
Os titulares de cargos políticos, os funcionários e agentes do Estado e demais entidades públicas respondem política, civil, criminal e disciplinarmente pelos actos e omissões que pratiquem no âmbito do exercício das suas funções de execução orçamental, nos termos da legislação aplicável.

### Art. 21.º (Contas públicas)
**1.** O resultado da execução orçamental deverá constar de contas provisórias e da Conta Geral do Estado.

**2.** O Governo passará a publicar mensalmente contas provisórias e apresentará à Assembleia Nacional Popular a Conta Geral do Estado até 31 de Dezembro do ano seguinte àquele a que respeita.

**3.** A Assembleia Nacional Popular apreciará e aprovará a Conta Geral do Estado, precedendo o parecer do Tribunal Administrativo e de Contas e, no caso de não aprovação, determinará, se a isso houver lugar, à efectivação da correspondente responsabilidade.

**4.** A aprovação das contas das restantes entidades do sector público e as respectivas formas de fiscalização e publicidade serão reguladas por lei especial.

## CAPÍTULO V
### Disposições finais

### Art. 22.º (Revogação)
É revogada a legislação existente sobre a matéria tratada na presente lei.

### Art. 23.º (Entrada em vigor)
A presente lei entra em vigor em 3 de Junho de 1987.

Aprovada em 3 de Junho de 1987.
Publique-se.
A Presidente da Assembleia Nacional Popular, *Carmen Pereira*.

### Art. 4.º

**1.** Serão inscritas em "Contas de Ordem" do Orçamento de despesa de cada Ministério, as verbas correspondentes às receitas próprias que devem entrar nos cofres do Tesouro, nos termos do artigo precedente.

**2.** Para efeitos do número antecedente, os Fundos Autónomos incluirão nos projecto de orçamento a remeter à Direcção Geral de Contabilidade Pública, nos termos da Lei Geral, os valores a inscrever no orçamento do ano seguinte como despesa de "Contas de Ordem".

**3.** A utilização das quantias inscritas no orçamento de cada Ministério seja feita mediante requisições processadas pelos Fundos, a remeter à Direcção Geral da Contabilidade Pública para conferência, verificação do duplo cabimento e autorização do pagamento.

**4.** As diferenças verificadas entre os levantamentos dos cofres públicos em conta de receitas próprias descritas em "Contas de Ordem" e as efectivamente pagas constituirão os saldos de gerência em poder dos fundos.

**5.** Para o efeito da determinação do saldo de gerência a que se refere o número antecedente deverá acrescentar-se aos levantamentos dos cofres do Tesouro a verba que constitui o saldo da gerência anterior na posse do respectivo Fundo.

**6.** Os saldos apurados em "Contas de Ordem", no termo da execução do orçamento Geral do Estado, correspondentes a diferença entre os levantamentos de fundos e as verbas de receitas próprias nos cofres públicos, devem ser transferidos para o ano seguinte na proposta do Ministro das Finanças a fim de ser possível a sua posterior aplicação pelos respectivos fundos.

### Art. 5.º

O recurso ao crédito pelo Fundo carece do parecer favorável do Ministério da Tutela e da autorização do Ministério das Finanças.

### Art. 6.º

As despesas dos Fundos Autónomos que, além de disporem de receitas próprias, beneficiem directa ou indirectamente de "Transferências" do Orçamento Geral do Estado deverão ser cobertas prioritariamente pelas primeiras e só na parte excedente pelas verbas recebidas daquele Orçamento.

### Art. 7.º

As dotações de despesas referidas n.º 1 do artigo 4.º, bem como outras que forem atribuidas no Orçamento Geral do Estado, serão aplicadas, mediante orçamento privativo, nos termos legalmente estabelecidos.

### Art. 8.º

Os Fundos Autónomos deverão apresentar as suas contas de gerência à apreciação e julgamento do Tribunal de Contas, na forma das leis aplicáveis.

### Art. 9.º

**1.** A Direcção Geral da Contabilidade Pública poderá analisar as contas de gerência e outros documentos de gestão a que se refere o artigo 1.º do presente Decreto.

**2.** Para o efeito, os Fundos Autónomos remeterão aquela Direcção Geral os documentos que por ela forem solicitados.

# DECRETO N.º 25/93
## de 15 de Março

A criação de Fundos Autónomos, como o Fundo Florestal, o Fundo de Turismo, e o Fundo Rodoviario, apresentava-se como uma necessidade por parte do Estado, tendente a agilizar e incrementar o apoio a medidas específicas de preservação e utilização florestal, e de igual modo de desenvolvimento de infraestruturas turísticas e de conservação da malha via terrestre.

A experiência revela a necessidade de se reformular e reunir num único decreto a legislação aplicável à movimentação e utilização das receitas próprias, à organização e publicação dos orçamentos privativos e à prestação e publicação das contas de gerência dos fundos autónomos;

Visa-se ainda com este Decreto melhorar a disciplina financeira dos fundos autónomos, a informação de gestão que devem prestar ao Ministério das Finanças.

*Assim:*

O Governo decreta, nos termos do Artigo 74.º da Constituição, o seguinte:

### Art. 1.º

A actividade financeira dos Fundos Autónomos fica sujeita ao regime estabelecido neste Decreto, relativamente a movimentação e utilização das suas receitas próprias e de outras fontes de financiamento que, eventualmente, lhes sejam atribuidos no Orçamento Geral do Estado e publicação dos seus orçamentos, a prestação e publicidade das contas de gerência e a análise das informações daí resultantes.

### Art. 2.º

**1.** Todos os Fundos referidos no artigo anterior deverão ser incluidos em "Contas de Ordem" do Orçamento Geral do Estado.

**2.** A inclusão a que se faz referência no n.º 1 deste artigo começara a ser efectuada com referência ao Orçamento Geral do Estado para 1993.

### Art. 3.º

**1.** As receitas próprias dos Fundos Autónomos serão entregues nos cofres do tesouro e escrituradas em "Contas de Ordem" do Orçamento Geral do Estado, mediante guias passadas pela Direcção Geral das Contribuições e Impostos do Ministério das Finanças.

**2.** Será sempre enviada à Direcção Geral do Orçamento um exemplar das referidas guias averbado do pagamento.

# 4.
# FUNDOS AUTÓNOMOS

## Art. 10.º

**1.** Os Orçamentos privativos dos Fundos depois de aprovados pelas entidades competentes, deverão ser remetidos, em duplicado, pelos próprios fundos e organismos a Direcção Geral da Contabilidade Pública, à Direcção Geral do Tesouro e a Direcção do Orçamento até o dia 31 de Outubro do ano anterior aquele a que respeitam.

**2.** Os orçamentos referidos no número anterior constarão do Orçamento Geral do Estado sob a forma de mapas-resumo apensos ao orçamento do respectivo Ministério; a elaborar pela Direcção de orçamento de harmonia com um modelo específico.

**3.** As contas de gerência resultantes da execução dos orçamentos referidos nos números anteriores figurarão também em apenso a conta do respectivo Ministério, sob a forma de extracto a elaborar pelo próprio fundo de harmonia com um modelo específico, para o que esses extractos serão remetidos pelos fundos a Direcção Geral da Contabilidade até 30 de Abril do ano seguinte, aquele a que dizem respeito.

## Art. 11.º

**1.** Os orçamentos suplementares dos diversos Fundos não poderão ser aprovados depois de 31 de Dezembro do ano a que disserem respeito, terminando impreterivelmente em 31 de Janeiro do ano seguinte, para efeitos de visto do Ministério das Finanças, o prazo para a sua entrega na Direcção Geral de Contabilidade Público e a Direcção Geral do Tesouro.

**2.** Não serão apresentados a visto do Ministério das Finanças os orçamentos suplementares recebidos em contravenção ao disposto no número antecedente, salvo os que tenham sido devolvidos pela Direcção Geral da Contabilidade Pública para rectificação, os quais, a titulo excepcional, poderão ser submetidos a visto até 31 de Maio do ano imediato aquele a que respeitam.

## Art. 12.º

**1.** Os Fundos Autónomos deverão elaborar trimestralmente e com referência ao final de cada trimestre, em termos acumulados, mapas da receita arrecadada e da despesa efectuada, de harmonia com modelo próprio.

**2.** Os mapas a que se refere o número anterior serão remetidos ao Ministério das Finanças até ao fim do mês seguinte ao trimestre a que respeitam.

**3.** Os Fundos Autónomos deverão remeter ao Ministério das Finanças as informações relativas a receita arrecadada e a despesa efectuada, com referência a situação verificada em 31 de Dezembro de cada ano, até ao final de Fevereiro do ano seguinte.

## Art. 13.º

**1.** A Direcção Geral da Contabilidade Pública não autorizara as requisições para levantamentos de fundos dos Cofres do Estado respeitantes aos Fundos Autónomos enquanto estes não justificarem o cumprimento de todas as despesas referentes ao trimestre imediatamente anterior.

**2.** A justificação prevista no artigo anterior será feita através da apresentação à Direcção Geral da Contabilidade Pública da cópia de documentos de remessa a que este diploma obriga.

3. Os dirigentes e responsáveis pelos orgãos de fiscalização dos Fundos Autónomos serão solidarimente responsáveis pela inobservânvia de todas as obrigações estabelecidas no presente Decreto, designadamente pelo incumprimento dos respectivos prazos, incorrendo em multas até triplo do vencimento mensal da respectiva categoria a aplicar por despacho do Ministro da Tutela e Ministro das Finanças, sem prejuízo da efectivação da responsabilidade que resultará da apreciação e julgamento das contas pelo tribunal de Contas e da responsabilidade disciplinar a que possa legalmente haver lugar.

### Art. 14.º
Compete aos Serviços próprios do Ministério que tutela o Fundo proceder a arrecadação da receita respectiva.

### Art. 15.º
Os Serviços do arrecadação das receitas do Fundo estão funcional e disciplinarmente na dependência da Direcção Geral das Contribuições e Impostos.

### Art. 16.º
As dúvidas que surgirem na aplicação deste Decreto, serão resolvidas por despacho conjunto do Ministério das Finanças e o Ministério da Tutela.

### Art. 17.º
Os Fundos com receitas inferiores a duzentos milhões de pesos não serão incluidos no Orçamento Geral do Estado para o ano de 1993.

### Art. 18.º
Ficam regovadas todas as disposições legais contrárias ao disposto neste Diploma.

Aprovado em Conselho de Ministros de 10 de Março de 1993. – O Primeiro Ministro, Eng.º *Carlos Correia.* – O Ministro das Finanças, *Filinto Barros.*
Publique-se.
O Presidente do Conselho de Estado, General *João Bernardo Vieira.*

# CAPÍTULO II
# FINANÇAS LOCAIS

# 5.
# LEI DAS AUTARQUIAS LOCAIS

# LEI N.º 5/96
## de 16 de Setembro

### PREÂMBULO

A organização do poder político do Estado, compreendendo a existência das autarquias locais com autonomia administrativa e financeira, importa delimitar a esfera de actuação dos representantes da administração central face aos representantes do Poder Local, de tal forma que não resulte sobre posição de competências entre os dois poderes.

E esse o espírito do presente diploma, definindo quanto possivel as atribuições das autarquias e competências dos respectivos órgãos e, concomitantemente, por via negativa, as dos representantes da administração central.

Assim, a Assembleia Nacional Popular decreta, nos termos dos art.ᵒˢ 106.º, 109.º, 113.º e 114.º da Constituição da República, o seguinte:

### CAPÍTULO I
### Das autarquias locais

**Art. 1.º (Autarquias Locais)**
1. A organização do poder político do Estado compreende a existência das autarquias locais que gozam de autonomia administrativa, financeira e patrimonial.
2. As autarquias locais são pessoas colectivas territoriais, dotadas de órgãos representativos, que visam a prossecução de interesses próprios das comunidades locais não se subtraindo à estrutura unitária do Estado.

### CAPÍTULO II
### Do municipio

**Art. 2.º (Definição e Fins)**
O Município é a pessoa colectiva territorial, dotada de órgãos representativos, que vise a prossecução de interesses próprios da população na respectiva circunscrição.

**Art. 3.º (Órgão)**
São órgãos de Municipio a Assembleia Municipal e a Câmara Municipal.

## SECÇÃO I
## Da assembleia municipal

### Art. 4.º (Constituição e Composição)

A Assembleia Municipal é constituída por membros eleitos pelo colégio eleitoral do Municipio, em número ímpar não inferior a nove, podendo este número ser elevado até um máximo de 27 membros em função do aumento proporcional da população, residente, aferindo em relação àquele número e por Administrador do Sector sem direito a voto.

### Art. 5.º (Instalações)

1. O Presidente da Assembleia Municipal procederá à estalação da nova Assembleia, no prazo máximo de quinze dias, a contar da resolução definitiva do apuramento dos resultados eleitorais.

2. No acto da instalação verificar-se-á a regularidade formal do processo e a identidade dos eleitos, lavrando-se a acta avulsa da ocorrência, que será assinada pelo Presidente da Assembleia Municipal cessante e pelos eleitos.

3. Compete ao cidadão que encabeçar a lista mais votada, presidir à Assembleia convocar e presidir a primeira reunião de funcionamento da Assembleia que se efectuará no prazo máximo de sete dias subsequentes ao acto de instalação, para efeitos de verificação de poderes dos candidatos proclamados eleitos e a eleição da mesa de Assembleia.

4. A primeira instalação será efectuada pela entidade competente.

### Art. 6.º (Mesa)

1. A Mesa terá a duração de quatro anos, podendo os seus membros ser destituídos nos termos do artigo 116.º da Constituição da República, por deliberação da maioria absoluta.

2. O Presidente será substituido de conformidade com o previsto na disposição legal citada no número precedente.

3. Compete à Mesa, com recurso do interessado à Assembleia Municipal, proceder a marcação de faltas e declarar a perda do mandato em resultado das mesmas.

### Art. 7.º (Alteração da Composição da Assembleia)

1. Quando algum dos membros deixar de fazer parte da Assembleia Municipal por morte, renuncia, perda do mandato ou por outra razão será substituído pelo cidadão imediatamente a seguir na ordem da respectiva lista.

2. Esgotada a possibilidade de substituição prevista no número precedente, e desde que não esteja em efectividade de funções a maioria simples dos membros da Assembleia, o Presidente comunicará o facto ao Governador da Região para que este marque, no prazo máximo de 30 dias, novas eleições.

3. A nova Assembleia completará o mandato da anterior.

### Art. 8.º (Sessões Ordinárias e Extraordinárias)

1. A Assembleia Municipal terá, anualmente, cinco sessões ordinárias, em Fevereiro, Abril, Junho, Setembro e Novembro.

2. A terceira sessão das Assembleias Municipais destina-se à aprovação do relatório e contas do ano anterior e à aprovação do programa de actividades e orçamento para o ano seguinte.

3. A Assembleia Municipal pode reunir-se em sessões extraordinárias por iniciativa do Presidente ou quando requerida:
   a) Pela Câmara Municipal;
   b) Por um terço dos seus Membros;
   c) Por um vigésimo do número de cidadão inscritos nos cadernos eleitorais da área do municipio.

4. O Presidente da Assembleia terá de convocar a sessão no prazo de 2 dias após a recepção do requerimento previsto no número precedente, devendo a sessão ter lugar num dos dez dias seguintes.

### Art. 9.º (Duração das Sessões)

1. Sem prejuízo do disposto no número seguinte, as reuniões das sessões ordinárias não podem exceder o período de 3 dias e as das sessões extraordinárias o periodo de 1 dia.

2. As sessões ordinárias e extraordinárias poderão ser prolongadas por um período de, respectivamente, 6 e 2 dias, mediante deliberação da Assembleia.

### Art. 10.º (Exercício do Cargo)

1. As funções do membro da Assembleia Municipal são irremuneráveis, podendo atribuir-se senhas de presença as reuniões, mediante deliberação da Assembleia Municipal que fixará o montante.

2. Os membros da Assembleia são dispensados da comparência ao emprego ou serviço se as sessões se realizarem em horários incompatíveis com o daqueles.

### Art. 11.º (Competência)

1. Compete à Assembleia Municipal:
   a) Conferir a posse aos seus membros eleitos nos termos do artigo 4.º;
   b) Elaborar o seu Regimento;
   c) Acompanhar e fiscalizar a actividade da Câmara Municipal e dos serviços municipalizados e apreciar, em cada uma das sessões ordinárias, uma informação do Presidente da Câmara acerca da actividade municipal.
   d) Aprovar, sob proposta da Câmara, posturas e regulamentos;
   e) Aprovar o plano anual de actividade e o orçamento, bem como as revisões a um e a outro, propostas pela Câmara Municipal.
   f) Aprovar anualmente o relatório, o balanço e as contas apresentadas pela Câmara;
   g) Estabelecer, sob proposta da Câmara Municipal, os quadros do pessoal dos diferentes serviços do municipio e fixar o respectivo regime jurídico e remuneratório, nos termos do estatuto legalmente definido para a função pública;
   h) Posicionar-se junto dos órgão do poder central sobre assuntos de interesse para a autarquia;
   i) Deliberar sobre o plano do Director do Municipio e, se necessário, ordenar a sua elaboração;
   j) Aprovar o pedido de concessão de empréstimos à Câmara Municipal;
   k) Autorizar a aquisição, oneração e alienação pela Câmara de bens imóveis cujo valor ascende a 2 bilhões de pesos, exceptuando sessões de terrenos para alinhamento, e de bens e valores artísticos do municipio, independentemente do seu valor;

*l)* Municipalizar serviços;
*m)* Autorizar a Câmara a outorgar exclusivos à exploração de obras e serviços em regime de concessão;
*n)* Fixar anualmente, sob proposta da Câmara e nos termos da lei, os impostos e as taxas municipais;
*o)* Pronunciar-se e deliberar sobre todos os assuntos que visam a prossecução de interesses próprios da autarquia;
*p)* Determinar sob proposta da Câmara, o número dos vereadores em regime de permanência e o número de membros dos Conselhos de Administração dos Serviços Municipalizados;
*q)* Autorizar a Câmara Municipal a abrir associação de Municípios e as outras formas de cooperação intermunicipal;
*r)* Deliberar, sob proposta da Câmara, quanto à criação de derramas destinadas à obtenção de fundos para a execução de melhoramentos urgentes;
*s)* Exercer os demais poderes conferidos por lei ou que sejam meras consequências das atribuições do municipio.

**2.** As deliberações da Assembleia Municipal, no uso dos poderes previstos nas alíneas *d*), *n*) e *q*) do número precedente, são tomadas pela maioria absoluta dos membros em efectividade de funções.

### Art. 12.º (Empréstimos)
A contratação e aplicação de empréstimos obedecerá às seguintes condições:
*a)* Nenhum empréstimo poderá ser contraído sem prévia aprovação dos projectos, orçamentos e planos de financiamento da obra ou serviço a que se destina.
*b)* Para pagamento de juros e amortizações, as respectivas verbas deverão ser discriminadas numa nota anexa ao documento.
*c)* O produto dos empréstimos não poderá ter aplicação diferente daquela para que forem contraídos.

### Art. 13.º (Concessões)
A concessão de exclusivos de serviços públicos não poderá ser feita por prazo superior a dez anos, renováveis devendo sempre salvaguardar-se o direito de fiscalização da Assembleia e da Câmara Municipal.

### Art. 14.º (Competência do Presidente da Assembleia)
Compete ao Presidente da Assembleia Municipal:
*a)* Convocar as sessões ordinárias e extraordinárias;
*b)* Dirigir os trabalhos e manter as disciplinas das reuniões;
*c)* Exercer os demais poderes que lhe sejam atribuidas pelo regimento ou pela Assembleia.

SECÇÃO II
**Da Câmara Municipal**

### Art. 15.º (Constituição)
**1.** A Câmara Municipal, constituida por um Presidente e por vereadores, é o órgão executivo colegial do municipio eleito pelos cidadãos eleitores residentes na sua área.

2. A eleição da Câmara Municipal é simultânea com a da Assembleia Municipal, salvo no caso de eleição suplimentar.

### Art. 16.º (Composição)

1. Será Presidente da Câmara Municipal o primeiro candidato da lista mais votada ou, no caso de vacatura do cargo, o que se lhe seguir na ordem da respectiva lista.
2. O número de vereadores é de 5 no minimo, podendo este número ser elevado para um máximo de 17 vereadores, em função do aumento proporcional da população residente, aferido em relação àquele número.
3. O Presidente é substituido, nas suas faltas e impedimentos, por um dos vereadores em regime de permanência por ele designado.

### Art. 17.º (Vereadores em Regime de Permanência)

1. A Assembleia Municipal fixará, nos termos da alínea p) do número 1 do art.º 11.º, o número de vereadores em regime de permanência, tendo em conta as necessidades específicas do respectivo municipio.
2. Ao Presidente da Câmara cabe escolher os vereadores em regime de permanência, fixar a repartição das suas funções e bem assim a respectiva competência.

### Art. 18.º (Alteração da Composição da Câmara)

1. Nos casos de morte, renúncia, suspensão ou perda de mandato de algum membro efectivo, será chamado a fazer parte da Câmara Municipal o cidadão imediatamente a seguir na ordem da respectiva lista.
2. Esgotada a possibilidade de substituição prevista no número anterior e não se encontrando em efectividade de função a maioria legal dos membros da Câmara Municipal, o Presidente comunicará o facto ao Governo da Região e à Assembleia Municipal para que, no prazo de 30 dias, fixe novas eleições.
3. As eleições realizar-se-ão no prazo de 60 dias a contar da data fixada nos termos do número anterior.
4. A nova Câmara Municipal eleita completará o mandato da Câmara anterior.
5. Para assegurar o funcionamento da Câmara Municipal, quanto aos assuntos correntes, durante o período transitório, a Assembleia Municipal designará uma Comissão Administrativa de três ou cinco membros, da qual farão parte, se possivel, os elementos da Câmara que ainda se encontravam em exercício aquando da marcação da nova eleição.

### Art. 19.º (Instalação)

A instalação da Câmara Municipal far-se-à nos termos do art.º 5.º deste diploma.

### Art 20.º (Periodicidade das Reuniões)

1. A Câmara terá uma reunião ordinária semanal, salvo se se reconhecer a conveniência de que se efectue quinzenalmente.
2. Poderá ter reuniões extraordinárias sempre que se tornarem necessárias.
3. Estabelecer-se-á dia e hora certas para as reuniões ordenárias, devendo neste caso publicar-se editais que dispensarão outras formas de convocação.

4. As reuniões extraordinárias podem ser convocadas por iniciativa do Presidente ou a requirimento da maioria dos vereadores, não podendo, neste caso, ser recusada a convocatória.

5. As reuniões extraordinárias serão convocadas com, pelo menos, dois dias de antecedência, por meio de edital e comunicação escrita aos vereadores.

### Art. 21.º (Quorum)

1. A Câmara reunirá com a maioria absoluta dos seus membros e deliberá validamente com a maioria simples dos votos dos membros presentes na reunião.

2. Quando a Câmara não poder reunir, por falta de quorum, o Presidente designará outro dia para nova reunião, convocando-a nos termos do n.º 5 do artigo anterior.

3. Em casos de faltas sucessivas de quorum, a terceira vez a Câmara reunirá com o n.º de vereadores presentes, comunicando o facto a Assembleia Municipal.

### Art. 22.º (Compensação pelo Exercício do Cargo)

O Presidente da Câmara e os Vereadores são remunerados nos termos fixados na lei.

### Art. 23.º (Competência)

1. Compete à Câmara Municipal:
   a) Executar e velar pelo cumprimento das deliberações da Assembleia Municipal;
   b) Superintender na gestão e direcção do pessoal ao serviço do municipio;
   c) Modificar ou revogar os actos praticados pelos funcionários municipais;
   d) Promover todas as acções tendentes a administração corrente do património municipal e a sua conservação;
   e) Preparar e manter actualizado o cadastro dos bens imóveis do municipio;
   f) Adquirir os bens móveis necessários ao funcionamento regular dos serviços e alienar os que se tornem dispensáveis;
   g) Deliberar sobre todos os aspectos da segurança e comodidade do trânsito na via pública desde que não se insiram na esfera de competência de outros orgãos ou entidades;
   h) Deliberar sobre as águas públicas, electricidade e numeração de edifícios sob sua jurisdição;
   i) Conceder terrenos nos cemitérios municipais para jazigos e sepulturas perpétuas;
   j) Estabelecer denominação das ruas e praças do municipio;
   k) Proceder aos registos que sejam da competência do municipio;
   l) Deliberar sobre as formas de apoio as Secções Autárquicas.

2. Constituem também a competência da Câmara Municipal:
   a) Elaborar e propôr a aprovação da Assembleia Municipal o programa anual de actividades e o orçamento, bem como as alterações a um e a outro e proceder a sua execução;
   b) Executar, por administração directa ou impreitada, as obras que constem dos planos aprovados pela Assembleia Municipal;
   c) Propôr a Assembleia Municipal a criação de derramas com objectivo da obtenção de fundos para a obtenção de melhoramentos urgentes;

*d)* Solicitar ao Governo a declaração de utilidade pública para efeitos de expropriação de um bem;
 *e)* Conceder licenças para construção, edificação ou conservação, bem como aprovar os respectivos projectos nos termos da lei;
 *f)* Embargar e ordenar a demolição de quaisquer obras, construções ou edificações iniciadas por particulares ou pessoas colectivas sem licença ou com inobservância das condições desta lei, dos regulamentos, posturas municipais ou planos de urbanização aprovados;
 *g)* Ordenar, procedendo vistoria, a demolição total ou parcial, ou a beneficiação de construções que ameacem ruina ou construam perigo para a saúde e segurança das pessoas;
 *h)* Ordenar o despejo administrativo dos prédios cuja expropriação por utilidade pública tenha sido decretada ou cuja demolição ou beneficiação tenha sido deliberada nos termos das al.s *f)* ou *g)*, só podendo fazê-lo, na hipotese da al. *g)*, quando na vistoria se verifique haver risco iminente ou irremediável de desmoronamento ou que as obras se não podem realizar sem grave prejuizo para os ocupantes dos prédios em causa.

3. Constituem ainda Competência da Câmara Municipal:
 *a)* Elaborar as normas necessárias ao bom funcionamento dos serviços municipais;
 *b)* Estabelecer os contratos necessários ao funcionamento dos serviços e a execução dos planos de obras aprovados pela Assembleia Municipal;
 *c)* Nomear o Conselho de Administração dos serviços municipalizados;
 *d)* Conceder licenças policiais ou fiscais, de harmonia com o disposto nas leis, regulamentos e postura;
 *e)* Deliberar sobre as formas de apoio as entidades e organismos que prossigam no município fins de interesse público e se encontrem devidamente legalizdos;
 *f)* Exercer os demais poderes que lhe sejam conferidos por lei ou por deliberação da Assembleia Municipal.

### Art. 24.º (Delegação/Subdelegação de Competência)

1. Considera-se tacitamente delegada no Presidente da Câmara as competências previstas nas alíneas *b)*, *c)*, *d)* e *i)* do n.º 1 nas al. *b)*, *c)*, *e)*, *f)* e *g)* do n.º 2 e nas al. *a)*, *b)*, *c)* e *e)* do n.º 3 do art.º precedente.

2. As competências referidas no número anterior poderão ser subdelegadas em qualquer dos vereadores.

3. Das decisões tomadas pelo Presidente da Câmara Municipal, no uso dos poderes previstos no número anterior, cabe reclamação para o plenário daquele órgão, sem prejuizo do recurso contencioso.

4. A reclamação a que se refere o número anterior pode ter fundamento a ilegalidade, inoportunidade ou inconvêniencia da decisão e será apreciada na primeira reunião da Câmara Municipal, após a sua recepção.

### Art. 25.º (Competência do Presidente da Câmara)

1. Compete Ao Presidente da Câmara Municipal:
 *a)* Convocar as reuniões ordinárias e extraordinárias;

*b)* Executar as deliberações da Câmara Municipal e coordenar a respectiva actividade;
*c)* Autorizar o pagamento das despesas orçamentadas, de harmonia com as deliberações da Câmara Municipal;
*d)* Submeter as contas a apreciação da Assembleia Municipal e nos casos previstos na lei ao julgamento do Tribunal de Contas;
*e)* Assinar ou visar a correspondência da Câmara Municipal, com destino a quaisquer entidades ou organismos públicos;
*f)* Assinar os termos de entidade e de justificação administrativa;
*g)* Representar a Câmara em juizo e fora dele;
*h)* Representar obrigatoriamente a Câmara perante a Assembleia Municipal;
*i)* Exercer os demais poderes que lhe forem conferidas por lei ou por deliberação da Assembleia Municipal.

2. Sempre que razões e circunstâncias urgentes excepcionais o exijam e não seja possivel reunir extraordinariamente a Câmara o Presidente pode praticar quaisquer actos desta, ficando tais actos sujeitos a ractificação na primeira reunião a sua prática.

3. A ocultação e a não submissão dolosa dos actos praticados ao abrigo do número precedente o acto é considerado de ilegalidade grave punido com a pena de perda de mandato.

### Art. 26.º (Pelouros)

1. O Presidente da Câmara será coadjuvado pelos Vereadores no exercício da sua competência e da própria Câmara, podendo incumbi-los de tarefas específicas.

2. Poderá ainda o Presidente da Câmara delegar o exercicio da sua competência em qualquer dos vereadores.

### Art. 27.º (Superintendência dos Serviços)

Sem prejuízo dos poderes de fiscalização que competem aos vereadores da Câmara Municipal, nas matérias que lhe sejam especialmente atribuídas, compete ao Presidente da Câmara coordenar os serviços municipais no sentido de desenvolver a sua eficácia e assegurar o seu pleno aproveitamento.

## CAPÍTULO III
## Da Tutela Administrativa

### Art. 28.º (Tutela Administrativa)

1. Compete ao Governo no exercício da sua competência tutelar, determinar a realização de inspecções, inquéritos e sindicâncias aos órgãos e serviços das autarquias locais, por sua iniciativa, sob proposta do Governo da Região ou a solicitação dos órgãos autarquicos, entidades ou organismos oficiais ou em consequência de queixas fundamentadas de particulares devidamente identificados.

2. A tutela administrativa do Governo é inspectiva e consiste na verificação do cumprimento das leis e regulamentos por parte dos órgãos autárquicos e do funcionamento dos serviços das autarquias locais.

3. A tutela administrativa prevista no número precedente e a inspectiva, sendo superintendida pelos Ministérios da Administração Territorial e das Finanças e tem exclusivamente por objecto averiguar o cumprimento das obrigações impostas por lei.

### Art. 29.º (Competência da Autoridade Tutelar)

Enquanto autoridade tutelar, compete ao Governador da Região da área da jurisdição da respectiva autarquia:

a) Velar pelo cumprimento das leis e regulamentos por parte dos órgãos autarquicos;

b) Promover a realização de inquéritos, através dos serviços da Administração Central, a actividade dos órgãos autarquicos e respectivos serviços, a pedido dos respectivos órgãos deliberativos aprovados pela maioria dos membros em efectividade de funções;

c) Participar ao agente do Ministério Público, junto dos Tribunais competentes as irregularidades de que indiciariamente enfermam os actos dos órgãos das autarquias locais.

## CAPÍTULO IV
## Disposições Comuns

### Art. 30.º (Renúncia ao Mandato)

Durante o período de mandato e facultada a renúncia aos membros eleitos dos órgãos das autarquias locais a consequente substituição pelo cidadão imediatamente a seguir na ordem da respectiva lista.

### Art. 31.º (Suspensão do Mandato)

1. Os membros dos órgãos das autarquias locais podem solicitar a suspensão do respectivo mandato, em requerimento devidamente fundamentado dirigido ao Presidente e apreciado pelo plenário do órgão a que pertença, na reunião imediata a sua apresentação.

2. Entre outros, são motivo de suspensão as seguintes:

a) Doença prolongada e comprovada;

b) Afastamento temporário da área da respectiva autarquia.

3. A suspensão não poderá ultrapassar cento e oitenta dias no decurso do mandato, sob pena de se considerar como renuncia ao mandato.

4. Durante o seu impedimento, o membro do órgão representativo autárquico será substituido pelo representante do seu partido, coligação ou frente, que ocupe o lugar imediato na lista e que não esteja em exercicio ou impedido.

5. A convocação do membro substituto compete ao Presidente do órgão respectivo e deverá ter lugar no período que mediar entre a autorização e a realização de uma reunião do órgão a que pertença.

### Art. 32.º (Independência do Mandato)

Os órgãos das autarquias locais são independentes no âmbito da sua competência e as deliberações só podem ser suspensas, modificadas, revogadas ou anuladas pela forma prevista na lei.

### Art. 33.º (Princípio da Especialidade)

Os órgãos do poder local só podem deliberar no âmbito da sua competência e para a realização das atribuições das respectivas autarquias.

### Art. 34.º (Revogação, Reforma, e Conversão das Deliberações)

**1.** As deliberações dos órgãos das autarquias, bem como os actos dos respectivos titulares, podem pelos mesmos ser revogados, reformados ou convertidos, em todos os casos e a todo o tempo se não forem constitutivos de direitos de terceiros.

**2.** As deliberações e actos referidos no número precedente, quando constitutivos de direitos, apenas podem ser revogados, reformados ou convertidos quando feridos de ilegalidade e dentro do prazo fixado na lei para o recurso contencioso ou até a interposição deste.

### Art. 35.º (Publicidade)

**1.** As reuniões dos órgãos deliberativos das autarquias são públicas.

**2.** A nenhum cidadão é permitido, sob qualquer pretexto, intrometer-se nas discussões e aplaudir ou reprovar as opiniões emitidas, as votações feitas e as deliberações tomadas, sob pena de multa até 500.000,00 PG, que será aplicável pelo juiz do Tribunal Regional da circunscrição regional a que a respectiva autarquia pertença.

**3.** Compete a Mesa do órgão deliberatório respectivo a faculdade de permitier, excepcionalmente, a intervenção do público, fixando com efeito o respectivo periodo.

### Art. 36.º (Reuniões)

**1.** Compete ao Presidente decidir sobre a forma de votação, podendo qualquer membro propor que a mesma se faça pública ou por escrutínio secreto.

**2.** Sempre que estejam em causa pessoas, a votação terá de ser feita por escrutínio secreto.

**3.** Nenhum membro dos órgãos das autarquias locais pode votar em matérias que lhe disserem respeito ou a membro da sua família.

**4.** Os membros dos órgãos das autarquias locais não podem tomar parte ou interesse nos contratos por estes celebrados, salvo contratos tipo adesão, sob pena de procedimento disciplinar sancionado, pela sua gravidade, com a pena de perda do mandato e consequente nulidade do respectivo contrato.

### Art. 37.º (Actas e Executoriedade das Deliberações)

**1.** De tudo o que ocorrer nas reuniões será lavrada a acta.

**2.** Qualquer membro dos órgãos das autarquias locais pode justificar o sentido do seu voto, declarando, eventualmente, a razão do seu posicionamento contrário à vontade maioritária.

**3.** As deliberações dos órgãos das autarquias locais só se tornam executórias depois de aprovadas as actas donde constarem ou depois de assinadas as minutas, quando assim tenha sido deliberado.

**4.** As actas ou minutas referidas no número precedente são documentos autênticos e fazem prova plena, nos termos da lei.

### Art. 38.º (Alvarás ou Certidões)

Salvo se a lei exigir forma especial, o título que integra decisões ou deliberações dos orgãos das autarquias locais que confira direitos aos particulares, investindo-os em situações juridicas permanentes, será um alvará ou certidão expedido pelo respectivo Presidente.

### Art. 39.º (Deliberações Nulas)
São nulas independentemente de sentença judicial, as deliberações dos órgãos autárquicos:
a) Que não se insiram no âmbito das suas competências específicas;
b) Que tenham sido tomadas com ausência de quórum ou por deliberação minoritária, salvo os casos previstos na lei;
c) Que forem tomadas tumultuosamente, com uso da força ou com ameaça de violência;
d) Que carecem absolutamente de forma legal;
e) Que nomearem funcionários sem concurso, a que faltem requisitos exigidos pela lei, com preterição de formalidades essenciais ou de preferências legalmente estabelecidas.

As deliberações nulas são impugnáveis, sem dependência de prazo, através de interposição de recurso contencioso ou de defesa em qualquer processo administrativo ou judicial.

### Art. 40.º (Deliberações Anuláveis)
1. São anuláveis pelos Tribunais as deliberações de órgãos autárquicos feridas de inconpetência, vício de forma, desvio de poder ou violação de lei, Regula-mento ou Contrato Administrativo.
2. As deliberações anuláveis devem ser impugnadas em recurso contencioso, dentro do prazo legal, sob pena de ficar sanado por vício da deliberação.

## TÍITULO

### CAPÍTULO V
### Disposições Finais e Transitórias

### Art. 41.º (Das Secções Autárquicas e Juntas Locais)
Em diploma próprio, o Governo requererá autorização legislativa para regulamentar as atribuições e competências destas duas categorias de autarquias locais, bem como o modo do seu funcionamento e articulação com os municípios.

### Art. 42.º (Vigência)
O presente diploma deverá ser revisto no todo ou em parte após um ano da sua aplicação.

### Art. 43.º (Entrada em vigor)
O presente diploma entra em vigor no dia da sua publicação.

Aprovado em 29 de Maio de 1996. O Presidente da ANP, *Malam Bacai Sanhá*
Promulgado em 9 de Setembro de 1996.
O Presidente da República, *João Bernardo Vieira*.

# 6.
# LEI DAS FINANÇAS LOCAIS

# LEI N.º 7/96
## de 9 de Dezembro

## FINANÇAS LOCAIS

### PREÂMBULO

Inicia-se com o presente diploma o lançamento das bases financeiras com o propósito de permitir as Autarquias Locais caminharem em vista aos objectivos plasmados com a sua criação.

Descentraliza-se a administração dos impostos e taxas, afectando o produto das respectivas cobranças alguns na totalidade e outros em parte, no interesse do poder local, ao mesmo tempo que se criam derramas e se possibilitam as condições para o investimento público local através do recurso a empréstimos.

A Tutela é do tipo Inspectivo, visando apenas fiscalizar a legalidade da gestão patrimonial, financeira e o cumprimento das obrigações impostas por lei, por modo que na prossecução de interesses próprios das Comunidades Locais não se ponha em causa o princípio unitário do Estado.

Estes princípios disciplinadores reflectem a preocupação da Administração Central de assegurar as Autarquias Locais de instrumentos necessários e adequados para a prossecução das atribuições que lhes são cometidas.

Assim a Assembleia Nacional Popular decreta, no uso dos poderes Constitucionais definidos nos Art.º 86.º, alínea *b*) e 110.º, o seguinte:

**Art. 1.º (Autonomia financeira e Patrimonial das Autarquias)**
1. Os Municípios, Secções Autárquicas e Juntas Locais têm património e finanças próprias cuja gestão compete aos respectivos órgãos.
2. A Tutela sobre a gestão patrimonial e financeira das Autárquias Locais é inspectiva e só pode ser exercida segundo as formas e nos casos previstos na lei, salvaguardando sempre a democraticidade e a autonomia de Poder Local.
3. O regime de autonomia financeira das autarquias locais assenta, designadamente, nos seguintes poderes dos Orgãos Autárquicos:
   *a*) Elaborar, aprovar e alterar planos de actividades e orçamentos;
   *b*) Elaborar e aprovar balanços e contas;
   *c*) Dispor de receitas próprias, ordenar e processar as despesas e arrecadar as receitas que por lei forem destinadas as Autarquias;
   *d*) Gerir o património autárquico.

**4.** São nulas as deliberações de qualquer Órgão Autárquico que lançem impostos e também aquelas que criem ou lançem taxas, derramas ou mais-valias não previstas por lei.

**5.** Respondem perante os contribuintes pelas receitas cobradas ao abrigo das deliberações do número precedente as respectivas Autarquias e solidariamente com eles os membros dos órgãos que tenha votado favoravelmente.

### Art. 2.º (Princípios Orçamentais)

**1.** Os orçamentos das Autarquias Locais devem respeitar os princípios da anualidade, universalidade, especificação, não consignação e não compensação.

**2.** O ano financeiro corresponde ao ano civil, podendo efectuar no máximo duas revisões orçamentais.

**3.** O principio da não consignação, previsto no número 1, não é aplicável as receitas provenientes da cooperação entre a Autarquia e outras entidades externas, bem como as provenientes de contratos-programa, de doações, e outras liberalidades a favor das Autarquias.

### Art. 3.º (Receitas Municipais)

**1.** Constituem Receitas do Município:
a) O Produto da Cobrança de:
  1. Contribuição predial rústica e urbana;
  2. Imposto sobre veículo;
  3. Imposto para o serviço de incêndio;
  4. Imposto de mais-valia;
  5. Sisa.
b) 50% sobre imposto turismo arrecadado na área/Município;
c) O produto do lançamento de derramas;
d) A participação no Fundo do Equilíbrio Financeiro (FEF);
e) O rendimento de serviços pertencentes ao Município, por ele administrado ou dados em concessão;
f) O produto de multas e coimas fixadas por lei, regulamento ou postura que caibam ao Município;
g) O produto de empréstimos, incluindo o lançamento de obrigações municipais;
h) O rendimento de bens próprios, móveis ou imóveis;
i) O produto de heranças, legados, doações e outras liberalidades a favor do Município;
j) O produto da alienação de bens;
l) Outras receitas estabelecidas por lei a favor do Município.

### Art. 4.º (Liquidação e Cobrança)

**1.** Os impostos referidos no art.º 3.º al. a) serão liquidados pela Repartição de Finanças respectiva e cobrados pela Tesouraria da Fazenda Pública territorialmente competente e o produto da cobrança deve ser transferido até ao 15.º dia do mês seguinte ao da cobrança, para o Município que a ela tem direito.

**2.** É estabelecido um período transitório máximo de 18 meses para a transferência da liquidação e cobrança do imposto de turismo para as entidades previstas no número anterior.

**3.** O imposto sobre o veiculo deve ser pago no Município da residência do proprietário, devendo este ou o seu representante fazer a respectiva prova no acto do pagamento através da exibição do Título de Registo de Propriedade.

### Art. 5.º (Derrama)

**1.** Os Municípios podem lançar uma derrama, que não pode exceder 10% sobre a colecta do imposto sobre o rendimento das pessoas colectadas relativa ao rendimento gerado na sua área geográfica.

**2.** A derrama só pode ser lançada para ocorrer ao financiamento de investimentos ou no quadro de contratos de reequilíbrio Financeiro.

**3.** A deliberação sobre o lançamento da derrama deve ser comunicada pela Câmara Municipal ao Director de Finanças competente até 30 de Setembro do ano anterior ao da cobrança.

**4.** A comunicação pela Administração Fiscal ao contribuinte dos valores postos à cobrança por força do disposto neste artigo deve ser feita com menção expressa de que se trata de derrama Municipal.

### Art. 6.º (Contribuição do FEF)

**1.** O montante global do FEF é repartido pelos Municípios através da aplicação dos seguintes critérios:
 *a)* 50% igualmente por todos os Municípios:
 *b)* 25% na razão directa do número de habitantes,
 *c)* 25% na razão directa da área.

**2.** A lei do OGE fixa em cada ano um montante não inferior a 10% da receita tributária executada no ano transacto, o FEF, para transferências correntes e de capital, não podendo a percentagem relativa às segundas ser inferior a 40%.

**3.** Os elementos e os indicadores para a aplicação dos critérios referidos no n.º 1 devem ser comunicados de forma discriminadas por cada Município à Assembleia Nacional Popular, juntamente com a proposta da lei do OGE.

### Art. 7.º (Coimas e Multas)

**1.** A violação de posturas e regulamentos de natureza genérica e execução permanente das Autarquias Locais constitui contra-ordenação sancionada com Coima.

**2.** As Coimas, a prever nas posturas e nos regulamentos Municípais, não podem ser superiores a dez vezes o salário mínimo nacional dos trabalhadores da Função Pública.

**3.** As posturas e regulamentos referidos no n.º 1 não podem entrar em vigor antes de decorridos quinze dias sobre a sua publicação nos termos legais.

**4.** A competência para instrução dos processos de contra-ordenação e aplicação das Coimas pertence aos orgãos Executivos das Autarquias Locais, podendo ser delegada em qualquer dos seus Membros.

**5.** As Autarquias Locais beneficiam ainda, total ou parcialmente das multas fixadas por lei a seu favor.

### Art. 8.º (Taxas dos Municípios)

Os Municípios podem cobrar taxas por:
 *a)* Realização de infra-estrutura urbanísticas;

*b)* Concessão de licenças de loteamento, de execução de obras particulares, de ocupação da via pública por motivo de obras e de utilização pública;

*c)* Ocupação no domínio público e aproveitamento dos bens de utilização pública;

*d)* Prestação de serviços ao público por parte dos funcionários das Municipais;

*e)* O produto da cobrança de taxas do pescado e da arrobação carnes verdes;

*f)* O produto da cobrança de taxas por licenças concedidas pelo Município;

*g)* O produto da cobrança de taxas ou tarifas resultantes da prestação de serviços pelo Município;

*h)* Ocupação e utilização de locais reservados nos Mercados e Feiras;

*i)* Aferição e conferição de pesos, medidas e aparelhos de medição;

*j)* Estacionamento de veículos em parques ou outros locais a esse fim destinado;

*l)* Autorização para o emprego de meios de publicidade destinados a propoganda comercial;

*m)* Utilização de quaisquer instalações destinadas ao conforto, comodidade ou recreio público;

*n)* Enterramento, concessão de terrenos e uso de jazigos, de ossários e de outras instalações em Cemitérios Municipais;

*o)* Licenciamento Sanitário das instalações.

### Art. 9.º (Regime de Crédito)

**1.** Os Municípios podem contrair empréstimos junto de quaisquer Instituições autorizadas por lei a conceder crédito.

**2.** Os Municípios podem emitir obrigações nos termos da lei.

**3.** Os empréstimos a que se refere o n.º 1 podem ser a curto, médio e longo prazos.

**4.** Os empréstimos a curto prazo podem ser contraído para ocorrer a dificuldade de tesouraria, não podendo o seu montante ultrapassar, em qualquer momento, um décimo da verba do FEF que cabe ao Município.

**5.** Os empréstimos a médio e longo prazos podem ser contraídos para aplicação em investimentos reprodutivos e em investimento de carácter social ou cultural ou ainda para proceder ao saneamento financeiro dos Municípios.

**6.** Os encargos anuais com amortizações e juros de empréstimos a médio e longo prazos, incluindo os empréstimos obrigatório, não podem exceder o maior dos limites do valor correspondente a três duodécimos do FEF que cabe ao Município ou 20% das despesas realizadas para investimento pelo Município no ano anterior.

**7.** Quando ocorram atrasos nos prazos legalmente previstos para aprovação da lei do Orçamento Geral do Estado poderá a capacidade de endividamente autárquico ser transitóriamente avaliada com base nas transferências orçamentais do ano imediato anterior, havendo lugar a acertos posteriores à publicação daquele diploma se isso fôr do interesse do Município.

**8.** Os empréstimos contraídos perante entidades privadas não podem ocasionar encargos nem condições de amortização mais desfavoráveis do que os que resultem da sua contratação, em equivalentes condições de acesso, perante instituições públicas de crédito nacionais.

**9.** Os empréstimos contraídos para construção de habitações ou destinados à reparação, conservação e reabilitação de edifícios, não é aplicável o disposto no n.º 6.

10. Dos limites previstos no n.º 6 ficam também excluídos os encargos anuais relativos a empréstimos contraídos com o fim exclusivo de ocorrer a despesas extraordinárias necessárias à reparação de prejuízos ocorridos em caso de calamidade pública.

11. Os empréstimos contraídos para construção de habitações destinadas a venda são garantidos pela respectiva hipoteca.

12. O Governo regulamentará, por Decreto-Lei, os demais aspectos relacionados com a contratação de empréstimos, nomeadamente no que diz respeito ao recurso do crédito pelos Serviços Municipalizados e Associações Municípios, a bonificação das taxas de juro, ao prazo e garantias, com exclusão de qualquer forma de aprovação tutelar.

### Art. 10.º (Subsídios e Comparticipações)

1. Não são permitidas quaisquer formas de subsídios ou comparticipação financeira por parte do Estado, Institutos Públicos ou Fundos Autónomos.

2. O Governo poderá, porém, tomar excepcionalmente providências orçamentais necessárias à concessão de auxílio financeiro nas seguintes situações:
   a) Calamidade;
   b) Recuperação de áreas de construção clandestina ou de renovação urbana, quando o seu peso relativo transcende à capacidade e responsabilidade autárquica, nos termos da lei;
   c) Instalação de novos Municípios.

3. O Governo definirá, por Decreto-Lei, as condições em que haverá lugar à concessão de auxílio financeiro nas situações previstas no n.º 2.

4. As providências orçamentais a que se refere o n.º 2, à, excepção de al. a) e e), deverão constar de anexos a lei do Orçamento Geral do Estado, de forma discriminada por sectores, programas e Municípios.

### Art. 11.º (Contratos de Reequilibrio Financeiro)

1. Os Municípios em que se verifiquem situações de desequilíbrio financeiro estrutural ou de ruptura financeira poderão por iniciativa própria celebrar contratos de reequilíbrio financeiro com instituições autorizadas por lei a conceder crédito.

2. Compete ao Governo regulamentar, por Decreto-Lei, as condições de celebração dos contratos de reequilibrio financeiro.

### Art. 12.º (Contencioso Fiscal)

1. As reclamações e impugnações dos interessados contra a liquidação e cobrança dos impostos referidos na al. a) do art.º 3.º e das derramas são deduzidas nos termos estabelecidos pelo Código do Processo Tributário.

2. Compete aos Tribunais Fiscais a instrução e julgamento das contravenções cometidas em relação a liquidação e cobrança dos impostos e derramas mencionadas no número precedente, nos termos estabelecidos pelo Código de Processo Tributário.

3. As reclamações e impugnações dos interessados a liquidação e cobrança das taxas e mais valias referidas no artigo 3.º são deduzidas perante os órgãos executivos das autarquias.

4. Do auto de transgressão por contravenções cometidas em relação a liquidação e a cobrança de taxas e mais-valia pode haver reclamação, no prazo de dez dias, para os órgãos executivos das autarquias, com recurso para os Tribunais Fiscais.

**5.** Compete aos Tribunais Fiscais a cobrança coerciva de dívidas às autarquias locais provenientes de impostos, derramas, taxas e mais-valia, aplicando-se com as necessárias adaptações, os termos estabelecidos no Código de Processo Tributário.

### Art. 13.º (Elaboração do Orçamento)

**1.** A elaboração dos orçamentos e das contas das autarquias locais obdece as regras a estabelecer em Decreto-Lei, aplicando-se até a entrada em vigor das mesmas, com as necessárias adaptações, a lei de enquadramento do Orçamento Geral do Estado do ano económico respectivo.

**2.** O diploma previsto no número precedente, fixa a regra de classificação das despesas locais, tendo em consideração, nomeadamente, os seguintes factores:
 a) A categoria das Autarquias;
 b) A propriedade de inscrição de despesas nos orçamentos das autarquias;
 c) Critérios de distinção das despesas em correntes e de capital e qualificação económica e cada uma delas.

### Art. 14.º

**1.** Os Municípios, Associados de Municípios e Empresas concessionárias de serviços públicos Municipais poderão celebrar com a Administração Central contratos-programa no âmbito do desenvolvimento municipal, e regional, nos seguintes sectores:
 a) Saneamento básico;
 b) Construção e reparação de edifícios-sede de municípios;
 c) Ambiente e recursos naturais;
 d) Infraestruturas de transportes e comunicações;
 e) Promoção do desenvolvimento económico das populações;
 f) Ensino e Juventude;
 g) Habitações sociais;
 h) Saúde de base.

**2.** Anualmente o Governo inscreverá verbas de forma discriminada no Orçamento Geral do Estado, no âmbito do programa de investimento público, destinadas ao financiamento de projectos das autarquias locais que venham a ser objecto de contratos-programas.

**3.** A definição das regras a que ficam sujeitas as celebrações de contratos-programa, assim como os critérios de selecção dos projectos dos municípios serão objectos de Decreto-Lei, salvaguardando-se a preferência pelos projectos de desenvolvimento intermunicipal.

### Art. 15.º (Julgamento e Apreciação das Contas)

**1.** Até 31 de Março de cada ano devem ser enviadas ao Tribunal de Contas pelos Presidentes das Câmaras Municipais, Secções Autárquicas e Juntas Locais as contas respeitantes ao ano transacto, acompanhadas de Acta da Reunião do Orgão Executivo respectivo da autarquia em que hajam sidos aprovados, bem como um relatório que traduz com clareza os seguintes valores ou movimentos:
 a) Nível de desvios entre as verbas previstas nos orçamentos das autarquias e as que foram cobradas ou despendidas no decurso do ano financeiro;

*b)* Valores correspondentes a liquidação de encargos correntes e de capital, bem como os respeitantes a cobrança efectuadas em receitas da mesma natureza;
*c)* Análise qualificada da relação entre o aumento dos bens de capital e o incremento da dívida local.

**2.** O Governo, através de Decreto-Lei, legislará sobre o prazo e os elementos que deverão conter o relatório do Tribunal de Contas sobre o julgamento de contas a apresentar a Assembleia Nacional Popular.

### Art. 16.º (Tutela Inspectiva)

**1.** Cabe ao Governo, através da Inspecção-Geral de Finanças, fiscalizar a legalidade da gestão patrimonial e financeira das autarquias pelo menos uma vez no período de cada mandato dos respectivos órgãos.

**2.** O Governo pode ordenar inquéritos ou sindicância, mediante queixa ou participação devidamente fundamentada.

### Art. 17.º (Isenções)

O Estado e seus Institutos, bem como os organismos autónomos personalizados estão isentos de pagamento de todas as taxas e encargos de mais-valias devido as Autarquias Locais nos termos do presente diploma, assim como, reciprocamente, as Autarquias Locais gozam das mesmas prerrogativas em relação aos impostos, taxas, emolumentos e encargos de mais-valias de que são devidos ao Estado.

### Art. 18.º (Investimentos Públicos)

**1.** A realização de investimentos públicos compreende a identificação, selecção, concepção e aprovação de projectos, o respectivo financiamento e execução, assim como a aquisição, contratação, manutenção, gestão e funcionamento dos equipamentos, e pode ser da competência quer da Administração Central, quer das Autarquias Locais, nos termos a definir pela presente lei.

**2.** Sem prejuízo dos domínios de investimento público cuja realização compete em exclusivo as Autarquias, a Administração Central pode realizar investimentos na área territorial daquelas, em coordenação e mediante acordo prévio celebrado com as entidades autárquicas.

**3.** Sem prejuízo do caracter unitário da gestão dos recursos pela Administração Pública, é prioritariamente da competência dos Municípios a realização de investimentos públicos nas seguintes áreas:

*a)* **Equipamento Rural e Urbano:**
  1. Ruas e arruamentos;
  2. Espaços verdes;
  3. Cemitérios Municipais;
  4. Mercados Municipais;
  5. Matadouros e talhos;
  6. Bombeiros;
  7. Rede de caminhos rurais.

*b)* **Educação e Ensino:**
  1. Jardins de infância.
  2. Escolas do ensino básico elementar.

3. Outras estruturas de apoio complementar a actividades educativas, nomeadamente, nos domínios da acção social escolar e ocupação dos tempos livres.

*c)* **Cultura, Tempos Livres e Desportos:**
1. Bibliotecas, Museus Municipais e Centros Culturais.
2. Protecção do património paisagístico, urbanístico e etnocultural do município.
3. Instalações para a prática recreativa e desportiva de interesse municipal.

*d)* **Saúde e Segurança Social:**
Centros de Saúde

*e)* **Saneamento Básico:**
1. Sistemas municipais de abastecimentos de água.
2. Sistemas de recolha de lixo e limpeza pública.

**4.** Os organismos da Asdministração Central, responsáveis pela execução dos investimentos públicos cuja competência passa, nos termos da presente lei, para as autarquias, deverão fornecer aos órgãos executivos municipais todos os detalhes técnicos relativos a planos, projectos e estudos que respeitem aos territórios dos municípios, devendo prestar-lhes o correspondente apoio técnico ao longo dos três anos subsequentes a entrada em vigor da presente lei.

**5.** Os investimentos públicos em curso a data da primeira instalação das Câmaras Municipais serão concluídos pelas entidades que os iniciaram, podendo a execução dos mesmos ser acompanhados pelas Câmaras Municipais se estes se inscreverem no âmbito das suas competências exclusivas de investimentos.

### Art. 19.º (Entrada em Vigor)

A presente lei produz efeitos a partir de 1/1/97, sendo aplicável na elaboração do Orçamento Geral do Estado para o ano de 1997.

### Art. 20.º (Norma Revogatória)

São revogados as disposições em contrário ao presente diploma.

Aprovado em 29 de Outubro de 1996. – O Presidente da Assembleia Nacional Popular, *Malam Bacai Sanhá.*

Promulgado em 27 de Novembro de 1996. – O Presidente da República, *João Bernardo Vieira.*

CAPÍTULO III
**CONTABILIDADE PÚBLICA**

# 7.
# PRINCÍPIOS GERAIS
# DE CONTABILIDADE PÚBLICA

# DECRETO N.º 51/85
## de 30 de Dezembro

A reestruturação em curso no Ministério das Finanças não poderia supor-se completa sem a reforma da contabilidade pública.

Para que a reforma da contabilidade pública possa ser levada por diante torna-se necessário reformular um conjunto de normas e preceitos a aplicar na administração financeira do Estado.

Esta reforma tem em vista, essencialmente:

1. Alterar o actual sistema de processamento das despesas públicas através de «títulos» individuais para o novo sistema de processamento através de «folhas» mensais uma por cada serviço e tipo de despesa;

2. Alterar o actual método de contabilização das despesas públicas na Direcção-Geral da Contabilidade Pública;

3. Fazer aprovar um conjunto de normas e preceitos de ordem geral a observar pelos serviços que directa ou indirectamente intervenham na administração financeira do Estado.

Com estas alterações pretende-se não só uma redução significativa do trabalho de processamento nos Ministérios e Secretarias de Estado, do trabalho de pagamento e registos no Banco Nacional da Guiné-Bissau e do trabalho de verificação, liquidação e contabilização no âmbito da Direcção-Geral da Contabilidade Pública mas, sobretudo, a obtenção de maior controlo e eficiência na contabilização das despesas pública e melhores resultados na gestão dos dinheiros públicos.

Assim,

O Governo decreta, nos termos do art. 74.º da Constituição o seguinte:

### Art. 1.º (Contabilidade Pública)

A Contabilidade Pública tem por fim assegurar a ordem e a economia na administração financeira do Estado e reger-se-á pelas disposições do presente decreto.

## CAPÍTULO I
### Princípios e regras do ano económico

### Art. 2.º (Ano Económico)

O Serviço de Contabilidade Pública é referido somente a anos económicos, que começam a 1 de Janeiro e terminam a 31 de Dezembro, e nesta conformidade todas as operações de receita e despesa pertencerão ao ano económico em que se realizarem e em conta dele serão escrituradas.

### Art. 3.º (Conta corrente do Tesouro)

A conta corrente do Tesouro público no Banco Nacional da Guiné-Bissau, como Caixa Geral do Tesouro, no que respeita às receitas encerra a 31 de Dezembro, no que respeita às despesas só será encerrada a 31 de Março seguinte, escriturando-se em referência a 31 de Dezembro todas as despesas respeitantes ao ano económico findo pagas no mencionado prazo.

### Art. 4.º (Prazo para liquidação das despesas)

**1.** As despesas orçamentais do Estado respeitantes a cada económico só podem ser liquidadas pela Direcção-Geral da Contabilidade Pública até ao dia 15 do mês de Março imediato e a correspondente liquidação nesse mês referir-se-á ao dia 31 de Dezembro do ano anterior.

**2.** As folhas de despesas de um ano económico findo que, pela Direcção-Geral da Contabilidade Pública, forem mandadas pagar até ao dia 31 de Março seguinte levarão escrita, bem visivelmente, a designação de «pagamento referente a 31 de Dezembro de 19... a realizar até 31 de Março seguinte».

## CAPÍTULO II
## Regras a observar no pagamento de despesas de anos findos

### Art. 5.º (Despesas de anos findos)

Os encargos relativos a anos anteriores serão satisfeitos na conta das verbas adequadas do orçamento que estiver em vigor no momento em que for efectuado o seu pagamento.

### Art. 6.º (Requisito geral)

A satisfação dos encargos relativos a anos anteriores dependerá de adequada justificação das razões do seu não pagamento em tempo oportuno.

### Art. 7.º (Encargos incluídos em autorização de pagamento)

**1.** Os encargos incluídos em folha devidamente autorizada para pagamento, que não tenham sido satisfeitos no prazo legalmente estabelecido para o efeito, poderão ser objecto de nova autorização com base em requerimento do interessado, a apresentar no serviço processador no prazo improrrogável de 3 anos a contar do final do ano económico a que respeita o crédito, ou, no caso de o credor ser um serviço público, com base em proposta desse mesmo serviço, a apresentar no referido prazo.

**2.** Os requerimentos ou propostas referidos no número anterior serão informados quando for caso disso, e remetidos pelo serviço processador à Direcção-Geral da Contabilidade Pública, a cujo Director-Geral competirá a respectiva decisão.

**3.** Exceptuam-se do disposto no número anterior os requerimentos ou propostas relativos a encargos que devam ser satisfeitos por conta de orçamentos privativos, os quais, depois de apresentados no serviço a que respeitam os referidos orçamentos no prazo indicado no n.º 1, serão decididos pelo responsável da contabilidade do respectivo serviço.

### Art. 8.º (Encargos não incluídos em autorização de pagamento)

**1.** Os encargos de anos anteriores que não chegaram a ser incluídos em autorização de pagamento poderão ser satisfeitos com base em requerimento ou proposta, como se refere no n.º 1 do artigo anterior, a apresentar no prazo aí indicado, o qual poderá ser excepcionalmente prorrogado quando se trate de encargos contraídos no estrangeiro.

**2.** Os requerimentos ou propostas referidas no número anterior serão remetidos pelo serviço processador à Direcção-Geral da Contabilidade Pública e por esta informados e submetidos a despacho do respectivo Director-Geral, a quem competirá a respectiva decisão.

**3.** Exceptuam-se do disposto no número anterior os requerimentos ou propostas relativos a encargos que devam ser satisfeitos por conta de orçamentos privativos, os quais, depois de apresentados no serviço a que respeitam os referidos orçamentos, no prazo indicado no n.º 1, serão informados pelo respectivo serviço e por este submetidos a despacho do Ministro da Pasta ou do responsável pelo Departamento, se não se tratar de Ministério.

**4.** Se os encargos referidos nos números anteriores tiverem sido contraídos com infracção das normas legais aplicáveis à realização das despesas públicas, a autorização para o seu pagamento competirá ao Ministro das Finanças, podendo os responsáveis incorrer em multa a fixar pelo Ministro até ao limite do vencimento mensal da respectiva categoria, conforme a gravidade da falta cometida e sem prejuízo de qualquer responsabilidade disciplinar ou criminal que ao caso couber.

**5.** A multa referida no número anterior não será aplicada nos casos de comprovada impossibilidade de as despesas serem sujeitas a cabimento orçamental, quer por se tratar de encargos certos e permanentes, quer por se tratar de encargos urgentes e inadiáveis.

### Art. 9.º (Casos especiais)

**1.** Serão satisfeitos com dispensa de quaisquer formalidades os encargos de anos anteriores que, não tendo sido incluídos em autorização de pagamento do ano respectivo respeitem a:

*a)* Vencimentos e diuturnidades;
*b)* Abono de família e prestações complementares deste abono;
*c)* Subsídio por morte.

## CAPÍTULO III
## Princípios, regras e prazos a observar no processamento e autorização das despesas

### Art. 10.º (Princípios a observar na realização das despesas)

**1.** Todos os serviços do Estado são obrigados a ter uma conta corrente com as suas dotações orçamentais, ficando os mesmos serviços responsáveis pelos encargos contraídos quando previamente não tenham verificado, segundo os seus registos, estes requisitos:

1. A Lei que autorize a despesa;
2. Descrição orçamental em que a despesa possa ser classificada e compreendida;

3. Cabimento na respectiva dotação, levando em conta os encargos prováveis que por ela tenham de ser satisfeitos.

2. No caso em que os serviços processadores tenham quaisquer dúvidas sobre a classificação ou processamento das despesas, consultarão a Direcção-Geral da Contabilidade Pública.

**Art. 11.º (Processamento em folha)**

Todas as despesas públicas serão liquidadas por meio de folhas. Por cada tipo de despesas e para cada serviço, será processada uma folha mensal, que será posteriormente remetida à Direcção-Geral da Contabilidade Pública dentro dos prazos indicados nos artigos seguintes.

**Art. 12.º (Prazos de remessa das folhas)**

As folhas de despesas certas deverão dar entrada na Direcção-Geral da Contabilidade Pública até dez dias antes da data fixada para o respectivo pagamento; as folhas de despesas variáveis até ao dia 10 do mês seguinte àquela a que respeita a despesa.

**Art. 13.º (Prazos a observar na Direcção-Geral da Contabilidade Pública)**

1. A Direcção-Geral da Contabilidade Pública conferirá, no prazo máximo de quinze dias, as folhas de despesas variáveis, verificará a sua legalidade e o cabimento nas dotações orçamentais e devolverá as que não estejam em condições de ser autorizadas com a indicação das despesas que tenham de ser excluídas ou das alterações a efectuar. As folhas em condições de ser pagas serão pela Direcção-Geral da Contabilidade Pública imediatamente autorizadas e expedidas.

2. O prazo referido no número anterior é reduzido a oito dias para as folhas de despesas certas.

3. As folhas que tenham sido justificadamente devolvidas pela Direcção-Geral da Contabilidade Pública não se consideram compreendidas dentro dos prazos indicados.

**Art. 14.º (Fundos permanentes)**

Em casos de reconhecida necessidade, e mediante despacho do Ministro da pasta, poderão ser autorizados os fundos permanentes em conta das dotações orçamentais dos diversos serviços do Estado por importâncias não superiores a um duodécimo das respectivas dotações, devendo os saldos que porventura existam no fim do ano económico ser repostos nos cofres de Estado até ao dia 31 de Março imediato.

CAPÍTULO IV
**Normas sobre serviços e fundos autónomos**

**Art. 15.º (Serviços abrangidos)**

Ficam sujeitos ao regime estabelecido nos artigos seguintes os serviços e fundos autónomos, os organismos de autonomia administrativa e financeira e os organismos dotados apenas de autonomia administrativa, na parte em que são obrigados a elaborar orçamentos privativos para a aplicação de receita própria.

## Art. 16.º (Inclusão em contas de ordem)

1. Todos os Fundos e organismos referidos no artigo anterior que apresentem orçamentos privativos com um total de receitas próprias igual ou superior a 5 000 000,00 PG deverão ser incluídos em «Contas de Ordem» no Orçamento Geral do Estado.

2. As entidades autónomas não abrangidas no número antecedente e cuja inserção em «Contas de Ordem» já tenha sido efectuada manterão o mesmo regime, independentemente do montante das suas receitas próprias.

3. A inclusão a que alude o n.º 1 deste artigo começará a ser efectuada em referência ao Orçamento Geral do Estado para 1987.

## Art. 17.º (Movimentação das Contas de Ordem)

1. As receitas próprias das entidades referidas nos n.$^{os}$ 1 e 2 do artigo anterior serão entregues nos cofres do Tesouro e escrituradas em «Contas de Ordem» do Orçamento Geral do Estado, mediante guias passadas pelas mesmas entidades ou por outras legalmente competentes para o efeito.

2. Será enviado à Direcção-Geral da Contabilidade Pública um exemplar das referidas guias averbado do pagamento.

3. Serão inscritos em «Conta de Ordem» do orçamento da despesa de cada Ministério as verbas correspondentes às receitas próprias que devem entrar nos cofres do Tesouro nos termos do n.º 1 do presente artigo.

4. Para efeitos do número antecedente, os fundos e organismos abrangidos nos n.$^{os}$ 1 e 2 do artigo 16.º deste diploma incluirão nos projectos de orçamento a remeter à Direcção-Geral da Contabilidade Pública os valores globais a inscrever no orçamento do ano seguinte como despesa de «Contas de Ordem».

5. A utilização das quantias inscritas no orçamento de cada Ministério será feita mediante folhas processadas pelos fundos e organismos indicados, a remeter à Direcção-Geral da Contabilidade Pública para conferência, verificação do duplo cabimento e autorização de pagamento.

## Art. 18.º (Saldos de gerência)

1. As diferenças verificadas entre os levantamentos dos cofres públicos em conta de receitas próprias descritas em «Contas de ordem» e as despesas efectivamente pagas constituirão os saldos de gerência em poder dos fundos e organismos interessados.

2. Para o efeito da determinação do saldo de gerência a que se refere o número anterior deverá acrescentar-se aos levantamentos dos cofres do Tesouro a verba que constitui o saldo da gerência na posse do respectivo fundo ou organismo.

3. Os saldos apurados em «Contas de ordem» no termo da execução do Orçamento Geral do Estado serão transferidos para o ano seguinte.

4. Por despacho do Ministro das Finanças e do Ministro da tutela, mesmo com prejuízo das leis orgânicas dos respectivos fundos e organismos, os saldos a que se referem os números anteriores deste artigo poderão ser congelados e afectos a outras finalidades.

## Art. 19.º (Orçamentos privativos)

1. As dotações de despesa referidas no n.º 3 do artigo 17.º bem como outras que forem atribuídas no Orçamento Geral do Estado, serão aplicadas mediante orçamento privativo.

**2.** Os orçamentos privativos dos fundos e organismos a que se refere o artigo 15.º, depois de aprovados pela entidade competente, deverão ser remetidos, em duplicado, pelos próprios fundos e organismos à Direcção-Geral da Contabilidade Pública até ao dia 1 de Setembro do ano anterior aquele a que respeitam.
**3.** Os orçamentos privativos referidos no número anterior constarão no Orçamento Geral do Estado sob a forma de mapas resumo apensos ao Orçamento do respectivo Ministério.

### Art. 20.º (Aprovação dos orçamentos privativos e dos orçamentos suplementares)

**1.** O orçamento privativo dos fundos e organismos a que se refere o artigo anterior serão aprovados pelo Ministro da tutela e submetidos a «Visto» do Ministro das Finanças.
**2.** Quando se torne necessário introduzir a alterações nos orçamentos privativos, estas serão postas em prática através de orçamentos suplementares, que serão igualmente aprovados pelo Ministro da tutela, submetidos a «visto» do Ministro das Finanças, sendo um exemplar enviado à Direcção-Geral da Contabilidade Pública.

### Art. 21.º (Apresentação das contas de gerência)

As entidades a que se refere o artigo 15.º, deverão apresentar até 31 de Maio do ano seguinte àquele a que respeitam, as suas contas de gerência ao Tribunal Administrativo para efeitos de parecer, e um extracto, por agrupamentos económicos, das mesmas contas de gerência à Direcção-Geral da Contabilidade Pública para efeitos de figurarem em anexo à conta do respectivo Ministério.

## CAPÍTULO V
## Preceitos sobre reposição de dinheiros públicos

### Art. 22.º (Reposição de dinheiros públicos)

**1.** A reposição de dinheiros públicos indevidamente ou a mais recebidos pode efectivar-se por compensação, por dedução em folha ou por pagamento através de guia.
**2.** As quantias indevidamente recebidas pelos funcionários ou agentes da Administração Pública serão compensadas, sempre que possível, em futuros abonos de idêntica natureza, desde que essa compensação se processe em folha do mesmo ano económico em que se verificou aquele recebimento.
**3.** As quantias indevidamente recebidas em anos anteriores por funcionários ou agentes da Administração Pública serão, em regra, deduzidas em coluna de descontos das folhas de vencimentos ou salários, sob a rubrica de receita orçamental «Reposições não abatidas nos pagamentos».
**4.** Quando não forem praticáveis as compensações ou deduções referidas nos números anteriores, será o quantitativo das reposições entregues nos cofres do Tesouro por meio de guia.

### Art. 23.º (Mínimo da reposição)

Não haverá lugar ao processamento de reposição quando o total das quantias indevidamente ou a mais recebidas seja inferior a 100,00 PG.

### Art. 24.º (Reposição em prestações)

1. A reposição de quantias indevidamente recebidas poderá ser efectuada em prestações mensais por dedução em folha ou por guia de reposição, mediante requerimento fundamentado dos interessados e despacho do Director-Geral da Contabilidade Pública, desde que o prazo de entrega não exceda o ano económico seguinte àquele em que o despacho for proferido.

2. Em casos especiais, poderá o Ministro das Finanças autorizar que o número de prestações exceda o prazo referido no número anterior, não podendo, porém, cada prestação mensal ser inferior a 5% da totalidade da quantia a repor ou a 2 000,00 PG, se esta importância for superior àquela.

3. Tratando-se de funcionários ou agentes da Administração Pública, poderá autorizar-se no despacho referido no n.º 1 que a reposição em prestações exceda o ano económico seguinte àquela em que o despacho for proferido, desde que as quantias a repor ultrapassem 25% da totalidade das remunerações a que os interessados tenham direito no período compreendido entre a data do despacho e o final do ano seguinte, não podendo, no entanto, cada prestação ser inferior a 25% das remunerações mensais dos interessados.

4. Não poderá ser autorizada a reposição em prestações quando os interessados hajam tido conhecimento, no momento em que receberam as quantias em causa, de que esse recebimento era indevido.

5. As reposições efectuadas nos termos deste artigo não estão sujeitos a juros de mora, desde que o pagamento de cada prestação seja efectuado dentro do respectivo prazo.

### Art. 25.º (Relevação)

1. Em casos excepcionais, devidamente justificados, o Ministro das Finanças poderá determinar a relevação, total ou parcial, da reposição das quantias recebidas.

2. A relevação prevista no número anterior não poderá ser determinada quando os interessados se encontrem na situação referida no n.º 4 do artigo 24.º.

### Art. 26.º (Prescrição)

A obrigatoriedade de reposição das quantias indevidamente ou a mais recebidas prescreve decorridos cinco anos após o seu recebimento.

### Art. 27.º (Escrituração)

1. As reposições serão deduzidas nas autorizações e nos respectivos pagamentos orçamentais ou somente nestes quando processadas e pagas até ao final do ano económico a que dizem respeito.

2. As reposições serão consideradas receita orçamental e escrituradas na rúbrica «Reposições não abatidas nos pagamentos» quando pagas ou descontadas em folha para além do prazo referido no número anterior, ou tratando-se de guia, quando a sua cobrança tenha dado origem a processo executivo.

3. As reposições serão contabilizadas em conta do ano em que foram efectuadas, podendo a sua escrituração, mediante despacho do Ministro das Finanças, e quando indispensável ao acerto das respectivas autorizações e pagamentos, ser retrotraída ao ano da realização da despesa.

4. Verificando-se excessos de pagamentos que não seja possível regularizar pela forma indicada no número anterior, nomeadamente no caso previsto no artigo

23.º do presente diploma, poderá o Director-Geral da Contabilidade autorizar a sua correcção por estorno de reposições não abatidas, dentro do mesmo ano económico.

### Art. 28.º (Processamento das guias de reposições)

1. As guias de reposições respeitantes a serviços sem autonomia administrativa serão processadas pela Direcção-Geral da Contabilidade Pública, competindo aos serviços com autonomia administrativa ou autónomos proceder à passagem e emissão das guias que lhes respeitem.

2. O processamento referido no número anterior será efectuado no prazo, de trinta dias a contar da data em que houve conhecimento oficial da necessidade da reposição, devendo os serviços simples, no mesmo prazo, solicitar à Direcção-Geral da Contabilidade Pública as reposições que lhes digam respeito.

### Art. 29.º (Pagamento das guias de reposição)

1. A Direcção-Geral da Contabilidade Pública ou os próprios serviços quando dotados de autonomia administrativa remeterão as guias de reposição, no prazo de oito dias a contar da data da sua passagem, às Repartições de Finanças da área da residência habitual do devedor ou da área do departamento em que o funcionário ou agente devedor preste serviço.

2. No prazo de quinze dias a contar da data de recepção das guias, as Repartições de Finanças notificarão o devedor, se necessário por carta registada com aviso de recepção, de que as referidas guias se encontram a pagamento e, de que este poderá ser efectuado no prazo indicado no número seguinte.

3. O prazo para o pagamento das guias de reposição é de 30 (trinta) dias a contar da data em que o devedor tenha sido notificado, devendo as Repartições de Finanças devolver aos serviços de origem um exemplar das guias comprovativo do seu pagamento até quinze dias depois de este ter sido efectuado.

4. A apresentação dos referidos nos artigos 24.º e 25.º suspende o decurso do prazo para pagamento até à data do conhecimento da decisão tomada.

5. A Direcção-Geral da Contabilidade Pública informará a Repartição de Finanças do pedido de pagamento em prestações ou de relevação e, após conhecimento da decisão tomada, comunica-la-á à Repartição de Finanças e emitirá novas guias de reposição quando for caso disso.

### Art. 30.º (Guias de reposição dos serviços autónomos)

1. Quando os serviços autónomos reconheçam a impossibilidade de, pelos seus próprios meios, proceder à cobrança das guias de reposição por si emitidas, poderão remetê-las às Repartições de Finanças nas condições referidas na parte final do n.º 1 do artigo anterior.

2. No caso de o pagamento não ser efectuado no prazo referido no número 3 do artigo 29.º, as guias serão convertidas em receita virtual para cobrança voluntária ou coerciva.

### Art. 31.º (Responsabilidade)

1. Os serviços intervenientes nos processos de reposição são responsáveis, nos termos da lei geral, pela inobservância das normas estabelecidas no presente capítulo.

**2.** A responsabilidade referida no número anterior será agravada nos casos em que, devido ao não cumprimento do prazo fixado no n.º 2 artigo 28.º, subsistam pagamentos mensais indevidos, designadamente a favor de funcionários e agentes do Estado.

## CAPITULO VI
## Conta Geral do Estado

**Art. 32.º (Composição da Conta Geral do Estado)**

**1.** A Conta Geral do Estado deverá ser constituída pelo relatório do Ministro das Finanças e pela I e II partes.

**2.** O relatório, destinado a descrever e a explicar o modo como se processou a gestão do Orçamento Geral do Estado, deverá revelar claramente os resultados da execução orçamental e a actividade financeira do Estado, durante o ano que findou.

Pelo relatório o Ministro das Finanças fará uma análise profunda da aplicação dos dinheiros públicos e, ainda, a apreciação da dívida e a sua evolução.

O relatório deverá ser acompanhada de mapas e quadros esclarecedores da evolução das receitas e despesas orçamentais, da dívida pública e o balanço da Tesouraria com a indicação da posição dos saldos das várias contas escrituradas em operações de Tesouraria e, em especial, os saldos das contas do Tesouro.

**3.** A I parte deverá ser constituída pelos seguintes mapas:

Mapa 1 – Conta geral das receitas e despesas do Estado.

Mapa 2 – Conta geral das receitas e despesas orçamentais do Estado por cobrar em 1 de Janeiro do ano a que respeite, liquidadas, cobradas, pagas e anuladas durante o respectivo ano e por cobrar em 31 de Dezembro do mesmo ano.

Mapa 3 – Conta geral da aplicação que tiveram os fundos saídos dos cofres públicos para pagamento das despesas orçamentais.

Mapa 4 – Resumo, por capítulos, das receitas orçamentais do Estado por cobrar em 1 de Janeiro do ano a que a conta respeite, liquidadas, anuladas e cobradas durante o respectivo ano e em dívida em 31 de Dezembro do mesmo ano.

Mapa 5 – Desenvolvimento, por impostos e outros rendimentos, das receitas do Estado por cobrar em 1 de Janeiro do ano a que a conta respeita, liquidadas, anuladas e cobradas durante o respectivo ano e por cobrar em 31 de Dezembro do mesmo ano.

Mapa 6 – Resumo, por Ministérios, das despesas orçamentais do Estado autorizadas, pagas e anuladas.

Mapa 7 – Conta geral do movimento das operações da Tesouraria.

Mapa 8 – Resumo geral da conta de operações de Tesouraria com indicação dos saldos e movimento da mesma conta.

Mapa 8.1 – Desenvolvimento das contas de operações de Tesouraria com indicação dos saldos e movimento.

Mapa 9 – Mapa, por Ministérios, das reposições efectuadas.

Mapa 10 – Operações efectuadas por encontro na «Tabela da Direcção-Geral da Contabilidade Pública».

**4.** A «Tabela da Direcção-Geral da Contabilidade Pública» a que se refere o Mapa 10, é um documento organizado na referida Direcção-Geral e que abrange «operações de fim do ano» e «operações por encontros».

As operações de fim do ano consistem em correcções de lançamentos que não puderam ser efectuados anteriormente ao encerramento da própria Conta Geral do Estado e nos movimentos de operações de Tesouraria que se reconhecem mais tarde terem sido indevidamente efectuados.

As operações por encontro são constituídas pelos lançamentos necessários para o encerramento da Conta Geral do Estado.

**5.** Se a técnica de contabilidade conjugada com as leis em vigor assim o aconselhar, podem efectuar-se por simples despacho do Ministro das Finanças as substituições ou modificações que se considerarem necessárias nos mapas mencionados no número 3 do presente artigo.

**6.** A II parte é constituída pelo desenvolvimento das despesas realizadas, por Ministérios, comparadas com as dotações orçamentais.

Apenso à conta do respectivo Ministério, sob a forma de extracto a elaborar pelas próprias entidades interessadas, figurarão, por agrupamentos económicos, as contas de gerência resultantes da execução dos serviços a que alude o artigo 15.º do presente diploma.

**7.** A Conta Geral do Estado deverá ser elaborada e apresentada à Assembleia Nacional Popular até 31 de Dezembro do ano seguinte àquele a que respeite, procedendo parecer do Tribunal Administrativo.

### Art. 33.º (Elaboração de contas mensais provisórias)

**1.** As contas provisórias que serão elaboradas mensalmente e irão acumulando o movimento mês a mês são de constituição mais simples que a Conta Geral do Estado e, tal como o próprio nome indica, os seus números não podem ser considerados definitivos.

**2.** Sempre que possível a publicação mensal da conta provisória será feita tão próxima quanto possível do fim do mês a que diz respeito, como meio de fiscalização das receitas e despesas, constituindo um processo de o Governo acompanhar de perto a situação do Tesouro e promulgar em caso de necessidade, as medidas que entender necessárias.

**3.** As contas provisórias são constituídas pelos seguintes mapas:
  a) Resumo do movimento de entrada e saída de fundos no Banco Nacional da Guiné-Bissau, mostrando os saldos que transitam do ano anterior e os que passam para o mês seguinte àquele a que a conta se refere.
  b) Mapa das receitas liquidadas, anuladas e cobradas, em comparação com a previsão orçamental.
  c) Mapa comparativo das receitas liquidadas, anuladas e cobradas comparadas com as do ano anterior, referente ao mês a que a conta se refere com indicação das diferenças para mais e para menos.
  d) Desenvolvimento, por Ministérios e capítulos das importâncias dos duodécimos orçamentais, com as alterações resultantes de créditos especiais e transferências de verbas, comparadas com as autorizações de pagamento expedidas para pagamento das despesas públicas.
  e) Mapa comparativo das receitas e despesas orçamentais arrecadadas e pagas.

*f)* Mapa onde são descritas as entradas e saídas verificadas de conta das epígrafes de operações de Tesouraria que apresentam movimento.

4. As contas provisórias deverão ser elaboradas e publicadas dentro do prazo máximo de 45 dias, contado do fim do mês a que respeita a respectiva conta.

## CAPÍTULO VII
## Disposições finais

### Art. 34.º (Aprovação de instrução)

As instruções sobre o processamento e contabilização das despesas públicas, os impressos necessários à sua execução, as instruções para utilização dos mesmos e a sua eventual alteração serão aprovadas por despacho do Ministro das Finanças.

### Art. 35.º (Revogação)

É revogada toda a legislação existente sobre as matérias tratadas no presente decreto.

### Art. 36.º (Entrada em vigor)

O presente decreto entra em vigor no dia 1 de Janeiro de 1986.

Aprovado em Conselho de Ministros em 4 de Dezembro de 1985.
O Ministro das Finanças, *Victor Freire Monteiro.*
Publique-se.
O Presidente do Conselho de Estado, General *João Bernardo Vieira.*

# 8.
# PLANO OFICIAL DE CONTABILIDADE

# DECRETO N.º 18/94

## de 16 de Maio

A crescente implantação da iniciativa privada na Guiné-Bissau, nos vários sectores de actividade, associada à falta de regulamentação legal, tem conduzido a que cada unidade económica estabeleça as suas próprias regras e utilize uma grande variedade de critérios e de procedimentos contáveis, nem sempre de acordo com os princípios contabilísticos geralmente aceites.

Surge assim, a necessidade de criar uma metodologia comum, que, com carácter obrigatório, deve ser seguida pelas empresas visando, fundamentalmente, a comparabilidade das informações, a universalidade dos dados recolhidos e a sua compreensão pelos diversos agentes económicos.

É nesta linha de actuação que se publica o primeiro plano oficial de contabilidade do país, o qual acolheu, por isso, uma significativa componente didáctica.

A normalização contabilística trará vantagens para as empresas, na medida em que tornará possível a elaboração de estatísticas do sector, as quais evidenciarão a sua posição relativa, permitindo proceder a alterações no sentido de melhorar a sua produtividade.

Por outro lado, a adopção de uma terminologia uniforme, assente em critérios contabilísticos válidos e em procedimentos convenientes, permitirá agregações mais correctas e a elaboração de estatísticas nacionais, possibilitando um melhor conhecimento da economia do País.

Assentando a tributação dos lucros das empresas de maior expressão no resultado apurado pela contabilidade, aquelas medidas permitirão, igualmente, obter maior rigor no controlo dos elementos que servem de base a liquidação do imposto e uma maior justiça social.

Assim, sob proposta do Ministro das Finanças, o Governo decreta, nos termos do artigo 100.º, n.º 2, da Constituição, o seguinte:

### Art. 1.º

É aprovado o Plano Oficial de Contabilidade anexo ao presente diploma.

### Art. 2.º

**1.** O plano Oficial de Contabilidade é de aplicação obrigatória para as seguintes entidades:

*a*) Empresas públicas e mistas;
*b*) Sociedades nacionais e estrangeiras;
*c*) Empresas individuais e Estabelecimentos Individuais tributadas no Grupo A da Contribuição Industriais;

*d)* Cooperativas;
*e)* Outras entidades tributadas no Grupo A da Contribuição Industrial.

**2.** O plano Oficial de Contabilidade não é aplicável às entidades para as quais esteja prevista a aplicação de Planos de Contabilidade específicos, nomeadamente, instituições de crédito e de seguros.

**3.** Ficam dispensadas da obrigatoriedade referida no n.º 1 as entidades sujeitas a Contribuição Industrial que não estão obrigadas a dispor de contabilidade organizada, nos termos do respectivo Código.

### Art. 3.º

As empresas públicas e as sociedades anónimas são obrigadas a publicar os seguintes documentos:
*a)* Balanço;
*b)* Demonstração de Resultados;
*c)* Anexo ao Balanço e Demonstração de Resultados.

### Art. 4.º

Quaisquer dúvidas decorrentes da execução do Plano Oficial de Contabilidade serão resolvidas por despacho do Ministro das Finanças.

### Art. 5.º

O presente Diploma entra em vigor na data da sua publicação.

Aprovado em Conselho de Ministros de 9 de Fevereiro de 1994 – O Primeiro Ministro, Eng.º *Carlos Correia* – O Ministro das Finanças, *Filinto Barros.*
Publique-se:
O Presidente do Conselho de Estado, General *João Bernardo Vieira.*

# PLANO OFICIAL
# DE CONTABILIDADE

## I – INTRODUÇÃO

O presente Plano Oficial de Contabilidade surge em resultado da necessidade da normalização dos procedimentos contabilísticos, tendo em vista a obtenção de informações mais precisas e uniformizadas.

Nele se contempla um conjunto de normas, a observar pelas empresas, no que respeita ao registo contabilístico dos factos patrimoniais e à apresentação das demonstrações financeiras.

A informação proporcionada, através das peças finais, deve ser compreensível e dar uma imagem verdadeira e apropriada da situação financeira da empresa e dos seus resultados, considerando os diversos interesses dos seus utilizadores:

- O Estado, que pretende apurar o lucro tributável em Contribuição Industrial, planificar a economia, estabelecer estatísticas controlar preços, etc.;
- Os sócios interessados na gestão e rentabilidade da empresa;
- Os trabalhadores, interessados na perspectiva de futuro da empresa;
- Os credores e financiadores, interessados em conhecer a solvabilidade e liquidez da empresa;
- Os profissionais de contabilidade, sobre os quais recai a elaboração das contas;
- O público em geral.

A contabilização das operações deve obedecer aos princípios contabilísticos adoptados neste POC, admitindo-se muito excepcionalmente, a possibilidade da sua derrogação.

Este facto deverá, obrigatoriamente, ser referido e justificado no Anexo ao Balanço e Demonstração de Resultados.

Definiram-se, para cada uma das classes, os critérios valorimétricos a observar no registo das operações e na elaboração das demonstrações financeiras.

O Balanço e a Demonstração de Resultados devem ser apresentados segundo o modelo horizontal.

O Anexo ao balanço e demonstração de resultado é um documento de elaboração obrigatória, que se destina a esclarecer algumas rubricas constantes das demonstrações financeiras, de forma a torná-las mais compreensíveis para os seus utentes.

Os elementos patrimoniais foram agrupados em classes:

- as classes 1 a 5 correspondem a conta de balanço;
- as classes 6 e 7 destinam-se a registar os custos e os proveitos, respectivamente;
- a classe 8 serve para o apuramento dos resultados.

Deixaram-se livres as classes 9 e 0, destinados ao registo da contabilidade interna de custos e ao tratamento de outras informações respectivamente.

Finalmente, o presente documento referencia o código das contas, apresentando notas explicativas consideradas importantes para o seu movimento.

Compreendida a presente nota introdutória, o Plano Oficial de contabilidade apresenta, estruturalmente, os seguintes capítulos:
  I – Introdução
  II – Características de Informação Financeira
  III – Princípios Contabilísticos
  IV – Critérios de Valorimetria
  V – Balanço
  VI – Demonstração de Resultados
  VII – Anexo ao Balanço e Demonstração de Resultados
  VIII – Quadros de Contas
  IX – Código das Contas
  X – Notas explicativas sobre o âmbito e a movimentação de algumas contas.

## II – CARACTERÍSTICAS DA INFORMAÇÃO FINANCEIRA

As informações obtidas através da contabilidade devem ser claramente entendidas por um vasto e diversificado conjunto de utilizadores e, simultaneamente, dar uma imagem verdadeira e apropriada do património e dos resultados da unidade económica.

Devem, assim, as peças finais integrar as seguintes características:
  1 – Relevância;
  2 – Fiabilidade;
  3 – Comparabilidade.

### 1. Relevância

A relevância traduz-se na qualidade que as informações têm de influenciar as decisões dos seus utentes. Aqueles devem ajudá-los a avaliar os acontecimentos passados e presentes, com vista a confirmar ou corrigir as decisões tomadas.

A importância desta característica está relacionada directamente com a materialidade, determinando esta o ponto a partir do qual a informação passa a ser útil.

Para cumprir os seus objectivos, a informação deve ser obtida e colocada à disposição dos seus utilizadores em tempo útil.

### 2. Fiabilidade

A fiabilidade é a qualidade da informação que está isenta de erros materiais e juízos prévios, mostrando de forma apropriada as operações e outros factos ocorridos.

Assim, para ser fácil a informação deve ser neutra.

### 3. Comparabilidade

O registo e divulgação das operações devem ser consistentes durante a vida das empresas, permitindo a comparabilidade entre as peças contabilísticas de exercícios diferentes.

Esta característica permite analisar a evolução da empresa e prever o futuro da mesma.

A necessidade de que as demonstrações financeiras sejam comparáveis não inviabiliza, porém, que, em circunstâncias especiais, o registo e divulgação das operações sejam alterados com vista a melhorar a qualidade da informação. Este facto deverá ser relatado no "Anexo ao Balanço e Demonstração de Resultados".

## III – PRINCÍPIOS CONTABILÍSTICOS

A contabilidade tem necessariamente de ser um instrumento de grande uniformidade e aceitação. Por um lado deve ter-se em consideração que as informações por ela prestadas ultrapassam o âmbito da empresa e dos seus mais directos colaboradores, revestindo interesse para um vasto conjunto de utilizadores (credores, financiadores, administração fiscal, etc.). Por outro, a sua execução deve fundar-se num conjunto de princípios que permitam obter uma imagem verdadeira e apropriada da situação financeira e dos resultados das operações da empresa.

**1.º Princípio da continuidade**
A actividade da empresa deve ser considerada em contabilidade, pressupondo-se que não existe intenção nem necessidade de esta entrar em liquidação ou de reduzir, de forma significativa, o volume das sua operações.

**2.º Princípio da uniformidade**
As políticas contabilísticas devem manter-se de um período económico para o outro. Isto é, os princípios, bases, convenções, regras e procedimentos adoptados, devem ser uniformemente seguidos.

**3.º Princípio da especialização dos exercícios**
Os proveitos e ganhos devem ser considerados no período contabilístico em que foram obtidos ou realizados, independentemente do seu recebimento. Do mesmo modo, os custos e perdas devem ser considerados no exercício em que foram incorridos ou realizados, independen-temente do momento do seu pagamento.
Assim, devem os proveitos e os custos ser incluídos nas demonstrações financeiras dos períodos a que respeitam.

**4.º Princípio do custo histórico**
Os registos contabilísticos devem basear-se em custos de aquisição ou de produção.

**5.º Princípio da prudência**
Deve usar-se de prudência na elaboração das demonstrações financeiras, integrando nelas um grau de precaução para riscos previsíveis e perdas eventuais que tenham a sua origem no exercício, sem, contudo, permitir a criação de reservas ocultas, provisões excessivas ou a deliberada quantificação de activos e proveitos por defeito, ou de passivos e custos por excesso.

**6.º Princípio da materialidade**
As demonstrações financeiras devem evidenciar todos os elementos que sejam revelantes e que possam afectar avaliações ou decisões pelos utentes interessados.

**7.º Princípio da não compensação de saldos**
Segundo este princípio, as contas do activo e do passivo devem ser valorizadas separadamente.

**8.º Princípio da correspondência de balanços consecutivos**
O balanço de abertura deve corresponder ao balanço de encerramento do exercício precedente.

## IV – CRITÉRIOS DE VALORIMETRIA

### 1. Disponibilidades

As disponibilidades em moeda estrangeira devem ser apresentadas no balanço do fim do exercício, ao câmbio que vigorar nessa data.

As diferenças de câmbio apuradas são contabilizadas nas contas:
685 – Custos e perdas financeiras – Diferenças de câmbio desfavoráveis
785 – Proveitos e ganhos financeiros – Diferenças de câmbios favoráveis

### 2. Terceiros

As operações, em moeda estrangeira, efectuadas com terceiros são registadas ao câmbio que vigorar na data da operação, excepto se o câmbio estiver fixado pelas partes ou garantido por uma terceira entidade.

Na data do balanço, não estando o câmbio fixado ou garantindo, as dívidas de terceiros e os créditos destes sobre a empresa, serão actualizados com base no câmbio dessa data, se não existirem expectativas de que o ganho ou a perda é reversível.

As diferenças de câmbio favoráveis serão registadas na conta 785 e as diferenças de câmbio desfavoráveis na conta 685.

As provisões para cobranças duvidosas e para riscos e encargos não devem ultrapassar as necessidades.

### 3. Existências

3.1. As existências serão valorizadas de acordo com os seguintes critérios:
   1) Custo de aquisição ou de produção.
   2) Preço de venda, deduzido da margem normal de lucro.
   3) Valorimetrias especiais.

3.2. Para as saídas poderão ser utilizados os seguintes métodos de custos:
   a) Custo específico;
   b) FIFO – As saídas são valorizadas ao preço das existências mais antigas (primeira entrada, primeira saída);
   c) LIFO – As saídas são valorizadas ao preço das existências mais recentes (última entrada, primeira saída);
   d) Custo médio ponderado.

3.3. O custo de aquisição corresponde à soma do preço de compra com os gastos suportados, directa ou indirectamente, para colocar o bem no seu estado actual e no local de armazenagem, compreendendo, nomeadamente, os impostos, direitos aduaneiros, transportes, seguros e descontos comerciais obtidos.

3.4. O custo de produção corresponde à soma dos custos que foi necessário suportar para produzir e colocar os produtos no estado em que se encontram e no local de armazenagem:
   – Matérias-primas e outros materiais directo consumidos.
   – Mão-de-obra directa.

– Custos industriais variáveis.
– Custos industriais fixos, tendo em conta a capacidade de produção.
Não são imputáveis ao custo de produção os custos financeiros e os custos de administração geral.

3.5. Quando o custo de aquisição ou de produção for superior ao preço de mercado, deverá constituir-se uma provisão correspondente à respectiva diferença.
Entende-se por preço de mercado:
– *O custo de reposição*, tratando-se de matérias-primas ou de materiais a integrar no processo produtivo. Este corresponde ao valor que seria necessário despender para substituir as existências, nas mesmas condições de qualidade, quantidade e local de aquisição.
– *O preço de venda* tratando-se de mercadorias ou produtos.

3.6. Nas actividades em que o processo produtivo se prolongue por mais de um exercício, designadamente, na construção de edifícios, estradas, barragens, pontes, etc., os produtos e trabalhos em curso devem ser valorizados pelo método da percentegem de acabamento.
Quando não for possível utilizar este método, os custos e os proveitos poderão ser diferidos para o final da execução dos trabalhos, apurando-se nesse ano o respectivo resultado.

3.7. A valorização ao preço de venda, deduzido da margem normal de lucro, poderá ser utilizada nos sectores de actividade em que o cálculo do custo de aquisição ou de produção se torne excessivamente oneroso, ou não possa ser apurado com razoável rigor.

3.8. Poderão ser utilizados outros critérios, para casos especiais, desde que devidamente justificados e legalmente aceites.

## 4. Imobilizações

4.1. Os bens do activo imobilizado devem ser valorizados ao custo de aquisição ou de produção.

4.2. Os elementos que tiverem uma vida útil limitada, ficam sujeitos a uma amortização durante esse período de acordo com o deperecimento efectivo.

4.3. O custo de aquisição ou de produção dos elementos do activo imobilizado deve ser determinado de acordo com as regras definidas para as existências.

4.4. Tratando-se de imobilizações financeiras (excluindo os imóveis), poderá ser constituída uma provisão quando o valor registado na contabilidade for superior ao seu valor de mercado, à data do balanço. A provisão será constituída pela diferença entre os referidos valores.

## V – BALANÇO

O Balanço deve ser elaborado segundo o modelo horizontal, incluindo no 1.º membro o Activo e no 2.º membro o Capital Próprio e o Passivo.

A descrição do Activo obedece a regras de liquidez crescente, numa óptica económica.

No 2.º membro, o Capital Próprio aparece em primeiro lugal.

O "Resultado líquido do exercício" e os "Resultados transitados", quando negativos, são indicados entre parêntesis.

A descrição do passivo deve ser apresentada segundo as regras de exigibilidade crescente, sendo indicado a seguir ao Capital Próprio.

Porém, a rubrica "Acréscimos e Diferimentos" é referida em último lugar, quer no Activo, quer no Passivo, não seguindo as regras da liquidez e da exigibilidade crescentes.

## BALANÇO SINTÉTICO

| Código das contas | | Importâncias | | |
|---|---|---|---|---|
| | | AB | AP | AL |
| | ACTIVO | | | |
| | Imobilizado: | | | |
| 43 + 44 | Imobilizações Incorpóreas | X | X | X |
| 42 + 44 | Imobilizações corpOreas | X | X | X |
| 41 + 44 | Imobilizações financeiras | X | X | X |
| | | X | X | X |
| | Circulante: | | | |
| | Existências: | | | |
| 32 | Mercadorias | X | X | X |
| 33 a 34 | Produtos acabados e intermédios | X | X | X |
| 36 | Matérias-primas, subsidiárias e de consumo | X | X | X |
| | Dívidas de terceiros: | | | |
| | Médio e longo prazo (a) | X | X | X |
| | Curto prazo | X | X | X |
| 21 | Clientes | X | X | X |
| 25 | Sócios | X | X | X |
| 22 + 26 | Outros devedores | X | X | X |
| 11 a 14 | Depósitos bancários e caixa | X | | X |
| | | X | X | X |
| 27 | Acréscimos e diferimentos | X | | X |
| | Total do activo | X | X | X |

## BALANÇO SINTÉTICO

| Código das contas | | Importâncias |
|---|---|---|
| | CAPITAL PRÓPRIO E PASSIVO | |
| | Capital próprio: | |
| 51 | Capital | X |
| 52 | Acções (quotas) próprias | X |
| 53 | Prestações suplementares | X |
| 55 | Reservas legais e estatutárias | X |
| 56 | Reservas de reavaliação | X |
| 57 | Reservas livres | X |
| 59 | Resultados transitados | ±X |
| | Subtotal | ±X |
| 88 | Resultado líquido do exercício | ±X |
| 89 | Lucros antecipados | -X |
| | Total do capital próprio | ±X |
| | Passivo | |
| 29 | Provisões para riscos e encargos | X |
| | Dívidas a terceiros: | |
| | Médio e longo prazo (a) | |
| | Curto prazo | |
| 22 | Fornecedores | X |
| 23 | Empréstimos obtidos | X |
| 24 | Estado e outras entidades públicas | X |
| 25 | Sócios (accionistas) | X |
| 21 + 26 | Outros credores | X |
| | | X |
| 27 | Acréscimo e diferimentos | X |
| | Total do passivo | X |
| | Total do capital próprio e do passivo | X |

## BALANÇO ANALÍTICO

| Código das contas | | Importâncias |
|---|---|---|
| | **CAPITAL PRÓPRIO E PASSIVO** | |
| | Capital próprio: | |
| 51 | Capital | X |
| 52 | Acções (quotas) próprias | X |
| 53 | Prestações suplementares | X |
| 55 | Reservas legais e estatutárias | X |
| 56 | Reservas de reavaliação | X |
| 57 | Reservas livres | X |
| 59 | Resultados transitados | ±X |
| | Subtotal | ±X |
| 88 | Resultado líquido do exercício | ±X |
| 89 | Lucros antecipados | -X |
| | Total do capital próprio | ±X |
| | Passivo | |
| 29 | Provisões para riscos e encargos | X |
| | Dívidas a terceiros: | |
| | Médio e longo prazo (a) | |
| | Curto prazo | |
| 22 | Fornecedores | X |
| 23 | Empréstimos obtidos | X |
| 24 | Estado e outras entidades públicas | X |
| 25 | Sócios (accionistas) | X |
| 21 + 26 | Outros credores | X |
| | | X |
| 27 | Acréscimo e diferimentos | X |
| | Total do passivo | X |
| | Total do capital próprio e do passivo | X |

## BALANÇO ANALÍTICO

| Código das contas | | Importâncias | | |
|---|---|---|---|---|
| | | AB | AP | AL |
| | Dívidas de terceiros – Médio e longo prazo (a) | X | X | X |
| | Dívidas de terceiro – Curto praso: | | | |
| 211 | Clientes, c/c | X | X | X |
| 212 | Cliente – Letras a receber | X | X | X |
| 218 | Clientes de cobrança duvidas | X | X | X |
| 251 | Sócio (accionistas) | X | X | X |
| 229 | Adiantamentos a fornecedores | X | | X |
| 2619 | Adiantamentos a fornecedores de imobilizado | X | | X |
| 24 | Estado e outras entidades públicas | X | X | X |
| 262+267+268 | Outros devedores | X | X | X |
| 264 | Subscritores de capital | X | X | X |
| | | X | X | X |
| | Depósitos bancários e caixa: | | | |
| 12+13+14 | Depósitos bancários | X | | X |
| 11 | Caixa | X | | X |
| | | X | | X |
| | Acréscimos e diferimentos: | | | |
| 271 | Acréscimos de proveitos | X | | X |
| 272 | Custos diferidos | X | | X |
| | | X | | X |
| | Total de amortizações | | X | |
| | Total de provisões | | X | |
| | Total do activo | X | X | X |

## BALANÇO ANALÍTICO

| Código das contas | | Importâncias |
|---|---|---|
| | CAPITAL PRÓPRIO E PASSIVO | |
| | Capital próprio: | |
| 51 | Capital | +X |
| 521 | Acções (quotas) próprias - valor nominal | -X |
| 522 | Acções (quotas) próprias - Descontos e prémios | ±X |
| 53 | Prestações suplementares | +X |
| 55 | Reservas legais e estatutárias | +X |
| 56 | Reservas de reavaliação | +X |
| 57 | Reservas livres | +X |
| 59 | Resultados transitados | ±X |
| | Subtotal | ±X |
| 88 | Resultados líquidos do exercício | ±X |
| 89 | Lucros antecipados | -X |
| | Total do capital próprio | ±X |
| | Passivo: | |
| | Provisões para riscos e encargos: | |
| 291 | Provisões para o imposto | X |
| 293/8 | Outras provisões para riscos e encargos | X |
| | | X |
| | Dívidas a terceiros – Médios e longo prazo (a) | X |
| | | |

## BALANÇO ANALÍTICO

| Código das contas | | Importâncias |
|---|---|---|
| | Dívidas a terceiros – Curto prazo: | |
| 231 | Empréstimos bancários | X |
| 232 | Empréstimos por obrigações | X |
| 239 | Outros empréstimos obtidos | X |
| 221 | Fornecedores. c/c | X |
| 222 | Fornecedores – Letras a pagar | X |
| 2611 | Fornecedores de imoiblizado. c/c | X |
| 2612 | Fornecedores de imobilizados – Letras a pagar | X |
| 219 | Adiantamentos de clientes | X |
| 24 | Estado e outras entidades públicas | X |
| 251 | Sócios (accionistas) | X |
| 262 a 268 | Outros credores | X |
| | Acréscimos e custos | |
| 273 | Acréscimos e diferimentos | X |
| 274 | Proveitos diferidos | X |
| | | X |
| | Total do passivo | X |
| | Total do capital próprio e do passivo | X |

Observação:
(a) A desenvolver, segundo as rubricas existentes no "curto prazo", atendendo às provisões da cobrança ou exigibilidade da dívida ou de parte dela, a mais de um ano.

Abreviaturas:
AB – Activo bruto
AP – Amortização a previsões acumuladas
AL – Activo líquido

## VI – DEMONSTRAÇÃO DE RESULTADOS

Os resultados da actividade da empresa, tendo em vista uma melhor qualidade da informação financeira, deve ser apresentado separando os resultados extraordinários dos resultados correntes que, por sua vez, serão subdivididos em operacionais e financeiros.

Esta forma de apresentação dos resultados possibilita medir a eficiência económica da gestão da empresa, uma vez que separa as rubricas relacionadas com as actividades normais e correntes das extraordinárias.

A Demonstração de resultados deve ser elaborada segundo o modelo horizontal, permitindo obter uma imagem global dos resultados.

Na Nota 14 do Anexo ao Balanço e demonstração de Resultados serão discriminados os custos registados nas contas 63 – Fornecimentos e Serviços Externos, 64 – Impostos e 65 – Custos com o Pessoal.

As demonstrações de resultados financeiros extraordinários devem constar das notas 15 e 16 do Anexo ao Balanço e Demonstração de Resultados.

## DEMONSTRAÇÃO DOS RESULTADOS

| Código das contas | | Importâncias | |
|---|---|---|---|
| | CUSTOS E PERDAS | | |
| 61 | Custo das mercadorias vendidas e das matérias consumidas: | | |
| | Mercadorias | X | |
| | Matérias | X | X |
| 62 | Subcontratos | | |
| 63 | Fornecimentos e serviços externo | | X |
| 65 | Custos com o pessoal | | X |
| 66 | Amortizações do imobilizado corpóreo e incorpóreo | X | |
| 67 | Provisões | X | X |
| 64 | Impostos | | X |
| | | | X |
| | (A).................................. | | X |
| 68 | Custos e perdas financeiros | | |
| | (C).................................. | | X |
| | | | X |
| 69 | Custos e perdas extraordinários | | |
| | (E).................................. | | X |
| | | | X |
| 86 | Imposto sobre os lucros | | |
| | (G).................................. | | X |
| | | | ±X |
| 88 | Resultado líquido do exercício | | X |

## DEMONSTRAÇÃO DOS RESULTADOS

| Código das contas | | Importâncias | |
|---|---|---|---|
| | PROVEITOS E GANHOS | | |
| 71 | Vendas: | | |
| | Mercadorias | X | |
| | Produtos | X | |
| 72 | Prestações de serviços | X | X |
| | Variações da produção (1) | | ±X |
| 73 | Proveitos suplementares | X | |
| 74 | Subsídios à exploração | X | |
| 75 | Trabalhos para a própria empresa | | X |
| 76 | Outros proveitos e ganhos operacionais | X | X |
| | (B)...................... | | X |
| 78 | Proveitos e ganhos financeiros | | X |
| | (D)...................... | | X |
| 79 | Proveitos e ganhos extraordinários | | X |
| | (F)...................... | | X |
| RESUMO | | | |
| Resultados operacionais: (B) – (A)=............... | | | X |
| Resultados financeiros: (D-B) - (C-A) =............. | | | X |
| Resultados correntes: (D) - (C) =............... | | | X |
| Resultado antes de impostos :(F) - (E) =............. | | | X |
| Resultados líquidos do exercício:(F) -(G)............. | | | X |

(1) Diferença algébrica entre as existências finais e iniciais do "produtos acabados o intermédios" (C/33), Subprodutos e desperdícios resíduos o refugos (C/34) e "produtos e trabalhos em curso" (C/35), tomando ainda em consideração o movimento registado em "Regularizações de existências (C/38)".

## VII – NEXO AO BALANÇO E DEMONSTRAÇÃO DE RESULTADOS

O anexo ao Balanço e Demonstração de Resultados (ABDR) é um documento que complementa as demonstrações financeiras, das quais faz parte integrante.

Deve conter as informações indispensáveis, de forma a que, as demonstrações financeiras apresentam uma imagem verdadeira e apropriada do Activo, do passivo e dos resultados da empresa, nomeadamente as seguintes:

1.º Indicação e justificação do incumprimento dos princípios contabilísticos adoptados pelo presente POC.

2.º Referência aos critérios valorimétricos utilizados em cada uma das rubricas do Balanço e da Demonstração de Resultados.

3.º Indicação das cotações utilizadas, para conversão, em moeda nacional, das contas originariamente expressas em moeda estrangeira.

4.º Explicitação dos movimentos ocorridos nas diversas contas do Activo Imobilizado e nas respectivas contas de amortizações e provisões, nomeadamente no que respeita a:

a) Aquisições;

b) Reavaliações;
c) Saídas por venda, abate ou sinistro;
d) Amortizações, evidenciando, relativamente a cada bem, o valor e o ano de aquisição, as taxas praticadas, as amortizações do exercício e as acumuladas, bem como o valor residual.

5.º Referência aos métodos utilizados para a reavaliação.
Elaboração de mapa discriminando os bens reavaliação e evidenciando:
a) O custo de aquisição;
b) As amortizações acumuladas;
c) O custo de aquisição reavaliado;
d) As amortizações acumuladas corrigidas.

6.º Indicação dos bens utilizados em regime de locação financeira.

7.º Identificação das empresas associadas e das empresas participadas, com indicação da fracção de capital detido (valor e percentagem).

8.º Elaboração de mapa relativo às provisões

| CONTAS | Saldo inicial | Aumento | Redução | Saldo final |
|---|---|---|---|---|
| 28– Provisões para cobranças duvidosas: | | | | |
| 29– Provisões para riscos e encargos: | | | | |
| 39– Provisões para depreciação de existências: | | | | |
| 49– Provisões para imobilizações financeiras: | | | | |

9.º Discriminação das divisas ao "Estado e outras entidades públicas" (contas 24).

10.º Referência à movimentação ocorrida no exercício, nas contas de Capital, de Reservas e de Resultados transitados, nomeadamente, no que respeita a reservas de reavaliação e distribuição de lucros retidos.

11.º Demonstração do custo das mercadorias vendidas e das matérias consumidas, indicando o montante de:
 – Existências iniciais;
 – Compras;
 – Regularização de existências;
 – Existências finais;
 – Custo do exercício.

12.º Demonstração da variação da produção, indicando os montantes de:
 – Existências iniciais;
 – Regularização de existências;

– Existências finais;
– Aumento ou diminuição no exercício.

13.º Identificação do valor líquido das compras, das vendas e dos serviços prestados, efectuado nos mercado interno e no mercado externo.

14.º Discriminação dos valores registados nas subcontas do terceiro grau (4 dígitos) correspondente às seguintes contas:

    63 – Fornecimentos e Serviços Externos
    64 – Impostos
    65 – Custos com o Pessoal

15.º Demonstração dos resultados financeiros:

| Custos e perdas | Importâncias | Proveitos e ganhos | Importâncias |
|---|---|---|---|
| 681 - Juros suportados | X | 781 - Juros obtidos | X |
| 682 - Descontos de pronto pagamento concedidos | X | 782 - Descontos de pronto pagamento obtidos | X |
| 685 - Diferenças de câmbio desfavoráveis | X | 783 - Rendimentos de imóveis | X |
|  |  | 784 - Rendimentos de participações de capital | X |
| 686 - Amortizações de investimentos em imóveis | X | 785 - Diferenças de câmbio favoráveis | X |
| 687 - Provisões para imobilizações | X |  |  |
| 688 - Outros custos e perdas financeiros | X | 788 - Outros proveitos e ganhos financeiros | X |
| Resultados financeiros | ±X |  | X |
|  | X |  | X |

16.º Demonstração dos resultados extraordinários, como segue:

| Custos e perdas | Importâncias | Proveitos e ganhos | Importâncias |
|---|---|---|---|
| 691 - Donativos |  | 791 - Restituição de impostos | X |
| 692 - Dívidas incobráveis | X | 792 - Recuperação de dívidas | X |
| 693 - Perdas em existências | X | 793 - Ganhos em existências | X |
| 694 - Perdas em imobilizações | X | 794 - Ganhos em imobilizações | X |
| 695 - Multas e penalidades | X | 795 - Benefícios de penalidades Contratuais | X |
| 696 - Aumentos de amortizações e provisões | X | 796 - Reduções de amortizações e de provisões | X |
| 697 - Correcções relativas a exercícios anteriores | X | 797 - Correcções relativas a exercícios anteriores | X |
| 698 - Outros custos e perdas extraordinários | X | 798 - Outros proveitos e ganhos extraordinários | X |
| Resultados extraordinários | ±X |  |  |
|  | X |  | X |

17.º Informações exigidas por diplomas legais.
18.º Outras informações consideradas relevantes para melhor compreensão da posição financeira e dos resultados.

## VIII – QUADRO DE CONTAS

As contas encontram-se agrupadas em 8 classes, tendo-se reservado a classe 9 para a Contabilidade de custos e a classe para o tratamento de outras informações.

As contas de balanço estão compreendidas nas seguintes classes:
1 – Disponibilidades
2 – Terceiros
3 – Existências
4 – Imobilizações
5 – Capital, Reservas e Resultados transitados

As contas de resultados estão incluídas nas classes:
6 – Custos e perdas
7 – Proveitos e Ganhos

Os resultados são apurados na classe 8.

Admite-se em diversas contas que as empresas possam criar subcontas de acordo com as suas necessidades, desde que estas respeitem o âmbito da conta principal.

Esta faculdade está evidenciada por reticências, no capítulo relativo ao "Código das Contas".

## QUADRO DE CONTAS

| 1 - Disponibilidades | 2 - Terceiros | 3 - Existências | 4 - Imobilizações | 5 - Capital, reservas e resultados transitados |
|---|---|---|---|---|
| 11- Caixa. | 21- Clientes. | 31- Compras. | 41- Imobilizações financeiras. | 51- Capital. |
| 12- Depósitos à ordem. | 22- Fornecedores. | 32- Mercadorias. | 42- Imobilizações corpóreas. | 52- Acções (quotas) próprias. |
| 13- Depósitos a prazo | 23- Empréstimos obtidos. | 33- Produtos acabados e intermédios. | 43- Imobilizações incorpóreas. | 53- Prestações suplementares. |
| 14- Outros depósitos bancários. | 24- Estado e outras entidades públicas. | 34- Subprodutos, desperdícios, resíduos e refugos. | 44- Imobilizações em curso |  |
|  | 25- Sócios (accionistas). | 35- Produtos e trabalhos em curso. |  | 55- Reservas legais e estatutárias. |
|  | 26- Outros devedores e credores | 36- Matérias-primas, subsidiárias e de consumo. |  | 56- Reservas de reavaliação. |
|  | 27- Acréscimos e deferimentos. |  |  | 57- Reservas livres. |
|  | 28- Provisões para cobranças duvidosas | 38- Regularização de existências. | 48- Amortizações Acumuladas. |  |
|  | 29- Provisões para riscos e encargos. | 39- Provisões para depreciação de existências. | 49- Provisões para Imobilização financeira. | 59- Resultados transitados. |

## QUADRO DE CONTAS

| 6 – Custos e perdas | 7 – Proveitos e ganhos | 8 – Resultados | 9 – Contabilidade de custos | 0 .... |
|---|---|---|---|---|
| 61- Custos das mercadorias vendidas e das matérias consumidas | 71- Vendas | 81- Resultados operacionais. | | |
| 62- Subcontratos. | 72- Prestações de serviços. | 82- Resultados financeiros. | | |
| 63- Fornecimentos e serviços externos. | 73- Proveitos suplementares. | 83- (Resultados correntes). | | |
| 64- Contribuições e impostos. | 74- Subsídios à exploração. | 84- Resultados extraordinários. | | |
| 65- Custos com o pessoal. | 75- Trabalhos para a própria empresa. | 85- (Resultados antes dos impostos). | | |
| 66- Amortizações do exercício. | 76- Outros preveitos e ganhos operacionais. | 86- Impostos sobre os lucros. | | |
| 67- Provisões do exercício. | | | | |
| 68- Custos e perdas financeiras. | 78- Proveitos e ganhos financeiros. | 88- Resultados líquido do exercício. | | |
| 69- Custos e perdas extraordinários. | 79- Proveitos e ganhos extraordinários. | 89- Lucros antecipados. | | |

## IX – CÓDIGO DAS CONTAS

### CLASSE 1 – DISPONIBILIDADES

**11 Caixa**
   111 Caixa A
   112 Caixa B
   ...................
   119 Transferências de caixa

**12 Depósitos à ordem**
   ...................
   ...................

**13 Depósitos a prazo**
   ...................
   ...................

**14 Outros depósitos bancários**
   ...................
   ...................

### CLASSE 2 – TERCEIROS

**21 Clientes**
   211 Clientes c/c
   212 Clientes – Letras e outros títulos a receber
   ...................
   218 Clientes de cobrança duvidosa
   219 Adiantamentos de clientes

**22 Fornecedores**
   221 Fornecedores c/c
   222 Fornecedores – Letras e outros e outros títulos a pagar
   ...................
   229 Adiantamentos a fornecedores

**23 Empréstimos obtidos**
   231 Empréstimos bancários
   232 Empréstimos por obrigações
   ...................
   239 Outros empréstimos obtidos

**24 Estado e outras entidades públicas**
   241 Impostos sobre os lucros
   242 Retenção de Impostos profissional
   243 Retenção de imposto de capitais
   244 Tributos de autarquias locais
   245 Retenção de impostos do selo
   ...................
   249 Outros impostos

**25 Sócios (accionistas)**
  251 Empréstimos
  252 Adiantamentos por conta de lucros
  253 Lucros disponíveis
  ...................
  259 Outras operações

**26 Outros devedores e credores**
  261 Fornecedores de imobilizado
    2611 Fornecedores de imobilizado, c/c
    2612 Fornecedores de imobilizado – Letras a pagar
    ...................
    2619 Adiantamentos a fornecedores de imobilizado
  262 Pessoal
    2621 Remunerações a pagar aos órgãos sociais
    2622 Remunerações a pagar ao pessoal
    2623 Adiantamentos aos órgãos sociais
    2624 Adiantamentos ao pessoal
    ...................
    2628 Outras operações com os órgão sociais
    2629 Outras operações com o pessoal
  263 Sindicatos
  264 Subscritores de capital
    2641 Entidades públicas
    2642 Entidade privadas
    ...................
    2649 Outras entidades
  265 Instituições de previdência
    2651 Instituto Nacional de seguros e Previdência Social
    ...................
    ...................
  267 Consultores, assessores e intermediários
  268 Devedores e credores diversos

**27 Acréscimos e diferimentos**
  271 Acréscimos de proveitos
    2711 Juros a receber
    ...................
    2719 Outros acréscimos de proveitos
  272 Custos diferidos
    2721 ———————
    2722 Campanhas publicitárias
    ...................
    2728 Diferenças de câmbio desfavoráveis
    2729 Outros custos diferidos
  273 Acréscimos de custos
    2731 Seguros a liquidar
    2732 Remunerações a liquidar

      2733 Juros a liquidar
      ..................
      2739 Outros acréscimos de custos
274 Proveitos diferidos
      ..................
      2745 Subsídios para investimentos
      ..................
      2748 Diferenças de câmbio favoráveis
      2749 Outros proveitos diferidos

**28 Provisões para cobranças duvidosas**
..................

**29 Provisões para riscos e encargos**
      291 Impostos
      ..................
      293 Processos judiciais em curso
      294 Acidentes no trabalho e doenças profissionais
      ..................
      298 Outros riscos e encargos

CLASSE 3 – EXISTÊNCIAS

**31 Compras**
      312 Mercadorias
      ..................
      316 Matérias-primas, subsidiárias e de consumo
          3161 Matérias-primas
          3162 Matérias subsidiárias
          3163 Matérias diversos
          3164 Embalagens de consumo
          ..................
      317 Devoluções de compras
      318 Descontos e abatimentos em compras
      319 ........................

**32 Mercadorias**
      ................
      ................
      324 Embalagens
      325 Mercadorias em trânsito
      326 Mercadorias em poder de terceiros
      ..................
      329 ....................

**33 Produtos acabados e intermédios**
      ..................
      ..................
      336 Produtos em poder de terceiros
      339 ...............

**34 Subprodutos, desperdícios, resíduos e refugos**
....................

**35 Produtos e trabalhos em curso**
....................
....................

**36 Matérias-primas, subsidiárias e de consumo**
361 Matérias-primas
362 Matérias subsidiárias
363 Matériais diversos
364 Embalagens de consumo
365 Matérias e materiais em trânsito
.......................
369 ..........................

**38 Regularizações de existências**
382 Mercadorias
383 Produtos acabados e intermédios
384 Subprodutos, desperdícios, resíduos e refugos
385 .................
386 Matérias-primas, subsidiárias e de consumo

**39 Provisões para depreciação de existências**
392 Mercadorias
393 Produtos acabados e intermédios
394 Subprodutos, desperdício, resíduos e refugos
395 Produtos e trabalhos em curso
396 Matérias – primas, subsidiárias e de consumo

## CLASSE 4 – IMOBILIZAÇÕES

**41 Imobilizações financeiras**
411 Partes de capital
412 Obrigações e título de participação
413 Empréstimos de financiamento
414 Investimentos em imóveis
    4141 Terrenos e recursos naturais
    4142 Edifícios e outras construções
    ....................
415 Outras aplicações financeiras
    4151 Depósitos bancários
    4152 Título da dívida pública
    .....................

**42 Imobilizações corpóreas**
421 Terrenos e recursos naturais
422 Edifícios e outras construções
423 Equipamento básico

424 Equipamento de transporte
425 Ferramentas e utensílios
426 Equipamento administrativo e social
427 Taras e vasilhame
..........................
429 Outras imobilizações corpóreas

**43 Imobilizações incorpóreas**
431 Despesas de instalação e expansão
432 Propriedade industrial e outros direitos
433 Trespasses

**44 Imobilizações em curso**
....................

**48 Amortizações acumuladas**
481 De investimentos em imóveis
    4811 Terrenos e recursos naturais
    4812 Edifícios e outras construções
482 De imobilizações corpóreas
4821 Terrenos e recursos naturais
4822 Edifícios e outras construções
4823 Equipamento básico
4824 Equipamento de transporte
4825 Ferramentas e utensílios
4826 Equipamento administrativo e social
    4827 Taras e vasilhame
    ................
    4829 Outras imobilizações corpóreas
483 De imobilizações incorpóreas
    4831 Despesas de instalação e expansão
    4832 Propriedade industrial e outros direitos
    4833 Trespasses

**49 Provisões para imobilizações financeiras**
491 Partes de capital
    492 Obrigações e título de participação
    493 Empréstimos de financiamento
    ..................
    495 Outras aplicações financeiras

## CLASSE 5 – CAPITAL, RESERVAS E RESULTADOS TRANSITADOS

**51 Capital**
..................

**52 Acções (quotas) próprias**
521 Valor nominal
522 Descontos e prémios

**53 Prestações suplementares**
................
................
................

**55 Reservas legais e estatutárias**
................

**56 Reservas de reavaliação**
................

**57 Reservas livres**
................

**59 Resultados transitados**

## CLASSE 6 – CUSTOS E PERDAS

**61 Custo das mercadorias vendidas e das matérias consumidas**
    612 Mercadorias
    ...................
    616 Matérias-primas, subsidiárias e de consumo
        6161 Matérias-primas
        6162 Matérias subsidiárias
        6163 Materiais diversos
        6164 Embalagens de consumo
        ....................
    619 ........................

**62 Subcontratos**

**63 Fornecimentos e serviços externos**
    631 Fornecimentos
        6311 Electricidade
        6312 Combustíveis e outros fluídos
        6313 Água
        6314 ........................
        6315 Ferramentas e utensílios de desgaste rápido
        6316 Livros e documentação técnica
        6317 Material de escritório
        6318 Artigos para oferta
        6319 Outros fornecimentos
    632 Serviços
        6321 Renda e a alugueres
        6322 Comunicação
        6323 Seguros
        6324 Royalties
        6325 Transportes de mercadorias
        6326 Despesas de representação

6327 Deslocações e estadas
6328 Comissões
6329 Honorários
633 Serviços
6331 Contencioso e notariado
6332 Conservação e reparação
6333 Publicidade e propaganda
6334 Limpeza, higiene e conforto
6335 Vigilância e segurança
6336 Trabalhos especializados
6337 Quotizações
.........................
6339 Outros serviços

**64 Contribuições e impostos**
641 Impostos indirectos
6411 Direitos aduaneiros
6412 ...............
6413 Imposto do selo
6414 Impostos sobre transportes rodoviários
.........................
6417 Taxas
6418 Outros Impostos indirectos
6419 ................
642 Impostos directos
6421 Impostos de capitais
6422 Contribuição predial
....................
649 .........................

**65 Custos como pessoal**
651 Remunerações dos órgãos sociais
652 Remunerações do pessoal
.........................
655 Encargos sobre remunerações
656 Seguros de acidentes no trabalho e doenças profissionais
...................
659 Outros custos com o pessoal

**66 Amortizações do exercício**
662 Imobilizações corpóreas
6621 Terrenos e recursos naturais
6622 Edifícios e outras construções
6623 Equipamento básico
6624 Equipamento de transporte
6625 Ferramentas e utensílios
6626 Equipamento administrativo e social
6627 Taras e vasilhame
6628 Outras imobilizações corpóreas

663 Imobilizações incopóreas
    6631 Despesas de instalação e expansão
    6632 Propriedade industrial e outros direitos
    6633 Trespasses

## 67 Provisões do exercício
671 Para cobranças duvidosas
672 Para riscos e encargos
    6721 Impostos
    ..................
    6723 Processos judiciais em curso
    6724 Acidentes de trabalho e doenças profissionais
    ..........................
    6728 Outros riscos e encargos
    6729 ....................
673 Para depreciação de existências
    6732 Mercadorias
    6733 Produtos acabados e intermédios
    6734 Subprodutos, desperdícios, resíduos e refugos
    6735 Produtos e trabalhos em curso
    6736 Matérias-primas, subsidiárias e de consumo
    ..................
    6739. ..........
679 ..................

## 68 Custos e perdas financeiros
681 Juros suportados
    6811 Empréstimos bancários
    6812 Empréstimos por obrigações e por títulos de participação
    6813 Outros empréstimos obtidos
    6814 Descontos de letras e outros títulos
    6815 Juros de mora e compensatórios
    6816 Juros de acordos
    ................
    6818 Outros juros
682 Descontos de pronto pagamento concedidos
..................
685 Diferenças de câmbio desfavoráveis
686 Amortizações de investimentos em imóveis
    6861 Terrenos e recursos naturais
    6862 Edifícios e outras construções
687 Provisões para imobilizações financeiras
    6871 Partes de capital
    6872 Obrigações e títulos de participação
    6873 Empréstimos de financiamento
    ..................
    6875 Outras aplicações financeiras
688 Outros custos e perdas financeiros

6881 Serviços bancários
  ..................
  6888 Outros não especificados
689 ....................

**69 Custos e perdas extraordinários**
  691 Donativos
  692 Dívidas incobráveis
  693 Perdas em existências
    6931 Sinistros
    6932 Quebras
    6933 Ofertas
    ....................
    6938 Outras
  694 Perdas em imobilizações
    6941 Alienação de imobilizações financeiras
    6942 Alienação de imobilizações corpóreas
    6943 Alienação de imobilizações incorpóreas
    6944 Sinistros
    6945 Abates
    ......................
    6948 Outros
  695 Multas e penalidades
    6951 Multas fiscais
    6952 Multas não fiscais
    ......................
    6958 Outras penalidades
  696 Aumentos de amortizações e de provisões
    6961 Amortizações
    6962 Provisões
  697 Correcções relativas a exercícios anteriores
  698 Outros custos e perdas extraordinárias
  699 .......................

## CLASSE 7 – PROVEITOS E GANHOS

**71 Vendas**
  712 Mercadorias
  713 Produtos acabados e intermédios
  714 Subprodutos, desperdícios, resíduos e refugos
  ...............
  717 Devoluções de vendas
  718 Descontos e abatimentos em vendas.
  719 ..............

**72 Prestações de serviços**
  721 Serviço A
  722 Serviço B

...............
725 Serviços secundários
..................
728 Descontos e abatimentos
729 .......................

**73 Proveitos suplementares**
731 Serviços sociais
732 Aluguer de equipamento
733 Venda de energia
734 Estudos, projectos e assistência tecnológica
735 Royalties
736 Desempenho de cargos sociais noutras empresas
....................
738 Não especificados inerentes ao valor acrescentado
739 ......................

**74 Subsídios à exploração**
741 Do Estado e outras entidades públicas
...................
748 De outras entidades
749 .......................

**75 Trabalhos para a própria empresa**
751 Imobilizações financeiras
752 Imobilizações corpóreas
753 Imobilizações incorpóreas
754 Imobilizações em curso
755 Custos diferidos
....................
759 .........................

**76 Outros proveitos e ganhos operacionais**
761 Direitos de propriedade industrial
....................
768 Não especificado alheios ao valor acrescentado
769 ......................

**78 Proveitos e ganhos financeiros**
781 Juros obtidos
7811 Depósitos bancários
7812 Obrigações e títulos de participação
7813 Empréstimos correntes
7814 Empréstimos de financiamento
7815 .........................
7816 Outros investimentos financeiros
....................
7818 Outros juros

782 Descontos de pronto pagamento obtidos
783 Rendimentos de imóveis
784 Rendimentos de câmbio favoráveis
.................
785 Diferenças de câmbio favoráveis
.................
788 Outros proveitos e ganhos financeiros
789 ...............

**79 Proveitos e ganhos extraordinários**
   791 Restituição de impostos
   792 Recuperação de dívidas
   793 Ganhos em existências
      7931 Sinistros
      7932 Sobras
      7933 Ofertas
      ................
      7938 Outros
   794 Ganhos em imobilizações
      7941 Alienação de imobilizações financeiras
      7942 Alienação de imobilizações corpóreas
      7943 Alienação de imobilizações incopóreas
      7944 Sinistros
      ................
      7948 Outros
   795 Benefícios de penalidades contratuais
   796 Reduções de amortizações e provisões
      7961 Amortizações
      7962 Provisões
   797 Correcções relativas e exercícios anteriores
   798 Outros proveitos e ganho extraordinários
      7981 Em subsídios para investimentos
      ................
      7988 Outros não especificados
799 ...............

## CLASSE 8 – RESULTADOS

**81 Resultados operacionais**
**82 Resultados financeiros**
**83 (Resultados correntes)**
**84 Resultados extraordinários**
**85 (Resultados antes de impostos)**
**86 Impostos sobre os lucros**
**88 Resultados líquido do exercício**
**89 Lucros antecipados**

## X – NOTAS EXPLICATIVAS SOBRE O ÂMBITO E A MOVIMENTAÇÃO DAS CONTAS

### CLASSE 1 – DISPONIBILIDADES

Esta Classe inclui as disponibilidades imediatas e as aplicações da tesouraria de curto prazo. No balanço final do exercício, as disponibilidades em moeda estrangeira devem ser expressas ao câmbio oficial naquela data.

**11 Caixa**
Inclui os meios de pagamento, tais como notas de banco e moedas metálicas de curso legal, cheques e vales postais, nacionais ou estrangeiros.

**119 Transferências de caixa**
Para as empresas que utilizem várias subcontas de caixa, prevê-se o uso desta conta para as transfêrancia entre elas.

**12 Depósitos à ordem**
Respeita aos meios de pagamento existentes em contas à vista nas instituições de crédito.

**13 Depósitos a prazo; e**

**14 Outros depósitos bancários**
As operações a incluir nestas reportam-se a aplicações de tesouraria de curto prazo, ou seja por um período inferior a um ano, sendo classificadas de acordo com a legalização bancárias em vigor.

### CLASSE 2 – TERCEIROS

A arrumação das contas desta classe atende simultaneamente à diferente natureza das operações e às diversas entidades em relação com a empresa.

### CLASSE 2 – TERCEIROS

A arrumação das contas desta classe atende simultaneamente à diferente natureza das operações e às diversas entidades em relação com a empresa.
Quanto às operações:
– operações correntes
– compras e vendas de imobilizado
– adiantamentos
– operações de financiamento
– acréscimos e diferimentos
– outras operações
– Quanto as entidades:
– compradores
– vendedores
– sócios ou accionistas
– Estado

– pessoal
– outras entidades
Não inclui os empréstimos concedidos a médio e longo prazo que, por serem superiores a 1 ano, serão registados como imobilizações financeiras.

## 21 Clientes
Regista os movimentos efectuados com os compradores de mercadorias, de produtos e de serviços.

### 211 Clientes, c/c
Inclui as dívidas de clientes que não estejam representadas por letras ou outros títulos a receber ainda não vencidos.

### 212 Clientes – Letras e outros títulos a receber
Regista as dívidas de clientes que estejam representadas por letras ou outros títulos ainda não vencidos.
Debita-se pelo recebimento do título, por crédito da conta 211 – Clientes c/c.
Credita-se pela cobrança dos títulos ou pelo seu endosso.

### 218 Clientes de cobrança duvidosa
Esta conta regista as dívidas de clientes cuja cobrança se considera duvidosa.
Debita-se quando se reconhece que a cobrança é duvidosa, por crédito da conta 211 – Clientes c/c ou 212 – Clientes – Letras e outros títulos a receber, conforme os casos.
Credita-se:
a) pela cobrança da dívida;
b) quando as dívidas se tornam incobráveis.
Neste caso, haverá que distinguir:
– se não houver provisão, debita-se a conta 692 – Custos e perdas extraordinárias – Dívidas incobráveis;
– se houver provisão, debita-se a conta

### 219 Adiantamentos de clientes
Esta conta regista as entregas feitas à empresa relativas a fornecimentos de bens ou serviços ainda não concretizados.
Credita-se pelas importâncias recebidas.
Debita-se pela emissão da factura relativa ao fornecimento, por crédito da conta 211 – Clientes, c/c onde foi debitada a respectiva factura.

## 22 Fornecedores
Regista os movimentos efectuados com os vendedores de bens e serviços, com excepção dos destinados ao imobilizado (que se registam na conta 261 – Outros devedores e credores ¾ Fornecedores de imobilizado).

### 221 Fornecedores, c/c
Esta conta regista as dívidas aos fornecedores da empresa que não estejam representadas por letras ou outros títulos a pagar.

### 222 Fornecedores – Letras e outros títulos a pagar

Inclui as dívidas a fornecedores que se encontram representadas por letras ou outros títulos a pagar.

Credita-se quando se aceita uma letra a um fornecedor, por débito da conta 221 – Fornecedores, c/c.

Debita-se:
a) pelo pagamento da letra;
b) pela reforma da letra por crédito da conta 221 – Fornecedores, c/c.

### 229 Adiantamentos a fornecedores

Regista as entregas feitas pela empresa relativas a fornecimentos a efectuar por terceiros.

Pelo recebimento da factura do fornecedor os adiantamentos são transferidos para a conta 221 – fornecedores, c/c.

Debita-se pelas importâncias pagas.

Credita-se pela recepção da factura, por débito da conta 221 – Fornecedores, c/c.

### 23 Empréstimos obtidos

Nesta conta registam-se os empréstimos obtidos, com excepção dos empréstimos de sócios (ou accionistas), que se incluem na conta 25 – Sócios (ou accionistas).

### 24 Estado e outras entidades públicas

Nesta conta registam-se os movimentos relacionados com impostos, contribuições e taxas, efectuados com o Estado, Regiões, Autarquias e outras entidades públicas.

Os fornecimentos efectuados a estas entidades, numa relação de direito privado, serão registados na conta 21 – Clientes.

### 241 Impostos sobre os lucros

Esta conta debita-se pelos pagamentos efectuados (pagamentos por conta) da Contribuição Industrial.

No fim do exercício será calculada, com base na matéria colectável estimada, a Contribuição Industrial a liquidar que se registará a crédito desta conta por débito da conta 86-Impostos sobre os lucros.

Debita-se:
a) pelas entregas da Contribuição Industrial nos cofres do Estado (pagamentos por conta e auto liquidação), por crédito da conta 11 – Caixa ou 12 – Depósitos à ordem;
b) pelo excesso na estimativa da Contribuição, por crédito da conta 86 – Impostos sobre os lucros.

Credita-se:
a) pela estimativa calculada em 31/12 relativa à Contribuição que é devida pelos lucros desse exercício económico, por débito da conta 86 – Impostos sobre os lucros;
b) pela insuficiência da estimativa da Contribuição Industrial, por débito da conta 86 – Impostos sobre os lucros.

#### 242 Retenção de Imposto Profissional
Esta conta movimenta a crédito o Imposto Profissional retido nas remunerações pagas aos empregados por conta de outrem e nas prestações de serviços de profissionais por conta própria.

A débito são registadas as entregas nos cofres do Estado do imposto retido.

#### 243 Retenção de Imposto de Capitais
Esta conta regista a crédito o Imposto de Capitais retido aos sócios pelo pagamento de juros de suprimentos, de distribuição de lucros (ou dividendos) ou a outras entidades a quem sejam pagos rendimentos sujeitos a este imposto.

A débito são registadas as entregas, do imposto retido, nos cofres do Estado.

### 25 Sócios (accionistas)
Nesta conta registam-se as operações relativas às relações da empresa com os seus sócios. Excluem-se as operações em que os sócios intervêm na qualidade de fornecedores, clientes ou empregados.

#### 251 Empréstimos
Esta conta inclui os empréstimos concedidos ou obtidos.
Regista a débito:
a) os empréstimos de curto prazo concedidos aos sócios;
b) os pagamentos aos sócios por empréstimos obtidos.
Regista a crédito:
a) os empréstimos obtidos dos sócios;
b) os recebimentos de sócios por empréstimos concedidos.

Os empréstimos concedidos a médio e longo prazo são registados na conta 413 – Imobilizações financeiras – Empréstimos de financiamento.

#### 252 Adiantamentos por conta de lucros
Movimenta-se pelos adiantamentos feitos pela empresa aos sócios por conta de lucros futuros.

Credita-se por débito da conta 89 – lucros antecipados. Debita-se pelo pagamento aos sócios.

#### 253 Lucros disponíveis
Movimenta-se pelos lucros colocados à disposição dos sócios.

Credita-se pela colocação à disposição, por débito da conta 88 – Resultado líquido do exercício.

Debita-se pelo pagamento aos sócios.

### 26 Outros devedores e credores
Esta conta regista as transacções da empresa com terceiros, que não devam contabilizar-se nas outras contas pertencentes a esta classe (terceiros).

#### 261 Fornecedores de imobilizado
Regista as operações efectuadas com fornecedores de bens e serviços a incluir no Activo Imobilizado.

### 262 Pessoal

As operações relativas ao pessoal e aos órgãos sociais (Mesa de Assembleia Geral, Conselho de Administração ou Direcção, Conselho Fiscal) são registadas nesta conta.

1.º Pelo processamento dos ordenados, salários e outras remunerações:
– credita-se nesta conta o valor das remunerações a pagar, líquido da conta 242 – Estado e outras entidades públicas – Retenção de imposto Profissional) e outras deduções (registadas a créditos das entidades credoras), por débito de conta 65 – Custos com o pessoal.

2.º Debita-se pelo pagamento das remunerações líquidas, por crédito das contas de disponibilidades.

### 264 Subscritores de capital

Regista, a débito, a subscrição que os sócios fazem das partes de capital da empresa, por crédito da conta 51 – Capital.

A crédito, regista a realização da sua parte de capital, por débito das contas de disponibilidades.

### 268 Devedores e credores diversos

Esta conta regista as operações relacionadas com as vendas de imobilizado e outras não incluídas nas restantes contas desta classe.

### 27 Acréscimo e diferimentos

Esta conta permite a aplicação do princípio da especialização dos exercícios, o qual impõe o reconhecimento dos proveitos e dos custos no exercício em que foram obtidos ou incorridos, independentemente do seu recebimento ou pagamento.

### 271 Acréscimos de proveitos

Esta conta serve de contrapartida aos proveitos a incluir no exercício relativamente aos quais ainda não exista documento, que permita a sua contabilização.

Assim, debitam-se nesta conta os proveitos imputáveis ao exercício em curso, tais como juros a receber, por crédito das respectivas contas de proveitos.

### 272 Custos diferidos

Registam-se a débito desta conta as despesas ocorridas no exercício, cujo custo deva ser considerado em exercícios seguintes, tais como, campanhas publicitárias, despesas de investigação e desenvolvimento, rendas adiantadas e prémios de seguro adiantados.

A crédito regista-se a quota parte dos cursos incluídos nesta conta que for atribuída a cada exercício, devendo afectar a respectiva conta de custos, que será debitada.

#### 2722 Campanhas publicitárias

Corresponde às despesas realizadas com campanhas publicitárias, as quais devem ser diferidas por um período não inferior a três anos.

#### 2728 Diferenças de câmbio desfavoráveis

Regista as diferenças de câmbio desfavoráveis apuradas em resultado da aplicação dos critérios de valorimetria para as dívidas de terceiros, e os créditos destes sobre a empresa, quando existam expectativas razoáveis de que a perda é reversível.

Debita-se esta conta, por crédito das contas de terceiros.

Credita-se, por débito da conta 685 – Custos e perdas financeiras – Diferenças de câmbio desfavoráveis, no ano em que esta se concretizar.

**273 Acréscimos de custos**
Serve de contrapartida aos custos a imputar ao exercício em curso, para os casos em que o documento comprovativo venha a ser obtido em exercício seguintes, tais como, seguros, juros, remunerações a pagar, etc.

Esta conta credita-se, por débito das contas de custos respectivas.

Debita-se exercício seguinte pelo recebimento do documento que comprove o custo, por contrapartida de disponibilidades ou terceiros.

**274 Proveitos diferidos**
Compreende os proveitos registados no exercício que devem ser reconhecidos nos exercícios seguintes, isto é, proveitos antecipados.

**2745 Subsídios para investimento**
Incluem-se nesta conta os subsídios recebidos, a fundo perdido, para custear a aquisição de bens do activo imobilizado sujeitos a deperecimento.

Estes subsídios serão transferidos para a conta 7981 – Outros proveitos e ganhos extraordinários – Subsídios para investimentos, à medida e na mesma proporção, que forem contabilizadas as amortizações do imobilizado a que respeitem.

**2748 Diferenças de câmbios favoráveis**
Regista as diferenças de câmbio favoráveis, apuradas em resultado da aplicação dos critérios de valorimetria para as dívidas de e a terceiros, quando existam expectativas razoáveis de que o ganho e reversível.

Credita-se esta conta, por débito das contas de terceiros (23 – Empréstimos obtidos, 26 – Outros devedores e credores, etc.).

Debita-se, por crédito da conta 785 – Porveitos e ganhos financeiros – Diferenças de câmbios favoráveis, no exercício em que se efectuarem os pagamentos das dívidas.

**28 Provisões para cobranças duvidosas**
Esta conta serve para registar os eventuais riscos resultantes das dívidas a receber, ou seja, a probabilidade de não virem a ser recebidas.

A sua movimentação processa-se do seguinte modo:

1.º – Pela constituição ou reforço das provisões;

a) Se a perda é considerada operacional

Credita-se, por débito da conta 671 – Provisões do exercício – Provisões para cobranças duvidosas.

b) Se a perda é considerada extraordinária

Crédita-se, por débito da conta 6962 – Custos e perdas extraordinários – Aumentos de provisões.

2.º – Pela utilização das provisões.

Debita-se, por créditos das contas de terceiros que se consideram incobráveis (21, 26, etc.).

3.º – Pela reposição ou anulação.

Debita-se, por crédito da conta 7962 – Proveitos e ganhos extraordinários – Redução de provisões.

## 29 Provisões para riscos e encargos
Esta conta regista os eventuais riscos que a empresa prevê que venham a ocorrer.

### 291 Impostos
Regista as obrigações relativas a impostos que estejam pendentes, nomeadamente a direitos aduaneiros.

Não será registada nesta conta a estimativa para impostos sobre lucros, a qual se contabilizará a crédito da conta 241 – Estado e outras entidades públicas – Impostos sobre lucros, por débito da conta 86 – Impostos sobre lucros.

### 293 Processos judiciais em curso
Destina-se a registar o risco com eventuais indemnizações requeridas em processos judiciais, bem como o montante previsto para as custas judiciais.

### 294 Acidentes de trabalho e doenças profissionais
Regista os eventuais riscos relativos a acidentes de trabalho, nomeadamente, as indemnizações.

## CLASSE 3 – EXISTÊNCIAS

Esta classe engloba todos os bens armazenáveis adquiridos ou produzidos pela empresa e que se destinam à venda ou a ser incorporados no processo produtivo, nomeadamente, os seguintes:

1. Os bens adquiridos para venda sem transformação (mercadorias).
2. Os bens adquiridos, que se destinam a ser utilizados no processo produtivo, como sejam as matérias-primas, materiais. etc.
3. Os produtos fabricados, os produtos intermédios e outros derivados do processo produtivo, designadamente, subprodutos, desperdícios, refugo, etc.
4. As embalagens que acompanham as mercadorias ou os produtos.

Não são registados nesta classe.

a) Os fornecimentos de terceiros que se destinam a consumo imediato, os quais se registam na conta 63 – Fornecimentos e serviços externos.

b) Os bens adquiridos para utilização própria, como as taras e vasilhame, para uso interno, e as embalagens retornáveis com aptidão para utilização continuada, que deverão ser registadas no Activo Imobilizado.

## Estrutura geral da movimentação das contas, do acordo com os sistemas de inventário permanente e intermitente

| OPERAÇÕES | Sist. Inv. Int. Débito | Sist. Inv. Int. Crédito | Sist. Inv. Perm. Débito | Sist. Inv. Perm. Crédito |
|---|---|---|---|---|
| 1º Compra de mercadorias ou materiais | 31 | 11/12/22 | 31 | 11/12/22 |
| 2º Transferência para existências conhecido o custo de aquisição | — | — | 32 | 31 |
| 3º Venda de mercadorias ou produtos | 11/12/21 | 71 (a) | 11/12/21 | 71 (a) |
| 4º Saída das mercadorias vendidas e matérias consumidas | — | — | 61(b) | 32/36 |
| 5º Registos no fim do ano para determinação do C.M.V. | 32<br>61(d) | 31(c)<br>32 | — | — |
| 6º Transferência para apuramento dos Resultados | 81<br>71 | 61<br>81 | 81<br>71 | 61<br>81 |

(a) preço de venda
(b) preço de custo
(c) transferência do saldo da conta
(d) transferência do custo das matérias consumidas e dos bens vendidos.

C.M.V. = Existência inicial + Compras -Existência final

Os descontos e abatimentos em compras deverão ser registados de acordo com a sua natureza:
– *Descontos comerciais* são aqueles que não estão relacionados com a forma e prazo de pagamento, tais como:
bónus, «rappel», descontos de quantidade, descontos de revenda, etc.

São registados a crédito da conta 318.
– **Descontos financeiros** relacionam-se com o pagamento. São exemplo, os descontos de pronto pagamento, descontos por antecipação de pagamento, etc.

Registam-se a crédito da conta 782 – Proveitos e ganhos financeiros – Descontos de pronto pagamento obtidos.

### 31 Compras
Nesta conta regista-se o custo das aquisições de bens armazenáveis destinados a consumo no processo produtivo ou a venda, na subconta correspondente.

O custo de aquisição é constituído pelo preço de aquisição dos bens, acrescido das despesas, tais como, seguros, transportes, direitos aduaneiros, impostos, que necessariamente foram suportados para os colocar no estado actual e no local de armazenagem.

Debita-se:
– Pelo preço de aquisição dos bens armazenáveis.
– Pelas despesas relacionadas com a compra.

Credita-se:
– Pelos descontos e abatimentos em compras de natureza comercial, (conta 318 – Compras – Descontos e abatimentos em compras).
– Pelas devoluções de compras, (conta 317 – Compras – Devoluções em compras).
– Pela transferência do saldo para a respectiva conta de existências (32 – Mercadorias, 36 – Matérias – primas, etc.).

### 32 Mercadorias
Inclui os bens adquiridos para posterior venda, sem qualquer transformação.
Serve para registar a débito:
– A existência inicial.
– O custo das compras.

Regista a crédito:
– O custo das mercadorias vendidas.

### 324 Embalagens
Compreende os objectivos envolventes ou recipientes das mercadorias ou produtos, indispensáveis para o seu acondicionamento e transacção, que se destinam a ser facturados, embora possam ser susceptíveis de devolução.

### 325 Mercadorias em trânsito
Inclui as mercadorias adquiridas pela empresa, mas que ainda não entraram no armazém.

Deve ser utilizada nos casos em que existe acentuado intervalo de tempo entre a data da recepção dos documentos e a data de chegada das mercadorias ao armazém.

### 326 Mercadorias em poder de terceiros
Inclui as mercadorias pertencentes à empresa que se encontram em poder de terceiros, à sua guarda, ou em regime de consignação.

### 33 Produtos acabados e intermédios
Esta conta compreende os bens resultantes do processo produtivo da empresa, que atingiram a sua fase final e estão aptos para serem vendidos; e ainda os que

resultam de fases intermédias da fabricação que, embora normalmente reentrem no processo produtivo, possam ser objecto de venda.
É debitada pelas existências iniciais, no início do exercício.
No fim do exercício, é creditada pela existência inicial e debitada pela existência final, utilizando-se como contrapartida a conta 81 – Resultados operacionais.

**34 Subprodutos, desperdícios, resíduos e refugos**
Compreende os produtos secundários resultantes da fabricação de um produto principal. Têm normalmente um baixo valor comercial e não são utilizáveis no processo produtivo da empresa.
O movimento desta conta é semelhante ao da conta anterior.

**35 Produtos e trabalhos em curso**
Compreende os produtos em fase intermédia da fabricação ou produção, que não estão em condições de ser armazenados ou vendidos.

**36 Matérias-primas, subsidiárias e de consumo**
Inclui os bens que se destinam a ser incorporados directamente nos produtos finais (matérias-primas), e os que concorrem directa ou indirectamente para a sua produção (matérias subsidiárias).

**38 Regularização de existências**
Esta conta destina-se a servir de contrapartida ao registo dos seguintes factos patrimoniais:
– Quebras e sobras de existências (6932/7932).
– Ofertas de existências (entradas – 7933 e saídas – 6933).
– Transferências de existências para o imobilizado.
– Outras variações nas contas de existências, não derivadas de compras, vendas ou consumos.
Sendo esta conta transitória, será saldada através da adequada conta de existências.
Se estiver a ser utilizado o sistema de inventário permanente, esta transferência opera-se no momento em que o facto ocorre.
Se tiver sido adoptado o sistema de inventário intermitente, a transferência deverá processar-se no fim do período.

**39 Provisões para depreciação de existências**
Esta conta serve para registar as diferenças positivas entre o custo de aquisição ou de produção, e o respectivo preço de mercado.
1.º – Pela constituição ou reforço.
Credita-se, por débito da conta 673.
2.º – Pela reposição ou anulação.
Debita-se, por crédito da conta 7962 –
Proveitos e ganhos extraordinários –
Redução de provisões.

## CLASSE 4 – IMOBILIZAÇÕES

Nesta classe incluem-se os bens patrimoniais activos, corpóreos e incorpóreos, detidos por um período superior a 1 ano, para utilização própria, como meios de produção, como fonte de rendimento e ainda os bens relacionados com as condições de trabalho.

A venda dos bens do Activo Imobilizado contabiliza-se do seguinte modo:

a) Se a venda der origem a uma perda, utiliza-se a conta 694 – Custos e perdas extraordinárias – Perdas em imobilizações. Esta conta será creditada pelo valor da venda e pelas amortizações acumuladas, correspondentes ao bem alienado, registadas na conta 48 – Amortizações acumuladas; e debitada pelo valor de aquisição, registado na respectiva conta.

b) Se a venda produzir um ganho, utiliza-se a conta 794 – Proveitos e ganhos extraordinários – Ganhos em imobilizações. Esta conta será creditada pelo valor de venda e pelas amortizações acumuladas, correspondentes ao bem alienado, registadas na conta 48 – Amortizações acumuladas; e debitada pelo valor da aquisição, registado na respectiva conta.

Os sinistros corridos contabilizam-se de forma idêntica, sendo o valor das indemnizações contabilizado a crédito das referidas contas, conforme os casos.

### 41 Imobilizações financeiras

Esta conta destina-se a registar os investimentos em partes de capital, obrigações, empréstimos de financiamento (concedidos por um período superior a 1 ano), investimentos em imóveis e outras aplicações financeiras.

Com excepção dos investimentos em imóveis, quando o valor de aquisição registado na contabilidade for superior ao valor de mercado, poderá constituir-se uma provisão pelo valor da diferença, que será registada na conta 686 – Custos e perdas financeiras – Provisão para imobilizações financeiras, por crédito da conta 49 – Provisões para imobilizações financeiras.

#### 414 Investimentos em imóveis

Compreende os prédios urbanos ou rústicos que não estejam afectados à actividade operacional da empresa, quer produzam ou não rendimento.

O deperecimento destes bens deverá ser registado a débito da conta 686 – Custos e perdas financeiros – Amortização de investimentos em imóveis.

### 42 Imobilizações corpóreas

Compreende os bens móveis e imóveis que se destinam a ser utilizados na actividade operacional, tendo um carácter de permanência superior a um ano, não se destinando a ser vendidos ou transformados.

As benfeitorias e as grandes reparações, que de alguma forma aumentem o valor dos bens ou prolonguem a sua vida útil, devem acrescer ao custo do imobilizado.

São registadas numa subconta, da conta do imobilizado onde está registado o bem reparado ou beneficiado, de forma a simplificar o processo de amortização, dada a diferenciação de taxas para o bem e para a grande reparação ou beneficiação.

Os bens sujeitos a deperecimento deverão ser amortizados. A sua contabilização será efectuada a débito da conta 662 – Amortizações do exercício – Imobilizações corpóreas; por crédito da conta 482 – Amortizações acumuladas – De imobilizações corpóreas.

### 421 Terrenos e recursos naturais

Compreende os terrenos e recursos naturais, tais como, plantações de natureza permanente, minas, pedreiras, etc., que estejam afectos às actividades operacionais da empresa.

Inclui os custos de desbravamento, movimentação de terras e as drenagens a eles respeitantes.

### 422 Edifícios e outras construções

Engloba os edifícios fabris, comerciais, administrativos e sociais, incluindo as intalações fixas neles incorporadas ou que lhes sejam próprias, tais como, água, energia eléctrica, refrigeração, etc.

### 423 Equipamento básico

Devem ser incluídos nesta conta todos os elementos corpóreos que se destinam a ser utilizados em operações directamente relacionadas com o exercício da actividade da empresa.

Trata-se do conjunto de instrumentos, máquinas, instalações e outros bens, com os quais se realiza a extracção, fabricação e transformação dos produtos ou a prestação de serviços.

O que condiciona a inscrição dum bem numa conta de imobilizado é a função que ele desempenha na empresa.

Assim, por exemplo, um camião que, numa empresa de construção civil se deve registar na conta 424 – Equipamento de transporte, deve registar-se na conta 423 – Equipamento básico, numa empresa cuja actividade é o transporte de carga para terceiros.

Do mesmo modo, um computador numa empresa que explora um hotel se debita na conta 426 – Equipamento administrativo, enquanto que o mesmo bem, numa empresa cuja actividade consiste em prestar serviços informáticos para terceiros, se deve registar na conta 423 – Equipamento básico.

### 424 Equipamento de transporte

São registados nesta conta os veículos utilizados pela empresa que não estejam afectos ao exercício da actividade de «transporte», salvo se esta for uma actividade acessória ou complementar.

### 425 Ferramentas e utensílios

Regista-se as ferramentas e utensílios com duração superior a 1 ano. Se a vida útil for inferior a um ano, o registo será feito na conta 6315 – Fornecimentos e serviços externos – Ferramentas e utensílios de desgaste rápido.

### 426 Equipamento administrativo e social

Nesta conta deve ser registados o mobiliário do escritório, da fábrica, do estabelecimento comercial e do refeitório; computadores, fotocopiadoras calculadores e restante equipamento administrativo e social.

### 427 Taras e vasilhame

Incluem-se nesta conta as embalagens ou recipientes destinados a acondicionar ou a conter as mercadorias ou produtos, quer se destinem a uso interno da empresa, quer sejam utilizadas como embalagens retornáveis com aptidão para utilização continuada.

### 43 Imobilizações incorpóreas
Engloba os direitos e as despesas de constituição e de expansão.

#### 431 Despesas de instalação e expansão
Corresponde às despesas efectuadas com a constituição e organização da empresa, bem como as despesas relativas a aumentos de capital, estudos e projectos.

#### 432 Propriedade industrial e outros direitos
Inclui as patentes, marcas, alvarás, licenças, concessões, direitos de propriedade intelectual e de propriedade industrial e outros direitos e contratos assimilados.

#### 433 Trepasses
Regista o valor de aquisição do direito à ocupação de um determinado espaço.

### 44 Imobilizações em curso
Serve para contabilizar as imobilizações enquanto não estiver em concluídas.

### 48 Amortizações acumuladas
Esta conta regista as diminuições do acto imobilizado correspondentes ao deperecimento destes bens.

### 49 Provisões para imobilizações financeiras
Esta conta regista a diferença entre o valor de aquisição das aplicações financeiras e o seu preço de mercado, quando este for inferior àquele.

É creditada pela constituição ou reforço, por débito da conta 687 – Custos e perdas financeiros – Provisões para imobilizações financeiras.

É debitada pela reposição ou anulação, por crédito da conta 7962 – Redução de provisões quando cessem as situações para que foi criada.

## CLASSE 5 – CAPITAL, RESERVAS E RESULTADOS TRANSITADOS

Esta classe representa os fundos aplicados pelos sócios ou proprietários e os resultados não levantados ou distribuídos, que compreendem as reservas e os resultados transitados.

### 51 Capital
Esta conta serva para registar:
1. O capital nominal subscrito pelos sócios das sociedades.
2. O capital inicial e as dotações das empresas públicas.
3. O capital das cooperativas.
4. O capital fixado pelo empresário nos estabelecimentos individuais de responsabilidade limitada.
5. Nas empresas em nome individual, regista o capital inicial e o adquirido, bem como as operações de natureza financeira com o respectivo proprietário.

### 52 Acções (quotas) próprias

Regista as aquisições de acções ou quotas da própria sociedade.

O valor nominal da parte social adquirida deve ser registada a débito da conta 521 – Valor nominal.

A diferença entre o custo de aquisição e o valor nominal será registada na conta 522 – Prémios e descontos, a débito ou a crédito conforme esta diferença seja positiva ou negativa, respectivamente.

A venda destas partes sociais regista-se a crédito da conta 521, pelo respectivo valor nominal. A conta 522 registará a diferença entre o preço de venda e o valor nominal: a crédito se a diferença for positiva; a débito se for negativa.

A conta 522 deverá ser regularizada, por contrapartida da conta 57 – Reservas livres, de forma a manter naquela conta apenas os prémios e descontos que correspondam às acções (quotas) próprias que ficaram em carteira.

### 53 Prestações suplementares

Regista as entregas feitas pelos sócios em conformidade com os estatutos da sociedade. Não inclui os suprimentos, que devem ser registados na conta 25 – Sócios (accionistas).

### 55 Reservas legais e estatutárias

Regista as reservas impostas pela legislação em vigor e ainda as que os estatutos da sociedade determinem.

### 56 Reservas de reavaliação

Esta conta serve de contrapartida aos ajustamentos monetários.

Para os bens cuja rotação é lenta, como os do activo imobilizado, é, por vezes, necessário introduzir ajustamentos monetários de modo a obter uma imagem verdadeira e apropriada da situação da empresa.

### 59 Resultados transitados

Regista os resultados líquidos de exercícios anteriores.

Para esta conta são transferidos, no início do ano imediato, os lucros ou prejuízos evidenciados na conta 88 – Resultado líquido do exercício.

A aplicação dos lucros ou a cobertura dos prejuízos, em conformidade com a deliberação do órgão competente, implicará o registo a débito ou a crédito da conta 59, em contrapartida, designadamente, das contas 25 ou 89.

## CLASSE 6 – CUSTOS E PERDAS

Esta classe agrupa as contas destinadas a registar, em cada exercício, os custos por netureza, separando os custos conexos com a actividade normal e corrente da empresa, dos relacionados com operações de carácter extraordinário.

Os custos e perdas da actividade normal e corrente desdobram-se em:
– Custos operacionais – registados nas contas 61 a 67.
– Custos financeiros – registados na conta 68.

Os custos resultantes de operações da natureza excepcional e, bem assim, os relacionados com exercícios anteriores, figuram nas adequadas subcontas da conta 69 – Custos e perdas extraordinários.

### 61 Custo das mercadorias vendidas e das matérias consumidas

Esta conta regista as saídas de mercadorias vendidas e de matérias consumidas no processo produtivo, ao preço de custo de acordo com o método de custeio utilizado (FIFO, LIFO, custo médio ponderado), no sistema de inventário permanente.

No caso de se utilizar o sistema de inventário intermitente, esta conta será movimentada apenas no final do ano, funcionando com contrapartida das contas de existências, por forma que estas evidenciem as existências no fim do exercício.

### 62 Subcontratos

Nesta conta são incluídos os trabalhos efectuados por terceiros, directa ou indirectamente relacionados com o processo produtivo.

Os trabalhos que não estiverem relacionados com a produção deverão ser registados na conta 6337 – Fornecimentos e serviços externos – Trabalhos especializados.

### 63 Fornecimentos e serviços externos

Esta conta compreende as operações relativas a aquisição de bens de consumo imediato, não armazenáveis, e à aquisição de serviços prestados por terceiros.

#### 6315 Ferramentas e utensílios de desgaste rápido

Serve para registar as ferramentas e utensílios cuja duração, em condições normais de utilização, não exceda 1 ano. Sendo a sua vida útil superior a 1 ano, o registo deverá efectuar-se na conta 425 – Imobilizações corpóreas – Ferramentas e utensílios.

#### 6317 Material de escritório

Compreende os materiais de consumo imediato. Não inclui o equipamento de escritório que deverá ser registado na conta apropriada do activo imobilizado.

#### 6318 Artigos para oferta

Respeita ao custo dos bens adquiridos para oferta.

#### 6321 Rendas e alugueres

Inclui os custos com as rendas de imóveis e aluguer de equipamentos.

#### 6322 Comunicação

Regista as operações relativas ao envio de correspondência, telegramas, telefones, telex e outras análogas.

#### 6323 Seguros

Compreende os seguros obrigatórios e facultativos inerentes à actividade. Não inclui os seguros de acidentes de trabalho que serão registados na conta 65 – Custos com pessoal.

#### 6324 Royalties

Compreende a cedência temporária dos direitos de propriedade intelectual, direitos de propriedade industrial e a prestação de informações respeitantes a uma experiência adquirida no sector comercial, industrial ou científico.

### 6325 Transportes de mercadorias

Compreende o transporte de mercadorias vendidas e o transporte entre armazéns. Não inclui as despesas de transporte relacionadas com a compra até a mercadoria entrar no local de armazenagem, as quais se debitam na conta 31 – Compras.

### 6327 Deslocações e estadas

Regista as despesas efectuadas como transporte, alojamento e alimentação fora do local de trabalho, que não forem pagas a título de ajudas de custo, as quais serão registadas na conta 65 – Custos com o pessoal.

### 6328 Comissões

Regista as importâncias devidas a entidades que agenciaram transacções ou serviços.

### 6329 Honorários

Inclui as prestações de serviços efectuadas por trabalhadores independentes.

### 6331 Contencioso e notariado

Inclui as despesas correntes efectuadas em cartórios notariais, tribunais, conservatórias, etc. Não abrange as multas que se debitam na conta 695 – Custos e perdas extraordinárias – Multas e penalidades.

### 6332 Conservação e reparação

Compreende a aquisição de bens ou serviços destinados à manutenção e conservação dos elementos do activo imobilizado que não sejam considerados beneficiações ou grandes reparações, isto é, que não aumentem o valor do bem ou a sua vida útil.

Tratando-se de beneficiações ou de grandes reparações que aumentem o valor ou a vida útil do bem, a contabilização far-se-á débito da conta 42 – Imobilizações corpóreas.

### 6333 Publicidade e propaganda

Inclui as despesas correntes efectuadas com publicidade.

Excluem-se as campanhas publicitárias, cujo custo deve ser repartido, pelo menos, por três anos, através da conta 2722 – Acréscimos e diferimentos – campanhas publicitárias.

### 6334 Limpeza higiene e conforto

Regista as aquisições de bens ou serviços destinados a limpeza, higiene e conforto.

### 6335 Vigilância e segurança

Regista o material de consumo para a segurança e vigilância da empresa, bem como os serviços prestados por terceiros com a mesma finalidade.

### 6336 Trabalhos especializados

Regista os serviços prestados, à empresa, que não estão relacionados com o processo produtivo. Compreende, nomeadamente, os serviços informáticos, análises laboratoriais, estudos, pareceres, trabalhos tipográficos.

### 64 Contribuições e impostos

Esta conta regista as contribuições e impostos devidos pela empresa, com excepção dos impostos sobre os lucros que se registam na conta 86 – Impostos sobre os lucros.

Está subdividida em:

– Impostos directos – são aqueles que tributam a manifestação directa da riqueza, como sejam o rendimento e o património.

– Impostos indirectos – São aqueles que atingem a riqueza nas suas manifestações mediatas, indirectamente atravéz do consumo.

As multas devidas por infracções fiscais devem ser registadas na conta 695 – Custos e perdas extraordinárias – Multas e penalidades.

### 65 Custos como pessoal

Nesta conta registam-se as remunerações devidas aos órgãos sociais e ao pessoal.

Debita-se pelos ordenados, salários e outras remunerações, pelo valor ilíquido, no momento em que são devidas, por crédito das seguintes contas.

– 262 – Outros devedores e credores – Pessoal, pelo valor apagar (líquido das retenções).

– 242– Retenção de imposto profissional.

– 245– Retenção do impostos do selo

– 26 – Outros devedores e credores, por outras retenções (263 – sindicatos, 265 Instituições de Previdência, etc.).

### 66 Amortizações do exercício

Esta conta serve para registar o deperecimento dos bens do activo imobilizado corpóreo e incorpóreo.

Não inclui as amortizações dos imóveis classificados como imobilizações financeiras, que serão registadas a débito da conta 686 -Custos e perdas financeiros – Amortizações de investimentos em imóveis.

Debita-se pelas amortizações que correspondem a uma depreciação normal, por crédito da conta 48 – Amortizações acumuladas.

As amortizações consideradas excepcionais devem ser debitadas na conta 6961 – Custos e perdas extraordinários – Aumento de amortizações.

### 67 Provisões do exercício

Esta conta regista as perdas e os riscos de ocorrência provável em anos futuros, que se consideram imputáveis ao exercício.

Considerando-se que a perda ou o risco é excepcional, a provisão deve ser debitada na conta 6962 – Custos e perdas extraordinários – Aumentos de provisões.

Não inclui as perdas potenciais relativas ás imobilizações financeiras que são registadas na conta 687 – Custos e perdas financeiros – Provisões para imobilizações financeiras.

Movimentação das Provisões

| Constituição ou reforço || Reposição ou anulação ||
| Débito | Crédito | Débito | Crédito |
|---|---|---|---|
| 671 | 28 | 28 | 7962 |
| 672 | 29 | 29 | 7962 |
| 6721 | 291 | 291 | 7962 |
| 6723 | 293 | 293 | 7962 |
| 6724 | 294 | 294 | 7962 |
| 6728 | 298 | 298 | 7962 |
| 673 | 39 | 39 | 7962 |
| 6732 | 392 | 392 | 7962 |
| 6733 | 393 | 393 | 7962 |
| 6734 | 394 | 394 | 7962 |
| 6735 | 395 | 395 | 7962 |
| 6736 | 396 | 366 | 7962 |

**68 Custos e perdas financeiros**
Esta conta regista os encargos correntes de natureza financeira.

**681 Juros suportados**
Inclui os juros de empréstimos, de desconto de títulos, de mora e compensatórios.

**682 Descontos de pronto pagameto concedidos**
Regista os descontos relacionados com a antecipação do pagamento, quer constem da factura, quer sejam concedidos posteriormente.

**685 Diferenças de câmbio desfavoráveis**
Regista as diferenças de câmbio desfavoráveis relacionadas com a actividade normal da empresa.
Debita-se:
a) Pelas diferenças desfavoráveis decorrentes da actualização das disponibilidades, na data do balanço.
b) Pelas diferenças desfavoráveis derivadas das actualizações dos débitos e créditos, na data do balanço, quando se considera que a perda não é reversível; caso contrário, regista-se a débito da conta 2728 – Acréscimos e diferimentos – Custos diferidos – Diferenças de câmbio desfavoráveis.

c) Pelas diferenças desfavoráveis verificadas nas operações correntes resultantes da diferença dos câmbios da data da factura e do seu pagamento.

### 686 Amortizações de investimentos em imóveis
Debita-se pelo valor do deperecimento ocorrido nos imóveis classificados como imobilizações financeiras, por crédito da conta 481 – Amortizações acumuladas – De investimentos em imóveis.

### 687 Provisões para aplicações financeiras
Esta conta debita-se pela constituição ou reforço das provisões para cobrir perdas em imobilizações financeiras, por crédito da conta 49 – Provisões para imobilizações financeiras.

### 69 Custos e perdas extraordinárias
Nesta conta incluem-se os custos que a empresa não consider ordinários ou de gestão corrente assumindo-se como extraordinários.

### 691 Donativos
Debita-se pelos donativos concedidos pela empresa a terceiros.

### 692 Dívidas incobráveis
Esta conta debita-se quando as dívidas se tornam incobráveis, por crédito das respectivas contas de terceiros onde se encontravam registadas.

### 693 Perdas em existências
Compreende as perdas derivadas de sinistros, as quebras e as ofertas de existências.
Debita-se pelo custo das existências, por crédito da conta 38 – Regularização de existências.
Credita-se pela indemnização, por ventura recebida em caso de sinistro, por débito duma conta de disponibilidades ou de terceiros.

### 694 Perdas em Imobilizações
Regista as perdas provenientes de venda, abates ou sinistros de imobilizações.
Debita-se pelo custo das imobilizações vendidas, sinistradas e abatidas, por crédito da conta em que estava debitado o bem (41, 42, 43).
Credita-se:
a) Pelo produto da venda ou pelo valor da indemnização em caso de sinistro.
b) Pelo valor das amortizações acumuladas, por débito da conta 48 – Amortizações acumuladas.

### 695 Multas e penalidades
Regista as multas e outras penalidades de natureza fiscal e não fiscal.

### 696 Aumento de amortizações e provisões
Serve para registar o deperecimento considerado excepcional do activo imobilizado, bem como as provisões extraordinárias.

**697 Correcções relativas a exercícios anteriores**
Esta conta regista as correcções desfavoráveis, erros ou omissões relacionadas com exercícios anteriores.

## CLASSE 7 – PROVEITOS E GANHOS

Esta classe regista os proveitos e ganhos por natureza agrupando-se da seguinte forma:
– Proveitos operacionais – contas 71 a 77.
– Proveitos financeiros – conta 78.
– Proveitos extraordinários – conta 79.

### 71 Vendas
Nesta conta são registadas a crédito as vendas de mercadorias (712), produtos (713), subprodutos, desperdícios, resíduos e refugos (714).

Os descontos comerciais concedidos, na factura ou posteriormente, são registados a débito da conta 718 – Descontos e abatimentos em vendas.

Os descontos concedidos pelo diferimento do pagamento são registados na conta 682 – Custos e perdas financeiros – descontos de pronto pagamento concedidos.

As devoluções de mercadorias ou produtos deverão ser registados a débito da conta 717.

### 72 Prestações de serviços
Esta conta deverá registar as prestações de serviço relacionadas com actividade da empresa. Inclui ainda os materiais aplicados juntamente com os serviços prestados, se não forem facturados separadamente.

Os descontos e abatimentos concedidos com carácter comercial são registados a débito da conta 728.

Os descontos concedidos pelo diferimento no pagamento são registados a débito da conta 682 – Custos e perdas financeiros – Descontos de pronto pagamento concedidos.

### 73 Proveitos suplementares
Compreende os proveitos que não decorrem do exercício da actividade principal da empresa.

#### 731 Serviços sociais
Regista os proveitos de serviços sociais da empresa: refeitórios, serviços de saúde, etc.

#### 732 Aluguer de equipamento
Regista os proveitos obtidos com o aluguer de máquinas, veículos e outros equipamentos.

#### 733 Venda de energia
Regista a cadência de energia produzida pela empresa ou por terceiros.

### 734 Estudos, projectos e assistência tecnológica
Compreende os serviços prestados a terceiros relativos a estudos, projectos e assistência técnica, não sendo esta a sua actividade principal.

### 735 Royalties
Regista os proveitos obtidos com a cedência temporária de mercas, patentes, processos de fabrico, modelos industriais e outros de idêntica natureza.

### 736 Desempenho de cargos sociais noutras empresas
Regista os proveitos relativos ao desempenho de funções na gerência, no conselho de administração, no conselho fiscal, etc.

## 74 Subsídios à exploração
Compreende os subsídios não reembolsáveis com a finalidade de reduzir custos ou compensar proveitos.

## 75 Trabalhos para a própria empresa
Compreende os trabalhos que a empresa realiza para si mesma, aplicando meios próprios ou adquiridos no exterior, que se destinam ao imobilizado.

Credita-se pelos trabalhos que a empresa efectuou utilizando o seu pessoal, materiais, etc., por débito das contas do imobilizado a que respeita esses trabalhos (414 – Investimentos em imóveis, 42 – Imobilizações corpóreas, 43 – Imobilizações incorpóreas, 44 – Imobilizações em curso).

## 76 Outros proveitos operacionais
Regista outros proveitos de actividades acessórias.

## 78 Proveitos e ganhos financeiros
Esta conta regista a crédito os proveitos de natureza financeira obtidos pela empresa.

### 781 Juros obtidos
Regista os juros de depósitos, de empréstimos e de outros investimentos financeiros.

### 782 Descontos de pronto pagamento obtidos
Regista os descontos obtidos pela antecipação do pagamento de dívidas a terceiros.

### 785 Diferenças de câmbio favoráveis
Esta conta regista as diferenças de câmbio favoráveis de operações correntes a ainda as resultantes da aplicação dos critérios valorimétricos definidos para as Disponibilidades e Terceiros.

## 79 Proveitos e ganhos extraordinários

### 791 Restituição de impostos
Esta conta regista a crédito a restituição de impostos que foram pagos em excesso ou indevidamente em exercícios anteriores.

### 792 Recuperação de dívidas

Esta conta credita-se, pelas dívidas cobradas que tinham sido consideradas incobráveis em exercícios anteriores, na conta 692 – Custos e perdas extraordinários – Dívidas incobráveis; e ainda nos casos em que foi anulada a dívida por utilização da provisão para cobranças duvidosas.

### 793 Ganhos em existências

Esta conta regista os ganhos obtidos na existências, nomeadamente, com sinistros, sobras e ofertas.

Tratando-se de sobras ou ofertas credita-se a conta 7932 ou 7933, por débito da conta 38 – Regularização de existências.

A conta 7931 – Sinistros credita-se pelas indemnizações recebidas em consequências de sinistro; Debita-se pelo custo das existências sinistradas, por crédito da conta 38 – Regularização de existências.

### 794 Ganhos em imobilizações

Regista os ganhos obtidos com a venda de imobilizações financeiras, corpóreas e incorpóreas e ainda os derivados de sinistros ocorridos com estes bens.

Credita-se:
– pelo produto da venda ou pela indemnização recebida em caso de sinistro;
– pelo valor das amortizações acumuladas respeitantes às imobilizações vendidas ou sinistradas.

Debita-se pelo custo de aquisição das imobilizações vendidas ou sinistradas, por crédito da conta do activo imobilizado respectiva.

### 795 Benefícios e penalidades contratuais

Regista o recebimento de benefícios ou penalidades estabelecidas em contrato.

### 796 Redução de amortizações e provisões

Regista as reduções de amortizações feitas, em exercícios anteriores, em excesso, a crédito da conta 7961.

Na conta 7962 regista-se a crédito a redução e anulação de provisões contabilizadas nas contas 28, 29, 39 e 49, em anos anteriores.

### 797 Correcções relativas a exercícios anteriores

Esta conta regista as correcções favoráveis resultantes de erros ou omissões relacionados com exercícios anteriores.

### 798 Outros proveitos e ganhos extraordinários

#### 7981 Em subsídios para investimentos

Esta conta serve para registar os subsídios, não reembolsáveis, obtidos para aquisição de bens do activo imobilizado amortizáveis.

Pelo recebimento do subsídio, credita-se a conta 2745 – Acréscimos e diferimentos – Proveitos diferidos – Subsídios para investimentos, por débito de disponibilidades.

Anualmente, a conta 7981 será creditada, por débito da conta 2745. O valor desta transferência será calculado com base calculado na mesma taxa utilizada para a amortização, que em cada ano, é considerada como custo relativamente ao bem subsidiado.

## CLASSE 8 – RESULTADOS

Esta classe concentra os custos e proveitos do exercício com o objectivo de apurar o resultado líquido.

A divisão preconizada para esta classe permite destacar os resultados correntes, subdivididos em operacionais e financeiros, dos resultados extraordinários, facilitando, desta forma, a análise económica e financeira da empresa.

### 81 Resultados operacionais

Concentra, no fim do exercício, os custos registados nas contas 61 a 67 e os proveitos registados nas contas 71 a 76, bem como a variação de produção.

Esta conta debita-se:
a) Pelos saldos das contas 61 a 67.
b) Pelas existências iniciais registadas nas contas:
   33 – Produtos acabados e intermédios.
   34 – Subprodutos, desperdícios, resíduos e refugos.
   35 – Produtos e trabalhos em curso.
c) Pelos saldos devedores das contas 383 – Regularização de existências – Produtos acabados e intermédios e 384 – regularização de existências – Subprodutos, desperdícios, resíduos e refugos.

Esta conta credita-se:
a) pelos saldos das contas 71 a 76.
b) Pelas existências finais das contas:
   33 – Produtos acabados e intermédios.
   34 – Subprodutos, desperdícios, resíduos e refugos.
   35 – Produtos e trabalhos em curso.
c) Pelos saldos credores das contas 383 e 384.

### 82 Resultados financeiros

Para esta conta serão transferidos os saldos das contas 68 – Custos e perdas financeiros e 78 – Proveitos e ganhos financeiros.

### 83 Resultados correntes

Esta conta é de utilização facultativa.
Recebe os saldos das contas 81 – Resultados operacionais e 82 – Resultados financeiros.

### 84 Resultados extraordinários

Para esta conta são transferidos os saldos das contas 69 – Custos e perdas extraordinários e 79 – Proveitos e ganhos extraordinários.

### 85 Resultados antes dos impostos

Esta conta é de utilização facultativa.
Recebe os saldos das contas 83 e 84 ou os saldos das contas 81, 82 e 84, se não utilizada a conta 83.

**86 Impostos sobre os lucros**
Esta conta será debitada pelo valor da estimativa dos impostos a liquidar que incidem sobre os lucros do exercício.

Regista, ainda, a débito a insuficiência da estimativa e a crédito o excesso da mesma, por contrapartida da conta 241 – Estado e outras entidades públicas – Impostos sobre os lucros.

**88 Resultado liquido do exercício**
Esta conta recebe os saldos das contas anteriores.

**89 Lucros antecipados**
Esta conta é debitada, por crédito da conta 25 – Sócios (accionistas) pelos lucros atribuídos, pelo órgão deliberativo, antes do apuramento final dos resultados.

Será creditada, por contrapartida conta 88 – Resultado líquido do exercício, quando da atribuição dos resultados após o seu apuramento.

# CAPÍTULO IV
# FISCALIZAÇÃO FINANCEIRA

# 9.
# LEI ORGÂNICA DO TRIBUNAL DE CONTAS

# DECRETO-LEI N.º 7/92
## de 27 de Novembro

A República da Guiné-Bissau desde que se tornou independente carece dum órgão supremo de controlo das receitas e despesas públicas e de julgamento das contas públicas.

Urge dotá-la dum Tribunal de Contas, órgão fundamental e imprescindível em qualquer Estado e Direito, detendo a função legal de apreciar a actividade financeira do Estado e das demais entidades públicas.

Considerando que o Tribunal Administrativo, Fiscal e de Contas por desactualizado e desajustado a nova realidade, deixou de funcionar logo após a aquisição da nossa soberania nacional, limitando-se apenas a aposição de vistos nos diplomas de provimento e outros.

Considerando ainda que por força do art.º 1.º do Decreto N.º 9/84 de 3 de Março, toda a matéria que era da competência do contencioso tributário do Tribunal Administrativo, Fiscal e de Contas, hoje transitou para a alçada dos novos serviços de Justiça Fiscal (Tribunal Fiscal) integrada no Ministério das Finanças.

Ciente da necessidade imperiosa de criar um Tribunal de Contas;

Assim e sob proposta do Governo:

O CONSELHO DE ESTADO decreta, nos termos do art.º 62.º da Constituição, o seguinte:

### Art. 1.º

É criado o Tribunal de Contas e aprovada a respectiva Lei Orgânica, bem como as normas regulamentares relativas a Fiscalização Prévia, Prestação de Contas, Processo, Emolumentos e Direcção de Serviços, que fazem parte integrante do presente diploma.

### Art. 2.º

Excluem-se da competência do Tribunal de Contas os processos relacionados cominteresses cuja tutela caiba ao Tribunal Fiscal.

### Art. 3.º

Este diploma entra imediatamente em vigor.

### Art. 4.º

Fica revogada toda a legislação em contrário.

Aprovado em 25 de Novembro de 1992

Promulgado em 27 de Novembro de 1992
Publique-se.
O Presidente do Conselho de Estado General *João Bernardo Vieira*

CAPÍTULO I
**Disposições Gerais**

**Art. 1.º (Definição)**
O Tribunal de Contas é o órgão independente de fiscalização das receitas e despesas públicas, a exercer nos termos do presente diploma e demais legislação em vigor.

**Art. 2.º (Jurisdição e sede)**
**1.** O Tribunal de Contas tem sede em Bissau exerce a sua jurisdição no âmbito da ordem jurídica da República da Guiné-Bissau, incluindo os serviços no estrangeiro.
**2.** Sem prejuízo do disposto em outras disposições legais estão sujeitos à jurisdição do Tribunal de Contas:
*a)* O Estado e todos os seus serviços;
*b)* Os serviços autónomos;
*c)* A administração local;
*d)* As empresas públicas;
*e)* Quaisquer entidades que utilizem fundos provenientes de algumas das entidades referidas no número anterior ou obtidos com a sua intervenção, nomeadamente através de subsídios, empréstimo ou avales.

**Art. 3.º (Independência)**
O Tribunal de Contas é independente e apenas está sujeito à lei.

**Art. 4.º (Decisões)**
As decisões do Tribunal de Contas proferidas no âmbito da sua competência são obrigatórias para todas as entidades públicas e privadas e prevalecem sobre as de quaisquer outras autoridades.

**Art. 5.º (Colaboração de outras entidades)**
**1.** No exercício das suas funções o Tribunal tem direito a exigir a coadjuvação das entidades públicas e a colaboração das entidades privadas.
**2.** As entidades públicas devem comunicar ao Tribunal as irregularidades de que tomem conhecimento no exercício das suas funções, sempre que a apreciação de tais irregularidades caiba na competência do Tribunal.

**Art. 6.º (Regime financeiro)**
**1.** As despesas com as instalações e o funcionamento do Tribunal de Contas constituem encargo do Estado e deverão estar incritas no respectivo Orçamento.
**2.** Sem prejuízo do disposto no número anterior, o Tribunal de Contas disporá de orçamento privativo.

3. Constitui receita própria do Tribunal uma percentagem não inferior a 50%, sobre os emolumentos devidos pela sua actividade, a fixar no diploma que regular a respectiva cobrança.

**Art. 7.º (Publicação das decisões)**
1. São publicadas no Boletim Oficial as decisões com força obrigatória geral e o Parecer sobre a Conta Geral do Estado.
2. São também publicadas as decisões em relação às quais o Tribunal determina a respectiva publicação.

## CAPÍTULO II
## Organização

### SECÇAO I
### Composição

**Art. 8.º (Composição)**
1. O Tribunal de Contas é composto por 3 juízes.
2. A nomeação dos juízes é feita nos mesmo termos que a dos juízes do Supremo Tribunal de Justiça.

### SECÇÃO II
### Estatuto sos Juízes

**Art. 9.º (Independência e inamovibilidade)**
Os juízes são independentes e inamovíveis.

**Art. 10.º (Irresponsabilidade)**
Os juízes são irresponsáveis pelos seus julgamentos e decisões.

**Art. 11.º (Equiparação aos juízes do Supremo Tribunal de Justiça)**
1. Os juízes do Tribunal de Contas são equiparados, para efeitos de remunerações, direitos, categoria, regalias, tratamento e deveres, aos Supremo Tribunal de Justiça.
2. Para os efeitos do número anterior o Presidente é equiparado a secretário de Estado.

## CAPÍTULO III
## Competência

**Art. 12.º (Competência)**
Compete ao Tribunal de Contas:
 a) Fiscalizar previamente a legalidade e a cobertura orçamental dos actos e contratos de que resulte receitas ou despesas para algumas das entidades referidas no art.º 2.º, n.º 2;

b) Fiscalizar as entidades referidas no art.º 2.º, n.º 2, e julgar as respectivas contas, quando for caso disso;
c) Dar parecer sobre a Conta Geral do Estado;
d) Fiscalização a aplicação dos recursos financeiros obtidos no estrangeiro nomeadamente através de empréstimos ou subsídios.

### Art. 13.º (Competência completar)

Para o desempenho das suas funções compete ainda ao Tribunal:
a) Proceder a inquéritos, auditorias e outras formas de averiguação, através dos serviços do Tribunal ou de outros serviços da Administração Pública, nomeadamente a Inspecção-Geral de Finanças.
b) Ordenar a reposição total ou parcial de verbas ilegalmente despendidas;
c) Aplicar multas;
d) Emitir instruções, de execução obrigatória, sobre o modo como devem ser organizados os processos a submeter à sua apreciação;
e) Recomendar às entidades competentes a adopção das medidas que entenda necessárias;
f) Aprovar os planos e os relatórios anuais de actividades;
g) Aprovar os regulamentos internos necessários ao seu funcionamento.

## CAPÍTULO IV
## Funcionamento

### Art. 14.º (Competência e substituição do Presidente)

1. Compete ao Presidente do Tribunal de Contas:
a) Representar o Tribunal e assegurar as suas relações com os demais órgãos e entidades;
b) Presidir às sessões do Tribunal e dirigir os respectivos trabalhos;
c) Exercer os demais poderes referidos na lei.

2. O Presidente é substituído nas suas faltas, ausências e impedimentos pelo juíz que há mais tempo desempenhe funções no Tribunal ou, em igualdade de circunstâncias, pelo mais idoso.

### Art. 15.º (Sessões)

1. O Tribunal de Contas funciona em plenário, salvo no que respeita ao visto em que a sua competência pode ser exercida apenas pelo juíz do turno.

2. O Tribunal reúne ordinariamente uma vez por semana e extraordinariamente quando para tal for convocado pelo Presidente, por iniciativa própria ou a requerimento dos vogais.

### Art. 16.º (Quorum e deliberações)

1. O Tribunal de Contas, quando no exercício de competência que deve ser exercida em plenário, só pode funcionar estando presente pelo menos dois dos seus membros.

2. As deliberações são tomadas à pluralidade de votos dos membros presentes.

3. Cada juíz dispõe de um voto e o presidente, ou vogal que o substitua, dispõe de voto de qualidade.

4. Os juízes têm o direito de fazer declarações de voto.

### Art. 17.º (Ministério Público)
1. Junto do Tribunal de Contas haverá um magistrado do Ministério Público nomeado pelo Procurador-Geral da República.
2. O magistrado referido no artigo anterior pode intervir em todos os processos e participar em todas as reuniões, usando da palavra e requerendo o que achar conveniente.

### Art. 18.º (Direcção de Serviços)
1. O Tribunal de Contas terá, sob a superintendência do Presidente, uma Direcção de Serviço com funções de apoio técnico e administrativo.
2. O respectivo pessoal, que terá um regime remuneratório próprio adequado à especifidade das funções, será nomeado sob proposta do Presidente.

### Art. 19.º (Férias)
É aplicável ao Tribunal de Contas o regime geral sobre férias judiciais, salvo no que diz respeito aos processos de fiscalização prévia e aqueles em relação aos quais o Tribunal declare a respectiva urgência.

## CAPITULO V
## Disposições Finais e Transitórias

### Art. 20.º (Legislação complementar)
Enquanto não forem criados o Supremo Tribunal Administrativo, o Tribunal Administrativo de Circulo e o Tribunal Administrativo de 1ª instância, o conhecimento da matéria do contencioso administrativo será transitoriamente assumido pelo Tribunal de Contas.

### Art. 21.º (Juizes)
Enquanto não for possível a nomeação de vogais a tempo inteiro, mantêm-se em funções os que actualmente se encontra designados.

## DA FISCALIZAÇÃO PRÉVIA

### Art. 22.º (Fiscalização prévia)
A competência do Tribunal de Contas em matéria de fiscalização prévia dos actos e contratos exerce-se através da concessão ou recusa do visto.

### Art. 23.º (Âmbito da fiscalização preventiva)
1. Estão sujeitos à fiscalização prévia do Tribunal de Contas os seguintes actos e contratos praticados ou celebrados pelas entidades referidas nas alíneas *a*), *b*) e *c*) do n.º 2, art.º 2 da presente lei orgânica:
   *a*) Os actos administrativos de provimento do pessoal, civil ou militar, de que decorram abonos de qualquer espécie ou, de um modo geral, mudança da situação jurídico-funcional que implica aumento de vencimento ou mudança de verba por onde se efectue o pagamento;
   *b*) Os contratos de qualquer natureza ou montante;

*c)* As minutas de contratos de valor igual ou superior a 10.000,000,00 ou as de montante inferior quando, sendo mais de um dentro de um prazo de 180 dias, tenham o mesmo objecto e no seu conjunto atinjam ou excedam aquele montante;

*d)* As minutas de contratos de qualquer valor que venham a celebrar-se por escritura pública e cujos encargos tenham de ser satisfeito no acto da sua celebração;

*e)* Outros actos que a lei determinar, nomeadamente as operações de tesouraria e dívida pública, quando aprovado o respectivo regime.

**2.** Os notários e demais entidades com funções notariais não poderão lavrar qualquer escritura sem verificar e atestar a conformidade do contrato com a minuta previamente visada.

**3.** Nos casos referidos no número precedente, os translados ou certidões serão remetidos ao Tribunal de Contas nos 30 dias seguintes à celebração de escritura, acompanhados da respectiva minuta.

**4.** O Tribunal de Contas poderá, anualmente, determinar que certos actos, e contratos não relativos a pessoal apenas sejam objecto de fiscalização sucessiva, com o prejuízo do disposto no n.º 1 do artigo 4.º, do presente diploma.

**5.** Todos os contratos de valor inferior a 100.000.000,00 referidos na alínea *c)* do n.º 1 podem começar a produzir os seus efeitos logo depois de celebrados e aprovados pelas autoridades competentes não ficando por esse facto isentos do visto do Tribunal de Contas.

### Art. 24.º (Excepções)

**1.** Não estão sujeitos à fiscalização preventiva, sem prejuízo da sua eventual fiscalização sucessiva:

*a)* Os actos de previmento dos membros do Governo e do pessoal dos respectivos gabinetes;

*b)* Os contratos de cooperação:

*c)* Os actos administrativos sobre a concessão de vencimentos certos ou eventuais resultantes do exercício de cargo por inerência legal expressa, com excepção dos que concederem gratificação;

*d)* Os actos sobre abonos a pagar por verbas globais e referentes a salários de pessoal operário;

*e)* Os títulos definitivos de contratos cujas minutas hajam sido objecto de visto;

*f)* Os contratos de arrendamento celebrados no estrangeiro para instalação de posto diplomáticos ou consulares ou outros serviços de representação internacional, quando a urgência da sua realização impeça a sujeição daqueles ao visto prévio do Tribunal de Contas;

*g)* Outros actos ou contratos especialmente previstos por lei.

**2.** Os serviços deverão, no prazo de 30 dias após a celebração dos contratos a que se referem as alíneas *b)* e *f)* do número anterior remeter ao Tribunal de Contas duas cópias dos mesmos.

### Art. 25.º (Natureza do visto)

**1.** O visto constitui requisito de eficácia dos actos e contratos a ele sujeitos.

2. A recusa do visto determina a cessação de quaisquer abonos, a partir da data em que do respectivo acórdão for dado conhecimento aos serviços.
3. É aplicável à anulação do visto o regime prescrito no número anterior.

### Art. 26.º (Reapreciação de acto por recusa do visto)
No caso de recusa de visto, pode a Administração, pelo membro do Governo competente, solicitar ao Tribunal de Contas, mediante recurso, a interpor no prazo fixado na lei, a reapreciação do acto.

### Art. 27.º (Urgente conveniência de serviço)
1. Excepcionalmente, a eficácia dos actos e contratos sujeitos a fiscalização preventiva do Tribunal poderá reportar-se a data anterior ao visto, desde que declarada por escrito pelo membro do Governo competente a urgente conveniência de serviço e respeitem:
   a) A nomeação de Magistrados Judiciais e do Ministério Público, das autoridades civis, médicos, enfermeiros, professores, recebedores, tesoureiros, escrivães de direito, ajudantes de escrivães, oficiais de diligências, carcereiros e pessoal militarizado das Forças de Segurança e Ordem Pública;
   b) A contratos que prorrogam outras anteriores permitidos por lei, desde que as condições sejam as mesmas;
   c) A contratos não relativos a pessoal de que tenha sido prestada caução não inferior a 5% do seu valor global.
2. Os funcionários referidos no número anterior poderão tomar posse, entrar em exercício o ser pagos de vencimentos antes do visto e publicação do diploma.
3. Os processos em que tenha sido declarada a urgente conveniência de serviço deverão ser enviados ao Tribunal de Contas nos 30 dias subsequentes à data do despacho autorizador, sob pena do cessação dos respectivos efeitos, salvo motivos poderosos que o Tribunal avaliará.
4. A recusa do visto produz os efeitos referidos no n.º 2 do art.º 4.º.

### Art. 28.º (Visto tácito)
Decorrido o prazo de 30 dias sobre a data da entrada no Tribunal de Contas dos processos para fiscalização prévia ou de resposta a pedido de elementos ou informações complementares solicitados pelo Tribunal, presume-se a concessão do visto.

### Art. 29.º (Responsabilidade)
1. Sem prejuízo de eventual responsabilidade disciplinar, criminal ou civil, o desrespeito das normas previstas no presente diploma acarreta responsabilidade financeira das entidades ou funcionários cuja actuação seja lesiva dos interesses financeiros do Estado.
2. A instrução deficiente e repetida dos actos sujeitos a fiscalização preventiva por parte dos serviços, poderá ser objecto de multa a arbitrar pelo Tribunal.
3. A multa a arbitrar, conforme as circunstâncias a poderar pelo Tribunal, não deverá ser inferior a 1/6, nem superior a 1/3 do vencimento do responsável pelo seu pagamento que é o dirigente de serviço, a identificar no respectivo processo.

### Art. 30.º (Prova)

O Tribunal de contas pode requisitar aos serviços quaisquer documentos que entenda indispensáveis.

### Art. 31.º (Instrução de processo de provimento)

**1.** O provimento dos lugares do quadro dos serviços é feito através de diploma individual de provimento.

**2.** Os processos de visto no âmbito do primeiro provimento ou da admissão de pessoal devem ser instruídos e enviados ao Tribunal de Contas com os seguintes documentos:

- a) Os diplomas de provimento completa e correctamente preenchidos, designadamente com indicação da legalidade geral e da legislação especial que fundamentam o provimento;
- b) Declaração do director-geral de administração ou, na sua falta, do responsável máximo do serviço de que foram cumpridas as formalidades legalmente exigidas para o provimento;
- c) Certidão de idade;
- d) Certificado de habilitações literárias, e das qualificações profissionais legalmente exigidas;
- e) Certificado de registo criminal;
- f) Certificado médico comprovativo de possuir robustez necessária para o exercício do cargo na função pública;
- g) Documento militar comprovativo do cumprimento das obrigações militares, quando legalmente sujeito a elas;
- h) Declarações referidas no parágrafo 5.º. do artigo 12.º e no artigo 80.º do Estatuto do Funcionalismo;
- i) Informação de cabimento pelos departamentos ou serviços competentes;
- j) Informação prestada pelo Director-Geral da Função Pública.

**3.** Os provimentos relativos a funcionários deverão apenas ser instruídos com os documentos especialmente exigidos para o efeito, face à natureza do acto, sempre supríveis mediante certidão dos documentos existentes no processo individual, a emitir pelos serviços.

**4.** No caso de falsidade de documento ou de declarações, o Tribunal de Contas anulará o visto do diploma por meio de acórdão, importante a notificação deste a imediata suspensão do pagamento de quaisquer abonos e a vacatura do cargo, sem prejuízo das responsabilidades disciplinar ou criminal que no caso se verifiquem.

### Art. 32.º (Instrução de processos não relativos a pessoal)

**1.** Os contratos não relativos a pessoal deverão ser instruídos com os documentos seguintes:

- a) Aviso de abertura do concurso público, ou autorização de dispensa do mesmo;
- b) Caderno de encargos, sendo caso disso;
- c) Acta da abertura das propostas;
- d) Selo branco em uso em todas as peças integrantes do processo;
- e) Prova do pagamento do imposto de selo de lei;
- f) Despachos de adjudicação e outros, devidamente autenticados pelos serviços remetentes.

2. Os contratos definitivos serão ainda acompanhados de documento donde constem:
a) O Ministério onde se insere o serviço ou organismo;
b) A data da celebração
c) A identificação dos outorgantes;
d) O prazo de validade;
e) O objecto e valor do contrato;
f) Informação de cabimento.

### Art. 33.º (Informação de cabimento)
A informação de cabimento é exarada nos documentos sujeitos a vistos e consiste na declaração de que os encargos decorrentes do acto ou contrato têm cobertura orçamental em verba legalmente aplicável.

### Art. 34.º (Aferição de requisitos)
Os requisitos de provimento ou outros legalmente exigidos devem ser aferidos com referência ao último dia do prazo para a apresentação de candidaturas, quando o provimento tenha sido precedido de concurso, ou da data do despacho nos restantes casos.

### Art. 35.º (Documento em língua estrangeira)
Os documentos passados em língua estrangeira, para serem válidos perante o Tribunal de contas deverão ser traduzidos para a língua oficial do país e autenticado por autoridade nacional competente.

### Art. 36.º (Autenticação de documentos)
Os documentos sujeitos a visto do Tribunal de Contas deverão ser autenticados com o selo branco do respectivo serviço.

## DA PRESTAÇÃO DE CONTAS

### Art. 37.º (Definição)
O julgamento das contas consiste na apreciação da legalidade da actividade das entidades sujeitas à prestação de contas bem como da respectiva gestão económico-financeira e patrimonial.

### Art. 38.º (Âmbito)
1. Estão sujeitos a prestação de contas os responsáveis, de direitos ou de factos, pela gestão das entidades referidas nas alíneas b) a e) do n.º 2 do art.º 2.º da presente Lei Orgânica, qualquer que seja o grau da sua autonomia, ainda que as suas despesas sejam parcial ou totalmente cobertas por receitas próprias ou que, umas e outras, não constem do Orçamento do Estado.

2. Estão isentos do dever de prestar contas os responsáveis pela gestão de entidades cuja despesa anual não exceda 5.000.000,00.

### Art. 39.º (Periodicidade)

Salvo disposição legal em contrário ou substituição total dos responsáveis, as contas são prestadas por anos económicos.

### Art. 40.º (Prazo)

**1.** O prazo para apresentação das contas é de seis meses contados do último dia do período a que dizem respeito.

**2.** A requerimento dos interessados que invoquem motivo justificado, o Tribunal poderá fixar prazo diferente.

**3.** O Tribunal poderá, excepcionalmente, relevar a falta de cumprimento dos prazos referidos nos números anteriores.

### Art. 41.º (Forma)

O tribunal emitirá instruções de execução obrigatória, sobre a forma como devem ser prestada as contas e os documentos que devem acompanhá-las

### Art. 42.º (Documentos, informações e diligências complementares)

A prestação de contas pela forma de estiver determinada não prejudica a faculdade de o Tribunal exigir de quaisquer entidades documentos e informações necessários, bem como de requisitar à Inspecção-Geral de Finanças à Direcção Geral dos Ministérios das Obras Públicas e ao Ministério da Administração Territórial, as diligências que julgar convenientes.

### Art. 43.º (Responsabilidade financeira)

**1.** Os responsáveis dos serviços e organismos obrigados à prestação de contas respondem, pessoal e solidariamente, pela reintegração dos fundos desviados da sua afectação legal ou cuja utilização tenha sido realizada com violação das normas aplicáveis, salvo se o Tribunal considerar que lhes não pode ser imputada a falta.

**2.** Implica também responsabilidade, a sancionar nos termos do número anterior, a violação com culpa grave das regras de gestão racional dos bens e fundos públicos.

**3.** Implica ainda responsabilidade, nos termos do número 1, a falta de prestação de contas ou a sua prestação de forma irregular quando inviabilizem o conhecimento do modo como foram utilizados os fundos ou o seu destino.

**4.** Fica isento de responsabilidade aquele que houver manifestado, por forma inequívoca, oposição dos actos que a originaram.

**5.** O Acórdão definirá expressamente, quando fôr caso disso, a responsabilidade a que se refere o presente artigo, podendo ainda conter juízo de censura.

**6.** A responsabilidade inclui os juros de mora legais sobre as respectivas importâncias, contados desde o termo do período a que se refere a prestação de contas.

### Art. 44.º (Multa)

**1.** A falta de apresentação das contas no prazo legal, a sua apresentação de forma irregular e o não fornecimento de informações ou documentos solicitados são punidos com multa a aplicar pelo Tribunal mediante processo próprio.

**2.** A multa a arbitrar, conforme circunstâncias a ponderar pelo Tribunal, não deverá ser inferior a 1/6 nem superior a 1/3 do vencimento.

**3.** O pagamento da multa arbitrada é da responsabilidade pessoal dos responsáveis referidos no artigo 7.º.

**4.** Quando a responsabilidade pelo pagamento da multa recaia sobre entidades sem direito a vencimento, o quantitativo a arbitrar, conforme as circunstâncias a ponderar pelo Tribunal, não deverá ser inferior a 1/6 do valor do processo.

### Art. 45.º (Cumulação de responsabilidades)

As responsabilidades referidas nos artigos 6.º e 7.º não se excluem mutuamente nem prejudicam o apuramento de outras responsabilidades perante os tribunais ou as entidades competentes para o efeito.

### Art. 46.º (Prazo do julgamento das contas)

**1.** O prazo para o julgamento das contas é de uma ano.

**2.** O prazo suspende-se pelo tempo que fôr necessário para obter informações ou documentos ou para efectuar investigações complementares.

## DO PROCESSO

### CAPÍTULO I
### Disposições Gerais

SECÇÃO I
**Lei aplicável**

### Art. 47.º (Lei reguladora do processo)

O processo no tribunal de Contas rege-se pelo disposto no presente diploma e, supletivamente, pela lei do processo civil, com as necessárias adaptações.

SECÇÃO II
**Da distribuição e dos relatores**

### Art. 48.º (Distribuição)

**1.** Com excepção dos processos de visto, a distribuição é o meio utilizado para designar o relator.

**2.** Nos processos de vistos, estes caberão ao juiz de turno, tendo em conta a data de entrada.

### Art. 49.º (Espécies)

Para efeitos de distribuição, há as seguintes espécies de processos:
– Conta Geral do Estado;
– Julgamento de contas;
– Multa;
– Recursos;
– Outros processos.

### Art. 50.º (Sorteio)
Para efeitos de distribuição e substituição de relatores, a ordem dos juízes é sorteada na primeira sessão anual.

### Art. 51.º (Competência do relator)
**1.** Compete ao relator dirigir a instrução do processo e a sua preparação para julgamento.
**2.** Das decisões do relator cabe sempre reclamações para a conferência a qual não tem efeito suspensivo.

## SECÇÃO III
## Dos Serviços de Apoio

### Art. 52.º (Atribuições da Direcção de Serviços)
**1.** Sem prejuízo da competência do juiz em processo de visto ou do relator nos restantes processos, cabe à Direcção de Serviços organizar e informar oficiosamente todos os processos que dêm entrada no Tribunal.
**2.** Para os efeitos do número anterior, poderá a Direcção de Serviços solicitar os elementos indispensáveis.

### Art. 53.º (Secretário do Tribunal)
**1.** Além das demais funções previstas na lei, o director de serviços é o Secretário do Tribunal.
**2.** Nas sessões do Tribunal, o Secretário poderá intervir para prestar quaisquer informações que lhe sejam solicitadas pelo presidente, por iniciativa desde ou a pedido dos vogais.

## SECÇÃO IV
## Das sessões

### Art. 54.º (Discussão)
**1.** Os julgamentos em sessão iniciam-se com a leitura do projecto de acórdão, após o que se procederá à respectiva discussão.
**2.** Na discussão participarão o representante do Ministério Público e os juízes até à respectiva aprovação.
**3.** Quando o relator se declarar vencido, será o processo distribuído ao juiz seguinte:

### Art. 55.º (Falta de remessa de elementos)
**1.** Verificando-se a falta injustificada de remessa de elementos com relevância para a decisão de processo o Tribunal aprecia livremente essa conduta, para efeitos probatórios, sem prejuízo da eventual instauração de processo de multa e de comunicação às entidades competentes de responsabilidade.
**2.** A multa a arbitrar, pela falta referida anteriormente, conforme as circunstâncias a ponderar pelo Tribunal, não deverá ser inferior a 1/6 nem superior a 1/5 do vencimento do responsável pelo seu pagamento, que é o dirigente do serviço em falta, a identificar no respectivo processo.

**Art. 56.º (Execução dos acórdãos condenatório)**
Os acórdãos condenatórios devem ser executados, quando for caso disso, no prazo de 30 dias após notificação.

**Art. 57.º (Provas)**
Nos processos de competência do Tribunal de Contas só serão admitidas a prova por inspecção, a prova documental e, quando o Tribunal o considere necessário, a prova pericial.

**Art. 58.º (Audiência de técnicos)**
1. Quando num processo se devam resolver questões que pressuponham conhecimentos especializados, pode o Tribunal determinar a intervenção de técnico, que poderá ser ouvido na discussão.
2. Nas condições do número anterior, o representante do Ministério Público pode também ser assistido por técnico que será ouvido na discussão quando o Tribunal considerar conveniente.

**Art. 59.º (Constituição de advogado)**
É permitida a constituição de advogado salvo, em primeira instância, nos processos de visto e de contas.

SECÇÃO II
**Processo de Visto**

**Art. 60.º (Distribuição dos processos de visto)**
1. A distribuição dos processos de visto faz-se atribuindo a um juíz todos os processos de visto que derem entrada no decurso da quinzena.
2. As quinzenas contam-se a partir de 1 e 16 de cada mês.

**Art. 61.º (Sequência da instrução dos processos)**
1. A instrução dos processos faz-se pela ordem de registo de entrada, salvo nos casos de urgência.
2. Por iniciativa própria ou a requerimento de qualquer entidade, o presidente do Tribunal ou o juíz que o substitua podem em despacho fundamentado, declarar a urgência de qualquer processo.

**Art. 62.º (Recursos do Ministério Público)**
Todas as decisões do juízo singular em matéria de visto serão notificadas ao representante do Ministério Público no prazo de 24 horas.

**Art. 63.º (Prazos)**
1. A concessão do visto deverá ter lugar no prazo de oito dias, salvo se forem solicitados elementos ou informações complementares ou se o processo for remetido para o plenário.
2. Os pedidos de elementos ou informações ou a remessa para a conferência devem efectuar-se no mesmo prazo.

### Art. 64.º (Processo de visto em conferência)

Sempre que o juíz entenda que deve ser recusado o visto, será o processo deferido ao plenário acompanhado de projecto de acórdão.

### Art. 65.º (Notificação de acórdãos em processo de visto)

1. Os acórdãos que recusem o visto em actos e contratos relativos a pessoal, são enviados, com os respectivos processos aos serviços que os tiverem remetido ao Tribunal.

2. Nos casos referidos no número anterior, os acórdãos serão também notificados aos respectivos interessados.

## SECÇÃO III
## Processos de Contas

### Art. 67.º (Decisão em responsabilidade financeira ou juízo de censura)

1. Sempre que da instrução resultem factos que envolvem responsabilidade financeira ou qualquer juízo de censura, o relator ordenará a citação dos responsáveis para, no prazo de 30 dias, contestarem e apresentarem os documentos que entendem necessários.

2. Se se tratar de infracções puníveis apenas com multa, será instaurado o respectivo processo.

### Art. 68.º (Conteúdo das decisões)

As decisões desfavoráveis, ainda que por um mero juízo de censura, deverão mencionar expressamente a posição adotada pelos visados a propósito dos actos ou comissões que lhes sejam imputados.

## SECÇÃO IV
## Processo de Multa

### Art. 69.º (Âmbito de aplicação)

As normas da presente secção são aplicáveis ao julgamento de todas as infracções puníveis com multa, cujo conhecimento seja competência do Tribunal de Contas.

### Art. 70.º (Instauração do processo)

1. O processo de multa é instaurado com base em despacho proferido em qualquer processo, informação da Direcção de Serviços ou denúncia.

2. A denúncia é obrigatória para os funcionários e agentes da entidades sujeitas ao controlo do Tribunal quanto aos factos de que tomarem conhecimento no exercício das suas funções ou por causa delas.

### Art. 71.º (Intervenção do Ministério Público)

Distribuído e autuado o processo, é dada vista oficiosamente ao Ministério Público que pode requerer o que tiver por conveniente.

### Art. 72.º (Citação)

Logo que o processo contenha elementos para permitir apurar da existência da infracção, qual o seu autor e em que qualidade, o relator mandá-lo-á citar para contestar os factos que se lhe imputam, juntar documentos e requerer o que tiver por conveniente no prazo de trinta dias.

### Art. 73.º (Vista ao Ministério Público)
Apresentada a contestação ou decorrido o respectivo prazo sem ter sido apresentada, vai o processo com vista ao Ministério Público para emitir parecer.

### Art. 74.º (Outros infractores)
Quando da sua instrução que a infracção resulte é susceptível de ser imputada a outras pessoas, serão estas também citadas, seguindo-se os demais termos dos artigos anteriores.

### Art. 75.º (Extinção por pagamento voluntário)
1. O responsável pode pôr termo ao processo pagando voluntariamente o montante mínimo da multa legalmente fixado dentro do prazo da contestação.
2. O relator julgará extinto o processo logo que seja junta aos autos a guia comprovativa do pagamento.

### Art. 76.º (Suprimento da falta)
1. O pagamento da multa não isenta o infractor, da obrigação de suprir a falta que originou infracção, se tal for possível.
2. Para o efeito o acórdão fixará prazo razoável.

### Art. 77.º (Prescrição)
1. O procedimento judicial prescreve no prazo de cinco anos a contar do termo da gerência em que os factos ocorreram.
2. A multa prescreve no prazo de dez anos a contar do trânsito em julgado do acórdão.

### Art. 78.º (Cumulação com a responsabilidade financeira)
A condenação em processo de multa não isenta o infractor da responsabilidade financeira eventualmente decorrente dos mesmos factos.

SECÇÃO V
**Outros Processos**

SUBSECÇÃO ÚNICA
**Disposições Comuns**

### Art. 79.º (Regime aplicável)
Aos restantes processos são aplicáveis, com as necessárias adaptações, as disposições relativas ao processo de contas ou de multa, conforme os casos.

SECÇÃO VI
**Recursos**

SUBSECÇÃO I
**Disposições Comuns**

### Art. 80.º (Admissibilidade de recursos ordinários)
As decisões do Tribunal de Contas podem ser objecto de recursos ordinário,

salvo quando tenham sido proferidas em curso ou se trate de despacho de mero expediente.

### Art. 81.º (Recurso extraordinário)
Os acórdãos podem ser objecto de recurso de revisão.

### Art. 82.º (Constituição de advogado)
Nos recursos não é obrigatória a constituição de advogado.

### Art. 83.º (Prazo)
1. O prazo para a interposição dos recursos das decisões finais é de 30 dias, com as dilações previstas na lei de processo civil.
2. Os recursos de outras decisões são interpostos no prazo de cinco dias, com as mesmas dilações.

### Art. 84.º (Legitimidade)
1. Têm legitimidade para recorrer:
*a)* O Ministério Público;
*b)* O membro do Governo de que depende o funcionário ou o serviço;
*c)* O serviço interessado através do seu dirigente máximi;
*d)* Os responsáveis dirigentes condenados ao objecto de juízo de censura;
*e)* Os que forem condenados em processo de multa;
*f)* As entidades competentes para praticar o acto ou outorgar no contrato objecto de visto.

2. O funcionário ou agente interessado em acto a que tenha sido recusado o visto pode requerer, no prazo de dez dias à entidade com competência para a prática do acto a interposição de recurso.

3. O funcionário ou agente interessado em acto a que tenha sido recusado visto, não fica impedido de interposição directa do recursos se a entidade referida no número anterior não o fizer no prazo de dez dias a contar da data da entrega do seu pedido para o fazer.

### Art. 85.º (Forma)
Os recursos são interpostos mediante requerimento que conterá as alegações.

### Art. 86.º (Emolumentos)
1. Nos recursos não há lugar a preparos, sendo os emolumentos contados a final.
2. Nos recursos em que o Tribunal considere ter havido má fé os emolumentos podem ser agravados até ao dobro.

### Art. 87.º (Efeitos dos recursos)
1. Os recursos ordinários das decisões finais têm sempre efeito suspensivo, salvo em matéria de visto.
2. Os recursos de outras decisões só podem ser apreciados no acódão final.

### Art. 88.º (Tramitação)
1. Distribuído e autuado o processo, o relator mandará informar o pedido à Direcção de Serviços, se o julgar necessário, e proferirá despacho liminar de admissão do recurso.

**2.** Se pelo exame do requerimento e dos documentos anexos o relator verificar que o recurso é extemporâneo ou manifestamente ilegal ou que o Tribunal é incompetente indeferirá liminarmente o recurso.

**3.** Do despacho de indeferimento cabe reclamação, no prazo de cinco dias, para a conferência que, na primeira sessão, deverá proferir decisão que admita o recurso ou mantenha o despacho reclamado.

**4.** Admitido o recurso, serão citados os interessados ou o Ministério Público para contra-alegarem o que tiverem por conveniente e juntarem documentos no prazo de 30 dias.

**5.** juntas as contra-alegação ou decorrido respectivo prazo, os autos irão com vista a cada um dos juízes, após o que o relator elaborará projecto de acórdão.

### Art. 89.º (Preparação para julgamento)

Elaborado o projecto de acórdão deve o relator ordenar que seja remetido à direcção de Serviços juntamente com o processo até três dias antes da sessão em que haja de ser apreciado, declarando o processo preparado para o julgamento.

### Art. 90.º (Notificação de acórdão final)

O acórdão final é notificado ao recorrente e a todos os que tenham sido notificados para os termos do processo.

SUBSECÇÃO II
**Recurso de Revisão**

### Art. 91.º (Fundamentos da revisão)

Os acórdãos transitados em julgado podem ser objecto de revisão pelos fundamentos admitidos na lei do processo civil e ainda quando supervenientemente se revelem factos susceptíveis de originar responsabilidade financeira que não tenham sido apreciados para o efeito.

### Art. 92.º (Prazo de interposição do recurso de revisão)

**1.** A interposição do recurso de revisão da decisão que concedeu o visto apenas é possível durante o prazo em que o acto ou contrato pode ser impugnado no contencioso administrativo.

**2.** A interposição do mesmo recurso para apuramento de responsabilidade financeira apenas é possível se não tiver decorrido ainda o prazo de prescrição.

### Art. 93.º (Âmbito)

**1.** Os processos no Tribunal de Contas estão sujeitos ao pagamento de emolumentos nos termos dos artigos seguintes.

**2.** Em todas as decisões do Tribunal deverá constar se são ou não devidos emolumentos e, em caso afirmativo, qual o montante e o responsável pelo respectivo pagamento.

### Art. 94.º (Isenções)

**1.** Estão isentos do pagamento de emolumentos:
*a)* O Estado;
*b)* O Ministério Público.

**2.** O parecer sobre a Conta Geral do Estado e o processo de multa em que tenha sido proferida absolutória estão isentos de emolumentos.

**3.** Sempre que um recurso merecer provimento, ainda que parcial, será decretada a isenção de emolumentos, salvo nos casos de má fé.

### Art. 95.º (Pagamento)

**1.** Nos processos de contas os serviços procedem ao pagamento dos emolumentos antes da respectiva entrada na Direcção dos Serviços.

**2.** Nos processos de visto referentes a pessoal, os emolumentos serão pagos por desconto no primeiro vencimento ou abono pelo departamento que o processar, nas condições do n.º 5 deste artigo.

**3.** Nos processos de visto não referentes a pessoal os emolumentos serão pagos por ocasião do primeiro pagamento que houver de fazer-se em execução do contrato e constituem encargo de quem contrata com o Estado.

**4.** Os processos referidos no n.º 1 não são recebidos se deles não constarem as guias comprovativas de pagamento.

**5.** A importância dos emolumentos dará entrada, mediante guia de depósito em instituição bancária em conta do Cofre do Tribunal e à ordem do Presidente.

### Art. 96.º (Restituição)

Sempre que, nos casos de pagamento antecipado, tenham sido pagos emolumentos indevidos ou em excesso, a decisão ordenará a respectiva restituição.

### Art. 97.º (Agravamento)

Nos casos de má fé a decisão pode elevar o montante dos emolumentos até ao dobro.

### Art. 98.º (Redução)

No processo de multa, quando o infractor puser fim ao processo por pagamento voluntário, tendo já suprido a falta que lhe deu origem, os emolumentos serão reduzidos a metade.

### Art. 99.º (Processo de contas)

Os emolumentos devidos em processo de contas são 5% do total da receita cobrada e têm como limite máximo 7% e mínimo 3%.

### Art. 100.º (Processo de visto)

**1.** Os emolumentos devidos em processo de visto são os seguintes:
 *a)* Actos e contratos relativos a pessoal: 3% da remuneração mensal;
 *b)* Outros contratos: 0,5% do valor do contrato.

**2.** Os emolumentos previstos na alínea *b)* do n.º 1 têm como limite mínimo 5% e como máximo 3%.

**3.** Nos contratos em que haja prestações periódicas, nomeadamente no de locação, o valor a considerar é o da soma anual.

### Art. 101.º (Processo de multa)

Os emolumentos devidos em processo de multa serão de 10% sobre o valor da multa aplicada.

### Art. 102.º (Outros processos)

Os emolumentos devidos pelas decisões proferidas em quaisquer outros processos, quando desfavoráveis à entidade por eles responsáveis, serão fixados entre um máximo de 5% e mínimo de 2%.

### Art. 103.º (Prazo)

Salvo nos casos em que os emolumentos devam ser satisfeitos antecipadamente, o prazo para o pagamento é de trinta dias a contar da notificação da decisão.

### Art. 104.º (Certidões)

Os emolumentos devidos pela passagem de certidões dserão do mesmo montante dos que estão previstos na lei geral.

### Art. 105.º (Outros encargos)

Aos emolumentos acrescem, nos recursos, as importâncias dispendidas em portes, anúncios e remunerações ou indemnizações às pessoas que intervierem no processo como peritos.

### Art. 106.º (Aplicações)

O regime de emolumentos constante deste diploma apenas se aplica aos processos que derem entrada no tribunal a partir da data da sua entrada em vigor.

## DIRECÇÃO DE SERVIÇO

### Art. 107.º (Criação)

É criada a Direcção de Serviços do Tribunal de Contas com funções de apoio técnico e administrattivo ao Tribunal.

### Art. 108.º (Atribuição)

À Direcção de Serviços do Tribunal de Contas incumbe designadamente:
a) Registar, instruir, conferir e liquidar os processos de contas sujeitos a julgamento do tribunal;
b) Realizar os trabalhos preparatórios conducentes à emissão de relatório a parecer sobre a Conta Geral do Estado;
c) Registar, instruir e efectuar o exame preparatório dos actos e contractos a submeter a visto do Tribunal de contas no âmbito da fiscalização preventiva das despesas públicas;
d) Preparar e instruir quaisquer processos ou deliberações da competência do Tribunal e executar as decisões e deliberações por este tomadas;
e) O assentamento especial dos responsáveis por fundos públicos;
f) As investigações e inquéritos que forem determinados pelo Tribunal de Contas;
g) Administrar os recursos humanos, financeiros e patrimoniais do Tribunal de Contas e praticar todos os actos de secretaria necessários ao funcionamento deste;
h) Elaborar o orçamento ordinário do Tribunal, assegurando a execução e a fiscalização do seu cumprimento, de harmonia com as orientações e directrizes do respectivo Presidente.

### Art. 109.º (Pessoal)

**1.** Para a prossecução das suas atribuições, a Direcção de Serviços do Tribunal de Contas dispõe do quadro de pessoal próprio.

**2.** A nomeação do pessoal da Direcção de Serviços é feita sob proposta do Presidente com inteira observância do que se encontra regulado na lei a propósito do provimento de funcionários, através de concurso, por forma a garantir o recrutamento de pessoal altamente qualificado.

### Art. 110.º (Organização interna)

**1.** Compete ao Presidente do Tribunal, mediante despacho, proceder à organização interna da Direcção de Serviços, afectuando Pessoal às várias áreas de competência do Tribunal.

**2.** Sem prejuízo do disposto no número anterior, compete ao Secretário a coordenação geral da actividade da Direcção de Serviços.

### Art. 111.º (Dependência)

No exercício das suas funções, o pessoal depende exclusivamente do Tribunal ou do seu Presidente.

### Art. 112.º (Estatuto remuneratório)

**1.** A fim de permitir o eficaz exercício da competência do Tribunal os funcionários da Direcção de Serviços têm direito a uma remuneração suplementar de 30% do vencimento.

**2.** A remuneração suplementar é paga pelas receitas próprias do Tribunal, até ao limite das suas disponibilidades.

### Art. 113.º (Acumulação e incompatibilidades)

**1.** É interdito aos funcionários da Direcção de Serviços do Tribunal de Contas o exercício cumulativo de funções públicas remuneradas ou a actividade em qualquer dos serviços e organismos sujeitos à jurisdição do Tribunal de Contas, bem como no âmbito dos processos relacionados com a competência deste.

**2.** Exceptua-se do disposto no número anterior o exercício de funções docentes ou actividades literária, artística ou científica que não contenda com os deveres funcionais.

### Art. 114.º (Ingresso nos serviços e organismos)

**1.** O pessoal dirigente, técnico superior e técnico da Direcção de Serviços do Tribunal de Contas, tem direito, quando em serviço, a ingressar e transitar livremente nas instalações de todos os serviços e organismos sujeitos a fiscalização do Tribunal de Contas, não lhe podendo ser, a qualquer titulo, vedado o acesso aos locais onde se encontram os documentos e examinar ou os indivíduos a inquirir.

**2.** Para efeitos do disposto no número anterior, basta ao pessoal nele referido apresentar a credencial, passada pelo Tribunal de Contas, assinada pelo respectivo Presidente, que o identifique como funcionário do Tribunal e o acredita especialmente para o desempenho da sua missão junto dos Serviços e Organismos a visitar.

**3.** Os dirigentes dos serviços e organismos referidos anteriormente a quem for apresentada a credencial devem prestar aos respectivos portadores, todo o auxílio solicitado e os que, por qualquer forma, dificultarem ou se opuserem ao exercício da sua acção, ficam sujeitos, além da responsabilidade penal a que haja lugar, a responsabilidade disciplinar.

## PRESIDÊNCIA DO CONSELHO DE ESTADO[1]

## DECRETO PRESIDENCIAL N.º 13/92
de 27 de Novembro

O Presidente do Conselho de Estado decreta, nos termos do art.º 67.º n.º 5, da Constituição, em conjugação com o art.º 8.º, n.º 2, da lei Orgânica do Tribunal de Contas, o seguinte:

### Art. 115.º
É (...) nomeado para exercer as funções de Presidente do Tribunal de Contas.

### Art. 116.º
O Presidente do Tribunal de Contas é equiparado, para efeitos de remumerações, direitos, categoria, regalias, tratamento e deveres a Secretário de Estado.

### Art. 117.º
Este Decreto-Presidencial entra imediatamente em vigor.

Bissau, 27 de Novembro de 1992.
Publique-se.
O Presidente do Conselho de Estado, General *João Bernardo Vieira*.

---

[1] Numa técnica legislativa singular, aproveitando a numeração da Lei do Tribunal de Contas, aprovada pelo Decreto-Lei n.º 7/92, de 27 de Novembro, enxertou-se, na sequência daquela, um Decreto-Presidencial – n.º 13/92, de 27 de Novembro – de nomeação do Presidente do Tribunal de Contas. Note-se que não se trata de um diploma-formulário, mas de um acto individual e concreto de nomeação de uma pessoa singular, cujo nome foi omitido no texto, por não se ter considerado relevante transcrevê-lo. Todavia, o artigo 117.º do Decreto-Presidencial parece ter um conteúdo geral e abstracto – mais desenvolvido, aliás, que o do artigo 11.º da Lei do Tribunal de Contas – razão pela qual se optou por incluí-lo na íntegra. Aparentemente, a data e a ordem de publicação é comum a ambos os diplomas: Decreto-Lei n.º 7/92 e Decreto-Presidencial n.º 13/92.

# 2.ª PARTE
# DIREITO DA ECONOMIA

# CAPÍTULO I
# DIPLOMAS ESTRUTURANTES

# 10.
# BASES GERAIS DAS EMPRESAS DE CAPITAIS PÚBLICOS

# DECRETO N.º 55/93
## de 25 de Outubro

O quadro institucional que regula as Empresas Públicas é o Decreto n.º 33/79, de 3 de Novembro, «Bases Gerais das Empresas Públicas».

Com as recentes mudanças operadas na legislação económica e na Constituição da República, caracterizadas essencialmente pela adopção das leis do mercado como regulador do uso eficiente dos recursos na economia, tornou-se necessário adaptar as empresas públicas às exigências de uma economia de mercado, modificando o seu quadro jurídico e institucional.

Assim: O Governo decreta nos termos do artigo 100.º, n.º 2 da Constituição, o seguinte:

Artigo 1.º Aprovar as Bases-Gerais das Empresas de Capitais Públicos, cujo texto é parte integrante do presente Decreto.

Art.º 2.º Todas as Empresas Públicas ou maioritariamente participadas pelo Estado deverão operar as mudanças necessárias nos seus instrumentos jurídicos, de forma a adoptarem a nova forma jurídica até ao dia 31.12.1993.

Art.º 3.º Cada Ministro tutelando as Empresas de Capitais Públicos deverá apresentar ao Conselho de Ministros os Projectos de Estatutos e Contratos de Gestão das Empresas Públicas para aprovação até 31.01.1994.

Art.º 4.º O Presidente diploma entra em vigor na data da sua publicação.

Aprovado em Conselho de Ministros de 15 de Julho de 1993. – O Primeiro Ministro – *Eng.º Carlos Correia* – O Ministro das Finanças, *Filinto Barros*.

Publique-se.

O Presidente do Conselho de Estado, General *João Bernardo Vieira*.

## CAPITULO I
### Disposições Fundamentais

#### Art. 1.º (Empresas de Capitais Públicos)

**1.** Consideram-se de capitais públicos para efeitos do presente diploma, as empresas criadas pelo Estado com capitais próprios e ou fornecidos por outras entidades públicas para exploração de actividades de natureza económica e social, desde que não sejam constituídas sob forma de sociedades em conformidade com a lei comercial.

**2.** A denominação das empresas de capitais públicos, será sempre precedida ou seguida das palavras «Empresas de Capitais Públicos « ou das iniciais «ECP.»

**3.** As empresas de capitais públicos poderão ser transformadas em sociedades anónimas de responsabilidade limitada por diploma do Governo sob proposta do membro do Governo que tiver a seu cargo o sector da coordenação económica.

### Art. 2.º (Personalidade e Capacidade)

**1.** As empresas de capitais públicos gozam de personalidade jurídica e são dotadas de autonomia administrativa, financeira e patrimonial.

**2.** A Capacidade das empresas de capitais públicos compreende os direitos e as obrigações necessários à prossecução do seu fim, exceptuados aqueles que lhe sejam vedados por lei ou sejam inseparáveis da personalidade singular.

### Art. 3.º (Direito Aplicável)

**1.** As empresas de capitais públicos regem-se pelo presente diploma, pelos respectivos estatutos, pelo que fôr estabelecido em contrato-programa, de cessão de gestão ou de exploração, subsidiariamente pelas normas de direito privado, especialmente as aplicáveis às sociedades Comerciais.

**2.** Os estatutos das empresas que explorem serviços públicos ou exerçam a sua actividade em regime de monopólio podem submeter determinados aspectos do seu funcionamento a um regime de direitos público, bem como conceder-lhes especiais privilégios ou prerrogativas de autoridade.

### Art. 4.º (Criação)

**1.** As empresas de capitais públicos são criadas por diploma do Governo o qual integrará o respectivo estatuto.

**2.** De futuro só poderão ser criadas empresas de capitais públicos em sectores ou actividades estratégicos da economia nacional

**3.** Para efeitos do disposto no número anterior os sectores ou actividades estratégicos são nomeadamente os seguintes:

  *a)* Produção e distribuição de energia eléctrica;
  *b)* Captação, tratamento e distribuição de água;
  *c)* Extracção e refinação de petróleo;
  *d)* Administração de portos, aeroportos e aeródromos e prestação de serviços inerentes ao seu funcionamento.

### Art. 5.º (Estatuto)

**1.** O estatuto de cada empresa de capitais públicos especificará obrigatoriamente:

  *a)* Denominação;
  *b)* Sede;
  *c)* Objecto
  *d)* Capital estatutário;
  *e)* Constituição e competência dos órgãos;
  *f)* Regras sobre gestão financeira e patrimonial;
  *g)* Regime de exploração, caso se trata de empresa que explore um serviço público ou exerça a sua actividade em regime de exclusivo;
  *h)* Regras relativas à participação dos trabalhadores nas actividades da empresa;
  *i)* Regime fiscal da empresa.

**2.** Quando os capitais sociais definidos pelos estatutos não correspondam às necessidades prementes da empresa, devem os conselhos de administração, nos noventa dias seguintes à sua constituição, apresentar ao Governo, através do Ministro que tiver a seu cargo a coordenação económica, do Ministro que tem a seu cargo as Finanças e do Ministro que tiver a seu cargo o sector da actividade em que se insere a empresa, acompanhada de parecer do Conselho Fiscal, uma proposta técnica fundamentada do montante do respectivo capital estatutário.

**3.** Com base na proposta referida em 2 será fixado o capital estatutário da empresa por despacho conjunto dos Ministros atrás indicados.

CAPITULO II
## Dos Orgãos da Empresa

SECÇÃO I
### Enumeração

**Art. 6.º (Órgãos)**
São orgãos das empresas de capitais Públicos:
a) O Conselho de Administração;
b) A Direcção-Geral;
c) O Conselho Fiscal.

**Art. 7.º (Dever de diligência)**
Os títulos dos órgão das empresas de capitais públicos devem actuar com a diligência de um gestor criterioso e ordenado, no interesse da empresa, tendo em conta os interesses económicos, financeiros e sociais objectivados pelo Governo.

**Art. 8.º (Responsabilidade da Empresa)**
As empresas de capitais públicos respondem civilmente perante terceiros pelos actos ou omissões dos titulares dos seus órgãos nos mesmos termos em que os comitentes respondem pelos actos ou omissões dos comissários de acordo com a lei geral.

**Art. 9.º (Responsabilidade dos Titulares de órgãos)**
**1.** Os titulares dos órgãos das empresas de capitais públicos respondem civilmente perante estas em razão dos prejuízos causados pelo incumprimento dos seus deveres legais ou estatutários.

**2.** O disposto do número anterior não prejudica a responsabilidade criminal ou disciplinar em que eventualmente incorram aqueles titulares.

**3.** Não são responsáveis pelos prejuízos resultantes de uma deliberação colegial os titulares dos órgãos das empresas de capitais públicos que nelas não tenham participado ou hajam votado vencidos.

**4.** O titular de órgão das empresas de capitais públicos que não tenham exercido o direito de oposição conferido por lei, quando estava em condições de o exercer, responde solidariamente pelos actos a que poderia ter-se oposto.

**Art. 10.º (Solidariedade na responsabilidade)**
**1.** A responsabilidade dos titulares dos órgãos das empresas é solidária.

**2.** O direito de regresso existe na medida das respectivas culpas e das consequências que dela advierem, presumindo-se iguais as culpas das pessoas responsáveis.

### Art. 11.º (Responsabilidade para com credores e terceiros)

**1.** Os titulares dos órgãos das empresas de capitais públicos respondem para com os credores destas quando, pela inobservância culposa das disposições legais ou estatutárias, destinadas à protecção destes, o património da empresa se torne insuficiente para a satisfação dos respectivos créditos.

**2.** Os titulares dos órgãos das empresas de capitais públicos respondem também nos termos gerais para com terceiros pelos danos que directamente lhes causarem no exercício das suas funções.

### Art. 12.º (Responsabilidade de Outras Pessoas)

As disposições respeitantes à responsabilidade dos titulares dos órgãos das empresas públicas aplicam-se a todas as pessoas a quem sejam confiados funções de gestão, ainda que por delegações ou subdelegações.

### Art. 13.º (Negócios com as Empresas)

**1.** É Proibido à empresa conceder empréstimos ou créditos a membros dos seus órgãos directamente ou por interposta pessoa, efectuar pagamentos por conta deles, prestar garantias a obrigações por eles contraídas e facultar-lhes adiantamentos de remunerações superiores a um mês.

**2.** São nulos os contratos celebrados entre a empresa e qualquer dos membros dos seus órgãos, directamente ou por pessoa interposta, se não tiverem sido previamente autorizados por deliberação do Conselho Geral, na qual o interessado não pode votar, e com o parecer favorável do Conselho Fiscal.

**3.** No seu relatório anual o Director-Geral deve especificar as autorizações que tenham sido concedidas ao abrigo do número 2 e o relatório do Conselho Fiscal deve mencionar os pareceres proferidos sobre essas autorizações.

**4.** O disposto nos n.ºs 2 e 3 não se aplica quando se trata de acto compreendido no próprio comércio da empresa e nenhuma vantagem especial seja concedida ao contraente membro de um órgão.

## SECÇÃO II

### Art. 14.º (Composição)

**1.** O Conselho de Administração é composto por um número ímpar de membros, nunca inferior a três, fixado no respectivo estatuto de acordo com a natureza e a dimensão da empresa, havendo um presidente e um vice-presidente.

**2.** Se uma pessoa colectiva fôr designada membro do Conselho Geral deve nomear uma pessoa singular para exercer o cargo, respondendo a pessoa colectiva solidariamente com a pessoa designada pelos actos desta.

**3.** O estatuto da empresa pode autorizar a nomeação de suplentes até um número igual a um terço do número de membros efectivos.

### Art. 15.º (Representação do Capital)

**1.** Nas empresas cujo capital pertence integralmente ao Estado ou a outras entidades públicas, os membros do Conselho Geral representam exclusivamente o Estado ou aquelas entidades conforme o caso.

**2.** Nas empresas cuja capital pertence conjuntamente ao Estado e as outras entidades públicas, o Estado e cada uma dessas entidades representadas no Conselho de Administração por número de membros que reflicta a proporção das respectivas participações no capital da empresa.

### Art. 16.º (Representação do Estado)

**1.** Quando o estatuto da empresa não disponha de outra forma os membros do Conselho de Administração representantes do Estado serão nomeados e exonerados por despacho conjunto do Ministro que tenha a seu cargo o sector de coordenação económica, do Ministro que tenha a seu cargo o sector de Finanças e do Ministro que tenha a seu cargo o sector de actividade da empresa.

**2.** Os lugares de membros do Conselho de Administração em representação do Estado serão atribuídos aos Departamentos Governamentais com funções relacionadas com o objecto da empresa, de acordo com o estabelecido no respectivo estatuto.

### Art. 17.º (Representantes de outras Entidades)

Os membros do Conselho de Administração em representação de outras entidades públicas são nomeados e destituídos por decisão do respectivo órgão de administração daquelas entidades.

### Art. 18.º (Competência Reservada)

**1.** Ao Conselho de Administração compete, sem prejuízo do disposto no estatuto:

a) Definir os objectivos e as políticas gerais de gestão da empresa e controlar permanentemente a sua execução designadamente através da apreciação de indicadores adequados;
b) Aprovar os planos plurianuais de financiamento e de actividades;
c) Apreciar e votar até 31 de Outubro de cada ano o programa anual de trabalhos e de funcionamento e o orçamento anual relativo ao ano seguinte;
d) Apreciar e votar até 25 de Março de cada ano o relatório anual de gestão do Director-Geral, os documentos de prestação de contas e a proposta de aplicação de resultados respeitantes ao ano anterior, bem como o parecer do Conselho Fiscal;
e) Aprovar as actualizações ao orçamento anual;
f) Eleger o Presidente, Vice-Presidente e o Secretário do Conselho na primeira reunião;
g) Exercer uma vigilância geral sobre a actuação da Direcção-Geral;
h) Deliberar sobre modificações do capital estatutário;
i) Deliberar sobre os projectos de agrupamento, cisão, fusão ou liquidação da empresa;
j) Submeter à aprovação ou autorização do Governo os actos que nos termos da lei ou estatuto estejam sujeitos áquela intervenção;
l) Pronunciar-se sobre quaisquer assuntos de interesse para a empresa podendo emitir os pareceres ou recomendações que considerar convenientes, para o que poderá solicitar à Direcção-Geral ou Conselho Fiscal os elementos de informação que julgar necessários;
m) Deliberar, com observância dos princípios legais vigentes, sobre a aquisição, oneração ou alienação de participações sociais, bem como a liqui-

dação, fusão ou cisão das sociedades ou empresas públicas em cujo capital a empresa participe;

*n)* Nomear os representantes da empresa em outras empresas públicas em cujo capital participe e também nas sociedades de que seja sócia fixando-lhes, em qualquer dos casos as grandes linhas de orientação que devem observar;

*o)* Autorizar a aquisição, oneração e alienação de imóveis quando as verbas globais correspondentes não estejam previstas nos respectivos orçamentos;

*p)* Deliberar sobre a celebração de contratos-programa, de cessão de exploração ou de gestão;

*q)* Deliberar sobre a obtenção de empréstimos ou linhas de crédito a prazo superior a um ano ou em moeda estrangeira;

*r)* Deliberação sobre os preços ou tarifas no caso de empresa que explore serviços públicos ou que exerça a sua actividade em regime de exclusivo;

*s)* Aprovar as regras genéricas relativas à organização técnico-administrativa de empresa e as normas básicas do seu funcionamento;

*t)* Aprovar as normas gerais relativas ao pessoal e respectivo estatuto;

*u)* Propôr a nomeação e exoneração do Director-Geral bem como a respesctiva remuneração;

*v)* Representar a empresa em juízo e fora dele, activa e passivamente, podendo desistir, transigir e confessar em quaisquer pleitos e jurisdições, e bem assim comprometer-se em arbitragem;

*x)* Constituir mandatários com poderes que julgar convenientes;

*z)* Deliberar sobre a transformação da respectiva empresa de capitais públicos em sociedade comercial, nos termos do art.º 56.º.

2. Para efeitos das alíneas *c)* e *d)* do número anterior, os documentos nelas referidos deverão ser enviados aos membros do Conselho Geral até 15 de outubro e 10 de Março de cada ano respectivamente, o qual se pronunciará no prazo de 15 dias sob pena de serem considerados tacitamente aprovados.

### Art. 19.º (Competência Delegável)

1. Compete ainda ao Conselho de Administração nos termos do artigo anterior:

*a)* Deliberar sobre prestação de cauções e garantias pessoais ou reais pela empresa;

*b)* Deliberar sobre abertura ou encerramento de estabelecimentos comerciais ou industriais ou de partes importantes destes;

*c)* Autorizar a aquisição, oneração e alienação de bens imóveis de valor superior ao que estiver fixado no estatuto;

*d)* Deliberar sobre extensões importantes da actividade da empresa;

*e)* Deliberar sobre modificações importantes na organização da empresa;

*f)* Deliberar sobre estabelecimento ou cessão de cooperação duradoura e importante com outras empresas;

*g)* Deliberar sobre a abertura de contas em estabelecimentos bancários, instituições financeiras, companhias de seguro ou sociedades imobiliárias não pertencentes ao sector público do Estado;

*h)* Deliberar sobre a abertura ou encerramento de qualquer tipo de representação no estrangeiro.

**2.** O Conselho de Administração pode delegar no Director-Geral, qualquer das matérias referidas nas alíneas do número anterior, devendo a respectiva deliberação fixar os limites da delegação.

**3.** A delegação prevista no número anterior não exclui a competência do Conselho de Administração para tomar resoluções sobre os mesmos, ficando os seus membros responsáveis pela vigilância geral da actuação do Director-Geral e bem assim pelos prejuízos causados por actos ou omissões deste, quando tendo conhecimento de tais actos ou omissões ou do propósito de os praticar, não provoquem a intervenção do Conselho para tomar medidas adequadas.

### Art. 20.º (Funcionamento)

**1.** O Estatuto de cada empresa regulará o funcionamento do Conselho de Administração definirá a competência do respectivo presidente.

**2.** As regras sobre o mandato dos membros do Conselho de Administração, sua nomeação, substituição, remuneração e incompatibilidade são fixadas no estatuto da empresa.

## SECÇÃO III
### Direcção-geral

### Art. 21.º (Composição)

**1.** A Direcção-Geral é constituída por um Director-Geral.

**2.** Quando o estatuto da empresa não disponha de outra forma, o Director-Geral é nomeado e exonerado, sob proposta do Conselho de Administração por despacho conjunto do Ministro que tiver a seu cargo o sector da cooperação económica, do Ministro que tiver a seu cargo o sector das finanças e do Ministro que tiver a seu cargo o sector da actividade de empresa.

**3.** O estatuto da empresa pode prever o Director-Geral seja assistido por Directores-Gerais Adjuntos.

### Art. 22.º (Mandato)

**1.** O Mandato do Director-Geral é de 3 (três) anos, renováveis e exercido em regime de tempo inteiro.

**2.** A substituição do Director-Geral em caso de impossibilidade temporária ou definitiva processar-se-á de acordo com o que estiver estabelecido no estatuto da empresa.

### Art. 23.º (Competência)

**1.** O Director-Geral tem, com a faculdade de delegação sob sua inteira responsabilidade, todos os poderes necessários para assegurar a gestão das actividades da empresa e administrar o seu património, praticando todos os actos relativos ao objecto social que não caibam na competência atribuída a outros órgãos da empresa.

**2.** O exercício da competência do Director-Geral depende, nos casos previstos na lei e no estatuto da empresa, de autorização do Conselho de Administração e ou de parecer do Conselho Fiscal sobre o caso.

SECÇÃO IV
Conselho Fiscal

Art. 24.º (Composição)
1. A fiscalização da empresa compete a um Conselho Fiscal composto por três membros efectivos um dos quais será presidente e dois substitutos.
2. O Presidente e os restantes membros do Conselho Fiscal são nomeados e exonerados por despacho conjunto do Ministro que tiver a seu cargo o sector da coordenação económica, do Ministro que tiver a seu cargo o sector das finanças e do Ministro que tiver a seu cargo o sector da actividade da empresa, no qual será fixada a respectiva remuneração.
3. Pelo menos um dos membros do Conselho Fiscal em efectividade de funções deverá ser especializado em fiscalização das contas e da gestão.

Ar. 25.º (Mandato)
1. O mandato dos membros do Conselho Fiscal é de 3 (três) anos renováveis.
2. Os membros cujo mandato terminar antes de decorrido o período por que foram designados, por morte, impossibilidade, renúncia ou destituição serão substituídos, cessando funções os substitutos no fim do período do mandato dos restantes membros.
3. Em caso de impossibilidade temporária, física ou legal, para o exercício de funções, podem os membros do Conselho Fiscal ser substituídos enquanto durar o impedimento, sem prejuízo do disposto no número 3 do artigo anterior.

Art. 26.º (Competência do Conselho Fiscal)
1. Compete ao Conselho Fiscal:
   a) Dar parecer sobre o relatório, contas e proposta do Drector-Geral a que se refere a alínea d) do n.º 1 artigo 19.º antes da sua submissão à apreciação e votação do Conselho de Administração.
   b) Proceder anualmente a uma auditoria à gestão da empresa relativamente ao ano anterior elaborando o respectivo relatório e parecer, a serem presentes ao Conselho de Administração até 30 de Junho de cada ano.
2. A auditoria referida na alínea b) do número anterior abrangerá nomeadamente:
   a) O cumprimento das normas reguladoras da actividade da empresa;
   b) A verificação da regularidade dos livros de registos contabilísticos e documentação que lhe serviram de base;
   c) A verificação sobre os critérios valorimétricos adoptados pela empresa conduziram a uma correcta avaliação do património e dos resultados;
   d) A verificação da exactidão do balanço analítico, da demonstração de resultados e respectivo anexo e ainda do mapa de origem e aplicação de fundos.

Art. 27.º (Auditores Externos)
O Conselho Fiscal, por sua iniciativa ou a solicitação do Ministro que tenha a seu cargo o sector da coordenação económica, do Ministro que tenha a seu cargo o sector das finanças e do Ministro que tenha a seu cargo o sector da actividade da empresa, poderá fazer-se assistir por auditores externos, correndo os respectivos custos por conta da empresa.

### Art. 28.º (Poderes do Conselho Fiscal)

**1.** Para o desempenho das suas funções podem os membros do Conselho Fiscal, conjunto ou separadamente:

a) Obter do Presidente do Conselho de Administração e do Dorector-Geral a apresentação, para exame e verificação, dos registos e documentos da empresa bem como verificar as existências de qualquer classe de valores, designadamente dinheiro, títulos e mercadorias;

b) Obter do Presidente do Conselho de Administração informações ou esclarecimentos relativos às operações ou actividades da empresa ou sobre qualquer dos seus negócios;

c) Obter de terceiros que tenham realizado operações por conta da empresa as informações de que careçam para o conveniente esclarecimento de tais operações.

**2.** O disposto na alínea c) do número anterior não abrange a comunicação de documentos ou contratos detidos por terceiros salvo se for autorizada juridicamente ou pela legislação em vigor. Ao direito conferido pela mesma alínea não pode ser oposto segredo profissional que não pudesse ser também oposto à administração da Empresa.

### Art. 29.º (Deveres dos Membros do Conselho Fiscal)

**1.** Os membros do Conselho Fiscal têm o dever de:

a) Participar nas reuniões do Conselho e assistir às reuniões do Conselho de Administração para que o presidente os convoque ou a que se referem as alíneas b) e e) do artigo 19.º;

b) Guardar segredo dos factos e informações de que tiverem conhecimento em razão das suas funções, sem prejuízo do dever enunciado no n.º 3 deste artigo.

**2.** Os membros do Conselhoo Fiscal não podem aproveitar-se, salvo autorização expressa e por escrito, de segredos comerciais ou industriais de que tenham tomado conhecimento no desempenho das suas funções.

**3.** Os membros do Conselho Fiscal devem participar ao Ministério Público os factos delituosos de que tenham tomado conhecimento no desempenho das suas funções e que constituam crimes públicos; desta participação não pode resultar responsabilidade para os participantes, salvo se for caluniosa.

**4.** Perdem o cargo os membros do Conselho Fiscal que, sem motivo justificado, não assistam durante o exercício social, as duas reuniões do Conselho ou não compareçam as duas reuniões do Conselho de Administração prevista na alínea a) do número 1 deste artigo.

### Art. 30.º (Funcionamento, nomeações e incompatibilidades)

Serão definidas no estatuto de cada empresa:

a) As regras relativas ao funcionamento do Conselho Fiscal;

b) Os requisitos a que devem obedecer as nomeações dos seus membros;

c) As incompatibilidades dos respectivos membros.

## CAPÍTULO III
## Intervenção do Governo

### Art. 31.º (Âmbito)

**1.** Cabe ao Governo, através do órgão ou órgãos indicados no estatuto de cada empresa e pela forma aí referida, definir os objectivos das empresas de capitais públicos e o enquadramento geral no qual se deve desenvolver a respectiva actividade de modo a assegurar a sua harmonização com as políticas globais e sectoriais, com respeito pela autonomia necessária a uma gestão eficiente e racional da mesma empresa;

**2.** De acordo com o disposto no número anterior cabe especialmente ao Governo assegurar que:

*a)* O objecto social da empresa é prosseguido;
*b)* Os órgãos da empresa funcionam regularmente;
*c)* A legislação que lhe fôr aplicável assim como os contratos ou acordos por ela outorgados são cumpridos pela empresa;
*d)* A administração e gestão do património da empresa está a processar-se de forma correcta.

### Art. 32.º (Princípios Gerais)

**1.** A execução dos actos dos órgãos das empresas de capitais públicos apenas ficam sujeitos à prévia autorização e ou aprovação do Governo, nos casos e nos termos expressamente previstos neste diploma, nos respectivos estatutos, nos contratos-programa, contratos de gestão, contrato de cessão de exploração ou instrumentos similares.

**2.** A autorização ou aprovação referidas no número antecedente serão obtidas a solicitação do presidente do Conselho Geral.

**3.** O Governo, quando tenha de intervir nos termos dos números anteriores, dispõe de prazo improrrogável de trinta dias a contar da data da recepção do respectivo pedido para conceder acontra ou recusar a autorização ou aprovação solicitadas.

**4.** Decorrido o prazo mencionado no número 3 sem que haja decisão, a autorização ou aprovação consideram-se tacitamente concedidas.

### Art. 33.º (Informações)

O Governo, através do órgão ou órgãos a que se refere o número 1 do artigo 31.º pode exigir todas as informações e documentos julgados úteis para acompanhar a actividade da empresa.

## CAPITULO IV
## Gestão Patrimonial e Financeira

### Art. 34.º (Património)

**1.** O Património privativo das empresas de capitais públicos é constituido pelos bens e direitos recebidos ou adquiridos para o exercício da sua actividade.

**2.** As empresas de capitais públicos podem administrar e dispôr livremente dos bens que integram o seu património, sem sujeição às normas relativas ao domínio privado do Estado, salvo o disposto no presente diploma e nos respectivos estatutos.

3. As empresas de capitais públicos administram ainda os bens do domínio público do Estado afectos às actividades a seu cargo, devendo manter em dia o respectivo cadastro, afectar-lhes os bens que nele convenha incorporar e desafectar os dispensáveis à sua actividade própria.

4. Pela dívidas das empresas de capitais públicos responde apenas o respectivo património.

### Art. 35.º (Capital Estatutário)

1. As dotações e outras entradas patrimoniais do Estado e demais entidades públicas destinadas a responder a necessidades iniciais da empresa são escrituradas em conta especial designada «Capital Estatutário».

2. O capital estatutário pode ser aumentado não só por força de entradas patrimoniais previstas no número anterior mas também mediante incorporação de reservas, devendo essas entradas e incorporações ser escrituradas em conta especial designada «Dotações Básicas Estatais».

### Art. 36.º (Remunerações dos Capitais – Investimento)

As remunerações pela empresa de capitais públicos dos capitais nela investidos pelo Estado serão objecto de legislação especial.

### Art. 37.º (Contrato-Programa)

O Governo pode celebrar contratos-programa com as empresas de capitais públicos nos quais serão acordadas as condições em que ambas as partes se obrigam para a realização de objectivos pré-fixados designadamente de equilíbrio financeiro, de produtividade e de rentabilidade, contratos esses que integrarão o plano de actividades para o período considerado.

### Art. 38.º (Contratos de Gestão e de Cessão de Exploração)

Sempre que circunstâncias especiais o aconselhem pode o Governo autorizar que sejam celebrados contratos entre as empresas de capitais públicos e terceiros, entidades singulares ou colectivas, tendo por objecto a gestão da empresa ou a cessão total ou parcial da sua exploração, por períodos não superiores a vinte anos.

### Art. 39.º (Regras Especiais)

Os contratos-programa, de gestão e cessão de exploração poderão definir para as respectivas empresas regras especiais de funcionamento ou de intervenção do Governo relativamente ao período de vigência daqueles contratos, diferentes das estabelecidas neste diploma e nos estatutos.

### Art. 40.º (Gestão Económica e Financeira)

A Gestão económica e financeira das empresas de capitais públicos será disciplinada pelas regras estabelecidas nos respectivos estatutos.

## CAPITIULO V
## Do Pessoal

### Art. 41.º (Regime jurídico do pessoal)

O regime jurídico do pessoal das empresas de capitais públicos é definido:
a) Pelas leis gerais do contrato individual de trabalho;
b) Pelas convenções colectivas de trabalho a que a empresa estiver obrigada;
c) Pelas demais normas internas da empresa que integram o respectivo estatuto do seu pessoal.

### Art. 42.º (Comissões de serviços)

1. Podem exercer funções de carácter específico nas empresas de capitais públicos, nos seus órgãos ou não, em comissão de serviço, trabalhadores da administração central e local, de institutos públicos ou de outras empresas de capitais públicos, os quais manterão todos os direitos inerentes ao seu quadro de origem, considerando-se todo o período de comissão como serviço prestado nesse quadro.
2. Nas mesmas condições, também os trabalhadores da empresa podem exercer funções na administração central e local, institutos públicos ou outras empresas de capitais públicos.
3. O vencimento dos trabalhadores em comissão de serviço constituirá encargo da entidade onde se encontram afectivamente a exercer funções, não podendo ser inferior ao auferido no serviço de origem.

### Art. 43.º (Regime de previdência do pessoal)

O regime de previdência do pessoal das empresas de capitais públicos é o regime geral da previdência para os trabalhadores das empresas privadas.

## CAPITULO VI
## Regime Fiscal da Empresa e Dão Seu Pessoal

### Art. 44.º (Regime Fiscal da empresa e participação do Estado nos seus resultados)

1. As empresas de capitais públicos serão sujeitas à tributação directa e indirecta nos termos gerais, salvo as referidas no número 2 do artigo 4.º, as quais poderão ser submetidas por lei ou pelos respectivos estatutos a regimes fiscais próprios.
2. Independentemente da tributação incidente sobre as empresas de capitais públicos, será entregue ao Estado o remanescente dos resultados apurados em exercício, após dedução da parte desses excedentes a reter na empresa, nos termos da lei e do estatuto.

### Art. 45.º (Regime Fiscal do passoal)

O pessoal das empresas públicas fica sujeito, quanto às respectivas renumerações, à tributação que incide sobre as renumerações pagas aos trabalhadores das empresas privadas.

## CAPITULO VII

### Art. 46.º (Agrupamento de Empresas de Capitais Públicos)

Poderá o Governo nos termos do n.º 1 do artigo 40.º, agrupar duas ou mais empresas públicas ou estabelecer outras formas de cooperação, devendo os órgãos de coordenação do agrupamento, bem com o seu grau de integração funcional das empresas, ser definidos pelo mesmo diploma.

### Art. 47.º (Forma de Extinção)

**1.** A Extinção de uma empresa de capitais públicos pode visar a reorganição das actividades desta, mediante a sua cisão ou fusão com outras, destinar-se a pôr termo a essa actividade sendo então seguida da liquidação do respectivo património.

**2.** As formas de extinção de empresas de capitais públicos são unicamente as previstas neste capitulo, não lhes sendo aplicáveis as regras sobre a dissolução e liquidação de sociedades, nem os institutos de falência e insolvência.

### Art. 48.º (Competência para a Fusão, Cisão e Extinção das Empresas de Capitais Públicos)

A fusão, cisão e extinção das empresas de capitais públicos é da competência do Conselho de Ministros e faz-se por decreto conforme os termos do artigo 40.º.

### Art. 49.º (Fusão)

**1.** Duas ou mais empresas de capitais públicos podem fundir-se mediante a sua união numa só.

**2.** A fusão pode realizar-se por incorporação de uma ou mais empresas noutra, para a qual se transferem globalmente os patrimónios daquelas, ou mediante a criação de uma nova empresa, que recebe os patrimónios das empresas fundidas com todos os direitos e obrigações que os integram.

**3.** O Decreto que ordena a fusão deve também aprovar as alterações a introduzir no estatuto da empresa incorporante ou o estatuto da nova empresa resultante da fusão.

### Art. 50.º (Cisão)

**1.** Uma empresa de capitais públicos pode ser extinta e o seu património, passando cada uma das partes resultantes a constituir uma nova empresa de capitais públicos.

**2.** Pode ser destacado parte do património de uma empresa de capitais públicos para constituir outra nova empresa ou ser integrado em empresa já existente.

**3.** O Decreto que ordena a cisão por extinção ou o destaque, deve indicar os bens, as dívidas da empresa cindida que se transferem para a nova, novas empresas ou para empresa integrante.

### Art. 51.º (Liquidação)

**1.** Decretada a extinção de empresa de capitais públicos, esta mentém a sua personalidade jurídica para efeitos de liquidação até à aprovação final das contas apresentadas pelos liquidatários, devendo no entanto a sua denominação ser acrescida da expressão «em liquidação».

**2.** O Decreto que extingue a empresa e determina a sua entrada em liquidação deverá obrigatoriamente:

   *a)* Nomear os liquidatários e definir os respectivos poderes;
   *b)* Fixar as regras relativas à verificação do passivo, à realização do activo, ao pagamento aos credores e ao destino do saldo, caso venha a existir.

## CAPITULO VIII
## Registo das Empresas de Capitais Públicos

### Art. 52.º (Obrigatoriedade)

**1.** Ficam sujeitas a registo comercial as empresas de capitais públicos que tenham por objecto o exercício de uma actividade económica de carácter comercial ou industrial.

**2.** Para efeitos do disposto no número anterior, são aplicáveis, com as necessárias adaptações, às empresas de capitais públicos as disposições legais que regem o registo das sociedades comerciais e dos correlactivos factos jurídicos a ele sujeitos.

**3.** A equiparação prevista no número anterior, é limitada à aplicação das normas cujo conteúdo não pressuponha a qualidade de comerciante.

### Art. 53.º (Factos sujeitos a registo)

**1.** Estão sujeitos a registo os seguintes factos relativos a empresas de capitais públicos:

   *a)* A constituição da empresa;
   *b)* A designação e cessação de funções, por qualquer causa que não seja o decurso do tempo, dos membros do Conselho Geral, do Director-Geral e do Conselho Fiscal;
   *c)* O agrupamento, fusão, cisão e qualquer outra alteração do estatuto;
   *d)* A extinção das empresas, a designação e cessação, dos liquidatários, bem como o encerramento da liquidação.

**2.** O cumprimento da obrigação de registar será feita em face do Boletim Oficial onde tenha sido publicado o diploma ou do despacho que titulem o respectivo acto jurídico.

### Art. 54.º (Emolumentos)

Pelos actos de registo relativo às empresas serão cobrados os correspondentes emolumentos constantes da tabela do registo comercial.

## CAPITULO IX
## Disposições Diversas e Transitórias

### Art. 55.º (Tribunais Competentes)

**1.** Salvo o disposto no número seguinte, compete aos tribunais judiciais o julgamento de todos os litígios em que seja parte uma empresa de capitais públicas, incluindo as acções para efectivação de responsabilidade civil de todos os seus órgãos, bem como a apreciação da responsabilidade civil dos titulares desses órgãos para com a respectiva empresa ou terceiros.

**2.** São da competência dos tribunais administrativos os julgamentos dos recursos dos actos definitivos e executórios dos órgãos das empresas de capitais públicos sujeitos a um regime de direito público nos termos do número 2 do artigo 3.º, bem como o julgamento das acções sobre a validade, interpretação ou execução dos contratos administrativos celebrados por essas mesmas empresas.

**Art. 56.º (Sociedades de Economia Mista e Sociedades de Capitais Públicos)**

**1.** O Governo poderá directamente ou por intermédio das empresas de capitais públicos ou de outras entidades públicas, criar sociedades de economia mista, em que se associem capitais públicos e privados nacionais ou estrangeiros.

**2.** As sociedades constituidas nos termos do número anterior e em conformidade com a lei comercial, não são aplicáveis as disposições do presente diploma, salvo na medida em que os respectivos estatutos mandem aplicar alguns princípios aqui consagrados.

**3.** Igualmente não é aplicável o presente decreto às sociedades constituídas em conformidade com a lei comercial, associando o Estado e outras entidades públicas, dotados de personalidade de direito público ou de direito privado, salvo na medida em que os respectivos estatutos remetam para os princípios aqui consagrados.

**Art. 57.º (Entrada em Vigor e Renovação)**

**1.** O Presente diploma entra imediatamente em vigor, sendo aplicável às empresas actualmente denominadas empresas públicas.

**2.** É revogada toda a legislação anterior referente às matérias abrangidas por este diploma, designadamente o Decreto n.º 33/79 promulgado em 27 de Outubro de 1979, publicado no Boletim Oficial n.º 44 de 3 Novembro de 1979.

# 11.
# LEI QUADRO DAS PRIVATIZAÇÕES

II.
LEI QUADRO DAS PRIVATIZAÇÕES

# DECRETO N.º 5/92

## de 10 de Agosto

### PREÂMBULO

O Governo da República da Guiné-Bissau aprovou em 1987 um Programa de Ajustamento Estrutural, tendo em vista, entre outros objectivos, um reforço do papel dos mecanismos de mercado e da iniciativa privada no processo de desenvolvimento sócio-económico e a redução do défice global.

A abertura da economia guineense à iniciativa privada e aos mecanismo de mercado têm como pressupostos a destatização da economia, a delimitação da esfera de acção do Estado e a classificação das formas de intervenção directa ou indirecta da Administração Pública económica, a reestruturação e rendimensionamento do sector público, a consagração de garantias aos privados e a definição das regras básicas de enquadramento institucional do sistema económico.

Como parte integrante deste programa, e visando prosseguir, estes objectivos, foi igualmente aprovado um Programa da Reforma das Empresas Públicas e Mistas. Este programa implica a definição de critérios sobre a forma das privatizações a realizar como uma das saídas da reforma ou reestruturação das empresas que, independentemente da forma jurídica, integram o sector empresarial do Estado.

O Conselho de Estado decreta, nos termos do artigo 62.º n.ºs 1 e 2, da Constituição, o seguinte:

## LEI QUADRO DAS PRIVATIZAÇÕES

### I
### Acções

#### Art. 1.º

A presente lei aplica-se:
a) A privatização de empresas públicas;
b) A privatização de patrimónios, bens ou meios de produção públicos integrados em unidades produtivas sem personalidade de jurídica;
c) A alienação de participações sociais do Estado em sociedades de economia mista;
d) A concessão de exploração ou gestão de quaisquer meios de produção cuja propriedade, posse ou gestão sejam públicas.

### Art. 2.º

Os bens, meios de produção ou empresas, cuja propriedade seja reservada pela constituição ou pela Lei de Delimitação de Sectores a entidades públicas, não serão objecto de privatização quanto à titularidade, podendo, contudo, em casos excepcionais e nos termos daquelas Leis, ser objecto de concessão da exploração ou gestão, de acordo com a alínea c) do artigo 1.º deste diploma.

## II
## Objectivos

### Art. 3.º

**1.** São objectivos fundamentais das privatizações:
 a) A modernização das unidades produtivas
 b) A reestruturação do sector empresarial do Estado tendo em vista a redução da sua intervenção directa na economia;
 c) A redução da dívida pública.

**2.** Sem prejuízo dos objectivos fundamentais, o processo de privatização procurará igualmente:
 a) Reforçar e mobilizar a capacidade empresarial nacional;
 b) Aceder à tecnologia e sabe fazer (Know-how) adequados às actividades produtivas, de comercialização e prestação de serviços;
 c) Captar recursos financeiros externos, nomeadamente capitais privados, de outros Estados ou de Organizações Internacionais;
 d) Atrair o aforro privado não aplicado reprodutivamente;
 e) Desenvolver novas possibilidades de emprego efectivo, reduzindo as situações de sub-emprego e criando uma dinâmica de formação e reciclagem dos recursos humanos.

## III
## Processo de privatização; pressupostos

### Art. 4.º

**1.** As empresas públicas a privatizar serão transformadas em sociedades anónimas ou sociedades por quotas, nos termos da presente lei.

**2.** O diploma que operar a transformação aprovará também os estatutos da sociedade resultante da transformação, a qual passará a reger-se pela legislação aplicável às sociedades comerciais em tudo o que não contrariar a presente lei.

**3.** A sociedade que vier a resultar da transformação continua a personalidade jurídica da empresa transformada, mantendo todos os direitos e obrigações legais ou contratuais desta.

### Art. 5.º

A transformação de uma sociedade de economia mista em que o Estado detenha participação maioritária poderá, em casos excepcionais, ser efectuada segundo o procedimento previsto no artigo anterior, sem prejuízo da observância das regras de direito comum quanto à tutela dos direitos dos outros sócios

### Art. 6.º

**1.** Sempre que necessário, o regime jurídico dos bens referidos na al. *b)* do art.º 1.º desta lei será definido antes da operação de privatização.

**2.** Tais bens poderão vir a integrar o capital social de uma sociedade a constituir nos termos do art.º 4.º.

### IV
### Avaliação Prévia

### Art. 7.º

**1.** Em todos os casos previstos no art.º 1.º, o processo de privatização será precedido de avaliação a efectuar por uma entidade, idónea e independente, designada pelo Ministro de Finanças e Ministros de tutela, de entre entidades propostas, no máximo de três, pela UGREP.

**2.** A avaliação de empresas públicas ou de empresas de economia mista maioritariamente participadas pelo Estado que, em virtude do volume de negócios ou da importância do património, sejam revelantes para a economia nacional, deverá ser efectuada por duas entidades idóneas e independentes, designadas pelo Conselho de Ministros, de entre entidades propostas pela UGREP, no máximo de cinco.

### V
### Processos a modalidades de privatização

### Art. 8.º

A privatização da titularidade da propriedade pública, no caso das alíneas *a)*, *b)* e *c)* do art.º 1.º realizar-se-á alternativa ou cumulativamente, pelos seguintes processos:

*a)* Alienação das acções representativas do capital social;
*b)* Aumento do capital social;
*c)* Alienação de bens ou meios de produção que não sejam susceptíveis de constituir ou integrar uma entidade jurídica autónoma.

### Art. 9.º

**1.** Os processos de privatização previstos no artigo anterior realizar-se-ão, como regra, através de concurso público, aberto ou limitado.

**2.** Poderão também ser utilizadas as seguintes modalidades:
– subscrição pública
– oferta ao público sujeita a licitação
– venda directa

**3.** Poderá, no mesmo processo de privatização optar-se pela conjugação de diferentes modalidades.

## VI
## Concurso Público

### Art. 10.º

**1.** No caso de privatizações a efectuar nos termos dos artigos 4.º e 5.º da presente lei, o processo e modalidades de cada operação de privatização deverão ser definidos pelo diploma mencionado naqueles artigos.

**2.** Tratando-se da modalidade do concurso público, deverá proceder-se à identificação das condições fundamentais a prever no caderno de encargos, a qual será efectuada no diploma referido no art.º 16.º, n.º 1, al. c) desta Lei, no caso de não o ter sido do diploma previsto no n.º1 deste artigo.

**3.** Em caso de opção pelo concurso limitado, deverá explicitar-se no diploma de privatização o tipo de qualificações requeridas aos candidatos e as exigências quanto a objectivos a alcançar na gestão empresarial.

**4.** O concurso limitado pode ter como objectivo fundamental, a permanência de um lote indivisível de acções durante um certo período de tempo.

## VII
## Subscrição Pública

### Art. 11.º

**1.** Para efeitos deste diploma, considera-se subscrição pública a oferta de venda ou emissão de acções ou quotas, a preço fixo, através de uma instituição financeira.

**2.** A regulamentação desta modalidade será efectuada no diploma mencionado na al. c), do n.º 1 do art.º 16.º.

**3.** Em caso de excesso de procura, dever-se-á proceder a rateio das acções ou quotas pelos subscritores.

## VIII
## Oferta Pública sujeita a licitação

### Art. 12.º

**1.** A oferta pública de venda de participações sociais sujeita a licitação consiste na venda ou emissão de acções por quotas, a efectuar através de uma instituição financeira, por ordem da entidade vendedora ou emitente, a partir de um preço base sujeito à melhor oferta.

**2.** A regulamentação desta modalidade será efectuada no diploma mencionado na al. c), do n.º 1, do art.º 16.º.

**3.** Serão aplicáveis, no futuro, a esta modalidade as regras que vierem a ser definidas na legislação regulamentadora do mercado de capitais.

## IX
## Venda Directa

### Art. 13.º

**1.** A venda directa de participações em capital, de bens ou meios de produção, consiste na adjudicação, sem concurso, a um ou mais adquirentes, do capital ou bens a alienar.

**2.** A modalidade de privatização prevista no número anterior não dispensa a existência, de um caderno de encargos, com indicação de todas as condições da transacção, incluindo os requisitos exigidos aos adquirentes.

**3.** É da competência do Conselho de Ministros a escolha dos adquirentes, bem como a definição das condições especificas de aquisição do capital ou bens a alienar, após parecer da UGREP nos termos do art.º 18.º.

**4.** No caso de alienação de participações minoritárias do Estado poderá o processo de alienação ser negociado directamente pela entidade pública alienante, após obter autorização expressa do Conselho de Ministros.

**5.** O processo de alienação previsto no número anterior observará as disposições legais e contratuais aplicáveis ao caso, nomedamente no que respeita ao exercício de eventuais direitos de preferência.

## X
## Reserva de capital

### Art. 14.º

**1.** O diploma que preveja a privatização de participações sociais poderá reservar uma percentagem do capital social à aquisição ou subscrição por trabalhadores da empresa respectiva.

**2.** Poderá igualmente ser prevista a reserva de uma percentagem do capital a privatizar para pequenos subscritores, emigrantes ou antigos combatentes.

**3.** Nos casos previstos nos números anteriores, poderá a aquisição ou subscrição beneficiar de condições especiais, nomeadamente no que respeira ao preço e às condições de pagamento.

**4.** Poderá, contudo, a concessão dos benefícios previstos no número anterior, implicar que as partes sociais adquiridas não possam ser transaccionadas durante um certo período de tempo a contar da respectiva aquisição ou subscrição.

**5.** Pode também, relativamente às aquisições ou subscrições mencionadas nos números 1 e 2 deste artigo, prever-se que as partes sociais adquiridas ou subscritas, não confiram aos respctivos titulares o direito de votar na assambleia geral, por si ou interposta pessoa, durante o período da indisponibilidade.

## XI
## Restrições

### Art. 15.º

**1.** Nas privatizações realizadas através de concurso público, subscrição pública ou oferta ao público sujeita a licitação poderá, no diploma que regulamentar o processo em causa, prever-se que nenhuma entidade, singular ou colectiva, venha a adquirir ou subscrever percentagem de capital superior a determinado limite relativamente ao capita l total a resultar privatizado.

**2.** No caso da existência de limites determinados conforme o previsto no número anterior, a não observância dos mesmos poderá implicar, de acordo com o que se vier a estipular, a venda coerciva das partes que excedam tal limite, a perda do direito de voto conferido por essas acções ou a nulidade da transacção.

**3.** O diploma que decidir ou regular a privatização poderá ainda limitar a percentagem de capital a adquirir ou subscrever por entidades estrangeiras, podendo, simultaneamente, definir o que se entende por entidade estrangeira para os efeitos em causa.

## XII
## Competências

### Art. 16.º

**1.** Compete ao Conselho de Ministros aprovar através de decreto:
   a) As transformações de empresas referidas nos artigos 4.º e 5.º da presente lei;
   b) A concessão de exploração, prevista no art.º 2.º, de uma empresa ou de meios de produção, e bem assim, a decisão de concessão de exploração ou gestão prevista na al. d) do art.º 1.
   c) A decisão de privatizar as empresas e bens referidos nas alineas a) e b) do art.º 1.º, e, bem assim, da al. c), do mesmo art.º, quando a alineação diga respeito a participações maioritárias.

**2.** As condições finais e concretas das operações a realizar em cada processo de privatização, serão aprovadas por resolução do Conselho de Ministros.

### Art. 17.º

**1.** Compete ao Ministério das Finanças através da Unidade de Gestão da Reforma das Empresas Públicas (UGREP), as seguintes atribuições:
   a) Elaborar a estratégia de reforma do sector das empresas públicas e mistas;
   b) Elaborar um programa de privatização das empresas pública e mistas;
   c) Realizar estudos técnicos com vista a determinar para cada empresa especifica a privatizar a oportunidade de tal medida, o calendário de execução, o modelo de privatização, o procedimento jurídico e o seu valor comercial;
   d) Propor o regime jurídico das empresas públicas ou mistas a luz das conclusões dos estudos preliminares realizados em c) para aprovação superior;
   e) Preparar o processo de reforma da empresa pública ou mista na base das conclusões do estudo preliminares, podendo para tal solicitar a participação dos dirigentes da empresa e dos respectivos conselhos fiscais e de administração, contendo entre outras as seguintes informações:
      1) apresentação detalhada da empresa a reformar;
      2) o valor da empresa;
      3) o modo de privatização;
      4) as condições particulares da privatização;

5) as sanções a que incorrem as partes por não cumprimentos das regras estabelecidas.

*f)* Preparar a decisão de privatização para a aprovação pelo Conselho de Ministros, sob proposta do Ministro das Finanças;

*g)* Identificar, pré-seleccionar e consultar potenciais parceiros privados interessados no processo de reforma das empresas públicas e mistas;

*h)* Avaliar as ofertas e seleccionar os candidatos;

*i)* Elaborar e negociar os contractos-programas e similares a serem assinados entre o Governo e as empresas pelos seus respectivos representantes legais;

*j)* Acompanhar o processo de reforma das empresas públicas e mistas, verificando os principais indicadores significativos da actividade industrial e comercial e do seu equilíbrio financeiro, assim como o respeito das cláusulas do contrato-programa;

1. Solicitar autorias às contas das empresas, sempre que houver falta de informações por parte destas, ou situação duvidosas e, dar o adequado seguimento jurídico no caso de as conclusões o aconselharem.

2. Os membros da UGREP ficam durante e após os respctivos mandatos, vinculados ao dever de absoluto sigilo quanto a factos e informações relativos às empresas a que tenham aceso no exercício ou por força do exercício das suas funções.

3. A constituição, organização e funcionamento da UGREP consta de regulamento específico.

4. A UGREP, poderá, sempre que necessário ou superiormente determinado, criar Comissões de Privatização incluindo elementos dos Ministérios ou Secretarias de Estado autónomas, para a decisão sobre as empresas públicas tuteladas pelas mesmas.

5. As atribuições e duração das Comissões referidas no parágrafo anterior serão fixadas por despacho do Ministro das Finanças.

XIII
## Intervenção do Estado a acções privilegiadas

### Art. 18.º

1. A título excepcional, poderão os estatutos das empresas privatizadas prever que as deliberações respeitantes a determinadas matérias fiquem, por razões de interesse público, condicionadas a confirmação por um administrador nomeado pelo Estado.

2. O diploma que aprovar os estatutos referidos no número anterior deve indentificar as matérias em causa, bem como o regime do exercício das competências do administrador nomeado pelo Estado.

3. Poderá também prever-se, em caso de privatização de capital social, a existência de acções privilegiadas, destinadas a permanecer na titularidade do Estado, com fundamento em razões de interesse nacional.

4. Essas acções poderão conceder direito de veto quanto a alterações do pacto social a outras deliberações respeitantes a matérias expressamente enumeradas nos referidos estatutos.

## XIV
## Destino das receitas

### Art. 19.º

**1.** As receitas provenientes das privatizações utilizadas, separada ou conjuntamente, para:
   a) Amortização da Dívida Pública e do Sector empresarial do Estado;
   b) Relançamento da actividade económica.

**2.** As receitas afectadas ao objectivo previsto na al. a) do número anterior serão geridas por um fundo de Regularização da Dívida Pública e inscritas com essa designação no Orçamento de Estado.

**3.** As receitas a efectar aos objectivos da al. b) do n.º 1 deste artigo poderão ser geridas por um gabinete de apoio, devendo igualmente, ter expressão no Orçamento de Estado.

## XV
## Garantia dos direitos dos trabalhadores

### Art. 20.º

**1.** Os trabalhadores das empresas privatizadas que nelas permaneçam manterão todos os direitos e obrigações de que sejam titulares à data da privatização.

**2.** Ao Estado compete, resolver a situação de todos os trabalhadores não integrados na empresa por efeito da privatização, de acordo com a legislação em vigor.

### Art. 21.º (Proibição de aquisição)

Nos casos de venda directa ou concurso limitado a candidatos pré-qualificados as acções ou quotas das Empresas públicas a privatizar não podem ser adquiridas por:
   a) Membros do Governo em funções;
   b) Membros da UGREP,
   c) Membros das entidades que participaram nos processos de avaliação e privatização referidos no art.º 17.º.

### Art. 22.º (Entrada em vigor)

Este Decreto-Lei entra em vigor à data da publicação.

Aprovado em 6 de Julho de 1992.
Promulgado em 6 de Julho de 1992.
Publique-se.
O Presidente do Conselho de Estado, General *João Bernardo Vieira*.

# 12.
# CÓDIGO DO INVESTIMENTO

# DECRETO-LEI N.º 4/91

## de 14 de Outubro

A legislação actualmente em vigor sobre o investimento, o Decreto-Lei n.º 2/85, de 13 de Junho, e os Decretos n.º 25-E/85 e o n.º 25-F/85, ambos de 13 de Junho, caracteriza-se, essencialmente, por apenas prever o investimento estrangeiros, e por ter criado um mecanismo pesado e burocratizante para a sua aplicação.

Na actual fase de desenvolvimento do nosso país em que o Estado pretende favorecer e encorajar a iniciativa privada, de acordo com uma opção virada para a economia de mercado, hoje constitucionalmente consagrada, os investimentos privados, sejam nacionais, sejam estrangeiros, têm de ser suficientemente incentivados e rodeados de garantias sólidas, de modo a acolher e aproveitar todas as oportunidades de investimento.

Com a entrada em vigor do presente diploma, espera o Governo um acréscimo substancial do investimento privado nos sectores principais da nossa economia, de modo a prosseguir-se de forma harmoniosa, mas rápida, ao aumento de riqueza com vista ao desenvolvimento económico e social do país. Procura-se por um lado, corrigir algumas assimetrias regionais e, por outro, atenuar certas dificuldades estruturais do nosso sistema económico.

Assim, o Conselho de Estado decreta, nos termos do n.º 1 do artigo 62.º da Constituição, o seguinte:

Artigo 1.º É aprovado o Código do Investimento, Anexo ao presente Decreto-Lei, e que dele faz parte integrante.

Artigo 2.º As Disposições do Código do Investimento começam a vigorar 60 (sessenta) dias após a sua publicação.

Aprovado em 16 de Agosto de 1991.
Promulgado em 30 de Setembro de 1991.
Publique-se.
O Presidente do Conselho de Estado, General *João Bernardo Vieira*.

# CÓDIGO DE INVESTIMENTO

## CAPÍTULO I
## Do Investimento, Âmbito de Aplicação e Fins

**Art. 1.º**
Na República da Guiné-Bissau, todas as pessoas singulares ou colectivas, gozam do direito de livre acesso e de exercício de actividades económicas e lucrativas.

**Art. 2.º**
A promoção do investimento pelo Governo, tem como objectivo o desenvolvimento económico e social do país e a promoção do bem estar da população.

**Art. 3.º**
1. O investimento na República da Guiné-Bissau deverá harmonizar-se, nomeadamente:
   a) Com a estratégia de desenvolvimento definida pelos órgãos representativos da soberania nacional;
   b) Com os objectivos definidos no plano de desenvolvimento económico e social do país;
   c) Com as regras constantes do presente Diploma e demais legislação em vigor.
2. Sem prejuízo pelo respeito devido às demais leis e regulamentos em vigor, os projectos de investimento deverão considerar em especial todas as disposições legais relativas à protecção da saúde, da salubridade pública, da defesa do ambiente e da desertificação.

**Art. 4.º**
Para efeitos do presente diploma, considera-se:
   a) *Investimento* – qualquer contribuição susceptível de avaliação pecuniária realizada no território nacional quer para o exercício de actividade empresarial própria, quer para associação com sociedades já constituídas ou a constituir, através de participação no respectivo capital. Poderá revestir uma das seguintes formas: moeda livremente convertível, maquinarias e materiais importados e transferências de tecnologia;
   b) *Investimento Estrangeiro* – todo o investimento, realizado por pessoas singulares ou colectivas não domiciliadas ou sediadas em território nacional, com fundos provenientes do estrangeiro. O investimento realizado, por cidadãos estrangeiros residente no país, com fundos provenientes do estrangeiro, é considerado, para efeitos do presente diploma, investimento estrangeiro.
   c) *Reinvestimento Estrangeiro* – aplicação de todos ou de parte dos lucros gerados em virtude dum investimento estrangeiro, e que nos termos deste diploma sejam exportáveis.
   d) Por pessoas singulares ou coletivas não domiciliadas ou sediadas em território nacional, entendem-se, respectivamente os indivíduos, incluindo

cidadãos guineenses, com residência habitual no estrangeiro e as entidades colectivas de qualquer natureza sediadas no estrangeiro.

*e)* *Projectos* – todas as actividades que envolvam investimentos e/ou reinvestimento, tal como acima definidos.

*f)* *GAI* – Gabinete de Apoio ao Investimento, com as atribuições definidas neste Código e nos respectivos Estatutos.

## CAPÍTULO II
## Dos Direitos e Garantias

### Art. 5.º

Com limites estabelecidos na legislação relativa a delimitação dos sectores reservados ao Estado, a todos os Projectos aprovados ao abrigo deste Código, é assegurado o acesso a todos os incentivos e o direito a todas as garantias previstos neste diploma.

### Art. 6.º

**1.** O Estado da Guiné-Bissau garante a segurança e protecção dos bens e direitos resultantes dos Investimentos efectuados ao abrigo deste Código.

**2.** As garantias concedidas aos Investimentos Estrangeiros nos termos do presente diploma, não impedem a existência de outras que resultem de acordos celebrados entre a República da Guiné-Bissau e outros Estados e Organismos Internacionais.

### Art. 7.º

**1.** Todos os Projectos aprovados ao abrigo deste Código gozarão de protecção contra a nacionalização e expropriação dos seus bens.

**2.** Excepcionalmente, caso o Estado entre na posse de quaisquer bens que integrem o património dos Projectos aprovados, na sequência da lei especial sobre a matéria e por motivos de interesse público, uma justa e pronta indemnização será assegurada e paga ao investidor. O montante desta será determinado de acordo com as regras e práticas comuns de Direito internacional, ou com recurso a arbitragem.

**3.** Os projectos aprovados poderão ainda beneficiar das garantias previstas nos termos da convenção que cria a Agência Multilateral de Garantia de Investimento – MIGA, bem como de outras resultantes de convenções ou tratados de que a República da Guiné-Bissau seja parte.

**4.** O Estado abster-se-á de qualquer interferência, de ordem económica, ou outra, na vida das empresas que exerçam as suas actividades com respeito pelas leis e regulamentos em vigor.

**5.** O Estado garante às empresas o respeito pelo sigilo profissional, bancário e comercial, no que se refere às actividades exercidas no âmbito dos Projectos aprovados.

### Art. 8.º

O Estado da Guiné-Bissau obriga-se a não aplicar às pessoas singulares ou colectivas estrangeiras autorizadas a investir no território nacional qualquer medida de ordem legislativa ou regulamentar, que tenha por efeito impôr-lhes condições de actividades de menos favoráveis do que as aplicáveis às entidades nacionais.

## CAPÍTULO III
## Das Operações com Exterior

### Art. 9.º

**1.** Os Projectos de Investimento Estrangeiro ou Reinvestimento Estrangeiro aprovados, e desde que cumpram as condições em que o Investimento foi autorizado, têm o direito de transferir para o exterior:
   a) Anualmente os dividendos ou lucros distribuídos com dedução dos impostos, tendo em conta a sua participação no capital da empresa;
   b) O produto da venda ou liquidação do Investimento efectuado, incluindo as mais-valias, depois de pagos os impostos devidos;
   c) Os montantes necesários à liquidação dos serviços de dívida, resultantes de créditos externos contraídos no âmbito dos projectos aprovados;
   d) Quaisquer outras importâncias devidas no âmbito de actos em vigor, nomeadamente relativos a fornecimentos, assistência técnica e comissões, com dedução dos respectivos impostos.

**2.** Os restantes Projectos de Investimento, e desde que cumpridas às condições em que foram autorizadas, terão idênticos direitos, à execpção dos referidos nas alíneas a) e b) do número anterior.

### Art. 10.º

**1.** Todos os Projetcos aprovados poderão manter uma conta em moeda estrangeira junto dos respectivos Bancos Comerciais na República da Guiné-Bissau, a qual poderão utilizar nos termos da legislação especial sobre a matéria, para fazer face aos compromissos referidos no artigo anterior, bem como para vender no mercado os excedentes nela mantidos.

**2.** A referida conta poderá ser alimentada com recursos obtidos pelas seguintes formas:
   a) Transferência de fundos do estrangeiro;
   b) Receitas de exportação;
   c) Moeda estrangeira adquirida livremente no mercado.

### Art. 11.º

**1.** Os projectos aprovados ao abrigo deste Código poderão recorrer ao crédito interno ou externo, para efeitos de financiamento das suas operações.

**2.** Para efeitos do número anterior, o recurso ao crédito exterior deverá ser objecto de registo, quer junto ao Ministério da Economia e Finanças, quer junto ao Banco Central da Guiné-Bissau (BCGB). Porém este fixará um montante a partir do qual o recurso ao crédito externo não poderá ser efeito sem prévia e expressa Autorização do BCGB.

## CAPÍTULO IV
## Dos Incentivos e sua Aplicação

### Art. 12.º

**1.** Com os limites estabelecidos no n.º 2 do presente artigo, todos os Projectos aprovados poderão beneficiar dos seguintes incentivos:
   *a)* Isenções ou reduções fiscais, que incidirão sobre a Contribuição Industrial, o Imposto de Capitais e Impostos Complementar;
   *b)* Isenções de Direitos Aduaneiros, que incidirão sobre:
      *i)* A importação, quer temporária, quer definitiva de bens de equipamentos necessários para a realização dos estudos de fundamentação de investimentos, bem como para a sua execução;
      *ii)* A importação de matérias primas e subsidiárias necessárias à produção, durante os primeiros 2 (dois) anos de execução do projecto.

**2.** Não terão acesso aos incentivos previstos no número anterior as seguintes actividades nomeadamente:
   *a)* Comércio grossista e retalhista;
   *b)* Comércio de exportação de produtos primários tradicionais, nomeadamente castanha de cajú, coconote, mancarra, óleo de palma e madeiras;
   *c)* Serviços de aluguer de viaturas;
   *d)* Construção civil excepto no que refere a importação de equipamentos e acessórios de manutenção;
   *e)* Cafés cervejarias, dancings, restaurantes, padarias confeitarias e similares;
   *f)* Jogos de fortuna e azar.

**3.** As demais actividades de serviços, não referidas no n.º anterior, apenas poderão beneficiar de isenções aduaneiras, até um limite de 50% do respectivo valor.

**4.** A competência para a alteração da lista referida no número anterior pertence ao Conselho de Ministros.

**5.** Os Projectos de investimento que sejam considerados de grande interesse económico para o país, poderão beneficiar de incentivos não previstos no número 1, a conceder, sob proposta do Ministro de Estado da Economia e Finanças, pelo Conselho de Ministros.

### Art. 13.º[1]

**1.** São os seguintes os critérios, cumuláveis, para a determinação dos incentivos:

### A. Isenções ou Reduções Fiscais

a) Promoção de exportações: por forma a encorajar a realização de Investimentos orientados para a exportação, os Porjectos aprovados poderão deduzir, na

---

[1] Após uma digitalização inicial do diploma realizada na Guiné-Bissau, o *Boletim Oficial* original extraviou-se. Nas colectâneas de *Boletins Oficiais* disponíveis em Portugal ou não foi encontrado o *Boletim Oficial* ou este foi encontrado com omissão de diversas páginas. Assim, ficou por realizar a revisão de texto, por conformidade ao original, dos artigos 13.º a 22.º, inclusive.

determinação da matéria colectável, o valor correspondente a 10% (dez por cento) das receitas obtidas pelas exportações realizadas nesse ano, no âmbito do Projecto aprovado, e durante um período máximo de 6 (seis) anos.

b) Promoção de substituição de importações por forma a encorajar a realização de investimentos orientados para a substituição de importações e para a autosuficiência alimentar os projectos aprovados poderão deduzir, na determinação da sua matéria colectável, o valor correspondente a 10% (dez por cento) da sua produção anual, e durante um período máximo de 6 (seis) anos.

c) Promoção de formação profissional: por forma a encorajar a realização de acções de formação e a aperfeiçoamento profissionais de trabalhadores guineenses, os Projectos aprovados poderão deduzir, na determinação da sua matéria colectável, o dobro das despesas de formação efectuadas em cursos especializados, no país ou no estrangeiro.

d) Reflorestamento: por forma a encorajar as acções de reflorestamento no país, os Projectos aprovados que provem terem plantado acima de 10 hectares de espécies nativas de árvores, poderão deduzir na determinação da sua matéria colectável, o dobro das despesas efectuadas na plantação e tratamento das mesmas durante um período máximo de 3 (três) anos. Tratando-se de outras espécies a percentagem de dedução será de metade das despesas efectuadas.

e) Interioridade e infraestruturas: Os Projectos que se instalem fora da região de Bissau – Região Administrativa poderão deduzir na determinação da sua matéria colectável, 50% (cinquenta por cento) dos respectivos custos de transportes, até um limite máximo de cinco milhões de pesos. Poderão ainda deduzir a totalidade das despesas com a criação de infraestruturas, estradas, portos, e armazéns designadamente, no ano da sua realização e, se necessário, nos exercícios seguintes. A criação de infraestruturas para fins turísticos será objecto de legislação especial.

## B. Isenções ou Reduções de Direitos Aduaneiros: Aplica-se a todos os Projectos Aprovados.

2. Compete ao Conselho de Ministros a alteração dos critérios referidos no número anterior, que incidirão sempre sobre os resultados efectivamente alcançados pelos Projectos aprovados.

3. A fixação de valor de cada um dos critérios referidos no número 1 do presente artigo poderá ser alterado, para cada sector de actividade, por despacho conjunto dos Ministros de Estado da Economia e Finanças, da tutela e do Banco Central da Guiné-Bissau.

4. Compete aos promotores indicar, dentro da fase de instalação que não será superior a dois anos a data a partir da qual se poderá considerar iniciado o Projecto, para efeito de contagem dos prazos referidos nos números anteriores.

## CAPÍTULO V
## Da Competência do Processo

### Art. 14.º

**1.** A aprovação dos projectos ao abrigo do presente Código, e sua consequente elegibilidade para a atribuição dos incentivos, é da competência do GAI, que funcionrá sob tutelado Ministro de Estado da Economia e Finanças.

**2.** Serão aprovados no âmbito do presente Diploma os projectos que revistam interesse para a economia e o desenvolvimento Nacionais.

**3.** O interesse para a economia e o desenvolvimento nacionais será apreciado tendo em conta, designadamente, os seguintes critérios:

   *a)* Saldo positivo em divisas que contribua para a balança de pagamento externos;
   *b)* Valorização dos recursos nacionais, nomeadamente pela sua transformação;
   *c)* Efeitos dinamizadores sobre os restantes sectores da economia nacional;
   *d)* Valor acrescentado gerado;
   *e)* Criação de novos empregos;
   *f)* Relação entre o volume de investimento e o número de postos de trabalho criados;
   *g)* Produção de novos bens ou serviços, melhoria de qualidade de produtos já fabricados no País;
   *i)* Transferência de tecnologia, especialmente tecnologia apropriadas;
   *j)* localização tendo em conta os objectivos de desenvolvimento regional;
   *l)* Contribuição para a autosuficiência alimentar.

### Art. 15.º

**1.** Os pedidos de aprovação dos projectos, serão apresentados no GAI, com especificação e informação dos objectivos do projecto, das partes envolvidas e dos benefícios esperados para a economia, bem como dos incentivos requeridos ao abrigo do Código e da Legislação complementar.

**2.** O GAI manterá um Registo de todos os montantes efectivamente investidos em Projectos por ele aprovados ao abrigo deste Código, bem como de quaisquer Acordos em vigor que impliquem transferência de fundos para o estrangeiro.

### Art. 16.º

**1.** Sem prejuizo do disposto no artigo anterior o requerente fornecerá todas as informações julgadas úteis, fazendo-se acompanhar de todos os documentos, estudos e outros elementos que entenda dever por a disposição das entidades competentes para a decisão.

**2.** Em especial o requerendo deverá fazer acompanhar o seu pedido dos seguintes elementos:

   *a)* Tratando de pessoas singulares:
      – curriculum vitae do requerendo;
      – sua experiência profissional.
   *b)* Tratando-se de pessoas colectivas:
      – exemplar dos estatutos ou projectos.
   *c)* Estudo de viabilidade técnica, económica e financeira.

## Art. 17.º

**1.** Sempre que o montante do investimento seja superior a 250. 000. 000,00 (duzentos cinquenta milhões de pesos), o estudo de viabilidade técnica, económica e financeira referido na alínea c) do número 2 do artigo anterior deverá necessariamente conter os elementos e obdecer à tramitação a fixar por Despacho conjunto do Ministro de Estado da Economia e Finanças e do Ministro Governador do Banco Central da Guiné-Bissau.

**2.** O montante referido no número anterior poderá ser alterado por despacho do Ministro do Estado da Economia e Finanças, ouvido o Ministro Governador do Banco Central da Guiné-Bissau.

## Art. 18.º

**1.** Sem prejuizo da competência de outros Ministérios designadamente do Ministério da Economia e Finanças, da tutela e do Banco, Central da Guiné-Bissau ou de outros Departamentos do Estado, na área das suas atribuições, compete especialmente ao GAI verificar que a execução do projecto de investimento está a ser realizado de acordo com as condições subjacentes à atribuição dos respectivos incentivos.

**2.** O não cumprimento, por parte do investidor, das condições a que se refere o número anterior, é motivo de revogação da atribuição dos respectivos incentivos, determinando a anulação de todos os benefícios entretanto usufridos, através de Despacho conjunto dos Ministros de Estado da Economia e Finanças e da tutela.

**3.** Considera-se designadamente, não cumprimento das condições de atribuições dos incentivos, a liquidação ou cessação das actividades do Projecto nos seus dois primeiros anos de vida, ressalvadas as situações de força maior, a apreciar caso a caso pelo GAI.

## Art. 19.º

O Governo poderá estabelecer regulamentação especial para investimentos em sectores de actividades que, pelas suas características específicas, merecem tratamento especial.

## Art. 20.º

**1.** Em caso de liquidação ou cessação de actividades, os beneficiários do Projecto aprovado deverão informar o GAI imediatamente do facto.

**2.** A venda dos equipamentos importados ao abrigo dos Projectos aprovados dependerão da prévia autorização do GAI e da liquidação e pagamento dos Impostos devidos pelos beneficiários.

## CAPITULO VI
## Resolução de Conflitos

## Art. 21.º

Para a resolução de conflitos no âmbito dos Projectos aprovados, as empresas poderão recorrer aos Tribunais da República da Guiné-Bissau.

## Art. 22.º

1. As empresas com a participação maioritariamente estrangeira terão o direito de solicitar que a resolução dos seus diferendos com o Estado seja submetida a regras de conciliação e arbitragem, resultantes:

   a) De acordos ou tratados relativos a protecção de Investimentos celebrados entre a República da Guiné-Bissau e o Estado do qual o investidor é nacional;

   b) De pactos ou de acordos de arbitragem concluídos entre as partes;

   c) Da convenção de 18 de Março de 1965 para a resolução de conflitos relativos a investimentos entre Estados e nacionais de outros Estados, estabelecida sob a égide do Banco Internacional para a Reconstrução e o Desenvolvimento – BIRD.

   d) Das disposições regulamentares do mecanismo suplementar aprovado pelo Conselho de Administração do Centro Internacional para a Resolução de Conflitos realtivos a Investimentos, CIRCI, caso o investidor reuna condições estabelecidas no artigo 25.º da convenção referida na alínea anterior.

2. O consentimento das partes no que se refere à atribuição de competências ao CIRCI e à aplicação do mecanismo suplementar, requerido nos instrumentos de regulamentação respectivos resulta do presente artigo para a República da Guiné--Bissau e no que se refere ao investidor deverá ser expressamente declarado no pedido de aprovação do Projecto.

3. Antes de se iniciar qualquer processo com vista à resolução de conflitos entre o Estado e investidor de outros Estados, o interessado deverá comunicar a existência de diferendo à respectiva Associação Profissional que, por sua vez, solicitará ao GAI os esclarecimentos necessários e a resolução diferendo por via negocial.

## CAPÍTULO VII
## Disposições Finais e Transitórias

## Art. 23.º

O GAI poderá cobrar receitas pelos serviços que prestar, que poderão ser calculadas quer sobre o valor das isenções que atribuir, quer sobre o valor global do Projecto, pela forma fixada pelo Ministro de Estado da Economia e Finanças.

## Art. 24.º

1. Quaisquer dúvidas que se suscitem na aplicação do presente diploma serão resolvidos pelo Governo.

2. Compete ao GAI emitir as instruções de carácter técnico que se mostrem necessários a execução do presente Diploma.

## Art. 25.º

Fica revogada toda a legislação em contrário e designadamente:

   a) O Decreto Lei n.º 2/85, de 13 de Junho
   b) O Decreto Lei n.º 25-E/85, de 13 de Junho
   c) O Decreto Lei n.º 25-F/85, de 13 de Junho
   d) A Ordem n.º 2/87 de Março de 1987 do Conselho de Ministros.

# 13.
# ZONAS FRANCAS

## DECRETO-LEI N.º 3/91
### de 14 de Outubro

O estabelecimento de zonas francas no país, com as especificidades económicas e financeiras que as carecterizam, constitui um importante factor de desenvolvimento económico, não só para as áreas geográficas contiguas aquelas em que as mesmas se situam, mas também para todo o Território Nacional.

Atravessa o nosso País uma fase de ampla reestruturação de todo o seu sistema económico, assente numa estratégia que aponta para a expansão e consolidação de um forte dinâmico e eficaz sector privado. Nestas circunstâncias, a criação de zonas francas, com todas as potencialidades que lhes são conhecidas e enquadrando-se coerentemente na política definida pelo nosso Governo, represente um instrumento da maior utilidade para a construção de um futuro de prosperidade para o povo guineenses.

Assim, o Conselho de Estado decreta, nos termos do n.º 1 do Artigo 62.º da Constituição, o seguinte:

### Art. 1.º
É o Governo autorizado a criar zonas francas em qualquer parte do Território Nacional.

### Art. 2.º
1. As zonas francas a criar no país poderão revestir natureza industrial, comercial e de serviços.

2. O Governo regulamentará o presente diploma no que respeita às condições de exercício das actividades industriais, comerciais e de serviços, e, especialmente no que se refere ao regime Jurídico-fiscal e de incentivos.

### Art. 3.º
1. Será criado no Ministério da Economia e Finanças, sob dependência e orientação directa do respectivo titular, o Gabinete de Zonas Francas, ao qual serão conferidas as competências relativas ao acompanhamento da implantação e exploração das actividades a serem nelas exercidas, de modo a obter-se uma harmonia dos procedimentos administrativos relativos ao conjunto daquelas operações.

2. O Gabinete das Zonas Francas será dirigido por uma Comissão constituída por um presidente e 6 vogais, sendo 3 efectivos e 3 suplentes. Representantes dos Ministérios dos Recursos Naturais e Indústria, do Comércio e Turismo e do Banco Central da Guiné-Bissau deverão fazer parte da presente Comissão.

3. Os membros da Comissão serão nomeados, a tempo inteiro ou parcial, por Despacho do Presidente do Conselho de Estado, sob proposta do Ministro de Estado da Economia e Finanças.

**4.** O funcionamento da Comissão será regulado por Despacho do Ministro de Estado da Economia e Finanças.

### Art. 4.º

**1.** A implantação, administração e exploração de zonas francas poderá ser objecto de adjudificação em regime de concessão, a entidades existentes ou a criar, Públicas ou privadas de reconhecida capacidade técnica e financeira, podendo ser dispensada a realização de concurso, mediante Autorização do Conselho de Ministros.

**2.** A minuta de Contrato de Concessão deverá ser aprovada em Conselho de Ministros.

**3.** Sem prejuízo da sua zona renovação ou prorrogação, a concessão não poderá efectuar-se por um prazo superior a 30 anos, e considera-se realizada em regime de serviço público.

**4.** Poderá ser delegada a concessionaria de Zonas francas a competência para a assinatura dos documentos que titulem as licenças para a instalação e funcionamento das empresas que pretendam operar na zona franca.

### Art. 5.º

Sem prejuizo do que vier a ser estabelecido nos respectivos contratos de concessão, são atribuições das entidades concessionárias de zonas francas:

a) Elaborar o plano plurianual da respectiva zona e coordenar promover a sua execução directamente, ou, quando devidamente autorizadas, mediante contrato com outras entidades públicas privadas ou de capitais mistos;

b) Promover estudos, elaborar, divulgar e executar programas e propostas de interesse para o desenvolvimento das respectivas zonas;

c) Prestar Assistência Técnica a entidades públicas ou privadas na concepção e execução de programas de desenvolvimento das zonas;

d) Realizar todos os demais actos necessários ao cumprimento das atribuições.

### Art. 6.º

Quaisquer dúvidas que se suscitarem na aplicação do presente diploma serão resolvidos pelo Governo.

### Art. 7.º

Este Diploma entra em vigor na data da sua publicação.

Aprovado em 16 de Agosto de 1991.
Promulgado em 30 de Setembro de 1991.
Publique-se.
O Presidente do Conselho de Estado, General *João Bernardo Vieira*

#  14.
# LEI DAS INSTITUIÇÕES FINANCEIRAS

# DECRETO N.º 31/89
## de 27 de Dezembro

O Governo decreta, nos termos do artigo 74.º da Constituição, o seguinte:

Artigo 1.º – É aprovada a LEI DAS INSTITUIÇÕES FINANCEIRAS DA GUINÉ-BISSAU, a qual faz parte integrante deste Decreto.

Art. 2.º – Fica revogada toda e qualquer legislação que contrarie o presente diploma.

Art. 3.º – As dúvidas suscitadas pela aplicação do presente diploma serão resolvidas por despacho do Banco Central.

Art. 4.º – Este Decreto produz efeitos a partir de 1 de Março de 1990.

Aprovado em Conselho de Ministros de 27 de Dezembro de 1989. – O Ministro-Governador, *Pedro Godinho Comes.*

Publique-se.

O Presidente do Conselho de Estado, General *João Bernardo Vieira.*

## LEI DAS INSTITUIÇÕES FINANCEIRAS DA GUINÉ-BISSAU[1]

### TÍTULO I
### Disposições Gerais

**Art. 1.º**

1. A presente Lei regula a Constituição e condições de funcionamento de instituições financeiras constituídas e estabelecidas na Guiné-Bissau, bem como de instituições financeiras estrangeiras exercendo suas actividades na Guiné-Bissau através de filiais ou sucursais.

2. A expressão instituição financeira, significa qualquer instituição bancária, sociedade de Investimento ou Banco de Desenvolvimento.

---

[1] Alterada pelo Decreto n.º 14/94, de 25 de Abril, cujo preâmbulo é o seguinte:

"Tornando-se necessário conferir maior rigor técnico e flexibilidade regulamentar à Lei das Instituições Financeiras, em matéria de fiscalização preventiva, para que o Banco Central disponha dos meios adequados e indispensáveis à tomada ágil de decisões que a experência e os interesses em presença recomendam."

3. Para efeitos do presente diploma, o Banco Central da Guiné-Bissau não é considerado instituição financeira.

4. Para efeitos do presente diploma, entende-se por:
 a) Instituição Bancária, a empresa cuja actividade consista em receber, do público, depósitos ou outros fundos reembolsáveis e em conceder crédito por sua própria conta;
 b) Sociedade de investimento, a instituição que visa canalizar capitais nacionais e estrangeiros para o financiamento da produção, através da colocação de acções, obrigações e outros títulos de dívida negociáveis emitidos por si mesmo ou por terceiros, concluir convénios de crédito, tomar firme valores mobiliários de qualquer tipo, por sua própria conta ou em nome de terceiros, com ou sem a sua garantia ou aval, e conceder crédito a médio e longo prazos para a promoção de actividades produtivas;
 c) Banco de Desenvolvimento, instituição financeira cujos objectivos se dirigem fundamentalmente ao financiamento e a orientação dos investimentos. No que diz respeito ao domínio da assistência financeira, tem por objecto a prática de operações bancárias e financeiras e, em especial, a concessão de crédito a médio e a longo prazo, com vista ao desenvolvimento económico do país e, de modo geral, colaborar com o Governo na execução da política económica e financeira por este definida. Poderá ainda outorgar créditos de campanha à agricultura, pescas e outros sectores de produção, financiar exportações de produção nacional e conceder créditos para o desenvolvimento de toda a classe de actividades artesanais, de produção de bens e de serviços profissionais;
 d) Filial, a instituição financeira dotada de personalidade Jurídica, constituída em conformidade com a lei de determinado país e cujo domínio seja assegurado por uma instituição bancária com sede noutro país em virtude da participação desta no capital ou em consequência de disposições estatutárias ou contratuais;
 e) Sucursal, o estabelecimento desprovido de personalidade Jurídica que, pertencente a uma instituição bancária com sede no estrangeiro, efectua directamente operações próprias da actividade desta;
 f) Agência, a Sucursal, na Guiné-Bissau, de uma instituição bancária com sede na Guiné-Bissau e a sucursal suplementar de uma instituição financeira com sede no estrangeiro;
 g) Banco Central ou Banco, o Banco Central da Guiné-Bissau.

## TÍTULO II
## Das Instituições Financeiras

### CAPÍTULO I
### Da Constituição de Instituições Financeiras

Art. 2.º

1. São vedados a constituição e o funcionamento de instituições financeiras no país sem a devida autorização.

2. É vedado às instituições financeiras realizar outras operações financeiras que não aquelas que lhes são autorizadas.

### Art. 3.º

1. A constituição de instituições financeiras depende de autorização especial e prévia a conceder, caso por caso, sob a forma de despacho pelo Banco Central, obtido o acordo do Conselho de Ministros.

2. A autorização só pode ser concedida se a instituição a constituir corresponder a um dos tipos de instituições financeiras previstos na presente Lei.

3. A autorização pode ser concedida ao requerente para a constituição e funcionamento de um ou mais tipos de actividades de instituições financeiras enumerados no n.º 2 do artigo 1.º da presente Lei.

### Art. 4.º

1. A autorização só pode ser concedida desde que a criação da instituição em causa dê satisfação a necessidades enconómico-financeiras nacionais, regionais ou locais e os seus promotores se comprometam a:

   a) Adoptar a forma de sociedade anónima de responsabilidade limitada;
   b) Dotar a sociedade com um capital autorizado não inferior ao mínimo estabelecido no n.º 1 do artigo 40.º desta Lei, mas em nenhum caso inferior a três biliões de pesos, subscrito e realizado;
   c) Que o Conselho de Administração da sociedade seja constituído por um mínimo de 3 membros, com idoneidade e experiência adequadas ao exercício das suas funções, e detenha poderes para efectivamente determinar a orientação da actividade da instituição.

2. Na apreciação da necessidade e oportunidade da instituição cuja autorização se requer, ter-se-ão em conta, designadamente, os seguintes critérios:

   a) Adequação dos objectivos perseguidos à política económica, monetária e financeira do país;
   b) Idoneidade dos accionistas fundadores, no que fôr susceptível de, directa ou indirectamente, exercer influência significativa na actividade da instituição;
   c) Possibilidade de a instituição melhorar a diversidade ou a qualidade dos serviços prestados ao público e garantir a segurança dos fundos que lhe forem confiados;
   d) Suficiência dos meios técnicos e recursos financeiros relativamente ao tipo de operações que pretenda realizar;
   e) Compatibilidade entre as perspectivas de desenvolvimento da instituição e a manutenção de uma sã concorrência nos mercados em que se propõe exercer a sua actividade.

### Art. 5.º

1. O pedido de autorização será apresentado ao Banco Central, acompanhado dos seguintes elementos:

   a) Exposição fundamentada das razões de ordem económico-financeira justificativas da constituição da instituição;
   b) Caracterização do tipo de instituição a constituir, sua implantação geográfica e respectiva estrutura orgânica, com especificação dos meios materiais, técnicos e humanos a utilizar;

*c)* Projecto de estatutos, contendo o objectivo do tipo de instituição a constituir;
*d)* Balanço previsional para cada um dos primeiros três anos de actividade;
*e)* Quitação comprovativa de cumprimento da exigência de garantia de capital constante do n.º 3 do artigo 162.º do Código Comercial;
*f)* Identificação pessoal e profissional dos accionistas fundadores, com especificação do número de acções por cada um subscritas;
*g)* Certificado de registo criminal dos accionistas fundadores, quando pessoas singulares, e dos seus administradores, directores ou gerentes, quando pessoas colectivas;
*h)* Declaração de que nem os accionistas fundadores nem sociedades ou empresas cujo controle tenham assegurado ou de que tenham sido administradores, directores ou gerentes foram declarados em estado de falência.

**2.** Relativamente a accionistas fundadores que sejam instituições financeiras ou outras pessoas colectivas, o pedido de autorização será também instruído com os elementos seguintes:
*a)* Certificado, passado pela entidade competente, de que a requerente se acha legalmente constituída e autorizada a exercer a sua actividade;
*b)* Estatutos ou pacto social da requerente, certificado do último balanço aprovado, extracto da respectiva conta de lucro e perdas e documento comprovativo das reservas e provisões constituídas;
*c)* Relação, acompanhada de notas biográficas, das pessoas que constituem os órgãos de administração e direcção da requerente;
*d)* Distribuição do capital social da requerente e relação dos accionistas titulares de mais de 5% do mesmo capital;
*e)* Relação das instituições financeiras e outras empresas em cujo capital a requerente participe;
*f)* Relação das representações da requerente, quando estrangeira, fora do seu país de origem;
*g)* Documento de autorização da assembleia geral da requerente, ou de representantes legais com poderes bastantes, para a participação daquela na instituição a constituir;
*h)* Certificado, emitido pela autoridade competente de pais de origem da requerente estrangeira do qual conste que a mesma foi autorizada a participar na instituição a constituir ou que não é necessária tal autorização;
*i)* Memória explicativa da actividade da requerente no âmbito internacional, quando estrangeira, e, nomeadamente, das relações comerciais, financeiras ou de outro tipo mantidas com empresas ou entidades guineenses.

**3.** A apresentação de elementos referidos no número anterior pode ser dispensada quando o Banco Central deles já tenha conhecimento.

**4.** Os certificados referidos na alínea *g)* do n.º 1 e nas alíneas *a)* e *h)* do n.º 2 não deverão ter sido passados há mais de três meses.

**5.** Todos os documentos destinados a instruir o pedido de autorização, quando redigidos em língua estrangeira, devem ser devidamente traduzidos a língua oficial da Guiné-Bissau e legalizados, salvo dispensa expressa do Banco Central.

**6.** Os requerentes escolherão domicílio na Guiné-Bissau, para o efeito de receberem notificações ou correspondência, e designarão um representante que os represente perante as autoridades encarregadas de apreciar o pedido de autorização.

7. Recebido o requerimento, acompanhado dos elementos referidos nos números anteriores, o Banco Central:
   a) Obterá os pareceres dos Ministros da C.E.C.T., das Finanças, do Plano e da Cooperação Internacional, sobre os critérios dispostos nas alíneas a) e e) do n.º 2 do artigo 4.º;
   b) Consultará as autoridades competentes para determinar se a criação da instituição em pauta satisfaz as necessidades económicas regionais.

### Art. 6.º
O Banco Central poderá solicitar aos requerentes informações ou elementos complementares e efectuar as averiguações que considere necessárias ou úteis à elaboração do seu parecer ou à instrução do processo de autorização.

### Art. 7.º
1. Se o pedido de autorização tiver sido acompanhado de todos os elementos considerados necessários, a decisão deve ser proferida no prazo máximo de seis meses a contar da entrega do pedido no Banco Central.
2. No caso previsto no artigo 6.º, a decisão deve ser proferida no prazo de seis meses a contar da recepção das informações complementares solicitadas aos requerentes, mas nunca depois de decorrido doze meses sobre a data da entrega inicial do pedido.
3. A falta de decisão nos prazos acima estabelecidos constitui presunção de indeferimento tácito do pedido.
4. Quando, no prazo de presunção de indeferimento tácito de um pedido de autorização, o mesmo requerente apresentar novamente esse pedido, o Banco Central deve proferir a sua decisão no prazo de três meses a contar da data da reapreciação.

### Art. 8.º
A autorização caduca se os requerentes a ela expressamente renunciarem, bem como se a instituição não se constituir formalmente no prazo de seis meses ou se não iniciar a actividade no prazo de doze meses.

### Art. 9.º
1. Sem prejuízo dos fundamentos admitidos na lei geral ou dos previstos no Capítulo IV do Título VI deste diploma, a autorização pode ser revogada quando se verifique alguma das seguintes situações:
   a) Ter sido obtida por meio de falsas declarações ou de outros meios ilícitos, sem prejuízo das sanções penais que ao caso couberem;
   b) A instituição cessar ou reduzir significativamente a actividade por período superior a seis meses;
   c) Deixar de verificar-se alguma das condições exigidas no n.º 1 do artigo 4.º;
   d) Ser recusado, por falta de idoneidade ou experiência, o registo da designação de membros do conselho de administração;
   e) Verificarem-se infracções graves na administração, na organização contabilística ou na fiscalização interna da instituição;
   f) Não dar a instituição garantias de cumprimento das suas obrigações para com os seus credores, em especial quanto à segurança dos fundos que lhe tiverem sido confiados;

g) A instituição não cumprir as leis, regulamentos e instruções que disciplinem a sua actividade.

**2.** A situação prevista na alínea *d*) do número anterior não constituirá fundamento de revogação se, no prazo que o Banco Central estabelecer, a instituição tiver procedido à designação de outro administrador cujo registo seja aceite.

**3.** As situações previstas nas alíneas *e*), *f*) e *g*) do n.º 1 não darão lugar a revogação da autorização de instituições financeiras que sejam objecto de intervenção nos termos da alínea *a*) do n.º 2 do artigo 56.º deste diploma.

### Art. 10.º

**1.** A revogação da autorização, ouvidas as autoridades referidas no n.º 7 do artigo 5.º, reveste a forma de despacho do Banco Central.

**2.** A decisão de revogação será fundamentada e notificada à instituição em causa.

**3.** No caso de recurso contencioso da decisão, a interpor à instância judicial competente nos termos legais, a instituição em causa será administrada pelo Banco Central ou por quem for por este designado, até que seja ditada a sentença judicial definitiva do recurso.

### Art. 11.º

Quando se tornar definitiva a revogação da autorização de instituição já constituída, esta será liquidada nos termos do Código Comercial e do Código de Processo Civil.

### Art. 12.º

A autorização de instituição que fôr declarada em estado de falência pela instância judicial competente considerar-se-à revogada a partir da data em que produz efeito a sentença da falência.

### Art. 13.º

As alterações dos estatutos das instituições financeiras estão sujeitas, com as devidas adaptações, as normas de autorização estabelecidas nos artigos precedentes.

### Art. 14.º

**1.** A fusão, a cisão ou a modificação do objecto das instituições financeiras dependem da aprovação do Banco Central.

**2.** As autorizações são concedidas sob forma de despacho do Banco Central.

**3.** No despacho referido no número anterior podem ser estabelecidas condições especiais não previstas no direito comum aplicável às sociedades comerciais, sempre sem prejuízo das normas precedentes deste diploma.

### Art. 15.º

**1.** É vedado a qualquer entidade ou pessoa que não tenha obtido alguma das autorizações de que trata o presente diploma, quer a inclusão na respectiva denominação, quer o simples uso no exercício da sua actividade, do título ou das palavras "banco", "banqueiro", "bancário", "depósitos" ou outros que sugiram a ideia do exercício da actividade bancária.

2. As próprias entidades autorizadas só podem usar as referidas expressões ou equivalentes por forma a não induzirem o público em erro quanto ao âmbito das operações que podem praticar.

## CAPÍTULO II
### Das Sucursais

**Art. 16.º**
A abertura de sucursais de instituições financeiras está sujeita ao disposto nos artigos 3.º a 7.º, com as necessárias adaptações e com as especificidades constantes do presente capítulo.

**Art. 17.º**
1. A autorização só pode ser concedida se as operações a efectuar pela sucursal se enquadrarem nas permitidas às instituições financeiras com sede na Guiné-Bissau.
2. A autorização não pode ser recusada com o fundamento de a instituição requerente não estar constituída sob a forma de sociedade anónima de responsabilidade limitada.
3. Exceptua-se do disposto no número anterior o caso de a instituição requerente não possuir fundos próprios e distintos dos seus proprietários.

**Art. 18.º**
A instituição requerente da abertura de uma primeira sucursal na Guiné-Bissau deve identificar no pedido inicial os propostos gerentes na Guiné-Bissau.

**Art. 19.º**
1. A autorização pode ser revogada quando, relativamente à sucursal ou seus gerentes:
   a) Se verifique alguma das situações previstas nas alíneas a), b), d), e), f) e g) do n.º 1 do artigo 9.º;
   b) Deixar de verificar-se qualquer das condições dos artigos 20.º e 22.º.
2. A autorização deve ser revogada se as autoridades do país em que tenha sede a instituição a que a sucursal pertencer retirarem a esta instituição a autorização de que depende o exercício da respectiva actividade.
3. A revogação da autorização deve ser precedida de consulta às autoridades competentes do Estado em que tiver sede a instituição a que a sucursal pertença.
4. Em caso de extrema urgência, a consulta referida no número anterior é substituída por uma simples informação àquelas autoridades.
5. A revogação não prejudica o disposto no artigo 22.º.
6. A revogação é efectuada pela forma referida no artigo 10.º.

**Art. 20.º**
1. O capital afecto às operações a realizar pelas sucursais deve ser adequado à garantia dessas operações e não ser inferior ao mínimo previsto na lei guineense para instituições financeiras do mesmo tipo com sede na Guiné-Bissau, sem prejuízo de as instituições financeiras estrangeiras responderem pelas operações realizadas pelas suas sucursais na Guiné-Bissau.

**2.** O Banco Central definirá as regras para a determinação do que se considera como capital afecto.

**3.** O montante do mínimo do capital afecto deve ser depositado no Banco Central.

**4.** As sucursais devem aplicar na Guiné-Bissau a importância do capital afecto às suas operações no País, bem como as reservas constituídas e os depósitos e outros recursos aqui obtidos.

### Art. 21.º

**1.** O Capital e reservas das sucursais de instituições com sede no estrangeiro só respondem pelas operações realizadas na Guiné-Bissau.

**2.** O activo aplicado na Guiné-Bissau poderá responder por obrigações assumidas em outros países pela instituição principal, mas apenas depois de satisfeitas todas as obrigações contraídas na Guiné-Bissau.

**3.** A sentença estrangeira que decretar a falência ou a liquidação de uma instituição financeira com sede no estrangeiro só poderá aplicar-se às sucursais que ela tenha na Guiné-Bissau, mesmo quando revista pelos tribunais guineenses, depois de cumprido o disposto no número anterior.

### Art. 22.º

**1.** A gerência da sucursal deve ser confiada a uma direcção com o mínimo de dois gerentes e com poderes plenos e bastantes para resolver definitivamente com o Estado e com os particulares, no país, todos os assuntos que respeitam à sua actividade.

**2.** Os gerentes estão sujeitos aos requisitos de idoneidade e experiência exigidos aos administradores das instituições financeiras com sede na Guiné-Bissau.

**3.** As instituições financeiras manterão, centralizada na sua primeira sucursal, uma contabilidade específica das operações realizadas na Guiné-Bissau, sendo obrigatório o uso da língua oficial na escrituração dos respectivos livros.

### Art. 23.º

À abertura, na Guiné-Bissau, das primeiras sucursais de instituições financeiras aplica-se o disposto nos artigos 3.º a 6.º, 8.º, 10.º, 18.º, 19.º e 22.º, com as necessárias adaptações e com as especificidades constantes do presente capítulo.

### Art. 24.º

Sem prejuízo de outras razões invocáveis, não será autorizada a abertura quando os estatutos da instituição à qual a sucursal pertença contiverem disposições contrárias ao interesse público ou à lei guineense.

### Art. 25.º

Sem prejuízo do disposto na alínea *a)* do n.º 2 do artigo 56.º, a revogação da autorização obedece ao disposto nos n.ᵒˢ 1, 2, 5 e 6 do artigo 19.º.

### Art. 26.º

O disposto nos artigos 13.º e 14.º aplica-se às alterações das condições em que tiver sido autorizada a abertura das sucursais de que trata o presente capítulo.

**Art. 27.º**
O disposto no artigo 15.º aplica-se às sucursais de que trata o presente capítulo.

## CAPÍTULO III
### DAS AGÊNCIAS

**Art. 28.º**
A abertura de agências de instituições financeiras com sede na Guiné-Bissau ou de agências das primeiras sucursais na Guiné-Bissau de instituições financeiras com sede no estrangeiro depende da autorização especial e prévia do Banco Central.

**Art. 29.º**
1. Na apreciação do pedido de autorização ter-se-á em conta o interesse da economia regional e local da área ou localidade servida pela nova agência.
2. Na apreciação do interesse da economia regional e local deve-se considerar especialmente a situação económica da região, o número e a natureza das instituições financeiras já aí estabelecidas, o volume de depósitos ou outros recursos monetários atraídos pelas referidas instituições e as respectivas aplicações por elas realizadas, por outorga de crédito ou outra forma.
3. É condição da autorização que a soma do capital e fundos de reserva da instituição seja adequada à garantia das operações a efectuar pela agência.

**Art. 30.º**
1. O pedido de autorização é apresentado ao Banco Central.
2. O Banco pode solicitar à requerente informações e elementos complementares e efectuar todas as averiguações que considere necessárias ou úteis à instrução do respectivo processo.

**Art. 31.º**
1. A autorização caduca se a requerente a ela expressamente renunciar, se a agência não abrir ao público no prazo de seis meses a contar da data da notificação do despacho de autorização ou se fôr revogada a autorização concedida à instituição a que a agência pertence.
2. A autorização pode ser revogada se, relativamente à agência ou aos seus gerentes, se verificar, na parte aplicável, alguma das situações previstas nas alíneas *a)*, *b)*, *d)*, *e)*, *f)* e *g)* do n.º 1 do artigo 9.º e ainda se deixar de verificar qualquer das condições estabelecidas no artigo 29.º
3. Tratando-se de agências da primeira sucursal de uma instituição financeira com sede no estrangeiro, a autorização deve ser revogada no caso previsto no n.º 2 do artigo 19.º.

## TÍTULO III
## Das Transferências Interbancárias

### Art. 32.º

**1.** Qualquer instituição bancária cujas disponibilidades de caixa excedem as reservas mínimas legais poderá ceder à outra a totalidade ou parte desses excedentes, representada por depósitos à ordem no Banco Central.

**2.** O Banco Central poderá, excepcionalmente, autorizar outras instituições financeiras a realizar as operações previstas na alínea anterior.

**3.** O Banco poderá, dentro do condicionalismo que vier definir, intervir no mercado monetário interbancário como cedente ou adquirente de fundos.

**4.** Para os efeitos do número precedente, o Banco estabelecerá as taxas das operações que realizar, tendo em atenção o comportamento do mercado monetário interbancário.

**5.** O Banco Central fixará os prazos das aludidas operações não podendo os mesmos exceder 90 dias.

**6.** As operações previstas no presente título serão efectuadas em termos a estabelecer pelo Banco, devendo a contabilidade das instituições intervenientes revelar os montantes e os prazos das mesmas.

**7.** Os créditos resultantes das operações a que alude o Presente título vencerão juros às taxas que forem acordadas pelas instituições intervenientes.

**8.** Compete ao Banco Central emitir as instruções necessárias ao funcionamento, do mercado monetário interbancário.

**9.** As instituições que realizem operações reguladas no presente título prestarão ao Banco Central, de acordo com as instruções por ele transmitidas, elementos informativos sobre as mesmas.

**10.** O Banco poderá divulgar, com a periocidade que tiver por conveniente, informação estatística relativa as importâncias, ás taxas de juros e aos prazos das operações.

## TÍTULO IV
## Da Comunicação de Informações

### Art. 33.º

**1.** As instituições financeiras com sede na Guiné-Bissau estão obrigadas a manter na Guiné-Bissau. a sua contabilidade e seus livros e documentos afins.

**2.** A instituição financeira com sede na Guiné-Bissau que seja sucursal de uma instituição financeira, com sede em outro país está obrigada a manter uma contabilidade específica das suas operações na Guiné-Bissau.

### Art. 34.º

Toda a instituição financeira está obrigada a fornecer ao Banco Central quaisquer informações que este considere necessárias para o adequado desempenho das funções que lhe são atribuídas nesta Lei.

### Art. 35.º

**1.** Toda a instituição financeira está obrigada a fornecer ao Banco Central periodicamente, nos prazos, especificados, demonstrações financeiras respeitantes às suas actividades.

**2.** A forma em que serão apresentadas as demonstrações referidas no número anterior, bem como os períodos consecutivos a que se referem e os respectivos prazos para submissão, serão especificados pelo Banco Central, podendo ser diferentes para categorias diferentes de instituições financeiras.

**3.** Quando o Banco Central julgar de interesse para eficácia da sua fiscalização, pode exigir de uma instituição financeira que esta lhe apresente demonstrações nos termos do n.º 1 do presente artigo, referentes a períodos consecutivos mais curtos ou mais frequentes do que o previsto no n.º 2.

**4.** Quando uma instituição financeira falta em apresentar as demonstrações referidas no n.º 1, o Banco Central poderá impôr multas expressas em percentagem do total do activo da mesma instituição, devendo o Banco fixar tal proporção e publicá-la no "*Boletim Oficial*".

### Art. 36.º

Toda a instituição financeira submeterá anualmente ao Banco Central, no prazo que for fixado, por este, um relatório da administração, que conterá pelo menos, um balanço patrimonial e uma demonstração do resultado, devendo obedecer aos modelos a serem fixados pelo Banco Central.

### Art. 37.º

**1.** As informações demonstrações e contas referidas nos artigos 34.º, 35.º, e 36.º serão verídicas e apresentadas tempestivamente na forma que for dirigida pelo Banco Central.

**2.** Toda a instituição financeira permitirá ao Banco Central, a pedido deste, verificar a exactidão das informações, demonstrações e contas fornecidas nos termos dos artigos 34.º, 35.º, e 36.º, mediante exame dos seus livros e documentos, e, na medida do possível, prestará apoio a tal verificação realizada pelo Banco Central ou por ordem do mesmo.

**3.** O Banco Central pode instaurar ou promover investigação a parte de factos ou situações respeitantes à gestão administrativa ou à posição financeira das instituições financeiras, que possam ser relevantes à luz dos antecedentes ou de que o Banco deva ter conhecimento para o exercício das funções que lhe são atribuídas pela presente Lei.

**4.** Nas investigações referidas no número anterior, o Banco Central pode recorrer ao apoio do auditor já empregado pela instituição ou outro auditor por ela designado, ou confiar a investigação totalmente a tal auditor, devendo a instituição a investigar prestar toda a assistência possível nesses casos.

**5.** Quando a investigação referida no n.º 3 do presente artigo ou determinadas actividades no contexto da mesma forem confiadas a um auditor, este deve apresentar suas constatações por escrito, directamente ao Banco Central, que poderá pedir-lhe clarificações orais complementares, devendo permitir-se a representação da instituição financeira em causa na investigação.

**6.** Quando o Banco Central julgar de interesse para a supervisão eficaz, pode solicitar a uma instituição financeira a apresentação de um certificado de auditoria referente às demonstrações referidas no artigo 35.º.

**7.** A instituição financeira submeterá a auditoria, às suas próprias custas, o relatório da administração a apresentar ao Banco Central nos termos do artigo 36.º. O auditor fará constar o resultado da auditoria em certificado que assinará, aposto na parte inferior de cada documento que integra o relatório da administração. Se o auditor também elaborar relatório sobre a sua auditoria que realizou, deverá transmitir cópia do mesmo ao Banco Central, a título de informação.

**8.** Ao ordenar a auditoria dos relatórios de administração financeira autorizará o auditor a, caso obrigado a fazê-lo com base no seu exame, fornecer ao Banco Central todas as informações que possam razoavelmente ser julgadas necessárias para o adequado desempenho da função atribuída ao Banco Central pela presente Lei.

**9.** O Banco pode isentar determinadas categorias de instituições financeiras do requisito estabelecido na alínea anterior.

**10.** O Banco Central retém o direito de não aceitar o auditor ou auditores referido no presente artigo.

**11.** As informações e dados respeitantes a uma instituição financeira, obtidos nos termos dos artigos 34.º e 35.º, são sigilosos e só podem ser divulgados mediante autorização por escrito da instituição em causa e sujeito ao interesse público em preservar a confidencialidade em relação a informações financeiras.

## TÍTULO V
### Da Fiscalização Monetária do Sector Financeiro

**Art. 38.º**

**1.** O Banco Central pode emitir regulamentação geral, aplicável às instituições financeiras:

a) Estabelecendo o encaixe legal, expresso em ter outras responsabilidades, que o Banco determine que cada categoria de instituições financeiras deve manter em depósito junto ao mesmo;

b) Estabelecendo o montante dos seus activos externos, ou de certas rúbricas dos mesmos, relativamente aos passivos externos, ou a certas rúbricas dos mesmos;

c) Estabelecendo as taxas de juros a aplicar a todas as categorias de empréstimos e de depósitos, ou a algumas delas.

**2.** A regulamentação geral referida no número anterior pode ser diferente para diferentes categorias de instituições financeiras, desde que tal diferenciação seja justificada para fins de controle monetário.

**3.** A regulamentação geral deverá conter uma designação dos elementos do activo aceites para satisfazer o requisito de encaixe legal, podendo o Banco determinar percentagens diferentes para os diversos tipos de passivos, em função dos respectivos vencimentos.

**4.** O Banco Central fica autorizado a fixar, na sua regulamentação geral, prazos-limite para cumprimento do previsto na mesma, bem como a prorrogar tais prazos para uma ou mais instituições financeiras.

**5.** A regulamentação geral definirá o que são os elementos do activo e do passivo a que se aplicam as respectivas normas.

**6.** A regulamentação geral e as respectivas alterações serão publicadas pelo Banco Central no "*Boletim Oficial*".

### Art. 39.º

**1.** Quando o Banco Central identificar indicações de uma situação que prejudique, ou possa prejudicar, o curso são da expansão monetária ou o equilíbrio da balança de pagamentos consultará os representantes de todas as instituições financeiras ou de determinadas categorias dessas instituições.

**2.** As instituições financeiras consultadas serão notificadas pelo Banco, por escrito, a respeito da consulta proposta.

**3.** Cada instituição financeira é obrigada a designar um representante e a informar o Banco do facto, por escrito, dentro do prazo de sete dias contados da data da notificação referida no número anterior, podendo um único representante representar mais de uma instituição financeira.

**4.** Para efeito das consultas referidas no n.º 1, o Banco Central convidará os representantes das instituições financeiras em causa mediante carta registada.

**5.** O Governo será informado do resultado das consultas referidas no n.º 1.

**6.** Quando, num período julgado aceitável pelo Banco Central, as consultas referidas no n.º 1 não se tenham concretizado ou não tenham produzido acordo sobre a política a ser aplicada por todas ou algumas das instituições financeiras, ou quando, a critério do Banco, se verifique um grau insuficiente de colaboração na execução da política acordada, pode o Banco impor regulamentação geral aplicável às Instituições em causa para governar o exercício das suas actividades.

**7.** A regulamentação geral referida no número anterior só pode compreender:

*a)* Normas de montante máximo de créditos, aplicações e garantias e avales ou de elementos específicos dessas rúbricas;

*b)* Proibição ou limitação de certos tipos ou formas de crédito, aplicações ou garantias e avales.

**8.** Na regulamentação geral referida no n.º 6, o Banco Central pode reservar-se o direito de alterar os requisitos dentro dos limites estabelecidos na mesma.

**9.** Na regulamentação geral o Banco pode reservar-se direito, em caso ou situações especiais, de conceder a uma ou várias instituições financeiras isenção total ou parcial da mesma.

**10.** O Banco Central pode especificar, em regulamentação geral, um prazo para o cumprimento da mesma.

**11.** A regulamentação geral definirá o que são os elementos dos activos e passivos a que se aplicam as respectivas normas.

**12.** A regulamentação geral produzirá efeito no máximo pelo período de dois anos contados a partir da publicação nos termos do n.º 13 do presente artigo.

**13.** A regulamentação geral será publicada no "Boletim Oficial".

**14.** Para efeitos deste artigo, a Caixa Económica Postal é considerada instituição financeira.

# TÍTULO VI
## Da Fiscalização Preventiva
## das Instituições Financeiras

### CAPÍTULO I
### Do Capital e Reservas

#### SECÇÃO I
#### Do Capital Mínimo

**Art. 40.º**[2]

**1.** Nenhuma instituição financeira pode constituir-se na Guiné-Bissau com um capital social inferior a três biliões de pesos no caso de instituições bancárias, dez biliões de pesos no caso de sociedades de investimento ou vinte biliões de pesos no caso de bancos de desenvolvimento.

**2.** Os montantes mínimos referidos no número anterior poderão ser elevados por despacho do Banco Central.

**3.** A instituição financeira não permitirá que o seu capital seja reduzido em qualquer momento.

**4.** O capital considerar-se-á reduzido se o património líquido da instituição, deduzidas as despesas e excluindo as provisões por devedores duvidosos não fôr equivalente, pelo menos, ao capital realizado.

**5.** As instituições financeiras deverão observar uma relação apropriada (rácio de solvabilidade) entre o montante de sua base de capital e o dos seus elementos do activo e extrapatrimoniais ponderados em função do respectivo risco.

**6.** Para efeitos no número anterior, o Banco emitirá instruções referindo as rubricas que poderão ser consideradas como base de capital.

**7.** Caberá também ao Banco, indicar, nas mesmas instruções, quais as ponderações a atribuir aos elementos do activo e extrapatrimoniais.

#### SECÇÃO II
#### Da Participação no Capital

**Art. 41.º**

**1.** As acções representativas de, pelo menos 80% do capital autorizado são obrigatoriamente nominativas ou ao portador e registadas.

**2.** Nenhuma pessoa singular ou colectiva ou entidade pública pode, directamente ou por interposta pessoa ou usufruto, deter participação superior a um quinto

---

[2] Os n.ᵒˢ 5, 6 e 7 foram alterados pelo Decreto n.º 14/94, de 25 de Abril. Reproduz-se seguidamente a redacção originária:
    5. Toda a instituição financeira manterá um rácio capital activo total não inferior ao valor a ser estabelecido pelo Banco Central para a respectiva categoria de instituições financeiras.
    6. Para os efeitos do número anterior, o Banco ditará normas respeitantes às rúbricas que podem ser consideradas com base de capital.
    7. O Banco terá devidamente em conta a base de riscos dos diferentes elementos que constituem o activo total.

do capital social, salvo se participação mais elevada fôr autorizada pelo Banco Central, em casos especiais e mediante acordo do Governo.

3. Até cinco dias antes da data da realização das assembleias gerais, deve ser publicada, em dois jornais da localidade da sede da instituição na Guiné-Bissau, se os houver, a lista dos accionistas, com indicação das respectivas participações percentuais no capital.

### SECÇÃO III
### Dos Fundos de Reserva e Provisões

### Art. 42.[03]

1. Cada instituição financeira manterá um fundo de reserva legal, ao qual será destinada, anualmente, uma fracção não inferior a 10% dos lucros líquidos, 1 /até que o saldo em dito fundo alcance o montante equivalente ao capital autorizado.

2. Devem ainda as instituições financeiras constituir fundos de reserva especiais e provisões destinados a prevenir riscos de depreciação ou prejuízos a que estejam sujeitas determinadas espécies de valores ou operações.

3. O Banco poderá emitir instruções estabelecendo os critérios, gerais ou específicos, de constituição e aplicação dos fundos e provisões mencionados no número anterior.

### SECÇÃO IV
### Da Liquidez Mínima

### Art. 43.[04]

As instituições financeiras deverão proceder regularmente ao cálculo de um ou mais racios de liquidez, nos moldes e com observância dos valores mínimos que forem definidos pelo Banco.

---

[3] O n.º 3 foi alterado pelo Decreto n.º 14/94, de 25 de Abril. Reproduz-se seguidamente a redacção originária:

3. O Banco Central ditará despacho estabelecendo os critérios, gerais ou específicos, de constituição e aplicação dos fundos mencionados no número anterior.

[4] O Decreto n.º 14/94, de 25 de Abril revogou os n.ºs 1, 2 e 3, passando o artigo a ter um corpo único. Reproduz-se seguidamente a redacção originária:

1. As instituições financeiras manterão, a todo momento, um rácio de liquidez não inferior ao valor a ser estabelecido pelo Banco Central.

2. O rácio referido no número anterior compreenderá aqueles elementos do activo disponível e realizável a curto prazo que o Banco determinar, expressos em relação ao total do activo.

3. Salvo determinação em contrário pelo Banco Central, são elementos do activo disponível ou realizável a curto prazo: notas e moedas metálicas, a reserva legal mantida em depósito no Banco Central, os saldos junto a outras instituições financeiras, o saldo líquido de instrumentos à vista em processo de cobrança, os activos externos líquidos e os valores com prazo de vencimento não superior a 90 dias.

## CAPÍTULO II
### Da Administração das Instituições Financeiras

**Art. 44.º**

É vedado às instituições financeiras fazer parte dos órgãos sociais de outras instituições financeiras, salvo mediante autorização do Banco Central.

**Art. 45.º**

Os administradores, directores, gerentes, membros do conselho fiscal ou presidentes das mesas da assembleia geral, advogados privativos, auditores, consultores especiais, chefes de serviços e inspectores, bem como os técnicos de qualquer natureza, de uma instituição financeira, não podem fazer parte dos órgãos sociais de outra instituição financeira nem neles exercer quaisquer funções, salvo mediante autorização do Banco Central.

**Art. 46.º**

Os responsáveis pela falência de empresas singulares ou colectivas e bem assim os condenados por furto, roubo, burla, abuso de confiança ou falsidade, ficam inibidos de desempenhar nas instituições de crédito as funções referidas no artigo anterior.

**Art. 47.º**

Não podem fazer parte dos conselhos de administração ou fiscal ou da gerência de uma instituição financeira os que pertençam aos órgãos sociais de uma mesma sociedade anónima ou sejam associados em sociedades de outras espécies, nem mais de dois parentes consanguíneos ou afins até, respectivamente, o 3.º e 2.º grau, inclusive.

**Art. 48.º**

Os membros do Conselho de Administração são solidariamente responsáveis por todos os actos das respectivas instituições financeiras contrários à lei e aos estatutos nos quais tenham participado sem manifestar a sua oposição ou discordância.

**Art. 49.º**

Os empregados das instituições financeiras que também sejam accionistas nas respectivas instituições ou que detenham procuração de outros accionistas não podem tomar parte nas respectivas assembleias gerais.

**Art. 50.º**

Sem prejuízo do disposto no n.º 3 do artigo 183.º do Código Comercial, a cada accionistas caberá um número de votos igual à parte inteira do quociente que resultar da divisão do número de acções que possuir ou representar pelo número mínimo de acções que, nos termos dos estatutos, fôr exigido pela atribuição do direito de voto em assembleia.

### Art. 51.º
A assembleia geral das instituições financeiras não pode ser constituída por mais de 100 accionistas.

2. Feito o depósito das acções dentro do prazo estabelecido para tomar parte numa assembleia geral, o presidente desta ou conselho de administração, no caso daquele não estar ainda eleito, verificará se o número de membros da referida assembleia poderá exceder 100 e, neste caso, organizará uma lista dos depositários com a indicação do número de votos que cabe a cada um.

3. Obtida a soma dos votos possíveis, será a mesma dividida por 100 e considerados imediatamente apurados como membros da assembleia geral os accionistas que tiverem um número de votos igual ou superior ao quociente.

4. Os accionistas que não estiverem nas condições do número anterior serão convidados a agrupar-se de forma que cada grupo fique com um número de votos igual ou superior ao quociente a que se refere o mesmo número, passando os accionistas procuração a um, que será o seu representante na assembleia. Para este efeito, e não obstante qualquer disposição estatutária em contrário, pode um accionista representar vários.

5. A lista dos accionistas a que se refere o número anterior será publicada com antecedência mínima de oito dias em relação à data marcada para a assembleia geral, em dois jornais da localidade, se os houver, e também no «*Boletim Oficial*».

6. As procurações passadas para os fins do n.º 4 serão apresentadas na sede da instituição financeira até o último dia útil antes daquele em que a assembleia houver de reunir-se.

### Art. 52.º
1. Além de outros abrangidos por disposições gerais ou especiais, são impedidos de fazer parte de órgãos de administração ou fiscalização de instituições financeiras:
   *a)* Os que tenham sido declarados, por sentença transitada em julgado, falidos ou insolventes ou julgados responsáveis pela falência ou insolvência de empresa cujo domínio hajam assegurado ou de que tenham sido administradores, directores ou gerentes;
   *b)* Os que tenham desempenhado as funções referidas na alínea anterior em empresa cuja falência ou insolvência tenha sido prevenida, suspensa ou evitada por intervenção do Estado, concordata ou meio equivalente;
   *c)* As pessoas condenadas por crime de falsificação, furto, roubo, burla, frustração de créditos, extorsão, abuso de confiança, infidelidade ou usura;
   *d)* Aqueles a quem não seja reconhecida idoneidade, nos termos da alínea *d)* do número 2 do artigo 4.º.

2. Também não podem fazer parte dos órgãos de administração ou fiscalização de instituições financeiras, salvo mediante autorização do Banco Central:
   *a)* Outras instituições financeiras, nos casos a que se refere a alínea *a)* do n.º 3 do artigo 54.º deste diploma;
   *b)* Os administradores, directores, gerentes, consultores, técnicos ou mandatários de outras instituições financeiras, inclusivé estrangeiras ou sucursais destas;
   *c)* Os que desempenham as funções referidas na alínea anterior ou sejam trabalhadores de pessoas singulares ou colectivas que detenham mais de

um quinto das acções de instituição em causa, de qualquer outra instituição financeira ou de empresas por estes controladas;
*d)* Dois ou mais parentes ou afins entre si, respectivamente, até ao 3.º ou 2.º grau, nem duas ou mais pessoas que sejam sócios ou membros dos órgãos de administração e fiscalização de uma mesma empresa.

CAPÍTULO III
Do Acesso ao Crédito

SECÇÃO I
Dos Impedimentos

Art. 53.º[5]

**1.** Não é permitida a uma instituição financeira a concessão de crédito ou a prestação de garantias em montante superior ao equivalente 10% do seu capital social, sob qualquer forma ou modalidade, aos membros dos seus órgãos de administração ou fiscalização ou aos seus directores, consultores, gerentes ou mandatários, bem como à empresa por eles directa ou indirectamente controladas.

**2.** As instituições financeiras deverão observar os limites que forem fixados pelo Banco relativamente à concentração de riscos.

SECÇÃO II
Da Defesa da Concorrência

Art. 54.º

**1.** É vedado às instituições financeiras:
*a)* Constituir agrupamentos complementares de empresas com outras instituições financeiras;

---

[5] Alterado pelo Decreto n.º 14/94, de 25 de Abril, que alterou o n.º 2 e revogou os n.ºs 3, 4, 5 e 6. Reproduz-se seguidamente a redacção originária:

2. Não é permitida a uma instituição financeira a concessão de crédito ou a prestação de garantias em montante superior ou equivalente a 20% do seu capital e reservas, sob qualquer forma ou modalidade, a uma única pessoa singular ou colectiva.

3. Só em casos justificados devidamente autorizados pelo Banco Central poderá ser concedido crédito ou prestada garantia a favor de accionistas não abrangidos na provisão do número anterior detentores de mais de 10% do capital social das instituições e empresas igualmente referidos no n.º 1.

4. Ressalvam-se do disposto neste artigo as operações expressamente admitidas por disposição especial, designadamente as de carácter ou finalidade social.

5. Os administradores, directores, gerentes ou mandatários do conselho fiscal de uma instituição financeira não podem participar na discussão e deliberação de propostas sobre acções relativas a empresas, não incluídas nos números precedentes, de que sejam sócios ou gestores, exigindo tais operações a aprovação unânime de todos os restantes elementos do conselho de administração ou equiparado e o parecer favorável do conselho fiscal ou equivalente.

6. Presume-se o carácter directo de concessão da Crédito ou da prestação de garantias quando o beneficiário seja cônjuge, parente ou afim em primeiro grau das pessoas referidas nos números 1 e 2, assim como sócio ou membro dos órgãos sociais das sociedades abrangidas nas mesmas disposições, competindo ao Banco Central apreciar a prova que os interessados produzam para ilidir tal presunção.

*b)* Celebrar contratos e acordos ou adoptar práticas concertadas de qualquer natureza tendentes a assegurar uma posição de domínio sobre os mercados monetário, financeiro ou cambial ou a provocar alterações nas condições normais do seu funcionamento;
*c)* Adoptar individualmente qualquer das práticas referidas na alínea anterior, bem como aplicar sistematicamente condições discriminatórias entre os beneficiários de operações comparáveis salvo existindo para tal justificação objectiva designadamente de riscos ou de solvabilidade
*d)* Adquirir as suas próprias acções ou partes de capital, ou acções ou partes de capital de outras instituições financeiras, bem como adquirir obrigações convertíveis em acções ou dando direito à subscrição de acções emitidas por aquelas instituições.

**2.** Não se consideram abrangidos pelo disposto na alínea *b)* do número anterior os acordos, contratos, ou práticas que tenham por objecto as operações seguintes:
*a)* Tomada firme de acções ou obrigações de quaisquer empresas, ou de obrigações de dívida pública, com o fim de os títulos serem colocados mediante subscrição pública;
*b)* Concessão de créditos de elevado montante a determinada empresa ou a um conjunto de empresas do mesmo sector de actividade económica, designadamente de créditos relacionados com contratos de viabilização e de saneamento financeiro ou de desenvolvimento, desde que o Banco Central autorize a mesma concessão de créditos.

**3.** A proibição estabelecida na alínea *d)* do n.º 1 não abrange os casos seguintes:
*a)* Aquisição de acções ou outras partes de capital, ou das referidas obrigações, de uma instituição financeira, se o adquirente tiver natureza diferente daquela;
*b)* Aquisição de acções ou partes de capital e de obrigações convertíveis em acções, ou dando direito à subscrição de acções, de instituições financeiras estrangeiras, desde que devidamente autorizada;
*c)* Fusão, cisão ou transformação das aludidas instituições;
*d)* Aquisição de acções ou outras partes de capital de outras instituições financeiras a título de reembolso de crédito concedido.

**4.** No caso referido na alínea *d)* do número anterior, à instituição adquirente deverá, no prazo máximo de um ano a contar da data da aquisição, alienar a totalidade dos títulos adquiridos, salvo se a posse desses títulos lhe fôr concedida ao abrigo do previsto nas alíneas *a)* e *b)* do mesmo número.

**5.** São vedados às sociedades de investimento os seguintes tipos de operações:
*a)* Actividades agrícolas, comerciais ou industriais;
*b)* aquisição de suas próprias acções ou de acções em instituições financeiras, salvo com a autorização do Banco Central ou no caso de reembolso de seus próprios créditos;
*c)* participações no capital de empresas estrangeiras, e aquisição de quaisquer obrigações emitidas por entidades domiciliadas no estrangeiro, salvo em casos excepcionais e sujeito a autorização a obter nos termos da legislação que rege as operações de capital;
*d)* aquisição ou posse de bens imóveis que não sejam estritamente necessários para o desempenho de suas funções e actividades, salvo se tal aquisição se verificar por efeito de reembolso dos seus próprios créditos.

**6.** No caso de reembolso dos seus próprios créditos nas formas previstas na alínea *d)* do número anterior, a sociedade de investimento deverá proceder à alienação dos seus bens imóveis em causa no prazo de dois anos a contar da data da aquisição, podendo este prazo excepcionalmente ser prorrogado pelo Banco Central.

As sociedades de investimento podem realizar a actividade de câmbio de divisas, nos termos que forem estabelecidos pelo Banco Central, quando esta esteja associada com as operações que constituem seu fim registado.

## CAPÍTULO IV
### Das Medidas Administrativas

**Art. 55.º**

**1.** Quando o Banco Central, com base em informações obtidas de uma instituição financeira nos termos dos artigos 34.º, 35.º, e 36.º, verificar que essa instituição não está cumprindo disposições da presente Lei ou observando medidas adoptadas nos termos da mesma, ou a existência de outras indicações de uma situação que, a seu critério, é, ou pode ser, prejudicial à liquidez ou solvabilidade de instituição, participará do facto à instituição em causa ou dar-lhe-á instruções adequadas.

**2.** Se o considerar necessário, o Banco Central poderá acompanhar a comunicação referida no número anterior de uma directiva, contendo a devida explicação dos motivos de tal curso de acção, instruindo a instituição a observar determinada política em relação aos pontos nela especificados.

**3.** Se o Banco Central, no prazo pelo mesmo estabelecido, não receber da instituição financeira em causa resposta que considere satisfatória, ou se considerar que as suas instruções foram observadas somente em parte limitada ou nula, poderá:

*a)* Tornar pública a directiva, depois de dar à em causa a oportunidade de ser ouvida;

*b)* Suspender a autorização de funcionamento da instituição em pauta;

*c)* Requerer ordem de intervenção de emergência nos termos desta lei, notificando a instituição em falta por carta registada que, a partir da data do requerimento e até que seja tomada uma decisão sobre o mesmo, a totalidade ou alguns dos administradores, directores ou gerentes da instituição, bem como dos seus órgãos sociais, só poderão exercer suas funções depois de notificar cada acção ao Inspector-Geral de Instituições Financeiras ou a quem fôr por este designado.

**4.** Quando o Banco Central observar indicação de uma situação que, a critério do mesmo, esteja ameaçando a liquidez ou solvabilidade de uma instituição financeira e exija acção imediata, poderá, em. vez de seguir o procedimento previsto nos números 1 e 2 deste artigo proceder imediatamente, mas depois de dar à instituição a oportunidade de ser ouvida, à acção prevista na alínea *c)* do n.º 3; neste caso, da notificação referida na alínea a) do n.º 3 constarão os motivos que justificam a acção.

**Art. 56.º**

**1.** Quando relativamente a uma instituição financeira se verifique uma situação de desequilíbrio que, pela sua extensão ou continuidade, possa afectar o regular

funcionamento da mesma instituição ou perturbar as condições normais do mercado monetário, financeiro ou cambial, poderá o Banco Central, mediante despacho:
   a) Dispensar temporariamente a instituição em causa do cumprimento de determinadas obrigações previstas na legislação aplicável;
   b) Providenciar para a concessão de adequado apoio monetário ou financeiro.

2. Sempre que forem adoptadas as providências extraordinárias referidas no número anterior, a instância judicial competente poderá, a requerimento do Banco Central:
   a) Determinar a intervenção urgente do Estado na administração da instituição em causa, nomeando o Banco como interventor;
   b) Suspender das suas funções um ou mais dos administradores e directores em exercício.

3. Na sua qualidade referida na alínea a) do número anterior, o Banco Central terá os poderes que em geral lhe forem legalmente atribuídos.

4. As providências extraordinárias previstas neste artigo subsistirão apenas enquanto se verificar a situação de desequilíbrio que as tiver determinado.

5. O estabelecido nos números anteriores, não impede que possam ser aplicadas outras medidas, previstas na lei geral.

6. O Banco Central e seus administradores, directores e gerentes não serão responsáveis por acções cometidas em exercício das suas funções nos termos do presente artigo, salvo se forem cumpridas as condições de responsabilidade estabelecidas pelo direito civil e pelo direito penal.

### Art. 57.º

O Banco Central pode prestar apoio financeiro a instituições financeiras em situação de carência temporária de liquidez.

### Art. 58.º

1. A instância judicial competente ouvirá o Banco Central antes de decidir sobre requerimento de falência ou liquidação, voluntária ou compulsória, de uma instituição financeira.

2. A falência e a liquidação de instituições financeiras, serão reguladas em diploma próprio, a aprovar pelo Governo no prazo de trinta dias a contar da data de entrada em vigor do presente diploma.

# 15.
# LEI ORGÂNICA DO BANCO CENTRAL DA GUINÉ-BISSAU

# DECRETO N.º 32/89

## de 27 de Dezembro

O Governo decreta, nos termos do artigo 74.º da Constituição, o seguinte:
Artigo 1.º É aprovada a LEI ORGÂNICA DO BANCO CENTRAL DA GUINÉ-BISSAU, a qual faz parte parte integrante deste Decreto.
Art. 2.º São revogados o Decreto n.º 27/83, de 8 de Outubro, seus regulamentos e todas as disposições contrárias ao presente diploma.
Art. 3.º Este Decreto entra em vigor em 1 de Março de 1990.

Aprovado em Conselho de Ministros de 27 de Dezembro de 1989. – O Ministro-Governador, *Pedro A. Godinho Comes.*
Publique-se.
O Presidente do Conselho de Estado, General *João Bernardo Vieira.*

## LEI ORGÂNICA DO BANCO CENTRAL DA GUINÉ-BISSAU

### ESTRUTURA E ORGANIZAÇÃO

#### CAPÍTULO I
#### Da natureza, Sede e Fins

**Art. 1.º**
O Banco Central da Guiné-Bissau, neste diploma designado por "Banco", é uma pessoa colectiva de direito público, dotado de autonomia administrativa e financeira.

**Art. 2.º**
O Banco rege-se pela presente Lei Orgânica e pelos regulamentos que venham a ser adoptados em sua execução bem como pelas normas aplicáveis da legislação reguladora da actividade das instituições de crédito em tudo o que não contrariem o presente diploma.

**Art. 3.º**
1. As relações do Banco com o Governo serão mantidas através do Governador.

**2.** Não obstante o disposto no número anterior, os créditos e operações financeiras em geral a favor do Tesouro Público e das entidades enumeradas no n.º 2 do Artigo 51.º, correrão os seus trâmites por intermédio do Ministério das Finanças, ou com a sua autorização.

### Art. 4.º

**1.** O Banco tem a sua sede na cidade de Bissau e terá filiais ou agências em todas as localidades do território nacional onde as necessidades de exercício das suas atribuições o justifiquem.

**2.** O Banco pode ter correspondentes ou representantes em qualquer país estrangeiro onde julgar necessário.

### Art. 5.º

Os fins principais do Banco são, em conformidade com a política económica do Governo, estabelecer, no domínio da moeda, do crédito e dos câmbios, as condições mais favoráveis para o desenvolvimento equilibrado da economia nacional, contribuindo para o aproveitamento de todos os recursos produtivos do País e assegurar a estabilidade interna e externa da moeda.

## CAPÍTULO II
### Do Capital e dos Fundos de Reserva

### Art. 6.º

O Capital do Banco é de cinco biliões de PG, inteiramente subscrito e realizado pelo Estado, podendo ser aumentado uma ou mais vezes por integração de reservas ou outra forma.

### Art. 7.º

**1.** O Banco terá um fundo de Reserva legal, sem limite máximo, formado por transferências de lucros apurados em cada exercício, distribuídos nos termos do Artigo 63.º.

**2.** Além do fundo referido no número anterior, pode o Conselho de Administração criar outros fundos e provisões necessários para prevenir riscos de depreciação ou prejuízos que determinadas espécies de valores ou operações estejam particularmente sujeitos.

## CAPÍTULO III
### Da Administração e Fiscalização do Banco

#### SECÇÃO I
#### Disposições Gerais

### Art. 8.º

**1.** São órgãos de gestão e fiscalização do Banco:
*a)* O Governo do Banco;

*b)* O Conselho de Administração;
*c)* O Conselho de Auditoria.

**2.** Não podem ser membros do Conselho de Administração e do Conselho de Auditoria:
   *a)* Os devedores morosos dos bancos ou entidades financeiras;
   *b)* Os titulares de contas correntes bancárias que hajam registado cheques em descoberto;
   *c)* Os que houverem sido condenados por delitos contra a propriedade do Estado ou privada;
   *d)* Os declarados judicialmente responsáveis, de irregularidades no exercício de funções públicas ou privadas;
   *e)* As pessoas que não residem no domicílio do Banco, depois da nomeação;
   *f)* As pessoas que tenham mandato legislativo ou cargo no Governo;
   *g)* Os membros do poder judicial ou de qualquer Tribunal administrativo;
   *h)* As pessoas com posição de chefia em quaisquer outras instituições bancárias ou financeiras.

SECÇÃO II
**Do Governo do Banco**

**Art. 9.º**
O Governo do Banco é exercido por um Governador e um Vice-Governador.

**Art. 10.º**
**1.** Governador do Banco é nomeado e exonerado pelo Presidente do Conselho de Estado, e é a máxima autoridade executiva do Banco tendo, nessa qualidad e todas as faculdades de direcção e gestão corrente das actividades da Instituição, não reservadas ao Conselho de Administração.

**2.** O Governador do Banco é responsável perante o Presidente do Conselho de Estado a quem presta contas e apresenta relatórios nos termos da lei e dos regulamentos, e dele dependente directamente.

**Art. 11.º**
Ao Governador do Banco compete:
*a)* Representar o Banco e actuar em nome do mesmo junto dos organismos estrangeiros ou internacionais;
*b)* Regular e superintender os trabalhos do Conselho de Administração, dinamizar e fazer executar as suas deliberações;
*c)* Convocar e presidir às reuniões do Conselho de Administração ou de qualquer outra parte e fixar a respectiva ordem do dia;
*d)* Aplicar e fazer aplicar a lei e os regulamentos relativos ao banco;
*e)* Apresentar ao Governo os assuntos que lhe devam ser submetidos e informá-lo sobre a situação do Banco;
*f)* Apresentar ao Governo o relatório anual do Banco;
*g)* Rubricar os livros gerais, podendo fazê-lo por chancela;
*h)* Dar parecer sobre questões de natureza monetária e financeira;
*i)* Assinar a correspondência oficial com os órgãos superiores do Estado;
*j)* Praticar tudo o que lhe fôr cometido por disposição normativa ou contratual.

**Art. 12.º**
O Governador é membro do Governo e tem assento no Conselho de Ministros.

**Art. 13.º**
O Governador pode delegar poderes no Vice-Governador ou em outros agentes do Banco, estabelecendo, para o efeito os respectivos limites e condições.

**Art. l4.º**
O Governador pode assegurar, nas condições que forem definidas pelo Conselho, a colaboração de conselheiros técnicos não pertencentes aos quadros do Banco e fixar-lhes funções determinadas.

**Art. 15.º**
1. O Governador ou quem o substituir, tem sempre voto de qualidade nas reuniões a que preside e pode suspender o cumprimento das deliberações do Conselho de Administração que, em seu parecer, sejam manifestamente contrárias à lei ou aos interesses do Estado da Guiné-Bissau.
2. Oposto o voto, a deliberação é suspensa e submetida imediatamente à apreciação do Governo.
3. Considera-se levantada a suspensão se o Governo não a confirmar dentro de quinze dias após a sua apreciação.

**Art. 16.º**
O Vice-Governador é nomeado e exonerado pelo Conselho de Ministros.

**Art. 17.º**
O Vice-Governador é o colaborador imediato do Governador na administração do Banco e compete-lhe:
 *a)* Substituir o Governador na falta ou impedimento deste;
 *b)* Exercer as funções que lhe forem delegadas pelo Governador;
 *c)* Tudo o mais que lhe fôr cometido por disposição normativa ou contratual.

SECÇÃO III
**Do Conselho de Administração**

**Art. 18.º**
1. O Conselho de Administração do Banco é constituído:
 *a)* Pelo Governador, que preside;
 *b)* Pelo Vice-Governador;
 *c)* Por 3 a 5 administradores nomeados e exonerados por decreto do Conselho de Ministros, sob proposta do Governador, de entre pessoas de reconhecida competência em matéria monetária e financeira, económica ou jurídica.
2. Os administradores são designados por um período de cinco anos renováveis.
3. A cada administrador são atribuídos pelouros correspondentes a um ou mais serviços do Banco.
4. A distribuição de pelouros não porá de lado o dever imposto a todos os membros do Conselho de Administração, para fiscalizar e tomar conhecimento da generalidade dos assuntos do Banco e de propôr providências relativas a qualquer deles.

## Art. 19.º
**1.** Ao Conselho de Administração compete em geral a prática de todos os actos necessários à prossecução dos fins que ao Banco são cometidos nesta Lei Orgânica.

**2.** Compete-lhe especialmente:
 a) Propôr ao Governo a criação, emissão, recolha e troca de notas e moedas;
 b) Deliberar sobre o recurso do Banco ao Crédito Internacional nos termos do artigo 35.º alínea b);
 c) Deliberar sobre a organização geral do Banco e sobre o estabelecimento ou a supressão de qualquer filial ou agência;
 d) Aprovar o estatuto pessoal;
 e) Deliberar sobre a regulamentação dos câmbios;
 f) Autorizar as aquisições e alienações imobiliárias;
 g) Aprovar o orçamento anual do Banco;
 h) Aprovar o Programa monetário a submeter ao Governo.

## Art. 20.º
**1.** O Conselho de Administração reúne ordinariamente, pelo menos, uma vez por semana e, extraordinariamente, sempre que seja convocado pelo Governador.

**2.** Para o Conselho deliberar validamente é indispensável a presença de pelo menos quatro dos seus membros, devendo as suas deliberações constar de actas assinadas por todos os presentes.

### SECÇÃO IV
### Do Conselho de Auditoria

## Art. 21.º
**1.** O Conselho de Auditoria exercerá a fiscalização das actividades do Banco, e os seus membros podem, em conjunto ou separadamente efectivar tais inspecções sempre que julgarem necessárias.

**2.** O Conselho de Auditoria será constituído por três membros, designados por um período de três anos, como segue:
 a) Um, pelo Presidente do Conselho de Estado, que preside;
 b) Um, pelo Ministro das Finanças;
 c) Um, pelo Ministro da Justiça.

**3.** Os mandatos dos membros do Conselho de Auditoria, podem ser renovados uma ou mais vezes, podendo ser destituídos mediante resolução expressa e fundamentada.

**4.** Os membros do Conselho de Auditoria devem ser cidadãos da República da Guiné-Bissau, em pleno gozo dos seus direitos civis e políticos, escolhidos de entre personalidades de reconhecida competência em matéria económica, financeira, empresarial ou Jurídica com boa reputação moral.

## Art. 22.º
**1.** Compete aos auditores:
 a) Vigiar o cumprimento desta Lei Orgânica e demais disposições e regulamentos aplicáveis às actividades do Banco Central;

*b)* Examinar, nas dependências do Banco Central os livros da instituição assim como os documentos justificativos dos registos contabilísticos, e a correspondência, relativos às actividades e negócios da entidade;
*c)* Verificar os inventários do activo e do passivo do Banco;
*d)* Informar o Governador e o Conselho de Administração dos resultados das suas actividades de inspecção e fiscalização, com as suas conclusões e eventuais recomendações ou propostas;
*e)* Pronunciar-se sobre quaisquer assuntos inerentes às suas funções, que lhe sejam submetidos pelo Governador, pelo Conselho de Administração ou pelo Governo;
*f)* Levar ao conhecimento do Governo, com cópia ao Governador, o seu relatório respeitante ao balanço e contas de cada exercício, e o seu parecer sobre a situação patrimonial do Banco;
*g)* Assistir às sessões do Conselho de Administração e fazer as propostas que julgarem úteis.

2. O Conselho de auditoria que reúne ordinariamente uma vez por trimestre e as suas deliberações devem constar da acta.

## SECÇÃO V
### Do Inspector-Geral

### Art. 23.º

1. Haverá um Inspector-Geral de Instituições Financeiras que será nomeado pelo Conselho de Ministros, sob proposta do Governador, ouvido o Conselho de Administração, proveniente do pessoal de carreira do Banco.

2. Depende do Governador, e tem a seu cargo a fiscalização das actividades dos Bancos e entidades financeiras e a auditoria interna do Banco.

3. São atribuições do Inspector-Geral:
*a)* Velar pela execução e cumprimento das disposições legais e Regulamentares do Banco, no que diz respeito às actividades Bancárias e financeiras do país;
*b)* Organizar os processos de estabelecimento de entidades bancárias e financeiras, bem como os da sua alteração, fusão ou liquidação;
*c)* Estabelecer as normas gerais de Contabilidade e documentação, para o sistema bancário e financeiro;
*d)* Inspeccionar os bancos e instituições financeiras, para verificar a sua situação patrimonial e liquidez e a administração dos seus negócios conforme a lei;
*e)* Informar ao Governador do resultado das suas actividades de inspecção e fiscalização, e propôr-lhe a adopção das medidas correctivas pertinentes, bem como as eventuais sanções aplicáveis;
*f)* Fazer a auditoria dos registos contabilísticos do Banco;
*g)* Exercer as demais funções de inspecção e fiscalização que lhe sejam cometidas pelo Conselho de Auditoria ou pelo Governador.

## CAPÍTULO IV
## Dos Trabalhadores

**Art. 24.º**
1. São trabalhadores do Banco todas as pessoas que prestem os seus serviços no Banco Central, como empregados.
2. Os trabalhadores do Banco estão sujeitos às determinações da presente Lei Orgânica, do Estatuto do Pessoal, do Regulamento Interno assim como às disposições legais sobre o trabalho dependente e às estipulações do contrato de trabalho com o Banco.
3. Os membros do Conselho de Administração estão sujeitos ao disposto n.º 2 deste artigo.

**Art. 25.º**
Qualquer pessoa concorrente, mesmo a título ocasional às actividades do Banco está ligada ao segredo profissional.

**Art. 26.º**
1. O Banco pode conceder empréstimos, a juros bonificados destinados a facilitar aos seus trabalhadores a aquisição, construção, ampliação ou beneficiação de habitação própria permanente, nas condições que vierem a ser estabelecidas pelo Conselho de Administração.
2. O Banco pode adquirir ou construir prédios destinados aos seus trabalhadores com fins de natureza social ou *mediante renda resolúvel*, nas condições a estabelecer pelo Conselho de Administração.

## CAPÍTULO V
## Das Funções e Atribuições do Banco Central

### SECÇÃO I
### Das Funções e Relações do Banco no Âmbito Interno

**Art. 27.º**
As funções do Banco de conformidade com as disposições do artigos 28.º a 57.º serão exercidas de acordo com o programa financeiro aprovado pelo Governo, à luz dos objectivos estabelecidos pelo Art. 5.º.

**Art. 28.º**
Compete, em especial, ao Banco:
a) O privilégio exclusivo da emissão monetária;
b) A regulamentação do crédito;
c) A administração dos recursos monetários externos do país;
d) As funções de banqueiro e agente financeiro do Estado.

**Art. 29.º**
O Banco é conselheiro económico do Governo e nesta qualidade poderá:
a) Ser consultado pelo Governo sempre que se trata de adopção de medidas

referentes às políticas monetárias, cambial, de importação e exportação de crédito bancário e a outras questões relacionadas com os fins e actividades do Banco;

*b)* Propor ou apoiar o Governo, na adopção de disposições julgadas convenientes ao exercício duma acção favorável sobre a balança de pagamentos e reservas cambiais, à situação das Finanças Públicas e, dum modo geral, ao desenvolvimento harmónico e ordenado da economia nacional.

Art. 30.º

1. O Banco é o encarregado das relações e representações do Governo, junto das instituições financeiras internacionais para que fôr designado.

2. O Banco participará nas negociações e na execução de empréstimos externos por conta do Estado.

Art. 31.º

O Banco é o depositário e o gestor dos valores mobiliários pertencentes ao Estado, incluindo os aportes de Capitais de Estado em instituições financeiras internacionais.

Art. 32.º

No que respeita às entidades bancárias e financeiras, compete ao Banco:

*a)* Autorizar o estabelecimento e operação de instituições financeiras de acordo com a lei;
*b)* Promover o desenvolvimento do sistema bancário;
*c)* Velar pelo bom funcionamento do sistema bancário e financeiro e prestar-lhe o seu apoio financeiro conforme as prescrições da presente lei;
*d)* Assegurar os serviços de centralização de informações e de riscos de crédito.

Art. 33.º

Será também terefa do Banco exercer a fiscalização monetária do sector financeiro e com essa finalidade pode:

*a)* Utilizar a sua própria política de crédito e instrumentos que a lei lhe garanta para controlo quantitativo e selectivo de crédito;
*b)* Determinar a composição do encaixe legal e de outros valores de cobertura das instituições bancárias e fixar as percentagens mínimas que essas disponibilidades devem representar relativamente às respectivas responsabilidades;
*c)* Estabelecer as taxas de juros, comissões e demais retribuições das operações do sistema bancário;
*d)* Estabelecer directivas para actuação das instituições de crédito;
*e)* Estabelecer os condicionamentos a que devem obedecer as operações activas das instituições de crédito.

## SECÇÃO II
### Das Relações Monetárias Internacionais

**Art. 34.º**

O Banco no âmbito das relação Monetárias e Internacionais:
a) É a autoridade cambial da República da Guiné-Bissau e, salvo disposição expressa da lei não podem ser efectuados quaisquer pagamentos externos sem que por ele sejam devidamente autorizados;
b) Estabelece as taxas de câmbio para as operações diárias de compra e venda de notas e divisas estrangeiras;
c) Fixa os montantes máximos das disponibilidades em ouro e divisas estrangeiras, que podem ser detidos pelas pessoas ou entidades autorizadas a exercer o comércio de câmbio;
d) Define, para a defesa da moeda nacional, os princípios reguladores das operações sobre ouro e divisas estrangeiras.

**Art. 35.º**

O Banco mediante prévia autorização do Governo poderá:
a) Celebrar acordos de Compensação e pagamentos de assistência técnica, com entidades bancárias e financeiras do exterior;
b) Contrair empréstimo, junto de quaisquer instituições de crédito ou outras pessoas singulares ou colectivas, estrangeiras ou internacionais;
Quando, porém se tratar de empréstimos no estrangeiro a curto e médio prazo, não será necessária a autorização do Governo;
c) Conceder empréstimos a bancos estrangeiros e instituições financeiras internacionais;

**Art. 36.º**

É da responsabilidade do Banco a centralização, compilação e publicação das estatísticas monetárias, financeiras e cambiais, e a elaboração da balança de pagamentos do país.

**Art. 37.º**

Toda a entidade que possuir informações para os fins do artigo anterior é obrigada a fornecê-las ao Banco, a seu pedido.

**Art. 38.º**

O Banco também poderá encarregar-se de outros serviços que lhe sejam atribuídos pelo Governo, sempre que forem compatíveis com os seus fins e actividades.

## CAPÍTULO VI
### Da Emissão Monetária e das Reservas Cambiais

**Art. 39.º**

O Banco detém o exclusivo da emissão de moedas metálicas e notas na República da Guiné-Bissau.

### Art. 40.º

**1.** O Banco é o único encarregado das diligências da impressão de notas e da cunhagem de moedas metálicas.

**2.** As notas serão assinadas por chancela, pelo Governador ou por quem o subtitua e pelo Vice-Governador ou um administrador em exercício nessa data.

**3.** Os modelos e características das notas e moedas metálicas, são estabelecidas por lei.

### Art. 41.º

**1.** As moedas de ouro e as notas emitidas pelo Banco, têm poder liberatório ilimitado no território nacional, para pagamento de quaisquer obrigações públicas ou privadas.

**2.** As outras moedas metálicas do Banco, têm poder liberatório ilimitado para pagamento ao sector público, e para o sector privado até ao equivalente de 50 peças de cada denominação, salvo consentimento das partes.

### Art. 42.º

**1.** O Banco pagará à vista e, ao par, notas em bom estado, em troca de notas fraccionadas ou deterioradas, desde que estas contenham, cada uma, pelo menos, duas das assinaturas autorizadas e duas das numerações completas, pagando metade do seu valor quando contenham uma das assinaturas e uma numeração completa.

**2.** Nos restantes casos as notas fraccionadas ou deterioradas não terão nenhum valor.

**3.** As moedas metálicas cortadas, perfuradas ou mutiladas, perderão o seu carácter legal e a sua aceitabilidade para pagamentos. O Banco não as trocará por outras moedas.

### Art. 43.º

**1.** Quando o curso legal de um tipo de notas ou moedas metálicas for abolido, o Banco fica obrigado nas condições estabelecidas pelo Governo, a assegurar a troca nas suas caixas contra outros tipos de notas ou de moedas metálicas com curso legal.

**2.** Decorrido o prazo fixado pelo Governo para serem retiradas da circulação as notas e moedas de um certo tipo ou chapa, o contravalor das notas e moedas que não tenham sido apresentada para troca ou reembolso reverte para o Banco.

### Art. 44.º

O Banco porá em circulação notas e moedas metálicas, só nos seguintes casos:
 *a)* Para compra de ouro em barras ou amoedado;
 *b)* Para compra de divisas monetárias estrangeiras;
 *c)* Para operações de crédito e financeiras autorizadas por esta lei;
 *d)* Para substituir o material inutilizado ou retirado da circulação.

### Art. 45.º

**1.** A emissão monetária do Banco, constituída pelas notas e moedas metálicas em circulação e demais responsabilidades à vista em moeda nacional, deve corresponder ao programa monetário anual formulado pelo Banco e aprovado pelo Governo.

**2.** O programa monetário coordenará a gestão das reservas cambiais do país e do crédito a conceder pelo Banco, com as necessidades de estabilidade monetária e das do desenvolvimento da economia.

### Art. 46.º

As reservas cambiais, incluindo os direitos especiais de saque e a posição da reserva em organismos internacionais, são centralizados no Banco.

### Art. 47.º

**1.** As reservas cambiais são constituídas por:
 a) Ouro em barras ou amoedado;
 b) Participações do Estado e do Banco em ouro ou em divisas estrangeiras, direitos especiais de saque e outros activos no Fundo Monetário Internacional e demais organismos financeiros internacionais;
 c) Títulos ou valores da primeira classe emitidos por entidades públicas estrangeiras, ou por organismos internacionais;
 d) Depósitos bancários no exterior;
 e) Divisas estrangeiras na forma de notas, cheques, letras de câmbio e outros títulos de crédito à vista;
 f) Outros activos aceites como reservas cambiais pelo Conselho de Administração.

**2.** Os valores indicados nas alíneas c), d) e f) do número anterior, deverão ser pagáveis em moedas de convertabilidade externa assegurada, ou em unidades de conta internacionais.

### Art. 48.º

Para estabelecer o nível das reservas líquidas, serão deduzidos os compromissos ou responsabilidades do Banco, à vista ou exigíveis a prazo não superior a um ano, quando expressos em ouro, moedas estrangeiras ou unidades de conta utilizadas em compensações internacionais.

### Art. 49.º

Quando as reservas cambiais diminuem a um nível que o Conselho de Administração considere inadequado, ou não sejam suficientes, para as necessidades de pagamento ao exterior, o Banco, em consulta com o Governo tomará as medidas aconselháveis.

### Art. 50.º

A emissão monetária do Banco na parte que ultrapassar o nível das reservas cambiais, deve ter cobertura integral constituída pelos seguintes valores:
 a) Adiantamentos, empréstimos e outros créditos sobre o Estado, decorrentes das operações autorizadas pelos artigos 51.º a 53.º;
 b) Títulos que constituem a carteira comercial do Banco;
 c) Créditos resultantes de operações de empréstimos concedidos às instituições de crédito nos termos do artigo 56.º;
 d) Cheques alheios em Pesos Guineenses de que o Banco seja dono e portador;
 e) Qualquer outro título ou crédito aceite como cobertura de emissão monetária, pelo Conselho de Administração.

## CAPÍTULO VII
## Das Funções de Banqueiro do Estado
## e de Caixa de Tesouro Público

### Art. 51.º
Na sua condição de Banqueiro do Estado o Banco pode conceder créditos e prestar serviços bancários em geral ao Governo e demais entidades do sector público, através do Tesouro Público.

### Art. 52.º
1. O Banco pode conceder descobertos em conta corrente ao Governo, para cobrir deficiências transitórias da Caixa do Tesouro Público de acordo com as exigências de uma sã gestão e nos termos que vierem a ser fixados no Programa Monetário.
2. Estes adiantamentos deverão ser reembolsados, na sua totalidade, até 31 de Dezembro do ano em que foram concedidos.
3. Sujeito ao regime do artigo 53.º, os montantes e modalidades das operações, serão estabelecidos por convenção entre o Ministério das Finanças e o Banco.

### Art. 53.º
O total dos créditos concedidos ao Governo não pode exceder em qualquer momento 20% das receitas ordinárias da Administração Central cobradas no decurso do precedente exercício orçamental.

### Art. 54.º
1. O Banco exerce também as funções de Caixa do Tesouro Público e depositário exclusivo dos fundos do Governo.
2. Todas as instituições referidas no número anterior, são obrigadas a gerir seus fundos e realizar as suas operações monetárias em geral, exclusivamente por intermédio do Banco.
3. As disposições anteriores, compreendem toda a espécie de recursos em moeda nacional ou em divisas estrangeiras, que por qualquer causa possam ter as entidades do sector público.

### Art. 55.º
1. Os saldos devedores das contas correntes do Governo vencem juros cuja taxa será fixada por convenção entre o Banco e o Ministério das Finanças.
3. O Banco não cobrará comissões a seu favor pelas operações do Governo, mas cobrará os gastos que tenham origem na realização de tais operações, incluindo as Comissões que pudessem corresponder a outros Bancos intermediários.

## CAPÍTULO VIII
## Das Operações com os Bancos e o Público

### Art. 56.º
De acordo com as linhas orientadoras da política monetária, financeira e cambial superiormente definida, o Banco pode em relação às instituições bancárias

efectuar as operações que se justifiquem na sua qualidade de Banco Central e, nomeadamente as seguintes:
   a) Redescontar e descontar, por prazo que não exceda 180 dias, letras, livranças, extractos de factura, warrants e outros títulos de crédito de reconhecida solvência, provenientes das actividades produtivas ou comerciais, devidamente garantidos pela entidade bancária redescontante ou descontante;
   b) Conceder empréstimos e outros créditos, por prazo que não exceda 180 dias, caucionados por títulos de crédito público ou outros efeitos mercantis negociáveis;
   c) Efectuar toda a espécie de operações sobre ouro e divisas estrangeiras;
   d) Aceitar depósitos em conta corrente e a prazo;
   e) Realizar operações autorizadas pelo artigo 57.º e as demais correspondentes às suas funções e atribuições de Banco Central.

### Art. 57.º

Na sua qualidade de Banco Central, o Banco pode efectuar as seguintes operações com o público:
   a) Comprar e vender, com fins de regularização do mercado monetário, títulos do Tesouro Público livremente negociáveis;
   b) Comprar e vender ouro;
   c) Comprar e vender divisas estrangeiras;
   d) Trocar notas e moedas de curso legal.

### CAPÍTULO IX
### Disposições Adicionais

### Art. 58.º

1. Os totais de crédito e garantias que o Banco pode conceder às entidades com as quais tem autorização para operar, devem estar, obrigatoriamente, dentro das previsões do programa monetário anual do Governo, não podendo ultrapassar, em nenhum caso, os montantes estabelecidos no artigo 53.º.

2. No computo das obrigações directas e indirectas das instituições compreendidas no artigo 51.º, incluir-se-ão os títulos de crédito público de que o Banco seja proprietário ou detenha na qualidade de garantia de operações realizadas.

### Art. 59.º

As diferenças resultantes de alterações no valor dos activos e passivos do Banco expressos em ouro, divisas estrangeiras ou unidades de contas internacionais, serão contabilizadas numa conta especial denominada de flutuações cambiais.

## CAPÍTULO X
## Do Orçamento e dos Registos Contabilísticos, Balanço e Contas de Resultados

### Art. 60.º

**1.** A exploração e os investimentos do banco estarão sujeitos a um orçamento anual.

**2.** Até 31 de Outubro de cada ano, o Governador apresentará à consideração do Conselho da Administração o projecto do orçamento para o ano seguinte. O Conselho de Administração, ouvido o Conselho de Auditoria, deverá aprovar o Orçamento até 15 de Dezembro, como prazo máximo.

**3.** Trinta dias após a sua aprovação, o orçamento será submetido para informação ao Governo.

### Art. 61.º

**1.** O exercício financeiro anual do Banco, começa a 1 de Janeiro e termina em 31 de Dezembro de cada ano.

**2.** O Banco elaborará balancetes mensais e um balanço anual referido a 31 de Dezembro.

**3.** Com o balanço anual, o Banco remeterá ao Governo até 31 de Março do ano seguinte um relatório da gestão anual concluída, contendo informações respeitantes à situação monetária, financeira e cambial do país.

**4.** O balanço a 31 de Dezembro será publicado no Boletim Oficial.

### Art. 62.º

Entende-se por lucros líquidos do Banco, num exercício financeiro, o excedente das suas receitas sobre os seus encargos de administração e operação, amortizações e provisões de consolidação dos activos e demais despesas perdas, que devem imputar-se às ditas receitas, no decurso da gestão.

### Art. 63.º

Os lucros líquidos apurados nos termos do artigo anterior serão distribuídos como segue:

a) 5% para o Fundo de Reserva Legal;
b) 5% para o Fundo Social;
c) 10% para o Fundo de Garantia de emissão de títulos ou valores financeiros do Banco;
d) 20% para o Fundo de Riscos Especiais, para cobrir eventuais perdas nos créditos ou financiamentos às instituições de crédito;
e) 30% para o Fundo de Reservas especial para a criação de linhas de crédito a sectores prioritários;
f) Os restantes 30% para o Tesouro Público.

## CAPÍTULO XI
## Disposições Várias

### Art. 64.º

1. O Banco só pode adquirir e ser proprietário de bens imóveis, nos seguintes casos:
   a) Para o desempenho das suas funções e actividades e para o cumprimento das suas obrigações sociais, na medida estritamente necessária para tais fins;
   b) Por efeito de cessão de bens, de doação, de arrematação ou de outro meio legal de pagamento das obrigações ou destinado a assegurar este pagamento.

2. No caso da alínea b) do número anterior, o Banco deverá proceder à venda ou liquidação dos bens imóveis logo que possível.

### Art. 65.º

O Banco é isento do pagamento dos seguintes impostos e taxas:
   a) De direitos, taxas e adicionais pela importação de notas e moedas;
   b) Do imposto sobre lucros.

### Art. 66.º

O Estado garante a segurança e a protecção dos estabelecimentos do banco, e concede a este as escoltas necessárias para a segurança das transferências de fundos e valores.

## CAPÍTULO XII
## Disposições Gerais e Transitórias

### Art. 67.º

1. O Banco obriga-se pela assinatura de dois elementos do Conselho de Administração.

2. O disposto no número anterior não se aplica quanto aos poderes do Governador, quem legalmente o substitua ou quem tenha recebido a sua delegação, actuar nos termos a que se refere o artigo 11.º.

3. O Conselho de Administração pode, em acta, delegar os poderes referidos no n.º 1 nos membros do Conselho de Administração ou em outros trabalhadores do banco, estabelecendo, em cada caso, os limites e condições.

### Art. 68.º

1. Até à entrada em vigor desta lei, todas as operações do Departamento Bancário mencionados no Título III da Lei Orgânica do Banco Nacional de Guiné-Bissau, serão transferidas para conta que será chamada "Conta de Liquidação de Operações Bancárias", cujo funcionamento será regulamentado pelo Banco.

2. A partir da data de entrada em vigor desta lei, o Banco não efectuará novas operações como um Banco Comercial ou como um Banco de Desenvolvimento Económico.

### Art. 69.º

São revogadas o Decreto n.º 27/83, de 8 de Outubro, seus regulamentos, e todas as disposições contrárias ao presente Diploma.

# 16.
# CONVENÇÃO MIGA

# RESOLUÇÃO N.º 4/87
## de 5 de Junho

O Conselho de Estado decide, nos termos da alínea *j*), n.º 1 do artigo 64.º da Constituição, o seguinte:

Artigo único. É ratificada a CONVENTION PORTANT CREATION DE L AGENCE MULTELATERALE DE GARANTIE DES INVESTISSEMENTS, cujo texto em francês se publica em anexo à presente Resolução.

Aprovado em 25 de Maio de 1987.
Publique-se.
O Presidente do Conselho de Estado, General *João Bernardo Vieira*.

## ANEXO I[1]
### GARANTIA DE INVESTIMENTOS PATROCINADOS EM APLICAÇÃO DO ARTIGO 24.º

#### Art. 1.º (Patrocínio)

*a*) Qualquer Estado membro pode patrocinar a garantia de um investimento que pretende (m) efectuar um investidor de qualquer nacionalidade ou investidores de uma ou várias nacionalidades, quaisquer que sejam elas.

*b*) Sob reserva das disposições das (alíneas *b* e *c*) do Artigo 3.º do presente Anexo, cada Estado membro patrocinador responsabiliza-se com os outros Estados membros patrocinadores pelas perdas cobertas pelas garantias emitidas a título de investimentos patrocinados, quando e à medida em que as mesmas não podem ser financiadas pelos recursos do Fundo Fiduciário de Patrocínio previsto no Artigo 2.º do presente Anexo, em proporção da relação entre o montante dos compromissos máximos assumidos a título de garantias relativas aos investimentos patrocinados pela totalidade dos Estados membros.

*c*) Para emitir garantias em aplicação do presente Anexo, a Agência tem em devida conta a medida na qual é provável que o Estado membro patrocinador está à altura de cumprir as suas obrigações relativamente ao presente Anexo e da prioridade aos investimentos copatrocinados pelos países de acolhimento aos que dizem respeito.

*d*) A Agência procede periodicamente a consultas com os Estados membros patrocinadores a respeito das suas operações dependente do presente Capítulo.

---

[1] Por estranho que pareça, o diploma inicia-se mesmo, na versão original, pelos seus Anexos.

### Art. 2.º (Fundo Fiduciário de Patrocínio)

*a*) O produto dos prémios e outras receitas atribuíveis às garantias concedidas aos investimentos patrocinados, incluindo o produto da colocação dos ditos prémios e receitas, é depositado numa conta distinta denominada Fundo Fiduciário de Patrocínio.

*b*) Todas as despesas de administração e todos os pagamentos depositados a título de garantias emitidas em aplicação do presente Anexo são reguladas por meio dos recursos do Fundo Fiduciário de Patrocínio.

*c*) Os bens do Fundo Fiduciário de Patrocínio são retidos e administrados por conta colectiva dos Estados membros patrocinadores e separadamente dos bens da Agência.

### Art. 3.º (Apelos aos Estados membros Patrocinadores)

*a*) Na medida em que a Agência deve pagar todo o montante resultante de uma perda coberta por uma garantia patrocinada e em que o referido montante não pode ser pago através dos meios do Fundo Fiduciário de Patrocínio, a Agência solicita a cada Estado membro patrocinador de depositar no referido Fundo uma fracção desse montante calculado conforme as disposições da alínea *b*) do Artigo 1.º do presente Anexo.

*b*) Nenhum Estado membro é obrigado a depositar qualquer montante na sequência de um pedido de pagamento efectuado em aplicação do presente Artigo, se, desse facto, resultar que o total dos depósitos vai ultrapassar o total das garantias que cobrem os investimentos patrocinados pelo referido Estado membro.

*c*) Com o expirar de toda a garantia cobrindo um investimento patrocinado por um Estado membro, os compromissos do referido Estado membro são reduzidos de um montante equivalente a essa garantia; esses compromissos são igualmente reduzidos proporcionalmente aquando do depósito pela Agência de todo o pagamento relativo a um investimento patrocinado e continuam, para os restantes a ser atribuíveis ao referido país membro até à expiração de todas as garantias de investimentos patrocinados em vigor à data do referido pagamento.

*d*) Se qualquer um dos Estados membros patrocinadores não efectuar o pagamento solicitado em aplicação do presente Artigo por causa dos limites estipulados nas alíneas *b*) e *c*), ou se qualquer dos Estados membros patrocinadores não cumpre a sua obrigação de pagar o montante solicitado, o pagamento do referido montante é assumido proporcionalmente pelos outros Estados membros patrocinadores. A obrigação imposta aos Estados membros na presente alínea está submetida aos limites estipulados nas alíneas *b*) e *c*) deste artigo.

*e*) Os Estados membros patrocinadores efectuam todos os depósitos solicitados em aplicação do presente Artigo nos melhores prazos e uma moeda livremente convertível.

### Art. 4.º (Avaliação das moedas e reembolsos)

As disposições sobre a avaliação das moedas e reembolsos que figuram na presente Convenção no que respeita as subscrições ao capital aplicam-se **mutatis mutandis** indistintamente, aos depósitos efectuados pelos Estados membros a título de investimentos patrocinados.

### Art. 5.º (Resseguros)

*a)* A Agência pode, nas condições estipuladas no Artigo 1.º do presente Anexo, ressegurar um Estado membro, ou organismo de um Estado membro, ou um organismo regional, tal como é definido na alínea *a)* do Artigo 20.º da presente Convenção, ou um segurador privado de um Estado membro. As disposições do presente Anexo que dizem respeito às garantias e disposições dos Artigos 20.º e 21.º da presente Convenção aplicam-se **mutatis mutandis** aos resseguros emitidos em aplicação da presente secção.

*b)* A Agência pode fazer ressegurar os investimentos que ela garantiu em aplicação do presente Anexo e subtrair dos Fundos Fiduciários do Patrocínio os prémios de resseguro correspondentes. O Conselho de Administração pode decidir se e em que medida a obrigação de partilha das perdas que incumbem aos Estados membros patrocinadores em aplicação da alínea *b)* do Artigo 1.º do presente Anexo pode ser deduzida da cobertura de resseguros obtidos.

### Art. 6.º (Princípios que regem as operações)

Sem prejuízo das disposições do presente Anexo, as disposições do Capítulo III da presente Convenção relativas às operações de garantia e as do Capítulo IV da presente Convenção relativas a gestão financeira aplicam-se **mutatis mutandis** às garantias relativas aos investimentos patrocinados, salvo que os referidos investimentos possam ser patrocinados desde que efectuados nos territórios de um Estado membro, qualquer que seja, e em particular de qualquer Estado membro em desenvolvimento, por um ou vários investidores autorizados em virtude da alínea *a)* do Artigo 1.º do presente Anexo e ii) que a Agência não é responsável sobre os seus próprios haveres de qualquer garantia ou resseguro emitidos em aplicação do presente anexo e que cada contrato de garantia ou resseguro emitidos em aplicação do presente Anexo deverá conter uma disposição expressa para esse efeito.

### Art. 7.º (Voto)

*b)* Para as decisões relativas aos investimentos patrocinados, cada Estado membro patrocinador dispõe de um voto suplementar por tranche de um contra--valor de 10 000 Direitos de Saque Especiais de montante garantido ou ressegurado que ele patrocinou, e cada Estado membro que acolhe um investimento dispõe de um voto suplementar por tranche de um contra-valor de 10 000 Direitos de Saque Especiais de montante garantido ou ressegurado pelo investimento patrocinado que acolheu.

Estes votos suplementares só serão utilizados nas decisões relativas aos investimentos patrocinados e nos outros casos não serão considerados no número de votos dos Estados membros.

## ANEXO II
## REGULAMENTO DOS DIFERENDOS ENTRE UM ESTADO MEMBRO E A AGÊNCIA VISADOS NO ARTIGO 57.º

**Art. 1.º (Campo de aplicação do anexo)**
Todos os diferendos aos quais se aplique o Artigo 57.º da presente Convenção são regulados de acordo com os procedimentos descritos no presente Anexo, salvo nos casos em que a Agência conclui um acordo com um Estado membro conforme a alínea *b*) (ii) do Artigo 57.º.

**Art. 2.º (Negociação)**
As partes de um diferendo ao qual se aplica o presente Anexo esforçam-se para regular o referido diferendo pela via da negociação, antes de apresentar um pedido de conciliação ou um pedido de arbitragem. As negociações são consideradas como tendo fracassado se as partes não chegam a um acordo num prazo de 120 dias a contar da data do pedido de abertura de negociações.

**Art. 3.º (Conciliação)**
*a*) Se o diferendo não for regulado pela via da negociação, cada uma das partes pode submetê-lo à arbitragem conforme as disposições do Artigo 4.º do presente Anexo, a menos que as partes, por mútuo consentimento, não tenham decidido recorrer ainda ao procedimento de conciliação descrito no presente Artigo.

*b*) O acordo sobre o recurso à conciliação fixa o objecto do diferendo, as pretensões das partes a esse respeito e, se é concedido o nome de conciliador designado por comum acordo das partes. Se as partes não chegarem a acordo na escolha do conciliador, elas podem pedir conjuntamente ao Secretário Geral do Centro Internacional para o Regulamento dos Diferendos Relativos aos Investimentos (adiante designado por CIRDI) ou ao Presidente do Tribunal Internacional de Justiça para designar um conciliador. O procedimento de conciliação acaba se o conciliador não for designado num prazo de 90 dias após a data do acordo de recurso à conciliação.

*c*) Salvo disposições contrárias do presente Anexo ou convenção contrária das partes, o conciliador fixa as regras que regirão os procedimentos de conciliação e inspira-se, para isso, no regulamento de conciliação adoptado em aplicação da Convenção para o Regulamento dos Diferendos Relativos aos Investimentos entre Estados e Expatriados de outros Estados.

*d*) As partes cooperam de boa fé com o conciliador e, em particular, fornecem-lhe todas as informações e peças que possam ajudar no cumprimento das suas funções, elas terão na devida conta as suas recomendações.

*e*) Salvo convenção contrária entre as partes, o conciliador, num prazo que não ultrapassará os 180 dias a contar da data da sua nomeação, submete as partes um relatório dando conta dos resultados obtidos e expondo os pontos em letígio e as formas de solução por ele propostas.

*f*) Cada parte, num prazo de 60 dias a contar da data da apresentação do relatório, expõe por escrito os seus pontos de vista sobre o relatório à intenção da outra parte.

g) Nenhuma das partes que recorre a um processo de conciliação pode recorrer à arbitragem a não ser que:
  i) O conciliador não tenha apresentado o seu relatório no prazo fixado na alínea e) do presente artigo, ou que
  ii) As partes não tenham aceite certas propostas contidas no relatório nos 60 dias que se seguem à sua recepção, ou que
  iii) As partes, após uma troca de pontos de vista sobre o relatório não tenham chegado a um acordo sobre o regulamento de todos os pontos em litígio nos 60 dias que se seguem a recepção do relatório do conciliador, ou que
  iv) Uma das partes não tenha exposto os seus pontos de vista sobre o relatório conforme o prescrito na alínea f).

h) Salvo convenção contrária das partes, os honorários do conciliador são determinados na base dos escalões aplicáveis às instâncias de conciliação que têm lugar sob a égide do CIRDI. Cada uma das partes suporta uma parte igual desses honorários e de outras despesas de procedimento de conciliação.

Cada parte paga as suas despesas particulares.

### Art. 4.º (Arbitragem)

a) O procedimento de arbitragem é introduzido por via de notificação dirigido pela parte que deseja iniciar um processo de arbitragem (o requerente) à outra parte ou outras partes envolvidas no diferendo (o réu). Esta notificação precisa a natureza do diferendo, a reparação pedida e o nome do árbitro designado pelo requerente. O réu, nos 30 dias que se seguem a data da recepção desta notificação, informa o requerente do nome do árbitro por ele designado. As duas partes, nos 30 dias que se seguem a data da designação do segundo árbitro, escolhem um terceiro árbitro, o qual vai ser o Presidente do Tribunal arbitral (Tribunal).

b) Se o Tribunal não for constituído nos 60 dias que se seguem a data da notificação, o árbitro ainda não designado ou o Presidente ainda não escolhido é nomeado, a pedido de ambas as partes, pelo Secretário Geral do CIRDI. Se tal pedido comum não for apresentado, ou se o Secretário Geral não procede a nomeação nos 30 dias que se seguem ao pedido, uma ou outra das duas partes pode pedir ao Presidente do Tribunal Internacional de Justiça de proceder à nomeação.

c) Uma das partes não pode retroceder na nomeação de um árbitro desde que o procedimento tenha sido iniciado. Em caso de demissão, morte ou incapacidade de um árbitro (incluindo o Presidente do Tribunal), um seu sucessor será nomeado segundo as mesmas modalidades e com os mesmos poderes e deveres que o seu predecessor.

d) O Presidente fixa a data e o lugar da primeira sessão do Tribunal. Em seguida o Tribunal fixa o lugar e as datas das suas sessões.

e) Salvo disposições contrárias do presente Anexo ou convenção contrária das partes, o Tribunal fixa os seus procedimentos e inspira-se a esse respeito no regulamento de arbitragem adoptado em aplicação da Convenção para o Regulamento de Diferendos Relativos aos Investimentos entre Estados e Expatriados de outros Estados.

f) O Tribunal é juiz da sua competência, entendendo-se todavia que, se for presente ao Tribunal uma declinatória de competência fundamentada no motivo de que o diferendo é da competência do Conselho de Administração ou do Conselho dos Governadores em virtude do Artigo 56.º, ou da competência de um órgão judicial ou arbitral designado num acordo (por força) do Artigo 1.º do presente Anexo e se o Tribunal estima que essa declinatória está assente numa base séria, faz referência disso ao Conselho de Administração ou ao Conselho dos Governadores ou ao órgão designado, conforme o caso, o procedimento de arbitragem e então suspenso até que a questão tenha sido objecto de uma decisão que ligue o Tribunal ao caso.

*g*) O Tribunal, em qualquer diferendo ao qual seja aplicável o presente Anexo, conforma-se as disposições da presente Convenção e de todo o acordo pertinente existente entre as partes do diferendo, aos estatutos e ao regulamento da Agência, às regras aplicáveis do direito internacional, a legislação do Estado membro a que diz respeito e, em último caso, as disposições do contrato de investimento. As disposições da presente Convenção não contrariam a faculdade do Tribunal, se a Agência e o Estado membro em causa estiverem de acordo, de estatuir **ex aequo et bono**. O Tribunal não pode recusar o julgamento sob pretexto de silêncio ou obscuridade do direito.

*h*) O Tribunal dá a todas as partes a possibilidade de fazer valer os seus direitos. Todas as decisões do Tribunal são tomadas por maioria de votos e contem uma exposição das razões nas quais elas são fundamentadas. A sentença do Tribunal é dada por escrito e assinada por dois árbitros pelo menos, e uma cópia é enviada a cada uma das partes. A sentença é definitiva e tem força obrigatória em relação as partes e ela não e susceptível de apelo, anulação nem de revisão.

*i*) Se surge entre as partes um diferendo em relação ao sentido ou ao alcance da sentença, qualquer das partes pode, nos 60 dias que se seguem ao dia em que ela foi tornada pública, dirigir por escrito um pedido de interpretação ao Presidente do Tribunal que a ditou. O Presidente, se for possível, submete o pedido ao Tribunal que a ditou e convoca o referido Tribunal nos 60 dias que se seguem à recepção do pedido de interpretação. Se isso não for possível, um novo Tribunal será constituído conforme as disposições das alíneas *a*) e *d*), do presente artigo. O Tribunal pode decidir a suspensão da execução da sentença até que se tenha pronunciado sobre o pedido de interpretação.

*j*) Cada Estado membro reconhece que uma sentença ditada em virtude do presente artigo tem força obrigatória e executória no seu território nas mesmas condições (de) que se tratasse de um julgamento definitivo feito por um Tribunal desse Estado membro. A execução da sentença é regida pela legislação sobre a execução dos julgados em vigor no Estado em cujo território é pedida a execução e não há lugar a derrogações às leis fundamentadas na imunidade de execução.

*k*) A menos que as partes o acordem de outro modo, os honorários e a remuneração que auferem os árbitros são fixados na base dos escalões aplicáveis aos procedimentos de arbitragem empreendidos sob a égide do CIRDI.

Cada uma das partes suporta as suas despesas particulares. As custas do Tribunal são suportadas em partes iguais pelas partes a menos que o Tribunal decida de outro modo sobre a questão. O Tribunal decide sobre todas as questões que dizem respeito a repartição das despesas do Tribunal ou das modalidades de pagamento das referidas despesas.

### Art. 5.º (Intimações)

Toda a intimação ou notificação que se refiram ao acto de processo previsto no presente Anexo é feita por escrito. Ela é dirigida pela Agência à autoridade designada pelo Estado membro a que diz respeito em aplicação do Artigo 38.º da presente Convenção e por esse Estado membro á Sede da Agência.

# CONVENÇÃO CONDUCENTE A CRIAÇÃO DA AGÊNCIA MULTILATERAL DE GARANTIAS DOS INVESTIMENTOS E COMENTÁRIOS DA CONVENÇÃO SUBMETIDO AOS GOVERNADORES DO BANCO INTERNACIONAL PARA A RECONSTRUÇÃO E DESENVOLVIMENTO

## LISTA DOS CAPITULOS E ARTIGOS

PÁGINAS

**PREÂMBULO**

I – CRIAÇÃO, ESTATUTO, FUNÇÕES E DEFINIÇÕES
    1 – Criação e Estatutos da Agência
    2 – Objectivos e funções
    3 – Definições

II – CAPITAL E COMPOSIÇÃO DA AGÊNCIA
    4 – Adesão
    5 – Capital
    6 – Subscrição das acções
    7 – Divisão e pedido do capital subscrito
    8 – Pagamento das acções subscritas
    9 – Avaliação das moedas
    10 – Reembolsos

III – OPERAÇÕES
    11 – Riscos segurados
    12 – Investimentos admissíveis
    13 – Investidores admissíveis
    14 – Países de acolhimento admissíveis
    15 – Aprovação do país de acolhimento
    16 – Modalidades e condições
    17 – Pagamento das indemnizações
    18 – Sub-rogação
    19 – Relações com outros organismos nacionais e regionais
    20 – Resseguro de organismos nacionais e regionais
    21 – Cooperação com os seguradores e resseguradores privados
    22 – Tecto de compromisso
    23 – Promoção do investimento
    24 – Garantias aplicáveis aos investimentos patrocinado

IV – CLÁUSULAS FINANCEIRAS
    25 – Gestão financeira
    26 – Prémios e omissos
    27 – Afectação do lucro líquido
    28 – Orçamento
    29 – Contabilidade

V – ORGANIZAÇÃO E GESTÃO
    30 – Estrutura da Agência
    31 – Conselho de Governadores

32 – Conselho de Administração
33 – Presidente da Agência e pessoal
34 – Interdição de qualquer actividade política
35 – Relações com outras organizações internacionais
36 – Local da Sede
37 – Depositários dos haveres
38 – Comunicações
VI – VOTO, AJUSTAMENTOS DAS SUBSCRIÇÕES E REPRESENTAÇÃO
39 – Voto e ajustamento das subscrições
40 – Modalidades de voto do Conselho de Governadores
41 – Eleição dos Administradores
42 – Modalidades de voto do Conselho de Administração
VII – PRIVILÉGIOS E IMUNIDADES
43 – Objecto do presente Capítulo
44 – Imunidades de Jurisdição
45 – Haveres
46 – Arquivos e comunicações
47 – Imunidades fiscais
48 – Pessoal exercendo funções na Agência
49 – Aplicações do presente Capítulo
50 – Renúncia aos privilégios e imunidades
VIII – DEMISSÃO, SUSPENSÃO DE UM ESTADO MEMBRO, CESSAR DAS OPERAÇÕES
51 – Demissão
52 – Suspensão de um Estado membro
53 – Direitos e deveres dos Estados que deixam de ser membros
54 – Suspensão das operações
55 – Dissolução
IX – REGULAMENTO DOS DIFERENDOS
56 – Interpretação e aplicação da Convenção
57 – Diferendos entre a Agência e os Estados membros
58 – Diferendos nos quais são parte investidores segurados ou ressegurados
X – EMENDAS
59 – Emenda pelo Conselho dos Governadores
60 – Procedimento
XI – DISPOSIÇÕES FINAIS
61 – Entrada em vigor
62 – Inauguração da Agência
63 – Depositário
64 – Registo
65 – Notificação
66 – Aplicabilidade territorial
67 – Revisões periódicas

## ANEXO I
### GARANTIA DE INVESTIMENTOS PATROCINADOS EM APLICAÇÃO DO ARTIGO 24.º

1 – Fundo Fiduciário de Patrocínio
2 – Fundo Fiduciário de Patrocínio
3 – Apelos aos Estados membros patrocinadores
4 – Avaliação das moedas e reembolsos
5 – Resseguro
6 – Princípios que regem as operações
7 – Votações

## ANEXO II
### REGULAMENTO DOS DIFERENDOS ENTRE UM ESTADO MEMBRO E A AGÊNCIA VISADOS ARTIGO 57.º

1 – Campo de aplicação do Anexo
2 – Negociação
3 – Conciliação
4 – Arbitragem
5 – Intimação

APENDICE A: – ESTADOS MEMBROS E SUBSCRIÇÕES
APENDICE B: – ELEIÇÃO DOS ADMINISTRADORES

### PREÂMBULO

Os Estados Contratantes

**Considerando** que é necessário reforçar a cooperação internacional para estimular o desenvolvimento económico e encorajar o papel desempenhado nesse mesmo desenvolvimento pelos investidores estrangeiros em geral e os investidores estrangeiros privados em particular;

**Reconhecendo** que as contribuições dos investimentos estrangeiros nos países em desenvolvimento seriam facilitadas e encorajadas por uma diminuição das preocupações ligadas aos riscos não comerciais;

**Desejando** encorajar o fornecimento aos países em desenvolvimento, para fins produtivos, de recursos financeiros e técnicos com condições compatíveis às suas necessidades, suas políticas e seus objectivos de desenvolvimento, na base de normas estáveis e equitativas para o tratamento dos investimentos estrangeiros;

**Convencidos** da importância do papel que poderia jogar na promoção dos investimentos estrangeiros uma Agência Multilateral de Garantia de Investimentos cuja acção viria juntar-se à dos organismos nacionais e regionais de garantia de investimentos e dos seguradores privados contra riscos não comerciais; e

**Conscientes** que uma tal Agência deveria, na medida do possível, cumprir as suas obrigações sem recorrer ao seu capital realizado e que a concretização de um tal objectivo seria facilitado pelo prosseguimento da melhoria das condições de investimento;

Acordaram o que se segue:

## CAPITULO I
### Criação, Estatuto, Funções e definições

#### Art. 1.º (Criação e Estatuto da Agência)

*a*) A presente Convenção leva à criação uma Agência Multilateral de Garantia de Investimentos (adiante desugnada a Agência).

*b*) A Agência possui total personalidade jurídica e ela tem, em particular, a capacidade:
   *i*) de fazer contratos;
   *ii*) de adquirir bens móveis e imóveis e de os alienar;
   *iii*) de demandar em juízo.

#### Art. 2.º (Objectivos e funções)

A Agência tem por objectivo encorajar o fluxo de investimento com fins produtivos entre os Estados membros, em particular para os Estados membros em desenvolvimento, completando assim as actividades do Banco Internacional para a Reconstrução e o Desenvolvimento (adiante designado o Banco), da Sociedade Financeira Internacional e de outras instituições internacionais de financiamento do desenvolvimento.

Para esse efeito, a Agência:

*a*) emite garantias, incluindo as de operações do co-seguro e resseguro, contra riscos não comerciais para os investimentos dos Estados membros num outro Estado membro;

*b*) contribui, através de actividades complementares apropriadas, para a promoção de fluxos de investimento para e entre os Estados membros em desenvolvimento; e

c) exerce todos os outros poderes implícitos necessários ou favoráveis ao cumprimento do seu mandato. Em toda as suas decisões, a Agência inspira-se nas disposições do presente Artigo.

#### Art. 3.º (Definições)

Para efeitos da presente Convenção:

*a*) O termo "Estado membro" designa qualquer Estado para o qual a presente convenção tenha entrado em vigor conforme o Artigo 61.º.

*b*) A expressão "país de acolhimento" ou "governo de acolhimento" designa qualquer Estado membro, seu Governo ou entidade pública de um Estado membro, em cujo território, em conformidade com o Artigo 66.º, deve ser executado um financiamento que a Agência garantia ou ressegurou ou pretende garantir ou ressegurar.

*c)* A expressão "Estado membro em desenvolvimento" designa um dos Estados membros classificados na categoria dos Estados membros em desenvolvimento a qual figura no Apêndice A da presente Convenção, incluindo as modificações que poderão ser acrescentadas no referido Apêndice pelo Conselho dos Governadores previsto no Artigo 30.º (adiante designado Conselho dos Governadores).

*d)* A expressão "maioria especial" designa uma maioria de pelo menos dois terços dos votos representando pelo menos 55% das acções subscritas do capital da Agência.

*e)* A expressão "moeda livremente convertível" designa *i)* toda a moeda designada como tal pelo Fundo Monetário Internacional e *ii)* toda a outra moeda livremente disponível e efectivamente utilizável que o Conselho de Administração previsto no Artigo 30.º (adiante designado o Conselho de Administração) pode designar para os fins da presente Convenção após consulta com o Fundo Monetário Internacional e com a aprovação do país em que a referida moeda é a moeda nacional.

CAPÍTULO II

Capital e Composição da Agência

Art. 4.º (Adesão)

*a)* A adesão à Agência é aberta a todos os Estados membros do Banco e à Suíça.

*b)* Os Estados membros originários da Agência são os Estados enumerados no Apêndice A da presente Convenção e que aderiram à presente Convenção antes de 30 de Outubro de 1987.

Art. 5.º (Capital)

*a)* O capital autorizado da Agência é de 1 bilião de Direitos de Saque Especial (DTS 1 000 000 000). Está dividido em 100 000 acções, de um valor nominal de DTS 10 000, que podem ser subscritas pelos Estados membros. Todos os pagamentos da responsabilidade dos Estados membros a título da sua subscrição do capital são regulados na base do valor do DTS em dólares dos Estados Unidos durante o período que vai do 1.º de Janeiro de 1981 a 30 de Junho de 1985, que é de 1,082 dólares.

*b)* [2] acções até lá autorizado é suficiente para que o novo Estado membro possa escrever o número de acções previsto no Artigo 6.º.

---

[2] Existe uma omissão no texto original da versão em língua portuguesa, na parte correspondente à alínea b), que não figura no referido texto. Na versão em língua francesa, também publicada no mesmo *Boletim Oficial* – mas que não é incluída nesta colectânea –, o texto da alínea é o seguinte:

"b) Le capital est augmenté lors de l'adhésion d'un nouvel Etat membre dans la mesure où le nombre d'actions jusque-là autorisé est insuffisant pour le nouvel Etat membre puisse souscrire le nombre d'actions prevú à l'Article 6."

Assim, o trecho em falta será: "O capital é aumentado aquando da adesão de um novo Estado membro na medida em que o número de (…)".

*c*) O capital pode a todo o momento ser aumentado por decisão do Conselho dos Governadores tomada por maioria especial.

### Art. 6.º (Subscrição das acções)

Cada Estado membro originário da Agência subscreve no valor nominal o número de acções indicado na direcção do seu nome no Apêndice A da presente Convenção. Cada um dos Estados membros subscreve o número de acções fixado pelo Conselho dos Governadores, nas condições estabelecidas pelo Conselho dos Governadores mas a um preço de emissão que não pode em caso algum ser inferior ao valor nominal. O número de acções a subscrever não pode ser em caso algum inferior a 50. O Conselho dos Governadores pode adoptar regras autorizando os Estados membros a subscrever acções suplementares do capital autorizado.

### Art. 7.º (Divisão e recurso ao capital subscrito)

A subscrição inicial de cada Estado membro é entregue como se segue:

*i*) Nos 90 dias que se seguem a data na qual à presente Convenção entra em vigor por cada Estado membro a que diz respeito, 10% do preço de cada acção são entregues em numerário conforme as disposições da alínea *a*) do Artigo 8.º e 10.º suplementares sob a forma compromissos escritos à ordem ou com efeitos similares não negociáveis, não tendo juros, que a Agência recebe, por decisão do Conselho de Administração, para fazer face as suas obrigações.

*ii*) O saldo pode ser pedido pela Agência quando ela tiver necessidade disso para fazer face às obrigações.

### Art. 8.º (Pagamentos das acções subscritas)

*a*) O pagamento das subscrições é efectuado numa ou mais moeda (s) livremente utilizável (is). Com excepção dos Estados membros em desenvolvimento que poderão pagar na sua moeda nacional até 25% da fracção em numerário previsto no Artigo 7.º (i).

*b*) Os recursos a qualquer fracção não entregue das subscrições distribuem-se uniformemente por todas as acções.

*c*) Se, tendo recorrido a uma fracção não entregue das subscrições para fazer face às suas obrigações, a Agência recebe um montante insuficiente para esse fim, ela recorre sucessivamente a novas fracções até que disponha do montante suficiente.

*d*) A responsabilidade incorrida a nível das acções é limitada à fracção não entregue do valor da emissão.

### Art. 9.º (Avaliação das moedas)

Cada vez que for necessário para fins da presente Convenção determinar o valor de uma moeda em relação a uma outra moeda, o referido valor é determinado de uma forma razoável pela Agência, após consulta ao Fundo Monetário Internacional.

### Art. 10.º (Reembolsos)

*a*) A Agência, sempre que possível, reembolsa os Estados membros dos montantes entregues na sequência de um recurso ao capital subscrito, na condição e desde:

   *i*) que o recurso tenha resultado da entrega de uma indemnização devida a título de uma garantia ou de um contratro de resseguro emitido pela Agência e que esta tenha posteriormente recoberto todo ou parte do montante entregue numa moeda livremente convertível.

*ii)* que o recurso tenha resultado de um pagamento parcial de um Estado membro e o referido Estado membro tenha posteriormente regularizado o total ou parte do montante devido; ou

*iii)* que o Conselho dos Governadores decida, por maioria especial, que a situação financeira da Agência permita o reembolso do total ou parte desses montantes através das receitas da Agência.

*b)* Todo o reembolso entregue aos Estado membros em aplicação do presente Artigo é efectuado na ou nas moedas (s) livremente utilizáveil (is) escolhida (s) pela Agência e cada Estado membro recebe uma parte do referido reembolso igual a sua parte do total entregue a Agência dos recursos lançados antes de um tal reembolso.

*c)* O equivalente dos montantes reembolsados a Estado membro em aplicação do presente Artigo E incorporado a fracção passivel de recurso da subscrição do referido Estado membro referido no Artigo 7.º (ii).

## CAPITULO III
## Operações

### Art. 11.º (Riscos segurados)

*a)* Sob reserva das disposições das alíneas *b)* e *c)* abaixo indicadas, a Agência pode garantir os investimentos admissíveis contra as perdas resultantes de uma ou várias categorias de risco que se indicam a seguir:

#### i) **Riscos de transferência**

O facto de que o governo de acolhimento tenha ele próprio colocado qualquer restrição à conversão da sua moeda, fora do seu território, para uma moeda livremente convertível ou para uma outra moeda julgada aceitável pelo investidor segurado, incluindo o acto de que o governo de acolhimento não tenha dado seguimento, num prazo razoável ao pedido de transferência apresentado pelo dito investidor;

#### ii) **Expropriação e outras medidas análogas**

O facto de que o governo de acolhimento tenha tomado qualquer medida legislativa ou administrativa ou que tenha negligenciado a tomada de qualquer medida legislativa ou administrativa, quando o facto referido tem por consequência privar o investidor segurado dos seus direitos sobre o seu capital ou o seu investimento ou de uma parte substancial das vantagens decorrentes do seu investimento, à excepção das medidas ordinárias não discriminatórias de aplicação geral que os governos tomam normalmente para regulamentar a actividade económica nos seus territórios;

#### iii) **Ruptura de contrato**

Toda a denúncia ou ruptura pelo governo de acolhimento de um contrato concluído com o investidor segurado, nos casos que:

*a)* O investidor segurado não dispõe de via de recurso que lhe permita solicitar a uma instância judicial ou arbitral de ordenar uma acção de denúncia ou ruptura de contrato ou *b)* uma decisão não tenha sido tomada por tal instância num prazo razoável, definido no contrato de garantia conforme o regulamento da Agência ou

*c)* uma tal decisão não pode ser executada ou

### iv) Conflitos armados e distúrbios civis

Toda a acção militar ou distúrbio civil no território do país de acolhimento ao qual a presente Convenção é aplicável conforme o Artigo 66.º.

*b)* Se o investidor e o país de acolhimento o peçam conjuntamente, o Conselho de Administração, por decisão tomada por maioria especial, pode estender a cobertura prevista no presente Artigo a riscos não comerciais para além dos riscos enumerados na alínea *a)*, mas em, caso algum aos riscos de desvalorização ou depreciação dos câmbios.

*c)* As perdas resultantes de qualquer um dos factos a seguir indicados não são cobertas:

    *i)* toda a acção ou omissão do governo de acolhimento consentida pelo investidor segurado ou que ele seja justamente responsável; e

    *ii)* toda a acção ou omissão do governo de acolhimento ou todo o facto sucedido antes da conclusão do contrato de garantia.

### Art. 12.º (Investimentos admissíveis)

*a)* Os investimentos admissíveis compreendem a participação, incluindo os empréstimos a médio ou longo prazo concedidos ou garantidos pelos detentores do capital da empresa interessada, e todas as formas de investimento directo julgadas admissíveis pelo Conselho de Administração.

*b)* O Conselho de Administração pode, por decisão tomada por maioria especial, incluir entre os investimentos admissíveis todas as outras formas de investimentos a médio ou longo prazo, à excepção contudo de empréstimos para além dos que estão mencionados na alínea a) os quais não podem ser cobertos a não ser que estejam ligados a um investimento específico coberto ou a cobrir pela à Agência.

*c)* As garantias são limitadas aos investimentos cuja execução começa após o registo do pedido de garantia pela Agência. Esses investimentos podem compreender:

    *i)* toda a transferência de divisas efectuada com vista a modernização, o reforço ou desenvolvimento de um investimento existente; e

    *ii)* a utilização do produto dos investimentos existentes que poderiam ser transferidos para o estrangeiro.

*d)* Quando garante um investimento, a Agência assegura-se:

    *i)* que o referido investimento é economicamente justificado e que contribuirá para o desenvolvimento do país de acolhimento;

    *ii)* que o referido investimento satisfaz a legislação e a regulamentação do país de acolhimento;

    *iii)* que o referido investimento é compatível com os objectivos e as prioridades declaradas do país de acolhimento em matéria de desenvolvimento; e

    *iv)* das condições oferecidas aos investimentos nos países de acolhimento e, particularmente, da existência de um regime justo e equitativo e de protecções jurídica.

### Art. 13.º (Investidores admissíveis)

*a)* Toda a pessoa física e toda a pessoa moral podem ser admitidas ao benefício das garantias da Agência, sob reserva:

   *i)* que a referida pessoa física tenha a nacionalidade de um Estado membro diferente da do país de acolhimento;

   *ii)* que a referida pessoa moral esteja constituída em conformidade com o direito de um Estado membro e tenha o seu estabelecimento principal no referido Estado, ou que a maioria do seu capital seja detido por um Estado membro ou por Estados membros ou por nacionais do referido ou referidos Estados (s) membro (s), sob condição, nos dois casos referidos, que o país de acolhimento seja um Estado membro diferente, e

   *iii)* que a referida pessoa moral, quer pertença ou não a interesses privados, opera numa base comercial.

*b)* No caso em que o investidor tem mais de uma nacionalidade, para fins da alínea *a)*, a nacionalidade de um Estado membro prevalece sobre a de um Estado não membro, e a nacionalidade do país de acolhimento prevalece sobre a de qualquer outro Estado membro.

*c)* Se o investidor e o país de acolhimento o peçam conjuntamente, o Conselho de Administração, por decisão tomada por maioria especial, pode estender o benefício das garantias da Agência a uma pessoa física que tenha a nacionalidade do país de acolhimento, ou a uma pessoa moral constituída em conformidade com o direito do país de acolhimento, ou cuja maioria do capital pertence a nacionais do referido país, sob reserva de que os haveres em causa sejam transferidos de um Estado membro que não seja o país de acolhimento.

### Art. 14.º (Países de acolhimento admissíveis)

Só podem ser garantidos em aplicação do presente Capítulo os investimentos que devem ser efectuados no território de um Estado membro em desenvolvimento.

### Art. 15.º (Aprovação do país de acolhimento)

A Agência não conclui nenhum contrato de garantia antes de que o governo do país de acolhimento tenha aprovado a concessão da garantia pela Agência contra os riscos expressamente designados.

### Art. 16.º (Modalidades e condições)

A Agência define as modalidades e condições de cada contrato de garantia em conformidade com as regras e regulamentos adoptados pelo Conselho de Administração, considerando que ela, não pode cobrir o total do investimento. O Presidente da Agência aprova os contratos de garantia, em conformidade com as directivas do Conselho de Administração.

### Art. 17.º (Pagamento das indemnizações)

O Presidente decide, na base das directivas do Conselho de Administração, sobre o pagamento de uma indemnização a um investidor segurado em conformidade com o contrato de garantia e com os princípios definidos pelo Conselho de Administração. Os contratos de garantia obrigam o investidor a valer-se, antes de receber uma indemnização da Agência, de todos os recursos administrativos que podem ser apropriados a ocorrência, desde que a legislação do país de acolhimento lhe ofereça possibilidade de os exercer sem dificuldade.

Os referidos contratos podem exigir esgotamento de prazos razoáveis entre a data do facto gerador do pedido de indemnização e o pagamento da indemnização.

### Art. 18.º (Sub-rogação)

*a*) Logo que ela pague ou aceite pagar uma indemnização a um investidor segurado, a Agência é sub-rogada nos direitos ou créditos de que o referido investidor poderia dispôr, referentes ao investimento segurado, contra os países de acolhimento ou terceiros. O contrato de garantia determina as modalidades e condições da sub-rogação.

*b*) Todos os Estados membros reconhecem os direitos conferidos à Agência em aplicação da alínea *a*).

*c*) O país de acolhimento concede aos montantes em moeda do país de acolhimento adquiridos pela Agência na sua qualidade de sub-rogada em virtude da alínea *a*), no que diz respeito à sua utilização e sua conversão, um tratamento tão favorável como ao que os referidos fundos teriam direito se continuassem na posse do investidor. Em nenhum caso, a Agência pode afectar esses montantes ao pagamento das suas despesas da administração e outros gastos. Ela procura concluir com o país de acolhimento acordos sobre outras utilizações da sua moeda na medida em que esta não for livremente convertível.

### Art. 19.º (Relações com outros organismos nacionais e regionais)

A Agência coopera com organismos nacionais dos Estados membros e organismos regionais cuja maioria do capital é detida por Estados membros, que exerçam actividades similares às suas, e obriga-se a completar as suas operações, tendo em vista a maximização não só da eficácia dos seus respectivos serviços mas também a sua contribuição para o incremento de investimentos estrangeiros. Para esse fim, a Agência, pode acordar arranjos com esses organismos a respeito de condições particulares de tal cooperação, especialmente modalidades de resseguros e co-seguros.

### Art. 20.º (Resseguros de organismos nacionais e regionais)

*a*) A Agência pode ressegurar um investimento particular contra uma perda resultante de um ou mais riscos não comerciais garantidos por um Estado membro ou por um organismo de um Estado membro ou por um organismo regional de garantia de investimentos cuja maioria do capital é detida por Estados membros. O Conselho de Administração, por decisão tomada por maioria especial, fixa periodicamente os montantes máximos dos compromissos que a Agência pode assumir a título de contratos de resseguros. Tratando-se de investimentos que foram feitos mais de doze meses antes da recepção pela Agência do pedido de resseguro, o limite está inicialmente fixado em 10% do montante global dos compromissos assumidos pela Agência em virtude do presente Capítulo. As condições de admissibilidade previstas nos Artigos 11.º a 14.º aplicam-se às operações de resseguros, com excepção dos casos em que não é exigido que os investimentos ressegurados sejam efectuados após o pedido de resseguro.

*b*) Os direitos e obrigações recíprocas da Agência e do Estado membro, ou do organismo ressegurado são especificados num contrato de resseguros concluído em conformidade com as regras e regulamentos de resseguros adaptados pelo Conselho de Administração. O Conselho de Administração aprova cada contrato de resseguros relativamente a um investimento efectuado antes que a Agência tenha recebido o pedido de resseguro, tendo em vista a minimização dos riscos e para ter a certeza de que a Agência recebe prémios correspondente ao risco que ela assume e que a entidade ressegurada está decidida a promover novos investimentos nos Estados membros em desenvolvimento.

c) A Agência, na medida do possível, age de modo a que ela mesma ou a entidade ressegurada tenha direitos equivalentes, em matéria de sub-rogação e arbitragem, aquelas que a Agência teria se ela tivesse ela própria segurado o investimento.

As modalidades e condições de resseguros devem precisar que os recursos administrativos são exercidos em conformidade com o Artigo 17.º antes que uma indemnização seja paga pela Agência. A sub-rogação só pode ser contraposta ao país de acolhimento a que diz respeito após este ter aprovado o resseguro pela Agência. A Agência inclui nos contratos de resseguro disposições prevendo que a entidade ressegurada deve fazer valer com razoável celeridade os direitos ou créditos ligados ao investimento ressegurado.

**Art. 21.º (Cooperação com seguradores e resseguradores privados)**

a) A Agência pode concluir acordos com seguradores privados de Estados membros para desenvolver as suas próprias operações e encorajar os referidos seguradores a oferecer uma cobertura contra os riscos não comerciais nos países membros em desenvolvimento em condições similares às aplicadas pela Agência. Os referidos acordos podem prever um resseguro pela Agência nas condições e segundo os procedimentos indicados no Artigo 20.º.

b) A Agência pode fazer ressegurar, no todo ou em parte, junto de qualquer companhia de resseguros apropriada, toda(s) garantia(s) que ela tenha emitido.

c) A Agência compromete-se em particular a garantir os investimentos para os quais uma cobertura comparável a condições razoáveis não pode ser obtida junto dos seguradores ou resseguradores privados.

**Art. 22.º (Tecto de compromisso)**

a) Salvo se o Conselho dos Governadores tenha decidido doutro modo por maioria especial, o montante total dos compromissos que a Agência pode assumir em virtude de garantias emitidas em aplicação do presente Capítulo não excede 150% do total do capital subscrito, livre de obrigações, da Agência, das suas reservas e da fracção dos seus compromissos coberta junto dos resseguradores que o Conselho de Administração poderá fixar. O Conselho de Administração reexamina periodicamente o perfil dos riscos da carteira da Agência baseando-se nos pedidos de indemnização efectivamente apresentados, o grau de diversificação dos riscos, a cobertura junto dos resseguradores e outros factores pertinentes, tendo em vista determinar se mudanças do nível de compromissos deveriam ser recomendadas ao Conselho dos Governadores. O nível assim determinado pelo Conselho dos Governadores não pode, em caso algum, ser mais de cinco vezes superior à soma do capital subscrito, livre de obrigações, da Agência, das suas reservas e da fracção de compromissos coberta junto de resseguradores que se possa ser julgada apropriada.

b) Sem prejuízo do nível global referido na alínea a), o Conselho de Administração pode fixar.

*i)* O montante cumulativo máximo dos compromissos que a Agência pode assumir em aplicação do presente Capítulo a título de todas as garantias entregues aos investidores de um mesmo Estado membro. Para determinar o nível aplicável aos diversos Estados membros, o Conselho de Administração tem devidamente em conta a parte do capital da Agência subscrita pelo Estado membro a que diz respeito e a necessidade de uma maior flexibilidade em relação aos investimentos provenientes de Estados membros em desenvolvimento; e

*ii)* O montante cumulativo máximo dos compromissos que a Agência pode assumir, por motivo de diversificação de riscos, em relação a um só projecto, de um só país de acolhimento ou de certas categorias de investimentos ou de risco.

### Art. 23.º (Promoção de investimento)

*a)* A Agência efectua pesquisas, desenvolve actividades visando a promoção dos fluxos de investimento e difunde informações sobre as possibilidades de investimento nos Estados membros em desenvolvimento tendo em vista a criação de condições propícias à mobilização de investimentos estrangeiros. Ela pode fornecer aos Estados membros que o solicitem, assistência técnica e conselhos para os ajudar a melhorar as condições de investimentos nos seus territórios. Ao realizar estas tarefas, a Agência:

*i)* tem em conta os acordos de investimento concluídos entre os Estados membros;

*ii)* compromete-se a eliminar os obstáculos, tanto nos Estados membros desenvolvidos como nos Estados membros em desenvolvimento, que entravam os fluxos de investimento em direcção aos Estados membros em desenvolvimento; e

*iii)* coordena a sua acção com a de outros organismos que também se ocupam da promoção de investimentos estrangeiros e em particular com a da Sociedade Financeira Internacional.

*b)* Além disso, a Agência:

*i)* encoraja a resolução amigável dos diferendos entre investidores e países de acolhimento;

*ii)* esforça-se por concluir com os Estados membros em desenvolvimento e, em particular com os países de acolhimento potenciais, acordos em aplicação dos quais a Agência beneficia para todo o investimento que ela garantiu, de um tratamento pelo menos tão favorável ao que o Estado membro a que diz respeito concede, nos termos de um acordo de investimento, ao Estado ou ao organismo de garantia de investimentos mais favorecido; os referidos acordos devem ser aprovados pelo Conselho de Administração por maioria especial; e

*iii)* favorece e facilita a conclusão de acordos, entre os seus Estados membros, sobre a promoção e a protecção de investimentos.

*c)* Nas suas actividades de promoção, a Agência dedica uma importância particular ao crescimento dos fluxos de investimento entre os seus países membros em desenvolvimento.

**Art. 24.º (Garantias aplicáveis aos investimentos patrocinados)**
Para além das operações de garantia efectuadas pela Agência em aplicação do presente Capítulo, a Agência pode garantir investimentos no quadro de arranjos de patrocínios previstos no Anexo I da presente Convenção.

## CAPÍTULO IV
## Cláusulas Financeiras

**Art. 25.º (Gestão financeira)**
**A Agência conduz as suas actividades em conformidade com os princípios de uma prática comercial sã e de uma gestão financeira prudente de modo a preservar em todas as circunstâncias a sua capacidade de cumprir as suas obrigações financeiras.**

**Art. 26.º (Prémios e comissões)**
A Agência fixa e revê periodicamente a tarifa dos prémios, das comissões e, quando acontece, os outros encargos a receber por cada tipo de risco.

**Art. 27.º (Afectação do lucro líquido)**
*a)* Sem prejuízo das disposições da alínea a) (iii) do Artigo 10.º, a Agência afecta a totalidade do seu lucro líquido às suas reservas até que o montante das referidas reservas atinjam o quintuplo do seu capital subscrito.

*b)* Quando as reservas da Agência atingem o nível estipulado na alínea anterior, o Conselho dos Governadores decide se, e em que medida, o lucro líquido da Agência deve ser afectado às reservas, distribuído pelos Estados membros da Agência ou utilizado de outro modo. O Conselho dos Governadores decide por maioria especial sobre toda a distribuição do lucro líquido da Agência pelos Estados membros e a parte destinada a cada um deles é proporcional à sua parte no capital da Agência.

**Art. 28.º (Orçamento)**
O Presidente da Agência estabelece o orçamento anual das receitas e despesas da Agência e submete-o à aprovação do Conselho de Administração.

**Art. 29.º (Contabilidade)**
A Agência publica um Relatório anual o qual contém o estado das suas contas e das contas do Fundo Fiduciário de Patrocínio devidamente verificados por comissários de contas. A Agência comunica aos Estados membros, em intervalos apropriados, **um estado recapitulativo** da sua situação financeira e uma conta de perdas e ganhos indicando o resultado das operações.

## CAPÍTULO V
### Organização e Gestão

**Art. 30.º (Estrutura da Agência)**

A Agência compreende um Conselho dos Governadores, um Conselho de Administração, um Presidente, e o pessoal necessário para cumprir as funções definidas pela Agência.

**Art. 31.º (O Conselho dos Governadores)**

*a)* Todos os poderes da Agência são atribuídos ao Conselho dos Governadores, com excepção dos poderes que a presente Convenção confere expressamente a um outro órgão da Agência. O Conselho dos Governadores pode delegar ao Conselho de Administração o exercício de todos os seus poderes à excepção dos seguintes:

 *i)* admitir novos Estados membros e fixar as condições da sua adesão;
 *ii)* suspender um Estado membro;
 *iii)* estatuir sobre qualquer aumento ou diminuição do capital;
 *iv)* elevar o nível do montante cumulativo dos compromissos a assumir em aplicação da alínea *a)*, do Artigo 22.º;
 *v)* classificar um Estado membro na categoria dos Estados membros em desenvolvimento em aplicação da alínea *c)* do Arttigo 3.º;
 *vi)* classificar um novo Estado membro na categoria I ou na categoria II para fins da repartição dos votos em aplicação da alínea *a)* do Artigo 39.º ou reclassificar um Estado já membro para os mesmos fins;
 *vii)* fixar as remunerações dos administradores ou seus suplentes;
 *viii)* suspender definitivamente as operações da Agência e liquidar os activos;
 *ix)* repartir os activos da Agência entre os Estados membros em caso de liquidação; e
 *x)* emendar a presente Convenção, o seu Anexo e os seus Apêndices.

*b)* O Conselho dos Governadores compreende um Governador e um Governador suplente nomeados por cada Estado membro segundo as modalidades escolhidas pelo referido Estado membro. Nenhum Governador suplente é autorizado a votar, a não ser na ausência do Governador. O Conselho dos Governadores escolhe o seu Presidente entre os Governadores.

O Conselho dos Governadores reúne-se anualmente, para além de quaisquer outras reuniões que julgue necessárias ou que peça o Conselho de Administração. O Conselho de Administração pede ao Conselho dos Governadores para se reunir sempre que cinco Estados membros ou que Estados membros dispondo de 25% do número total de votos da Agência o solicitem.

**Art. 32.º (O Conselho de Administração)**

*a)* O Conselho de Administração é encarregado de conduzir as operações gerais da Agência e toma, para esse efeito, qualquer medida imposta ou autorizada pela presente Convenção.

*b)* O Conselho de Administração compreende pelo menos 12 Administradores. O Conselho dos Governadores pode modificar o número dos Administradores tendo em conta o número de Estados membros. Cada Administrador pode nomear um Administrador suplente o qual, em caso de ausência ou incapacidade de exercício do Administrador, tem plenos poderes para agir em seu nome e lugar. O Presidente do Banco é **ex-ofício** o Presidente do Conselho de Administração, mas ele não pode tomar parte nas votações salvo em caso de igualdade de votos, no qual o seu voto é preponderante.

*c)* O Conselho dos Governadores fixa a duração do mandato dos Administradores. O primeiro Conselho de Administração é constituído por ocasião da reunião inaugural do Conselho dos Governadores.

*d)* O Conselho de Administração reúne-se por convocatória do seu Presidente, agindo da sua própria iniciativa ou a pedido de três Administradores.

*e)* Enquanto o Conselho dos Governadores não decidir que os Administradores da Agência devem exercer as suas funções em permanência na sede da Agência, os Administradores e seus Suplentes só são remunerados em função das despesas que lhes são impostas pela sua participação nas reuniões do Conselho de Administração e o cumprimento das suas funções oficiais por conta da Agência. Se os Administradores e seus Suplentes deverem exercer as suas funções em permanência na Sede da Agência, a sua remuneração é fixada pelo Conselho dos Governadores.

### Art. 33.º (Presidente da Agência e pessoal)

*a)* O Presidente da Agência, sob a autoridade geral do Conselho de Administração, dirige os assuntos correntes da Agência. Decide da organização dos serviços, a admissão e a demissão dos membros do pessoal.

*b)* O Presidente da Agência é nomeado pelo Conselho de Administração por proposta do seu Presidente. O Conselho dos Governadores fixa o ordenado e as condições do contrato do Presidente da Agência.

*c)* No cumprimento das suas funções, o Presidente da Agência e os membros do pessoal estão inteiramente ao serviço da Agência, estando excluídos de qualquer outra autoridade. Cada Estado membro da Agência respeita o carácter internacional das suas funções e abstém-se de qualquer tentativa de influência sobre o Presidente da Agência ou membros do pessoal no exercício das suas funções.

*d)* No recrutamento dos membros do pessoal, o Presidente, sem esquecer o interesse capital ligado ao concurso aos mais activos e aos mais competentes, tem em conta a importância de um recrutamento efectuado numa base geográfica mais larga possível.

*e)* O Presidente e os membros do pessoal respeitam em qualquer momento o carácter confidencial das informações obtidas por ocasião da execução das operações da Agência.

### Art. 34.º (Interdição de qualquer actividade política)

A Agência e os seus agentes superiores abstém-se de qualquer ingerência nos assuntos políticos dos Estados membros. Sem prejuízo do direito da Agência de levar em conta todas as condições nas quais um investimento é efectuado, a Agência e os seus agentes superiores não devem ser influenciados nas suas decisões pelo carácter político do Estado ou dos Estados membros a que dizem respeito.

Decisões pelo carácter político do Estado ou dos Estados membros a que dizem respeito.

As considerações que devem ser levadas em conta nas suas decisões devem ser apreciadas imparcialmente com o fim de atingir os objectivos anunciados no Artigo 2.º.

### Art. 35.º (Relações com outros organismos Internacionais)

No quadro das disposições da presente Convenção, a Agência coopera com a Organização das Nações Unidas e com outras organizações intergovernamentais que tenham funções especializadas em domínios conexos, incluindo, em particular, o Banco e a Sociedade Financeira Internacional.

### Art. 36.º (Local da Sede)

a) A Sede da Agência situa-se em Washington, D.C., a menos que o Conselho dos Governadores, por maioria especial, decida de outro modo.

b) A Agência pode abrir outros escritórios para as necessidades do seu trabalho.

### Art. 37.º (Depositário dos haveres)

Cada Estado membro designa como depositário, onde a Agência pode depositar os seus haveres na moeda do referido Estado ou de outros haveres, e seu banco central ou, se não tiver banco central, qualquer outra instituição julgada aceitável pela Agência.

### Art. 38.º (Comunicações)

a) Cada Estado membro designa a entidade com a qual a Agência pode pôr-se em ligação a propósito de qualquer questão relevante da presente Convenção. A Agência pode contar com as declarações da referida entidade como representante das declarações do Estado membro. A pedido de um Estado membro, a Agência consulta o referido Estado membro a propósito das questões visadas nos Artigos 19.º a 21.º e dizendo respeito aos organismos ou seguradores desse Estado membro.

b) Cada vez que seja necessária a aprovação de um Estado membro para que a Agência possa agir, a referida aprovação é considerada como dada, a menos que o referido Estado apresente objecções num prazo razoável que a Agência pode fixar notificando o mesmo de medida pretendida.

## CAPÍTULO VI
## Voto, Ajustamentos das Subscrições e Representação

### Art. 39.º (Voto e Ajustamento das subscrições)

a) No sentido de ter em conta nas modalidades de voto o igual interesse que a Agência apresenta para as duas Categorias de Estados cuja lista figura no Apêndice A da presente Convenção, assim como da importância da participação financeira de cada Estado membro, cada um deles dispõe de 177 votos de adesão, mais um voto de subscrição por cada acção do capital detido.

b) Se num momento qualquer ao longo dos três anos que se seguem à entrada em vigor da presente Convenção o total dos votos de adesão e dos votos de subscrição dos Estados membros de que dispõem uma ou a outra das duas Categorias de Estados cuja lista figura no Anexo A da presente Convenção é inferior a 40% do número total de votos, os Estados membros da referida Categoria recebem o número de votos adicionais necessários para que o número total de votos de referida Categoria seja igual a essa percentagem do número total de votos. Esses votos adicionais são repartidos entre os Estados membros dessa Categoria em função da percentagem de número total de votos de subscrição desta Categoria que eles dispõem. O número de votos adicionais é ajustado automaticamente de modo a manter esta percentagem e os referidos votos são anulados quando se expirar o período de três anos acima mencionado.

*c)* No terceiro ano após a entrada em vigor da presente Convenção, o Conselho dos Governadores torna a estudar a repartição das acções e inspira-se nas suas decisões nos seguintes princípios:

*i)* O número de votos de cada Estado membro corresponde às suas subscrições efectivas do capital da Agência e aos seus votos de adesão em conformidade com a alínea *a)* do presente Artigo;

*ii)* As acções reservadas aos países que não assinaram a Convenção são livres e podem ser reafectadas a certos Estados membros e segundo certas modalidades de modo a tornar possível a paridade do número de votos entre as categorias acima mencionadas; e

*iii)* O Conselho dos Governadores toma as medidas que facilitem a subscrição pelos Estados membros de acções que lhes sejam afectadas.

*d)* Durante o período de três anos a que se refere alínea *b)* do presente Artigo, todas as decisões do Conselho dos Governadores e do Conselho de Administração tomadas por maioria especial, à excepção de decisões para as quais a presente Convenção exige uma maioria superior e que são tomadas por essa maioria reforçada.

*e)* Se se procede a uma aumento do capital social da Agência em conformidade com a alínea *c)* do Artigo 5.º, cada Estado membro que o solicite é autorizado a subscrever esse aumento em função da percentagem do total de acções da Agência que ele já subscreveu, entendendo-se que nenhum Estado membro é obrigado a subscrever um aumento de capital.

*f)* O Conselho dos Governadores fixa por via de regulamento, as condições segundo as quais as subscrições adicionais podem ser efectuadas em virtude da alínea *e)* do presente Artigo. Esse regulamento prevê prazos razoáveis para apresentação do pedido pelos Estados membros que desejam ser autorizados a tais subscrições.

### Art. 40.º (Modalidades de voto do Conselho dos Governadores)

*a)* Cada Governador está habilitado a exprimir os votos de Estado membro que representa. Salvo disposição em contrário da presente Convenção, as decisões do Conselho são tomadas pela maioria dos sufrágios expressos.

*b)* Para qualquer reunião do Conselho dos Governadores, o quorum é constituído pela presença da maioria dos Governadores que disponham de, pelo menos, dois terços do número total de votos.

*c)* O Conselho dos Governadores pode, por via de regulamento, instituir um procedimento permitindo ao Conselho de Administração, quando o julgar conforme aos interesses da Agência, de pedir ao Conselho dos Governadores de tomar uma decisão sobre uma questão particular sem ter que convocar o Conselho dos Governadores.

### Art. 41.º (Eleição dos Administradores)

*a)* Os administradores são eleitos em conformidade com o Apêndice B.

*b)* Os administradores continuam em função até que os seus sucessores sejam eleitos. Quando um posto de Administrador se torna vago por mais de 90 dias antes da expiração do mandato do Administrador que ocupava o referido posto, os Governadores que tinham eleito o antigo Administrador elegem um novo Administrador para a duração do mandato restante. Esta eleição é efectuada por maioria dos sufrágios expressos.

c) Enquanto o posto de Administrador permanecer vago, o Suplente do antigo Administrador exerce os poderes do referido Administrador, a excepção do poder de nomear um Suplente.

### Art. 42.º (Modalidades de voto de Conselho de Administração)

a) Cada Administrador dispõem do número de votos que contaram para a sua eleição. Todos os votos que um Administrador dispõe devem ser utilizados em bloco. Salvo disposições em contrário da presente Convenção, as decisões do Conselho de Administração são tomadas pela maioria dos sufrágios expressos.

b) Para qualquer reunião do Conselho de Administração, o quorum é constituído pela presença da maioria dos Administradores dispondo da maioria do número total de votos.

O Conselho de Administração pode, por via de regulamento, instituir um procedimento permitindo ao seu Presidente, logo que o julgue conforme aos interesses da Agência, pedir ao Conselho de Administração para tomar uma decisão sobre uma questão particular sem ter que convocar uma reunião do Conselho de Administração.

## CAPÍTULO VII
## Privilégios e Imunidades

### Art. 43.º (Objecto do presente Capítulo)

A fim de permitir a Agência o cumprimento das suas funções, as imunidades e privilégios definidos no presente Capítulo são reconhecidos à Agência nos territórios do cada Estado membro.

### Art. 44.º (Imunidade de jurisdição)

Fora dos casos previstos nos Artigos 57.º e 58.º, a Agência só pode ser demandada em tribunal que tenha jurisdição nos territórios de um Estado membro onde ela possua um escritório ou então em que ela nomeou um agente encarregado de receber notificações ou intimações. Nenhuma acção pode ser intentada contra a Agência i) por Estados membros ou por pessoas agindo por conta dos referidos Estados ou fazendo valer direitos cedidos por eles ou ii) a propósito de questões de pessoal.

Os bens e haveres da Agência, em qualquer lugar em que se encontrem e quaisquer que sejam os seus detentores, estão ao abrigo de todas as formas de embargo, de oposição ou de execução antes que um julgamento ou uma sentença arbitral tenha sido definitivamente ditada contra a Agência.

### Art. 45.º (Haveres)

a) Os bens e haveres da Agência, onde quer que eles se encontrem situados e quaisquer que sejam os seus detentores, estão isentos de busca, requisição, confiscação, expropriação ou de qualquer outra forma de embargo por via executiva ou legislativa.

*b)* Na medida necessária ao cumprimento das suas operações, em aplicação da presente Convenção, todos os bens e haveres da Agência estão isentos de restrições, regulamentações, contrôles e moratórias de qualquer natureza, entendendo-se que os bens e haveres adquiridos pela Agência ao titular de uma garantia, a um organismo ressegurado ou a um investidor segurado por um organismo ressegurado, por via da sucessão ou de sub-rogação, estão isentos de restrições, regulamentações e contrôles de câmbio normalmente aplicáveis nos territórios do país membro a que diga respeito na medida em que o referido titular de uma garantia, organismo ou investidor ao qual a Agência foi sub-rogada tiver direito a tal isenção.

*c)* Para fins de aplicação do presente Capítulo, o termo (haveres) engloba os haveres do Fundo Fiduciário de Patrocínio referido no Anexo I da presente Convenção e todos os outros haveres administrados pela Agência.

### Art. 46.º (Arquivos e Comunicações)

*a)* Os arquivos do Banco são invioláveis, onde quer que eles se encontrem.

*b)* As comunicações oficiais da Agência recebem de cada Estado membro o mesmo tratamento que as mesmas comunicações oficiais do banco.

### Art. 47.º (Imunidades fiscais)

*a)* A Agência, os seus haveres, bens e rendimentos, bem como as operações e transacções autorizadas pela presente Convenção, são isentas de todos impostos e todos os direitos alfandegários. A Agência é igualmente isenta de toda a responsabilidade respeitante à cobrança ou o pagamento de quaisquer direitos ou impostos.

*b)* Salvo nos casos de nacionais do país onde eles exercem as suas funções, nenhum imposto e cobrado sobre os vencimentos pagos pela Agência aos Governadores e aos seus suplentes, nem sobre os ordenados, indemnizações e outros emolumentos pagos pela Agência ao Presidente do Conselho de Administração, aos Administradores, aos Suplentes e ao Presidente da Agência ou ao seu pessoal.

*c)* Nenhum imposto qualquer que seja a natureza é cobrado sobre os investimentos garantidos e ressegurados pela Agência (incluindo os lucros daí provenientes) nem sobre as apólices de seguros resseguradas Agência (incluindo quaisquer prémios e outras receitas a ele ligados), qualquer que seja o detentor:

*i)* Se esse imposto constitui uma medida discriminatória contra esse investimento ou essa apólice de seguro tomado unicamente porque o seguro ou resseguro foi emitida pela Agência; ou *ii)* se o único fundamento jurídico de um tal imposto é a localização de qualquer escritório ou estabelecimento da Agência.

### Art. 48.º (Pessoas exercendo funções na Agência)

Os Governadores, os Administradores, os Suplementes Presidente e o pessoal da Agência:

*i)* não podem ser objecto de demanda judicial por causa de actos cometidos pelos mesmos no exercício oficial das suas funções;

*ii)* beneficiam, quando não são nacionais do Estado em que exercem as suas funções da mesmas imunidades em matérias de restrições à imigração, de formalidades de registo de estrangeiros e obrigações militares, e das mesmas facilidades em matérias de restrições cambiais em relação às que são concedidas pelos Estados membros referidos arepresentantes, funcionários e empregado de categoria comparável de outros Estados membros; e

*iii*) beneficiam do mesmo tratamento, no que diz respeito às facilidades de viagem, que as que os Estados membros concedem aos representantes, funcionários e empregados da categoria comparável de outros Estados membros.

### Art. 49.º (Aplicação do presente Capítulo)

Cada Estado membro toma, nos seus próprios territórios todas as medidas necessárias tendo em vista incorporação na sua legislação dos princípios enunciados no presente Capítulo; informam a Agência do detalhe das medidas que formaram.

### Art. 50.º (Renúncia aos privilégios e imunidades)

Os privilégios, imunidades e exonarações reconhecidas no presente Capítulo são concedidas no interesse da Agência que a elas pode renunciar, na medida e nas condições que fixe, nos casos em que esta renúncia não traz prejuízos para os interesses da Agência. A Agência levanta a imunidade de qualquer pessoa exercendo as suas funções na Agência no caso em que, no seu entender, essa imunidade entravaria a acção da justiça e pode ser levantada sem trazer prejuízos aos interesses da Agência.

## CAPITULO VIII
## Demissão; Suspensão de um Estado Membro; Cessação das Operações

### Art. 51.º (Demissão)

Qualquer Estado membro pode, após a expiração de um período de três anos a contar da data em que a presente Convenção começou a vigorar para ele, retirar-se em qualquer momento da Agência notificando-a por escrito da sua decisão através da sua Sede. A Agência avisa o Banco, depositário da presente Convenção, da recepção da referida notificação. A demissão terá efeito 90 dias após a data da recepção da notificação do Estado membro pela Agência. Qualquer Estado membro pode revogar a sua notificação enquanto ela não produzir efeito.

### Art. 52.º (Suspensão de um Estado membro)

*a*) Se qualquer Estado membro falta a alguma das suas obrigações previstas na presente Convenção, o Conselho dos Governadores pode suspendê-lo por decisão tomada pela maioria dos Estados membros e por votos.

*b*) Durante a sua suspensão, o Estado membro a que diz respeito, não dispõem de nenhum direito em virtude da presente Convenção, à excepção do direito de demissão e de outros direitos previstos no presente Capítulo e no Capítulo IX, mas continua sujeito a todas as suas obrigações.

*c*) Quando se deve determinar se um Estado membro suspenso pode requerer uma garantia ou um resseguro em conformidade com o Capítulo III ou o Anexo I da presente Convenção, o referido Estado membro não é tratado como um Estado membro da Agência.

*d*) O Estado membro suspenso perde automaticamente a sua qualidade de Estado membro um ano após a data da sua suspensão, a menos que o Conselho dos Governadores decida prolongar o período de suspensão ou reabilitá-lo.

### Art. 53.º (Direitos e deveres dos Estados que deixam de ser membro)

*a*) Quando um Estado deixa de ser membro da Agência, ele fica ligado a todas as suas obrigações, incluindo as obrigações condicionais que lhe são incumbidas em virtude da presente Convenção que ele contraiu antes de ter deixado de ser membro.

*b*) Sem prejuízo da alínea anterior, a Agência e o referido Estado tomam disposições para o regulamento dos créditos e obrigações respectivas. Estas disposições devem ser aprovadas pelo Conselho de Administração.

### Art. 54.º (Suspensão das operações)

*a*) O Conselho de Administração pode, quando o estimar justificado, suspender a concessão de novas garantias por um período determinado.

*b*) Em circunstâncias excepcionais, o Conselho de Administração pode suspender todas as actividades da Agência até ao regresso de uma situação normal, entendendo-se que as disposições necessárias são tomadas para a protecção dos interesses da Agência e de terceiros.

*c*) A decisão de suspender as operações não tem nenhum efeito sobre as obrigações que incumbem aos Estados membros em virtude da presente Convenção nem sobre as obrigações da Agência vis-a-vis aos titulares de uma garantia ou de um apólice de resseguro ou vis-a-vis a terceiros.

### Art. 55.º (Dissolução)

*a*) O Conselho dos Governadores pode decidir, por maioria especial, cessar as operações da Agência e dissolvê-la. Na sequência desta decisão, a Agência põe imediatamente fim às suas actividades, à excepção das que dizem respeito à realização, à conservação e preservação normais dos seus haveres bem como ao cumprimento dos seus deveres. Até ao dia da regularização das suas obrigações e a distribuição dos seus haveres. A Agência conserva a sua personalidade jurídica e todos os direitos e obrigações dos seus membros que derivam da presente Convenção permanecem imutáveis.

*b*) Nenhuma distribuição dos havers terá lugar em proveito dos Estados membros antes que todas as obrigações vis-a-vis aos investidores segurados e outros credores tenham sido reguladas ou que esteja assegurado a regularização e que o Conselho dos Governadores tenha decidido proceder à referida distribuição.

*c*) Sob reserva do que procede, a Agência distribui os seus haveres entre os seus membros proporcionalmente à sua parte do capital subscrito. A Agência distribui igualmente todo o saldo dos haveres do Fundo Fiduciário de Patrocínio entre os Estados membros patrocinadores ao prorata da parte do total dos investimentos patrocinados que representam os investimentos patrocinados por cada um deles. Nenhum Estado membro pode pretender a sua parte dos haveres da Agência ou do Fundo Fiduciário de Patrocínio antes de ter regulado todas as suas dívidas vis-a-vis a Agência.

O Conselho dos Governadores determina, segundo modalidades que estima justas e equitáveis, a data de qualquer distribuição dos haveres.

## CAPITULO IX
## Regulamento dos Diferendos

### Art. 56.º (Interpretação e aplicação da Convenção)

*a)* Qualquer questão de interpretação ou de aplicação das disposições da presente Convenção opondo um Estado membro à Agência ou Estados membros entre si é submetida à decisão do Conselho de Administração. Se a questão afecta particularmente um Estado membro não representado por um dos seus nacionais no Conselho de Administração, esse Estado membro tem a faculdade de enviar um representante a qualquer sessão do Conselho de Administração na qual a referida questão é examinada.

*b)* Em qualquer assunto em que o Conselho de Administração tenha tomado uma decisão em virtude do disposto na alínea anterior, qualquer Estado membro pode pedir que a questão seja levada perante o Conselho dos Governadores, cuja decisão não admite apelo.

*c)* Enquanto aguarda que o Conselho dos Governadores tenha estatuído, a Agência pode, na medida que ela estimar necessário, agir na base da decisão do Conselho de Administração.

### Art. 57.º (Diferendos entre a Agência e os Estados membros)

*a)* Sem prejuízo das disposições do Artigo 56.º e da alínea *b)* do presente Artigo, qualquer diferendo entre a Agência e um Estado membro ou um organismo de um Estado membro e qualquer diferendo entre a Agência e um país que deixou de ser Estado membro (ou um organismo do referido país) é regulado em conformidade com o procedimento descrito no Anexo II da presente Convenção,

*b)* Os diferendos respeitantes a créditos da Agência agindo na qualidade de sub-rogado de um investidor são regulados em conformidade, ou seja *i)* ao procedimento descrito no Anexo II da presente Convenção, ou seja *ii)* através de um acordo a concluir entre a Agência e o Estado membro a que diz respeito prevendo um outro método ou outros métodos de regulamento dos referidos diferendos. Este último caso, o Anexo II da presente Convenção serve de base à redacção do referido acordo o qual, em cada caso, deve ser aprovado pelo Conselho de Administração por maioria especial antes que a Agência empreenda operações nos territórios do Estado membro a que diz respeito.

### Art. 58.º (Diferendos nos quais são partes investidores segurados ou ressegurados)

Qualquer diferendo opondo as partes de um contrato de seguro ou resseguro e dizendo respeito ao referido contrato é submetido à arbitragem; a sentença não tem apelo e o procedimento aplicável é a que está descrita ou mencionada no contrato de seguro ou resseguro.

## CAPITULO X
## Emendas

### Art. 59.º (Emenda pelo Conselho dos Governadores)

*a)* A presente Convenção e os seus Anexos podem ser modificadas por decisão

adoptadas por três quintos dos Governadores dos países que detêm quatro quintos do número total de votos; entende-se todavia que:
  i) qualquer emenda modificando o direito de um Estado membro de se retirar da Agência previsto no Artigo 51.º ou a limitação da responsabilidade prevista pela alínea d) do Artigo 8.º não pode ser adoptada a não ser que seja aprovada pelos Governadores por unanimidade; e
  ii) qualquer emenda modifica as disposições relativas à partilha das perdas que figura nos Artigos 1.º a 3.º do Anexo I da presente Convenção que tivesse como efeito o acrescer das obrigações que incumbirão para esse título a qualquer Estado membro deve ser aprovada pelo Governador do referido Estado.

b) Os apêndices A e B da presente Convenção podem ser emendados pelo Conselho dos Governadores por uma decisão adoptada por maioria especial.

c) Se uma emenda tem efeito sobre qualquer disposição do Anexo I da presente Convenção, o número total de votos deve compreender os votos adicionais atribuídos em virtude do Artigo 7.º do referido Anexo aos Estados patrocinadores e aos países onde são realizados os investimentos patrocinados.

### Art. 60.º (Procedimento)

Qualquer proposta que tenha em vista provocar modificações à presente Convenção, quer ela emane de um Estado membro, de um Governador ou de um Administrador, é comunicada ao Presidente do Conselho de Administração que encarrega o Conselho de Administração de a examinar. Se o Conselho de Administração recomenda a adopção da emenda proposta, está é submetida ao Conselho dos Governadores para a aprovação em conformidade com o Artigo 59.º. Quando uma emenda foi devidamente aprovada pelo Conselho dos Governadores, a Agência certifica a aceitação através de uma comunicação oficial dirigida a todos os Estados membros. As emendas entram em vigor vis-a-vis a todos os Estados membros 90 dias após a data da comunicação oficial, a menos que o Conselho dos Governadores especifique o prazo diferente.

## CAPITULO XI
## Disposições Finais

### Art. 61.º (Entrada em vigor)

a) A presente Convenção deve ser aberta à assinatura de todos os Estados membros do Banco e à Suíça e ratificada, aceite ou aprovada pelos Estados signatários em conformidade com os seus procedimentos constitucionais.

b) A presente Convenção entra em vigor na data na qual pelo menos cinco instrumentos de ratificação, aceitação ou aprovação foram depositados em nome de Estados signatários da Categoria I, e na qual pelo menos quinze instrumentos da mesma natureza foram depositados em nome de Estados signatários da Categoria II; entende-se todavia que o total de subscrições desse países não deve ser inferior a um terço do capital autorizado da Agência em conformidade com as disposições do Artigo 5.º.

c) Para cada Estado membro que deposite o seu instrumento de ratificação, aceitação ou aprovação após a entrada em vigor da presente Convenção, esta entra em vigor à data do depósito do referido instrumento.

*d)* Se a presente Convenção não entrou em vigor nos dois anos que se seguem à sua abertura para assinatura, o Presidente do Banco convoca uma conferência dos países interessados para determinar as medidas a tomar.

### Art. 62.º (Inauguração da Agência)

Logo que a presente Convenção entre em vigor, o Presidente do Banco convoca o Conselho dos Governadores para uma sessão inaugural. Esta sessão tem lugar na sede da Agência nos 60 dias que se seguem à entrada em vigor na presente Convenção.

### Art. 63.º (Depositário)

Os instrumentos de ratificação, aceitação ou aprovação relativos à presente Convenção e as emendas que possam ser introduzidas nela são depositados junto do Banco que age na qualidade de depositário da presente Convenção. O depositário faz chegar cópias autenticadas conformes à presente Convenção aos Estados membros do Banco e à Suíça.

### Art. 64.º (Registo)

O depositário regista a presente Convenção no Secretariado da Organização das Nações Unidas em conformidade com o Artigo 102.º da Carta das Nações Unidas e do Regulamento relativo adoptado pela Assembleia Geral.

### Art. 65.º (Notificação)

O depositário notifica todos os Estados signatários e, desde a entrada em vigor, a Agência:

*a)* as assinaturas da presente Convenção;

*b)* o depósito dos instrumentos de ratificação, aceitação e aprovação visados no Artigo 63.º;

*c)* a data na qual a presente Convenção entra em vigor em conformidade com as disposições do Artigo 61.º;

*d)* as notificações de não aplicabilidade territorial visadas no Artigo 66.º, e

*e)* a demissão de um Estado membro da Agência em conformidade com o Artigo 51.º.

### Art. 66.º (Aplicabilidade territorial)

A presente Convenção é aplicável a todos os territórios que se encontram sob a jurisdição de um Estado membro, incluindo os territórios em que um Estado membro é responsável pelas relações internacionais, à excepção dos territórios que um Estado membro exclui por notificação escrita dirigida ao depositário da presente Convenção na altura da ratificação, aceitação ou aprovação ou posteriormente.

### Art. 67.º (Revisões periódicas)

*a)* O Conselho dos Governadores realiza periodicamente um exame aprofundado das actividades da Agência e dos resultados que ela obteve tendo em vista a adopção de qualquer modificação necessária para fazer com que a Agência possa melhor atingir os seus objectivos.

*b)* O primeiro desses exames tem lugar cinco anos após a entrada em vigor da presente Convenção. O Conselho dos Governadores determina a data dos posteriores exames.

Feito em Seoup, num exemplar, o qual será depositado nos arquivos do Banco Internacional para a Reconstrução e o Desenvolvimento o qual indicou por assinatura aposta em baixo que aceita cumprir as funções que lhe são cometidas em virtude da presente Convenção.

APPENDICE A.: ETATS MEMBRES ET SOUSCRIPTIONS[3]

CATEGORIE I

| Pays | Nombre d'actions | Souscription (millions de DTS) |
|---|---|---|
| Afrique du Sud | 943 | 9,43 |
| Allemagne, Rép. fédérale d' | 507 | 50,71 |
| Australie | 1713 | 17,13 |
| Autriche | 775 | 7,75 |
| Belgique | 2030 | 20,30 |
| Canada | 2965 | 29,65 |
| Danemark | 718 | 7,18 |
| Etats-Unis | 20519 | 205,19 |
| Finlande | 600 | 6,00 |
| France | 4860 | 48,60 |
| Irlande | 369 | 3,69 |
| Islande | 90 | 0,90 |
| Italie | 2820 | 28,20 |
| Japon | 5095 | 50,95 |
| Luxembourg | 116 | 1,16 |
| Norvège | 699 | 6,99 |
| Nouvelle-Zélande | 513 | 5,13 |
| Pays-Bas | 2169 | 21,69 |
| Royaume-Uni | 4860 | 48,60 |
| Suède | 1049 | 10,49 |
| Suisse | 1500 | 15,00 |
|  | 59.473 | 594,73 |

CATEGORIE II

| Pays | Nombre d'actions | Souscription (millions de DTS) |
|---|---|---|
| Ethiopie | 70 | 0,70 |
| Fidji | 71 | 0,71 |

---

[3] Não há Apêndice A na versão original em língua portuguesa, razão pela qual se transcreve no texto a versão em língua francesa, tal como constante do *Boletim Oficial*.

| | | |
|---|---|---|
| Gabon | 96 | 0,96 |
| Gambie | 50 | 0,50 |
| Ghana | 245 | 2,45 |
| Grèce | 280 | 2,80 |
| Grenade | 50 | 0,50 |
| Guatemala | 140 | 1,40 |
| Guinée | 91 | 0,91 |
| Guinée-Bissau | 50 | 0,50 |
| Guinée équatoriale | 50 | 0,50 |
| Guyana | 84 | 0,84 |
| Haïti | 75 | 0,75 |
| Honduras | 101 | 1,01 |
| Hongrie | 564 | 5,64 |
| Iles Salomon | 50 | 0,50 |
| Inde | 3048 | 30,48 |
| Indonésie | 1049 | 10,49 |
| Iran, République islamique d' | 1659 | 16,59 |
| Iraq | 350 | 3,50 |
| Israël | 474 | 4,74 |
| Jamahiriya arabe libyenne | 549 | 5,49 |
| Jamaïque | 181 | 1,81 |
| Jordanie | 97 | 0,97 |
| Kampuchea démocratique | 93 | 0,93 |
| Kenya | 172 | 1,72 |
| Koweït | 930 | 9,30 |
| Lesotho | 50 | 0,50 |
| Liban | 142 | 1,42 |
| Libéria | 84 | 0,84 |
| Madagascar | 100 | 1,00 |
| Malaisie | 579 | 5,79 |
| Malawi | 77 | 0,77 |
| Maldives | 50 | 0,50 |
| Mali | 81 | 0,81 |
| Malte | 75 | 0,75 |
| Maroc | 348 | 3,48 |
| Maurice | 87 | 0,87 |
| Mauritanie | 63 | 0,63 |
| Mexique | 1192 | 1,192 |
| Mozambique | 97 | 0,97 |

## CATEGORIE II

| Pays | Nombre d'actions | Souscription (millions de DTS) |
|---|---|---|
| Népal | 69 | 0,69 |
| Nicaragua | 102 | 1,02 |

| | | |
|---|---|---|
| Niger | 62 | 0,62 |
| Nigéria | 844 | 8,44 |
| Oman | 94 | 0,94 |
| Ouganda | 132 | 1,32 |
| Pakistan | 660 | 6,60 |
| Panama | 131 | 1,31 |
| Papouasie-Nouvell-Guinée | 96 | 0,96 |
| Paraguay | 80 | 0,80 |
| Pérou | 373 | 3,73 |
| Philippines | 484 | 4,84 |
| Portugal | 382 | 3,82 |
| Qatar | 137 | 1,37 |
| République arabe syrienne | 168 | 1,68 |
| République centrafricaine | 60 | 0,60 |
| Rép. démocratique populaire lao | 60 | 0,60 |
| République dominicaine | 147 | 1,47 |
| Roumanie | 555 | 5,55 |
| Rwanda | 75 | 0,75 |
| Saint-Christophe-et-Nevis | 50 | 0,50 |
| Saint-Vincent | 50 | 0,50 |
| Sainte-Lucie | 50 | 0,50 |
| Samoa-Occidental | 50 | 0,50 |
| São Tomé-et-Principe | 50 | 0,50 |
| Sénégal | 145 | 1,45 |
| Seychelles | 50 | 0,50 |
| Sierra Leone | 75 | 0,75 |
| Singapour | 154 | 1,54 |
| Somalie | 78 | 0,78 |
| Soudan | 206 | 2,06 |
| Sri Lanka | 271 | 2,71 |
| Suriname | 82 | 0,82 |
| Swaziland | 58 | 0,58 |
| Tanzanie | 141 | 1,41 |
| Tchad | 60 | 0,60 |
| Thaïlande | 421 | 4,21 |
| Togo | 77 | 0,77 |
| Trinité-et-Tobago | 203 | 2,03 |
| Tunisie | 156 | 1,56 |

## CATEGORIE II

| Pays | Nombre d'actions | Souscription (millions de DTS) |
|---|---|---|
| Turquie | 462 | 4,62 |
| Uruguay | 202 | 2,02 |
| Vanuatu | 50 | 0,50 |

| | | |
|---|---:|---:|
| Venezuela | 1427 | 14,27 |
| Viet Nam | 220 | 2,20 |
| Yémen, République arabe du | 67 | 0,67 |
| Yémen, Rép. dém. populaire du | 115 | 1,15 |
| Yougoslavie | 635 | 6,35 |
| Zaïre | 338 | 3,38 |
| Zambie | 318 | 3,18 |
| Zimbabwe | 236 | 2,36 |
| | 40.527 | 405,27 |
| Total | 100.000 | 1000,00 |

## APÊNDICE B

### Eleição dos Administradores

1. Os candidatos a um posto de Administrador são designados pelos Governadores, entendo-se que cada Governador só pode propôr uma candidatura.
2. Os Governadores elegem os Administradores por via de escrutínio.
3. Ao participar nesse escrutínio, cada Governador exprime em favor de um único candidato todos os votos que são atribuídos, em conformidade com as disposições da alínea a) do Artigo 46.º, ao Estado membro que ele representa.
4. Um quarto do número de Administradores é eleito separadamente, à razão de um Administrador para cada um dos Governadores dos Estados membros tendo o maior número de acção. Se o número total dos Administradores não é múltiplo de quatro, o número de Administradores eleitos desta maneira é igual a um quarto do número múltiplo de quatro imediatamente inferior.
5. O resto dos Administradores é eleito pelos outros Governadores em conformidade com as disposições constantes dos pontos 6 a 11 do presente Apêndice.
6. Se o número de candidatos propostos é igual ao número de Administradores a eleger, todos os candidatos são eleitos na primeira volta do escrutínio; entende-se todavia que o ou os candidato(s) que reunam uma percentagem mínima do número total de votos fixado pelo Conselho dos Governadores para esta eleição não são eleitos se um candidato receber mais do que a percentagem máxima do número total de votos fixado pelo Conselho dos Governadores.
7. Se o número de candidatos propostos excede o número de Administradores a eleger, os candidatos que tenham recebido um grande número de votos são eleitos a excepção de qualquer candidato que tenha recebido menos que a percentagem mínima do número total de votos fixado pelo Conselho dos Governaadores.
8. Se todos os Administradores não forem eleitos na primeira volta do escrutínio, procede-se a uma segunda volta, continuando elegíveis o ou os candidato(s) que não foi eleito(s) na primeira volta.
9. Para essa segunda volta, só voltarão i) os Governadores que votaram na primeira volta por um candidato não eleito e ii) os Governadores que votaram na

primeira volta por um candidato eleito que já tivesse recolhido a percentagem máxima do número total de votos fixo pelo Conselho dos Governadores antes de terem sido levados em conta os votos expressos pelos referidos Governadores.

10. Tratando-se de determinar a partir de que momento um candidato eleito é considerado como tendo já recebido a percentagem máxima dos votos, o número de votos recolhidos pelo referido candidato é considerado compreender em primeiro lugar os votos expressos pelo Governador que lhe deu o maior número de votos, em segundo lugar os votos do Governador que lhe deu o número imediatamente inferior e assim sucessivamente até que a referida percentagem seja atingida.

11. Se todos os Administradores não forem eleitos na sequência da segunda volta, procede-se a votações suplementares seguindo os mesmos princípios, até que os Administradores sejam eleitos, entendem-se que quando faltar eleger um só Administrador, este pode ser eleito por maioria simples dos votos restantes e que ele é considerado eleito pela totalidade dos referidos votos.

# CAPÍTULO II
# SECTORES ECONÓMICOS

# 17.
# TERRA

# LEI N.º 5/98

## de 23 de Abril

### PREÂMBULO

Com a independência Nacional, em 1974, o novo Estado adopta a Lei 4/75 que nacionalizada a terra e determina que:

O solo, na totalidade do território nacional, quer seja urbano, rustico ou urbanizado é integrado no domínio público do Estado, sendo insusceptível de redução a propriedade particular.

Esta Lei visava essencialmente chamar a propriedade, o direito sobre a terra, o solo e o subsolo e impelir um novo conceito sobre o direito de uso da terra em que o não uso, no sentido de não utilizado económico constitui um elemento fundamental para perda desse direito, usando a expressão "a terra é de quem a aproveita.

Diferente, a Lei que outrora imperava, o mais diferente de todas, o Dec. 43893, de 1961 concebia dois tipos de direito de prorieadade a do Estado e a das Comunidades, chamadas "áreas reservadas"

A do Estado no sentido de que toda a terra era propriedade do Estado e disponível para atribuição, excepto nas áreas em que se restringia por Lei ou por regulamento.

A das Comunidades, chamadas "áreas reservadas" ou de uso protegido aos nativos, incluía apenas as terras cultivadas e as zonas residenciais, excluindo, nomeadamente as zonas de pousio e as áreas de colecta.

É esta nova lógica que agora se pretende regulamentar com o presente diploma que apresenta três grandes objectivos:

a) Garantir a terra as comunidades locais no limite em que possam dar-lhe utilidade económico.
b) Incorporar o regime costumeiro da terra no direito positivo, assim como as instituições que as representam.
c) Estimular o investimento na terra atráves da criação de um valor de mercado para a terra.

E, sem deixar de consagrar o direito de uso consuetudinário da terra, com algumas inovações, introduz um regime novo que é o de concessão de terras, quer urbano, quer rural que pode ser de uso perpétua ou temporário, um nítido confronto com a legislação anterior.

Uma outra inovação desta nova Lei, consiste na criação do mecanismo de imposto que visa, entre outras, aumentar a eficácia do uso da terra, desincentivar a constituição ou manutenção de grandes latifundiários sobre os quais o usufrutuário não despõe de capacidade para os dar rentabilidade económica.

Esta Lei permite ainda a criação de Comissões de Gestão da terra as chamadas Comissões Fundiárias" cujo objectivo principal é a de garantirem a implementação desta lei e a coordenação entre os diferentes níveis de intervenção na utilização da terra, intervindo com isso na gestão fundiária.

Assim, a Assembleia Nacional Popular decreta nos termos dos artigos 85.º n.º 1 al. c) e 86.º al. b) da Constituição da República o seguinte:

CAPÍTULO I
## Disposições Gerais

### Art. 1.º (Âimbito de Aplicação)
O presente diploma regulamenta o regime jurídico do uso privativo da terra, integrada no domínio público do Estado.

### Art. 2.º (Da Propriedade da Terra)
1. Na República da Guiné-Bissau a terra é propriedade do Estado e património comum de todo o povo.
2. A terra como suporte físico fundamental da comunidade é valor eminentemente nacional, qualquer que seja a forma da sua utilização e exploração.
3. Os direitos constituídos sobre a terra e sobre os recursos naturais importam em igual protecção quer resultem do costume, quer da lei.
4. As benfeitorias realizadas sobre a terra podem ser de propriedade pública ou privada.

### Art. 3.º (Definições)
Para efeitos da presente lei, entende-se por:
a) Terra: solo e subsolo, com exclusão dos recursos geológicos.
b) Uso consuetudinário: utilização da terra de acordo com as regras, costumes e práticas tradicionais e constantes de uma determinada Comunidade Local, que definem poderes e deveres recíprocos e disciplinam a sua gestão;
c) Comunidade Local: entidade consuetudinária de base territorial, correspondente ao agregado formado por famílias e indivíduos residentes em certa circunscrição do território nacional (tabancas ou conjunto de tabanacas), para prossecução de interesses históricos, económicos, sociais e culturais comuns e que inclui as áreas habitacionais, agrícolas e florestais, as portagens, os pontos de água, os sítios de importância cultural e as respectivas zonas de expansão;
d) Concessão rural: contrato administrativo, oneroso ou gratuito, pelo qual o Estado transfere para uma entidade particular o uso privativo da terra, para fins agrícolas, pecuários, agro-pecuários, agro-industriais, silvícolas e turísticos, em zonas localizadas fora dos limites das áreas urbanas;
e) Concessão de superfície: contrato administrativo, oneroso ou gratuito, pelo qual o Estado transfere para uma entidade particular a faculdade de construir ou manter, perpétua ou temporariamente, uma obra para fins habitacionais, comerciais, industriais ou culturais, entre outros, em terrenos localizados dentro dos limites das cidades ou povoações e respectivas zonas de expansão.

*f)* Áreas protegidas: os ecossistemas que, por serem mais sensíveis, exigem especiais cautelas e atenção face aos processos de desenvolvimento e de exploração dos recursos, como tal definidos na lei quadro das áreas protegidas e na legislação complementar.

*g)* Terreno rural ou urbano livre de ocupação: todo o terreno não afecto a usos privativos, por uso consuetudinário ou por concessão, a fins de utilidade pública, ou incluído em zonas de protecção integral.

*h)* Autoridade locais: representantes do Governo, nas Regiões, Sectores e Secções, com competências delegadas.

### Art. 4.º (Do Uso da Terra)

**1.** A todos os cidadãos é reconhecido, nos termos da presente lei, o direito de uso privativo da terra, sem discriminações de sexo, de origem social ou de proveniência dentro do território nacional.

**2.** Para fins de exploração económica, habitacional, de utilidade social e outras actividades produtivas e sociais, o Estado pode conferir direitos de uso privativo das terras a entidades nacionais ou estrangeiras, individuais ou colectivas, tendo em conta o interesse nacional superiormente definido nos planos e nos objectivos de desenvolvimento económico e social.

**3.** Os referidos direitos de uso privativo serão conferidos mediante:
*a)* uso consuetudinário;
*b)* concessão.

### Art. 5.º (Da Gestão da Terra)

**1.** Na gestão da terra observar-se-ão os seguintes princípios fundamentais:
*a)* a protecção dos solos é de interesse geral e integra as políticas de protecção do ambiente e do desenvolvimento sustentado;
*b)* os solos constituem património comum e um recurso natural não renovável de importância vital para a humanidade, presente e futura;
*c)* a utilização dos solos tomará em consideração a multiplicidade das suas funções ecológicas e a sua consideração como recurso limitado;
*d)* a protecção dos solos deverá ser tomada em consideração na definição das políticas agrícolas, silvícolas, industriais, de transporte, urbanismo e de ordenamento do território;
*e)* a política de protecção dos solos deve ser acompanhada de um processo de informação e de participação dos cidadãos.

**2.** Na gestão integrada dos solos participam, nos respectivos níveis de competência:
*a)* o Governo;
*b)* os Municípios;
*c)* as Comunidades Locais;
*d)* as Comissões Fundiárias;
*e)* os Serviços Cadastrais e de Registo as Autoridades Marítimas e Portuárias.

### Art. 6.º (Das Entidades Gestoras)

**1.** A gestão e a fiscalização da utilização da terra competirá a uma Comissão Fundiária Nacional e as Comissões Fundiárias Regionais, Sectoriais e de Secção com composição a fixar em regulamento próprio.

**2.** À Comissão Fundiária Nacional que funciona na tutela do Primeiro-Ministro compete, em geral e no respeito da política de gestão integrada superiormente definida, coordenar e superintender a acção das Comissões Regionais, Sectoriais e de Secção.

**3.** Para efeitos do disposto na presente lei, as Comissões Fundiárias desenvolverão a sua acção em estreita ligação e cooperação com as autoridades locais, respeitando sempre as competências próprias das Comunidades Locais.

**4.** As Comunidades Locais exercem poderes de gestão de acordo com os respectivos usos e costumes, em toda a área situada nos seus limites históricos e terrtoriais, incluindo as zonas habitadas, as cultivadas e em pousio, às áreas de uso comum, as pastagens, os recursos hídricos e marítimos, as matas sagradas ou destinadas a outros fins sociais, culturais e económicas, aplicando-se, na parte omissa, a presente lei.

### Art. 7.º (Das Áreas Protegidas)

**1.** São integralmente recebidos na presente lei, os conceitos e as provisões constantes da lei quadro das áreas protegidas e da legislação complementar.

**2.** As terras localizadas em áreas protegidas, salvo se incluídas em zonas de protecção integral, podem ser objecto de uso privativo, desde que as actividades aí desenvolvidas não contrariem o disposto na legislação ambiental.

**3.** É garantido o direito de acesso das populações residentes nas Comunidades Locais aos Matos Sagrados e a outros sítios de importância cultural e social situados no interior das áreas protegidas.

### Art. 8.º (Das Terras de Pastagem)

**1.** São reconhecidas e garantidas as servidões já existentes, mantendo os residentes nas Comunidades Locais o acesso à água e a outros recursos naturais e florestais de utilização comum, de acordo com os usos e costumes tradicionais e os regulamentos específicos que vierem a ser adaptados.

**2.** Os proprietários, pastores ou guardas das manadas de gado têm direito de acesso livre aos pastos e água, em zonas reservadas para o efeito, não podendo esse acesso acarretar prejuízos para os residentes das Comunidades Locais, constituindo-se na obrigação de indemnizar os prejuízos efectivamente causados.

## CAPÍTULO II
## Dos Usos Privativos em Geral

### Art. 9.º (Objecto e Tipos)

**1.** Poderão ser objecto de uso privativo os terrenos dominiais, rurais ou urbanos, livres de ocupação, com exclusão das zonas de protecção integral e das ocupadas pelo Estado para fins de utilidade pública.

**2.** O direito de uso privativo de terrenos dominiais só pode ser atribuído mediante uso consuetudinário e concessão.

### Art. 10.º (Redução a Escrito e Registo)

**1.** Com excepcção do uso consuetudinário, a atribuição de direitos de uso privativo será obrigatoriamente reduzida a contrato escrito.

**2.** No prazo de trinta dias, contados da celebração do contrato, o titular do direito de uso privativo depositará uma copia na Comissão Fundiária Nacional e procederá ao seu registo na competente Conservatória do Registo Predial.

### Art. 11.º (Da Forma)

**1.** O direito de uso privativo pode ser atribuído de forma gratuita ou enerosa.

**2.** Será sempre gratuita a atribuição do direito mediante uso consuetudinário e ainda quando os seus titulares sejam :

*a)* Organismos e instituições públicos;
*b)* Organismos e associações de utilidade pública, sem fins lucrativos;
*c)* Entidades estrangeiras de direito público, se existir reciprocidade ou acordo entre o pais estrangeiro e a República da Guiné-Bissau.

**3.** A transmissão para terceiros de direitos de uso privativo gratuitos será enerosa no caso de o novo titular não se enquadrar em qualquer das entidades referidas no n.º 2 do presente artigo.

### Art. 12.º (Do Conteúdo do Direito de Uso Privativo)

**1.** Qualquer título de uso privativo em vigor, confere aos respectivos titulares o direito de utilização, de exploração e de fruição, em exclusivo, das terras dominiais a que respeitam, para os fins e com os limites consignados no respectivo contrato.

**2.** Se a utilização permitida envolver a realização de obras ou alterações, o direito de uso privativo abrange poderes de construção e de transformação, entendendo-se que tanto as construções efectuadas como as instalações desmontáveis e as benfeitorias se mantêm na propriedade dos titulares do direito de uso privativo, até expirar o prazo da respectiva concessão.

**3.** O titular do direito de uso privativo pode constituir hipoteca sobre bens **imóveis** e as benfeitorias, que, devidamente autorizado, edificou no terreno ou sobre quais legalmente tenha adquirido o direito de propriedade.

### Art. 13.º (Dos Deveres dos Titulares do Direito de Uso Privativo)

**1.** A utilização dos terrenos dominiais objecto de uso privativo deverá respeitar os princípios da adequação dos sistemas de produção às características ecológicas da região, da plena e racional utilização dos solos, bem como da manutenção da sua capacidade de regeneração.

**2.** Os titulares de direitos de uso privativo estão sujeitos a fiscalização da entidade concedente, através das Comissões Fundiárias, no âmbito exclusivo da verificação do cumprimento das obrigações e deveres legais e contratuais.

### Art. 14.º (Actuação dos Agentes e Funcionários)

Os agentes e funcionários da entidade concedente deverão apresentar-se sempre devidamente credenciados e autorizados para a missão de fiscalização concreta e pautar a sua actuação no quadro da compatibilização dos interesses do Estado com os dos titulares dos direitos de uso privativo.

### Art. 15.º (Das Áreas de Exploração)

**1.** As áreas urbanas e suburbanas que poderão ser objecto de uso privativo, terão os seus limites mínimos e máximos determinados nos respectivos planos directores, a elaborar nos termos de legislação própria.

**2.** As áreas das Comunidades Locais e respectivas fronteiras serão oficialmente demarcadas em legislação própria, respeitanto os respectivos limites históricos e territoriais.

**3.** As áreas dos terrenos afectos a cada exploração agrícola, resultante da atribuição de direitos de uso privativo, terão como base uma racional articulação entre a dimensão e o rendimento fundiário, tendo em especial atenção a capacidade de uso e de regeneração dos solos e as culturas a explorar, de forma a conseguir--se o dimensionamento e o ordenamento adequado da exploração.

**4.** A atribuição de áreas superiores a 100 hectares para explorações familiares e por pessoas singulares e a 500 hectares para explorações por sociedades ou cooperativas agricolas, depende da prévia autorização do Conselho de Ministros, tendo em conta o disposto no número anterior e a importância estratégica dos empreendimentos para a economia nacional.

**5.** Nenhuma pessoa singular ou colectiva poderá ser titular de direitos de uso privativo que no seu conjunto ultrapassem os limites previstos no número anterior, salvo autorização do Conselho de Ministros.

**6.** Para efeitos do disposto nos números anteriores, não se consideram pessoas diferentes da pessoa singular, os titulares de firma individual ou o sócio que possua mais de metade do capital de uma qualquer sociedade comercial.

## CAPITULO III
### Do Uso Consuetudinário da Terra

#### Art. 16.º (Objecto e Prazo)

**1.** Poderão ser objecto de atribuição de direitos de uso privativo, por uso consuetudinário, os terrenos rurais ou urbanos livres de ocupação, incluídos nas áreas reservadas para as Comunidades Locais.

**2.** Os direitos de uso privativo da terra sujeita ao regime do uso consuetudinário são atribuídos a título perpétuo.

#### Art. 17.º (Da Área e do Regime do Uso Consuetudinário)

**1.** Nas áreas das terras de uso consuetudinário incluem-se, para além das zonas já cultivadas e habilitadas as zonas e recursos inexplorados mas atribuídos aos residentes da Comunidade Local pelos seus respectivos representantes.

**2.** A gestão e distribuição das terras de uso consuetudinário às populações residentes no interior das Comunidades Locais obedecerá aos costumes e práticas de cada uma dessas comunidades e, na parte omissa, ao disposto na presente lei.

**3.** Sem prejuízo do que venha a ser disposto em legislação própria, o Estado reconhece as populações residentes o direito de gestão e de exploração comunitária das terras, das florestas e outros recursos naturais, de acordo com os costumes e práticas locais.

**4.** O direito de uso privativo da terra por uso consuetudinário é garantido pelo Estado independentemente de contrato escrito e de registo, devendo, no entanto e na medida do possível, as Comissões Fundiárias promoverem, em articulação com os serviços cadastrais e de registo, a sua permanente actualizarão.

### Art. 18.º (Da Transmissão dos Direitos de Uso Privativo)

**1.** A transmissão dos direitos de uso privado da terra, sujeita ao regime do uso consuetudinário, é gratuita para as pessoas singulares ou colectivas residentes dentro dos limites territoriais da Comunidade Local onde se localiza a terra em questão.

**2.** Será também gratuita a transmissão efectivada a favor de pessoas residentes em comunidades vizinhas.

**3.** Os direitos de uso privativo da terra, sujeita ao regime do uso consuetudinário, são transmissíveis por sucessão hereditária.

**4.** As transmissões operadas nos termos deste artigo serão regidas pelos usos e práticas locais, independentemente de contrato e de registo e por simples notificação aos representantes das respectivas Comunidades.

### Art. 19.º (Outros Casos de Transmissão dos Direitos de Uso a Terceiros)

**1.** A transmissão, para terceiros não abrangidos no artigo anterior, dos direitos de uso privativo da terra, sujeita ao regime do uso consuetudinário, implica a concordância expressa do Estado e das Comunidades Locais, revestirá a forma e seguirá o processo prescrito na presente lei para a concessão.

**2.** É reconhecido às populações residentes nas Comunidades Locais o direito de negociar, livre e directamente, a transmissão dos direitos de uso privativo de que sejam titulares, conforme o disposto no artigo 23.º da presente lei.

**3.** Os terceiros interessados deverão dar conhecimento aos residentes das tabancas sobre as actividades que pretendem desenvolver na terra situada no interior das Comunidades, as quais não poderão ser alteradas sem o consentimento das populações directamente interessadas sob pena de extinção do respectivo direito de uso.

### Art. 20.º (Da Exploração das Terras no Regime do Uso Consuetudinário)

**1.** Nas terras sujeitas ao regime de uso consuetudinário, utilizadas e geridas de acordo com as práticas tradicionais, procurar-se-á sempre uma gestão racional e equilibrada dos recursos e a satisfação das necessidades básicas das populações.

**2.** Na medida do possível e por forma faseada e participada das populações residentes nas Comunidades, procurar-se-á compatibilizar e adequar as práticas tradicionais de utilização das terras com os planos de urbanização e de ordenamento do território.

**3.** As normas e práticas tradicionais de defesa face à utilização e exploração dos recursos naturais e destinadas a garantir o equilíbrio entre essas actividades e a sua conservação, devem ser aplicadas tanto às populações residentes, como às não residentes, salvo disposição legal em contrário.

### Art. 21.º (Da Conversão dos Direitos de Uso)

É facultado ao titular de direitos de uso consuetudinário convertê-los em direitos de uso privativo titulados por contrato administrativo de concessão e sujeitos ao respectivo regime, suportando apenas os encargos administrativos com o processo.

## CAPÍTULO IV
### Da Concessão de Uso Privativo

**Art. 22.º (Objecto e Prazo das Concessões)**
1. O direito de uso privativo de qualquer terreno dominal, não incluido nas áreas das Comunidades Locais, não afecto a fins de utilidade pública, nem incluido em zonas de protecção integral, pode ser atribuído mediante concessão.
2. Os contratos administrativos de concessão rural vigorarão pelo prazo máximo de 90 anos, automaticamente renovado se não for denunciado, com a antecedência mínima de três anos.
3. Os contratos administrativos de concessão de superfície serão perpétuos, sem prejuízo das normas relativas a extinção e à caducidade, prevista no presente capítulo e aplicáveis com as devidas adaptações.

**Art. 23.º (Da Transmissão dos Direitos de Uso Privativo)**
1. Os direitos de uso privativo da terra, titulados por contrato administrativo de concessão, são transmissíveis por contrato inter vivos e por sucessão hereditária.
2. O concessionário que pretender transmitir a sua posição contratual, deve requerer a autorização à entidade concedente, indicando expressamente:
 *a*) a entidade para a qual pretende transmitir a sua posição contratual;
 *b*) os motivos determinantes da sua pretensão;
 *c*) as condições da transmissão.
3. Ao requerimento deverá ser junta declaração do transmissário de que aceita as condições indicados, acompanhada dos elementos referidos no artigo 31.º da presente lei.
4. A entidade concedente poderá solicitar informações suplementares e deverá decidir no prazo máximo de 60 dias, findo o qual, sem decisão expressa, o requerimento se considerará tacitamente autorizado.
5. Se o requerimento for deferido, serão notificados o requerente e o transmissário para celebração do contrato de cessão da posição contratual, o qual deverá ser, no prazo de 30 dias, registado na competente Conservatória e depositada uma cópia na Comissão Fundiária Nacional.
6. No caso de deferimento tácito o requerente notificará a entidade concedente da data em que pretende celebrar o contrato de cessão da posição contratual, seguindo-se, se não houver oposição fundamentada, os demais termos.
7. A transmissão por sucessão hereditária, não depende de autorização, ficando apenas sujeita a notificação à entidade concedente e à Comissão Fundiária Nacional e a registo, no prazo combinado no número cinco.
8. Das decisões de não autorização ou de oposição da entidade concedente cabe recurso a interpôr, nos termos e prazos legais, para o Tribunal competente.

**Art. 24.º (Da Extinção do Direito de Uso Privativo por Caducidade)**
1. O contrato administrativo de concessão caduca nos seguintes casos:
 *a*) decurso do prazo de vigência;
 *b*) morte da pessoa singular se não houver lugar a sucessão legítima;
 c) extinção da pessoa colectiva;
 *d*) desaparecimento ou inutilização do objecto da concessão;
 *e*) expropriação por utilidade pública.

2. A caducidade do contrato será declarada pela entidade concedente e só produzirá efeitos depois da sua publicação no Boletim Oficial.

3. Do acto de declaração de caducidade cabe recurso a interpôr, nos termos e prazos legais, para o Tribunal competente.

**Art. 25.º (Da Extinção do Direito de Uso Privativo por Rescisão)**

1. O Estado poderá rescindir o contrato sempre que o concessionário:
   a) não cumprir as obrigações legais e contratuais a que se vinculou, com grave prejuízo para a produtividade ou para a função económica e social das terras;
   b) abandonar total ou parcialmente a respectiva utilização;
   c) ceder a sua posição contratual sem para tal estar autorizado;
   d) usar os terrenos para fins diferentes do estipulado no contrato.

2. A rescisão do contrato, será declarada pela entidade concedente, e só produzirá efeitos depois da sua publicação no Boletim Oficial.

3. Do acto de rescisão cabe recurso a Interpôr, nos termos e prazos legais, para o Tribunal competente.

**Art. 26.º (Da Extinção por Acordo ou por Renúncia do Titular do Direito de Uso Privativo)**

1. O contrato de concessão pode cessar em qualquer altura por acordo ou por iniciativa do titular do direito de uso privativo, que neste caso deverá avisar a entidade concedente e a Comissão Fundiária Nacional, com a antecedência mínima de 1 ano.

2. O concessionário pode rescindir o contrato, a todo o tempo, por causas imputáveis à entidade concedente que impeçam o normal e pontual cumprimento da sua actividade.

**Art. 27.º (Dos Efeitos da Extinção)**

1. A extinção dos direitos de uso privativo por qualquer das causas prevista na presente lei implica a reversão para o Estado da terra e de todas as infraestruturas, construções e benfeitorias nela realizadas, salvo o disposto nos números seguintes ou disposição contratual em contrário.

2. Nos casos de extinção previstos na alínea d) – quando o facto não seja imputável ao concessionário, e na alínea e) do número 1 do artigo 24.º, e no n.º 2 do artigo 26.º, haverá lugar a indemnização por parte do Estado.

3. No cálculo da indemnização atender-se-á ao valor real dos bens, móveis e imóveis, e benfeitorias integrantes ou afectos à concessão na data da sua extinção.

4. Ao montante assim calculado acrescerão:
   a) uma quantia equivalente aos lucros líquidos previstos para um período adicional de cinco anos, estimados com base na média dos lucros líquidos dos últimos três anos;
   b) um juro pelo período que mediar entre a data da extinção da concessão e a data do pagamento da indemnização, calculado à taxa de desconto do Banco da Guiné-Bissau.

**Art. 28.º (Defesa dos Direitos do Utente Privativo)**

1. Sempre que nalgum terreno dominial sujeito a direitos de uso privativo estes forem perturbados por ocupação abusiva ou outro meio, pode o respectivo

titular requerer à entidade concedente que intime o contraventor a desocupar o terreno ou a demolir as obras feitas, no prazo que lhe for marcado, ou adopte outras providências que, no caso, se revelem mais eficazes.

**2.** Decorrido o prazo fixado sem que a Intimação se mostre cumprida e sem prejuízo das penas que no caso couberem ou da efectivação da responsabilidade civil do contraventor pelos danos que causar, a entidade concedente assegurará o destino normal do terreno ocupado, pelos meios que a lei lhe facultar.

**3.** O Estado responde civilmente perante o titular dos direitos de uso privativo, nos termos gerais, por todos os danos que para este advierem da falta, insuficiência ou inoportunidade das providências adequadas à garantia dos seus direitos, legais e contratuais, de uso privativo.

## CAPÍTULO V
### Do Processo de Concessão

#### Art. 29.º (Da Competência)

**1.** Compete a Direcção do Serviço Nacional de Geografia e Cadastro, em estreita ligação com as Comissões Fundiárias, acompanhar e fiscalizar a execução da presente lei.

**2.** Compete a Direcção do Serviço Nacional de Geografia e Cadastro outorgar, em nome do Estado, nos contratos administrativos de concessão rural.

**3.** Compete aos Municípios outorgar, em nome do Estado, nos contratos administrativos de concessão de superficie.

#### Art. 30.º (Da Titularidade)

**1.** Toda a pessoa singular ou colectiva, nacional ou estrangeira, com capacidade jurídica, pode ser titular de direitos de uso privativo da terra, nos termos do presente diploma.

**2.** O contrato de concessão, devidamente outorgado e depositado na Comissão Fundiária Nacional, constitui título de concessão e garante a titularidade do direito de uso privativo da terra e dos direitos a ele inerentes.

#### Art. 31.º (Do Requerimento Inicial)

**1.** As propostas contratuais dos interessados na atribuição de direitos de uso privativo da terra são apresentadas em requerimento dirigido ao Miinistro de Tutela da Direcção do Serviço Nacional de Geografia e Cadastro, no caso das concessões rurais e ao Presidente dos respectivos Municípios no caso das concessões urbanas, dele devendo constar todos os elementos pertinentes para a sua apreciação, designadamente:

    *a)* a identificação completa do requerente;
    *b)* a identificação do terreno pretendido, representada pelo croquis, esboço ou planta, definindo os contornos, a localização e a área;
    *c)* a indicação do fim a que destina o terreno pretendido.

**2.** Das propostas de concessão de áreas superiores a 30 hectares para explorações familiares e por pessoas singulares e a 100 hectares para explorações por pessoas colectivas, deverão ainda constar:

    *a)* o plano geral de ocupação e de exploração, devidamente fundamentado;

*b)* o volume do investimento previsto e o seu financiamento;
*c)* os elementos comprovativos de que o requerente dispõe de capacidade técnica e financeira.

**3.** Quando o terreno se destine ao exercício de actividades sujeitas a alvará ou licença, o interessado apresenta-la-á. Não a possuindo ainda, apresentará memória descritiva do empreendimento, justificando a necessidade da área pretendida em face da sua natureza e dimensão.

### Art. 32.º (Da Instrução)

**1.** Compete a Direcção do Serviço Nacional de Geografia e Cadastro coordenar todo o processo instrutório.

**2.** Recebido o requerimento, aquela Direcção de Serviço submete-lo-á de imediato a consulta pública nos termos do artigo seguinte, e a parecer das entidades competentes.

**3.** Consideram-se entidades competentes para os efeitos do número anterior:
*a)* o Ministério de Tutela dos sectores da Agricultura, Recursos Naturais e Ambiente, em todos os casos em que sejam requeridos concessões com áreas superiores a 5 hectares;
*b)* o Ministério de Tutela dos sectores da Economia, Finanças e Indústria sempre que haja investimentos em capital estrangeiro e a concessão envolva empreendimentos de natureza económica, comercial ou industrial;
*c)* As Comunidades Locais quando o terreno a concessionar se situe em área demarcado daquelas comunidades;
*d)* As autoridades Marítimas e Portuárias quando o terreno a concessionar se situe em área sob a sua jurisdição.

**4.** Os pareceres referidos neste artigo consideram-se tacitamente deferidos se não forem emitidos no prazo de 90 dias a contar da data do pedido da sua emissão à entidade competente.

### Art. 33.º (Da Consulta Pública)

**1.** Para efeitos de consulta pública o requerimento será publicado no Boletim Oficial e no Jornal Oficial e remetido para afixação, por edital, em local publicamente acessível e visível na sede do sector onde se localiza a área requerido e nas tabancas vizinhas.

**2.** Durante o período de uma semana depois da afixação dos editais, o requerimento será difundido pela rádio nacional e local e nas duas línguas maternas dominantes na Comunidade Local se onde localizar a terra em questão.

**3.** No prazo de trinta dias a contar da afixação dos editais no último dos locais indicados no número 1, poderão os interessados apresentar reclamação e oposição fundamentada.

**4.** As reclamações serão apreciadas, com audição prévia do requerente, pela Direcção do Serviço Nacional de Geografia e Cadastro.

**5.** Das decisões daquela Direcção de Serviço cabe recurso hierárquico para o Ministro da Tutela.

### Art. 34.º (Título de Concessão)

**1.** O título de concessão e o contrato administrativo pelo qual o Estado reconhece os direitos do utente privativo.

**2.** O titulo de concessão deverá conter:

a) a identificação do concessionário;
b) a identificação do terreno concedido, através da respectiva demarcação;
c) a indicação do objecto e do fim da concessão;
d) o prazo da concessão e as condições exigidas para eventuais prorrogações;
e) as condições de revisão contratual;
f) a indicação dos direitos e obrigações reciprocas:
g) a indicação da autorização do Conselho de Ministros, nos casos previstos nos números 4 e 5 de artgo 15.º da presente lei;
h) a indicação do parecer dos representantes das Comunidades Locais, no caso de concessão de terras em áreas no regime de uso consuetudinário.

### Art. 35.º (Da Co-titularidade)

**1.** Para os efeitos da presente lei, e permitida a co-titularidade de direitos de uso privativo, atribuídos num único contrato administrativo de concessão.

**2.** As formas de utilização, de fruição e de distribuição dos benefícios, obedecem as regras constantes de contrato prévio outorgado pelos co-titulares e reconhecido por Notariado Público Oficial, o qual fará parte integrante do contrato administrativo de concessão.

## CAPÍTULO VI
### Da Demarcação e do Registo

### Art. 36.º (Da Demarcação)

**1.** A demarcação será referida a pontos fixos no terreno, sempre que possível definidos por coordenadas e deverá ter a forma que permita o melhor e mais racional aproveitamento dos terrenos.

**2.** É obrigatória a demarcação nos seguintes casos:

a) das áreas abrangidas por concessão rural de direitos de uso privativo;
b) das áreas abrangidas pela atribuição de direitos de uso privativo por uso consuetudinário, no caso da sua conversão em concessão por iniciativa do respectivo titular ou nos casos de transmissão dos respectivos direitos.

**3.** Compete à Direcção do Serviço Nacional de Geografia e Cadastro proceder á demarcação das áreas dos terrenos referidos no número anterior.

**4.** Compete aos Municípios proceder à demarcação das áreas abrangidas pela concessão de superfície, em terrenos urbanos e suburbanos.

**5.** Compete às Autoridades Marítimas e Portuárias proceder à demarcação das áreas abrangidas por qualquer concessão de direito de uso privativo em terrenos sob a sua jurisdição.

**6.** As demarcações efectuadas pelos Municípios e pelas Autoridades Marítimas e Portuárias serão comunicados à Direcção do Serviço Nacional de Geografia e Cadastro, para efeitos do competente registo e de actualização dos mapas cadastrais.

### Art. 37.º (Do Registo)

**1.** Compete à Conservatória do Registo Predial efectuar o registo dos actos relativos à atribuição, modificação, conservação, transmissão e extinção dos direitos de uso privativo da terra.

**2.** O registo dos referidos actos constitui condição da sua eficácia em relação a terceiros.

**3.** Não pode ser convertido em definitivo o registo de qualquer dos referidos actos sem que se mostrem pagas as taxas legalmente devidas.

## CAPÍTULO VII
### Do Regime de Tributação

**Art. 38.º (Impostos e Taxas)**

**1.** Como contrapartida pelos serviços prestados no âmbito dos processos de atribuição e de modificação de direitos de uso privativo por concessão, é devida uma taxa única, denominada taxa de concessão.

**2.** Como contrapartida pelos serviços prestados no âmbito dos processos de conversão e transmissão, gratuita ou onerosa, de direitos de uso privativo concessionados, é devida uma taxa única, denominada taxa de transferência de títulos de concessão.

**3.** Pelo uso privativo de terrenos dominiais titulado por contratos administrativos de concessão, é devido um imposto anual, deminado imposto fundiário.

**4.** Os montantes dos impostos e taxas previstos nos números anteriores serão fixados pelo Governo, em diploma próprio, que incluirá as regras para o seu cálculo com base na aplicação de factores multipliactivos sobre uma taxa base, permitindo a diversificação do valor consoante a natureza dos terrenos concessionados, a natureza das produções ou actividades a que estão afectos e a área concessionada. A regra de cálculo deverá ainda ter em conta factores correctivos que tenham em consideração a importância estratégica dos empreendimentos e o número de postos de trabalho.

**Art. 39.º (Forma de Pagamento das Taxas)**

**1.** O imposto fundiário será cobrada pela Direcção-Geral das Contribuições e Impostos e será paga em duas prestações anuais, nas Repartições de Finanças Regionais competentes em razão da localização dos terrenos.

**2.** As restantes taxas serão cobradas pela Direcção do Serviço Nacional de Geografia e Cadastro, no caso de concessão rurais e pelos Municípios, no caso de concessões de superficie e deverão mostrar-se pagas no momento da efectivação dos actos pelos quais seja devido o pagamento.

**Art. 40.º (Participação nas Receitas e Consignação)**

**1.** O Produto da cobrança do imposto fundiário constitui receita do Estado e reverte, nas proporções indicadas, para as seguintes entidades:

*a)* 60% a favor do Tesouro Público;
*b)* 20% a favor das Comunidades Locais;
*c)* 10% a favor das autoridades administrativas, regionais e sectoriais;
*d)* 10% para as Cormissões Fundiárias.

**2.** O produto da cobrança das taxas de concessão e das taxas de transferência de título de concessão consitui receita própria da Direcção do Serviço Nacional de Geografia e Cadastro, no caso das concessão rurais e dos Muncípios, no caso das concessões de superfície.

3. Os quantitativos arrecadados com a cobrança das taxas serão consignados à realização de acções de ordenamento e de gestão do território, de infraestruturas de saneamento básico, abastecimento de água, rede eléctrica, rede viária e tratamento de lixos.

### Art. 41.º (Isenções)

1. Estão isentos do imposto fundiario:
   a) o Estado;
   b) as autarquias Locais;
   c) os organismos e associações de utilidade pública, sem fins lucrativos;
   d) as entidades estrangeiras de direito público, se existir reciprocidade ou acordo entre o país estrangeiro e a República da Guiné-Bissau.
2. Estão isentos do imposto fundiário os usos privativos de terrenos concessionados, com áreas inferiores ou iguais a 5 hectares.
3. No caso de a mesma entidade ser titular de concessões que, no seu conjunto, ultrapassam a área referida no número anterior, a isenção só se verificará relativamente a uma dessas concessões de área inferior ou igual a 5 hectares.

## CAPITULO VIII
## Competências dos Órgãos de Gestão

### Art. 42.º (Governo)

No âmbito da presente lei, compete ao Governo:
a) Criar e manter as instituições técnicas necessárias à boa execução da lei, procedendo, gradualmente e na medida das possibilidades, à sua descentralização, por forma a facilitar o acesso das populações locais;
b) Desburocratizar e simplificar os procedimentos técnico-jurídicos relativos à concessão e ao registo;
c) Tutelar e superintender a actividade da Direcção do Serviço Nacional de Geografia e Cadastro e da Conservatória do Registo Predial;
d) Promover programas de formação do pessoal técnico superior necessário à boa execução da lei;
e) Garantir os direitos de informação dos cidadãos sobre o andamento e as resoluções intercalares e definitivas tomadas nos processos em que sejam directamente interessados;
f) Garantir os direitos dos cidadãos ao Direito e aos Tribunais para defesa dos direitos e interesses conferidos por esta lei;
g) Velar pela boa cobrança das receitas provenientes dos impostos e das taxa, e pela sua repartição e utilização em conformidade com a lei;
h) Assegurar e garantir os mecanismos de defesa dos direitos dos utentes privativos.

### Art. 43.º (Municípios)

Compete aos Municípios a gestão das terras urbanas e suburbanas sobre a sua jurisdição, em conformidade, entre outros, com os forais municipais, os códigos de postura municipais, o regulamento geral dos edificios urbanos e os planos de urbanização em vigor.

### Art. 44.º (Comunidades Locais)

Compete às Comunidades Locais:
a) Gerir e distribuir as terras de uso consuetudinário às populações residentes no interior das Comunidades, de acordo com os costumes e praticas locais;
b) Dar parecer nos casos de transmissão dos direitos de uso consuetudinário a terceiros não residentes, nem vizinhos da Comunidade e nos casos da sua conversão em concessão;
c) Dar parecer sobre os processos de atribuição de direitos de uso privativo por concessão, em terrenos sob a sua jurisdição;
d) Organizar e coordenar os processos de consulta pública nos casos em que for obrigatória;
e) Gerir e administrar a parte das receitas resultantes da cobrança de taxas, que lhe cabe, nos termos da lei.

### Art. 45.º (Comissões Fundiárias)

1. Compete às Comissões Fundiárias:
a) Incentivar a classificação e a avaliação da aptidão dos terrenos agrícolas;
b) Propôr as acções que julgue indispensáveis à rentabilização económica e social dos solos;
c) Detectar situações de mau uso e de abandono dos terrenos;
d) Dar parecer sobre as questões que lhe sejam apresentadas pelos cidadãos e organismos oficiais;
e) Emitir as recomendações que entenda necessárias à rentabilização dos solos e à boa aplicação da lei;
f) Mediar os conflitos relativos aos direitos de uso privativo de terrenos dominiais e aos contratos de concessão rural;
g) Colaborar com as restantes entidades, em todos os actos em que para tal seja solicitada, muito especialmente na fiscalização das concessões;
h) Divulgar o conteúdo da lei a nível nacional e local e prestar assessoria as comunidades locais.

2. As Comissões Fundiárias colaboram, com a Direcção do Serviço Nacional de Geografia e Cadastro e demais entidades registrais e cadastrais na demarcação de terrenos e na actualizarão dos mapas relativos à identificação de todas as áreas sujeitas a regimes de uso privativo, seja por concessão ou por uso consuetudinário, incluindo as áreas de domínio público e de uso comum.

### Art. 46.º (Serviços Cadastrais e de Registo)

1. Compete à Direcção do Serviço Nacional de Geografia e Cadastro:
a) Receber os requerimentos solicitando a atribuição de concessões rurais, instruir os processos, solicitar os pareceres, outorgar, em nome de Estado, nos contratos administrativos de concessões rurais;
b) Acompanhar e fiscalizar a execução da presente lei, em articulação com as Comissões Fundiárias;
c) Proceder à demarcação dos limites territoriais das Comunidades locais;
d) Proceder à realização das restantes acções de demarcação da sua competência e colaborar nas acções de demarcação de competência dos Municípios e das Autoridades Marítimas e Portuárias;

*e)* Manter actualizados todos as mapas e registos cadastrais;
*f)* Arquivar e conservar os processos de demarcação e de concessão de terras.

**2.** Compete à Conservatório do Registo Predial, efectuar o registo dos actos relativos à constituição, modificação, conversão, transmissão e extinção dos direitos de uso privativo da terra.

### Art. 47.º (Autoridades Marítimas e Portuárias)

Compete às Autoridades Marítimas e Portuárias a gestão das terras dominiais sob sua jurisdição nos termos do Regulamento Geral das Capitanias dos Portos e a prática de todos os actos que lhe estão cometidos na presente lei.

## CAPÍTULO IX
## Disposições Finais e Transitórias

### Art. 48.º (Resolução de Conflitos)

Sem prejuízo dos mecanismos de mediação e de arbritragem previstos na presente lei e sem prejuízo dos direitos de reclamação graciosa e de recurso hierárquico, aos titulares de direitos e interesses legalmente protegidos é garantido o direito a recurso judicial, nos termos e prazos legais, para dirimir conflitos resultantes da aplicação e da execução da presente lei e dos contratos.

### Art. 49.º (Da Conversão dos Títulos em Vigor)

**1.** Os título de concessão anteriores à entrada em vigor da presente lei deverão ser convertidos em novos títulos, no prazo de dois anos, sob pena de cominação constantes no regulamento do processo de concessão.

**2.** Ao requerimento de conversão bastará apenas juntar o titulo de concessão anterior ou a licença de uso e ocupação, cabendo ao requerente suportar apenas os encargos administrativos.

**3.** As licenças de uso e de ocupação são equiparadas a títulos de concessão para os fins de conversão.

**4.** Com o deferimento da conversão seguir-se-ão as necessárias operações de demarcação das novas áreas, retomando para o Estado ou para o uso consuetudinário as terras eventualmente sobrantes.

### Art. 50.º (Aplicação Territorial)

Sem prejuízo da aplicação do disposto na presente lei em todo o território nacional, a sua aplicação a parte insular do país e outros a locais de menor dimensão poderá ser objecto de regulamentação própria, atentas as respectivas especificidades.

### Art. 51.º (Recursos Geológicos)

As actividades de prospecção, pesquisa e exploração de outros recursos geológicos (depositos minerais, recursos hidrominerais e geotérmicos, massas minerais e águas de nascente) serão objecto de legislação própria.

### Art. 52.º (Entrada em Vigor e Revogaçao)

**1.** A presente lei entrará em vigor no prazo de 60 dias após a sua publicação e deverá ser regulamentada no prazo de 180 dias.

**3.** Ficam revogadas todas as disposições em contrário, especialmente o Decreto n.º 43894, de 6 de Setembro de 1961.

Aprovado em Bissau, aos 06 de Março de 1998. – O Presidente da Assembleia Nacional Popular, *Malam Bacai Sanhá.*
Promulgado em 23 de Abril de 1998.
Publique-se.
O Presidente de República, General *João Bernardo Vieira.*

# 18.
# PESCAS

# DECRETO-LEI N.º 6-A/2000
## de 22 de Agosto

Considerando a urgente necessidade de racionalização da exploração dos nossos recursos haliêuticos, o que passa pela criação de condições de vigilância e de fiscalização acentuada e rigorosa das nossas águas marítimas;

Considerando igualmente, a necessidade de se proceder à adequação e actualização do quadro legal existente no país sobre a pesca, que inclui a agravação significativa das sanções que recaem sobre os navios pesqueiros por infracção às suas disposições ou aos seus regulamentos e, particularmente, sobre os navios pesqueiros não licenciados legalmente;

O Governo, nos termos do Artigo 100.º, n.º 1, al *d*), da Constituição, decreta o seguinte:

## TÍTULO I
## Disposições Preliminares

### Art. 1.º (Recursos pesqueiros e direito de pesca)

**1.** Os recursos pesqueiros das águas marítimas da Guiné-Bissau constituem um património nacional cuja protecção e conservação são um imperativo político e económico do Estado. A sua gestão e ordenamento têm por objectivo uma exploração racional no interesse da colectividade nacional, de acordo com as orientações e regras definidas no presente diploma e nos textos regulamentares de execução que forem adoptados.

**2.** O direito de pesca nas águas marítimas da Guiné-Bissau pertence ao Estado que autoriza o seu exercício de acordo com as disposições do presente diploma e demais regulamentos de execução que forem adoptados.

### Art. 2.º (Âmbito de aplicação)

As disposições do presente diploma são aplicáveis à Zona Económica Exclusiva, ao Mar Territorial, às águas marítimas interiores, tal como são definidas nas Leis nºs 2 e 3/85, de 17 de Maio, bem como às águas salgadas ao salobras dos estuários e embocaduras dos rios até ao limite em que estiverem sujeitas à influência das marés ou ao limite que tiver sido fixado por lei. Estas águas são designadas pela expressão "águas marítimas da Guiné-Bissau".

### Art. 3.º (Noção de pesca)

**1.** Entende-se por pesca o acto de captura ou de extrair, por qualquer meio que seja, espécies biológicas cujo meio de vida normal ou mais frequente é a água.

**2.** A pesca compreende as actividades prévias que tenham por finalidade directa a pesca, tais como detecção, o desencadeamento ou a recolha de dispositivos destinados a atrair o peixe e as operações conexas de pesca.

**3.** Para efeitos do disposto no número anterior, entende-se por operação de pesca conexa.

*a)* O transbordo de pescado ou produtos de pesca nas águas marítimas da Guiné-Bissau;

*b)* O transporte de pescado ou de quaisquer organismo aquáticos capturados nas águas marítimas da Guiné-Bissau até ao primeiro desembarque em terra;

*c)* As actividades de apoio logístico às embarcações de pesca no mar;

*d)* A colecta de pescado de pescadores artesanais.

### Art. 4.º (Tipos de pesca em função da sua finalidade)

**1.** Em função da sua finalidade, a pesca pode ser de subsistência, comercial, cientifica e desportiva.

**2.** A pesca de subsistência é a praticada com artes de pesca tradicionais e tem por objecto fundamental a obtenção de espécies comestíveis para a subsistência do pescador e da sua família.

**3.** A pesca comercial é a praticada com fins lucrativos.

**4.** A pesca científica tem por objectivo o estudo e o conhecimento dos recursos, bem como o ensaio de navios, materiais e técnicas de pesca.

**5.** A pesca desportiva é a pesca exercida a título desportivo ou de lazer.

### Art. 5.º (Pesca artesanal e industrial)

Os critérios de distinção entre a pesca artesanal e a pesca industrial serão estabelecidos por diploma regulamentar. Na determinação destes critérios serão tomadas em consideração as características gerais das embarcações, nomeadamente a sua capacidade e autonomia, e as artes de pesca empregues, bem como os critérios de distinção aplicados nos Estados da sub-região.

### Art. 6.º (Embarcações de pesca)

São embarcações de pesca todas aquelas que estejam equipadas para a pesca ou para as operações conexas tal como definidas no artigo 3.º, do presente diploma.

### Art. 7.º (Embarcações de pesca nacionais e estrangeiras)

**1.** As embarcações de pesca podem ser nacionais ou estrangeiras.

**2.** Para efeitos do disposto no número anterior, são havidos por:

*a)* Embarcações de pescas nacionais, as que sejam propriedade de cidadãos guineenses singulares ou de pessoas colectivas constituídas de harmonia com a lei guineense, com sede em território nacional;

*b)* Embarcações de pesca estrangeiras, as que não sejam embarcações nacionais.

## TÍTULO II
## Gestão e Ordenamento das Pescas

### CAPÍTULO I
### Princípios Gerais

**Art. 8.º (Plano de gestão das Pescas)**
1. Ao departamento do Governo responsáveis pela área das pescas compete implementar Planos de Gestão das Pescas com base na informação científica e económica disponíveis.
2. Os planos serão estabelecidos em relação a principais pescarias. Para efeitos do presente artigo, o termo pescaria designa um ou vários conjuntos de espécies biológicos e as operações baseadas nessas populações que, com base nas suas características geográficas, económicas, sociais, científicas, técnicas ou recreativas, podem ser consideradas constitutivas de uma unidade para fins de gestão e ordenamento.
3. Os Planos conterão, nomeadamente:
   a) a identificação da ou das pescarias a que se referem e uma indicação do estado da sua exploração;
   b) a especificação dos objectivos a atingir na gestão e aproveitamento das pescas;
   c) a definição do esforço de pesca e do volume admissível de captura que poderá ser empreendido. Esta determinação impõe-se ao conjunto da frota que opera na zona considerada;
   d) a indicação do programa de concessão de licenças relativas às principais pescarias, os limites aplicáveis às operações por embarcações de pesca nacionais e á importância das operações que poderão ser levadas a efeito por embarcações estrangeiras.
4. Para a elaboração dos planos, o departamento do Governo responsável pela área das pescas poderá solicitar os pareceres dos diferentes organismos representativos ligados ao sector das pescas.

**Art. 9.º (Fundo de Desenvolvimento da Pesca)**
1. Será criado um Fundo de Desenvolvimento da Pesca cujos objectivos, critérios e modalidades de afectação dos recursos e regras de organização e funcionamento serão objecto de diploma de execução aprovado em conselho de Ministros.
2. O Fundo de Desenvolvimento da Pesca será alimentado por uma percentagem do produtos das tarifas de licenças de pesca, do produto das multas impostos por infracções ao presente diploma e ao seus regulamentos, do produto da venda de capturas e objectos confiscados nos termos de artigo 52º, bem como por eventuais contribuições voluntárias ou doctações orçamentais regulares ou excepcionais.

**Art. 10.º (Registos de embarcações de pesca)**
1. O departamento de Governo responsável pela área das pescas manterá actualizado um registo de embarcações de pesca e definirá as condições da sua organização e funcionamento.

**2.** A inscrição das embarcações será requisito para a obtenção da licença de pesca nas águas marítimas da Guiné-Bissau.

**3.** Do registo deverão constar os dados e informações sobre:
   *a)* Os aspectos e características técnicas das embarcações;
   *b)* As actividades das embarcações nas águas marítimas da Guiné-Bissau, incluindo as medidas de fiscalização de que fora objecto.

**4.** Os dados contidos num registo poderão ser utilizados no âmbito de acções de cooperações regional e sub-regional.

### Art. 11.º (Acordos de cooperação no sector das pescas)

**1.** Ao departamento do Governo responsável pela área das pescas compete, mediante ao autorização expressa do Governo, a negociação e o estabelecimentos de acordo internacionais ou outros contratos com outros Estados ou entidades e a segurar a participação da Guiné-Bissau em estruturas e organismos de cooperação com vista a:
   *a)* Promover acções de cooperação em matéria de pesca, designadamente em matéria de gestão comum dos recursos;
   *b)* Armonizar os procedimentos de atribuição de licenças a embarcações de pescas e as condições a que as mesmas estão sujeitas;
   *c)* Adoptar medidas coordenadas de fiscalizações ou outras referentes às actividades das embarcações de pesca.

**2.** O Governo, sob proposta do seu membro responsável pela área das pescas adoptará as medidas necessárias para executar as acções acordadas nos termos do número anterior.

### Art. 12.º (Regulamentos de execução)

**1.** Compete ao departamento do Governo responsável pela área das pescas, salvo disposições em contrarios, estabelecer, por via de regulamentos adequados, condicionamentos ao exercício da pesca ou prever as condições e critérios para a sua aplicação, tendo em vista nomeadamene a conservação, gestão e exploração racional, fomento e valorização dos recursos, bem como a adecuação da pesca ao nível da produtividade dos recursos disponíveis.

**2.** A regulamentação referida no número anterior poderá estabelecer, nomeadamente, as seguintes condições de exercício da pesca:
   *a)* interdição ou restrição do exercício da pesca em certas áreas, ou certos períodos, ou de certas especias ou para embarcações com certa características, ou com certas artes e instrumentos;
   *b)* fixação de condições de utilizações das artes e instrumentos de pesca;
   *c)* medidas administrativas destinadas a assegurar a observância das normas prescritas;
   *d)* classificação e definição dos tipos e características das artes, tais como malhagem das redes e dimensões;
   *e)* limitação de volume de capturas acessórias de certas espécies pela fixação de máximos de capturas autorizados;
   *f)* fixação de percentagem de captura acessorias de certas especies, com certas artes de pesca;
   *g)* fixação de tamanhos ou pesos mínimos das espécies capturadas que podem ser mantidas a bordo;

*h)* proibição de manter a bordo, transbordar, desembarcar, transportar, vender e armazenar especies marinhas cuja pesca não esteja autorizada ou cujos os tamanhos ou pesos mínimos não se conformem com os legalmente estabelecidos;
*i)* condições de atribuição e de renovação das licenças de pesca, particularmente no que respeita às embarcações de pescas estrangeiras;
*j)* modalidades de embarque de observadores ou agentes de fiscalização a bordo de embarcações de pesca, bem como o seu estatuto, atribuição e condições das suas actividades;
*l)* medidas especiais aplicáveis à presença e actividade, nas águas marítimas da Guiné-Bissau, de embarcações desarmadas de quaisquer meios de pescas e afectas à colecta do produto da pesca ou do processamento de pescarte.

CAPÍTULO II
**Das Licenças de Pesca**

SECÇÃO I
**Regime Geral**

**Art. 13.º (Emissão e formalização da licença)**
1. O exercício de actividade de pesca está sujeito à obtenção prévia de uma licença de pesca que será titulada por um documento de modelo a emitir pelo departamento de Governo responsável pela área das pescas e assinado por responsáveis pelas áreas das Pescas, da Economia e das Finanças.
2. A licença é emitida para uma embarcação e a favor do respectivo armador e será válida em relação à pescaria ou pescarias nela referidas.

**Art. 14.º (Tarifa de licença)**
1. A concessão de licença de pesca está sujeito ao pagamento de tarifas pelos respectivos beneficiários cujos montantes e forma de pagamento serão fixados por despacho conjuntos dos membros do Governo responsáveis pelas áreas das pescas, da Económia e das Finanças.
2. O pagamento referido no número anterior poderá, em casos excepcionais, ser efectuado em espécie, bens ou serviços, nos termos e condições a definir caso a caso.

**Art. 15.º (Duração das Licenças)**
1. As licenças de pescas terão a validade de um ano, a contar da data da emissão, sem prejuízo das disposições especiais do presente diploma ou de acordos internacionais referido no artigo 21.º, do presente diploma.
2. Se julgar conveniente, o departamento do Governo responsável pela área das pescas poderá conceder licenças de pesca por períodos inferiores a um ano.

**Art. 16.º (Obrigação de conservar a licença a bordo)**
Os capitães ou mestres das embarcações de pesca industrial e artesanal deverão conservar permanentemente a bordo a respectiva licença de pesca.

### Art. 17.º (Intransferibilidade de licença)

**1.** As licenças de pesca não são transferíveis de um navio para outro navio de pesca.

**2.** A transferência de uma licença de pesca poderá, porém, ser excepcionalmente autorizada por despacho do membro do Governo responsável pela área das pescas se se verificarem cumulativamente os seguintes requisitos:

- a) se o navio para a qual a licença foi concedida não puder, por razões de ordem técnica ou mecânica, continuar a operar durante o restante período de validade da licença;
- b) se os navios pertencerem ao mesmo armadores e arvorarem a mesma bandeira;
- c) se os navios tiveram características técnicas similares.

**3.** Se as características técnicas dos dois navios deferirem, o membro de Governo responsável pela área das pescas deve exigir o pagamento do diferencial de tarifas de licenças correspondentes.

### Art. 18.º (Suspensão ou revogação de licença)

**1.** O departamento do Governo responsável pela área das pescas pode suspender ou revogar uma licença de pesca por imperativos de gestão dos recursos ou de implementação de planos de gestão das pescas.

**2.** Se uma licença de pesca for revogado ou suspensa por força do disposto no número anterior, o respectivo beneficiário terá direito à restituição ou compensação do valor da licença correspondente ao período da validade não utilizado.

### Art. 19.º (Condições de emissão de licença)

**1.** As condições de emissão de licença de pesca serão estabelecidas por via regulamentar.

**2.** O diploma referido no número anterior poderá fixar outras condições tais como:

- a) o tipo, número e dimenção das artes de pesca ou a qualquer outra actividade de pesca autorizada;
- b) a zona no interior da qual a pesca poderá ser exercida;
- c) as diferentes especies e quantidades cuja captura é autorizada;
- d) as capturas acessórias.

## SECÇÃO II
## Regime Especial

### Art. 20.º (Motivos de rejeição de pedidos de licença)

**1.** Uma licença de pesca pode ser recusada se, nomeadamente:

- a) for necessário para assegurar uma gestão adequada dos recursos ou para implementar disposições de planos de gestão de pesca eventualmente aplicáveis;
- b) a embarcação para qual á licença é pedida não satisfazer as condições e padrões técnicas de segurança e navegabilidade nacionais e internacionais mediante parecer da autoridade marítima;
- c) a embarcação ou o armador para quem a licença tiver sido pedida tiverem sido reconhecidos, judicial ou extra-judicialmente, responsáveis pela prática de duas ou mais infracções aos artigos 57.º e 58.º, do presente diploma;

*d*) as operações de pesca para as quais a licença é pedida forem julgadas inoportunas, tendo em conta os objectivos da política de desenvolvimento do país.

2. Por decisão de conselho de Ministros sob proposta do membro de Governo responsável pela área das pescas, poder-se-ão definir as condições adicionais que justifiquem a recusa da outorga de uma licença a determinadas categorias de embarcações de pescas.

3. A decisão de recusa da licença para uma embarcação de pesca artesanal será sempre expressamente fundamentada.

### Art. 21.º (Acordos internacionais ou contratos de acesso)

Os acordos internacionais ou outros contratos de acessos de embarcações de pesca estrangeira ao aproveitamento dos recursos das águas marítimas da Guiné--Bissau devem préver:

a) O número e as caracteristicas técnicas de embarcações cujas operações são permitidas, bem como tipo de pesca e as espécies cuja captura é autorizada;

b) O montante das tarifas ou outros pagamento em contrapartida das autorizações de pesca concebidas;

c) A obrigatoriedade de comunicação periódica e regular pelos armadores ao serviço competente do Ministério responsável pela área das pescas de dados estatísticos precisos sobre as capturas realizadas nas condições que forem determinadas;

d) A obrigação do Estado da bandeira ou outra entidade competente, adoptar todas as medidas necessárias para assegurar que as suas embarcações respeitem os termos e condições dos acordos ou contratos e as disposições pertinentes das leis e regulamento da Guiné-Bissau.

### Art. 22.º (Actividades das embarcações de pesca estrangeiras na ausência de acordos internacionais ou contratos)

1. Na ausência de acordos internacionais ou dos contratos referidos no artigo anterior, o departamento do governo responsável pela área das pescas pode exigir que os armadores de embarcações de pescas estrangeiras constituam, junto das instituições bancárias que designará, uma caução destinada a assegurar o respeito, pelos referidos armadores, das obrigações assumidas, do presente diploma e dos regulamentos adoptados para a sua execução.

2. A caução será restituída aos armadores aquando da expiração da licença mediante quitação passada pelo departamento do Governo responsável pelas áreas das pescas e será perdida a favor do Estado da Guiné-Bissau em caso das violação das disposições legal referidas no número anterior, sem prejuízo de aplicação de outras sanções previstas no presente diploma.

3. Um despacho conjunto dos membros do governo responsáveis pelas áreas das pescas, da economia e das finanças pode definir normas que possam ser necessária à execução das disposições do presente artigo.

4. A decisão de retenção da caução será sempre passível de recurso judicial.

## CAPÍTULO III
## Operações de Pesca Conexas

**Art. 23.º (Operação de pesca conexas)**
1. As operações de pesca conexas estão sujeitas à autorização do membro do Governo responsável pela área das Pescas.
2. A autorização referida do número anterior está sujeita a pagamentos ou contrapartidas, bem como quaisquer outras condições que forem determinadas pelo departamento do Governo responsável pela área das pescas, nomeadamente em termos de zonas ou locais para a realização das operações e da presença obrigatória de observadores ou agentes de fiscalizações.

## CAPÍTULO IV
## Operações de Pesca de Investigação Científica

**Art. 24.º (Autorização de operações de pesca de investigação científica)**
1. O departamento do Governo responsável pela área das pescas poderá autorizar actividades das pescas de investigações científicas nas águas marítimas da Guiné-Bissau às instituições de investigações científicas estrangeiras, mediante a apresentação de um programa circunstânciado das operações a empreender.
2. Por determinação do departamento do Governo responsável pela área das pescas, as embarcações de pesca de investigação cientifica poderão ser isentas da obrigação de respeito das medidas de conservação adoptadas.
3. Estas operações ficarão porém sujeitas às seguintes condições:
   a) a participação de investigadores científicos Guineenses nas operações, a cargo da entidade responsável pelas mesmas, durante a sua estada nas águas marítima da Guiné-Bissau;
   b) a totalidade dos dados recolhidos durante as operações de pesca científica, bem como os resultados obtidos após tratamento e análise, serão entregues ao departamento do Governo responsável pela área das pescas.
4. Não estão sujeitas à autorização provistas no presente artigo as operações de pesca de investigação científica conduzidas directamente pelo serviço competente para a investigação pesqueira da Guiné-Bissau.

## TÍTULO III
## Disposições Relativas às Actividades de Pesca

**Art. 25.º (Interdição do exercício de pesca industrial no mar territorial e nas águas interiores)**
1. São proibidas as actividades de embarcações de pesca industrial no mar territórial e nas águas interiores da Guiné-Bissau.
2. Todavia, sob proposta do membro do governo responsável pela área das pescas, aprovada em Conselho de Ministros, poderão ser autorizadas, a título exepcional, actividades de embarcações de pesca industrial no mar territorial da Guiné-Bissau, por períodos não superiores a três meses, em casos especiais escritamente defenidos.

### Art. 26.º (Proibição do uso e de transporte de equipamentos ou de substâncias tóxicas)

É expressamente proibido, no exercício de qualquer actividade de pesca:

a) utilizar lâmpadas, meios electricos, materiais explusivos ou substâncias tóxicas susceptíveis de enfraquecer, atordoar, excitar ou matar peixe, bem como a utilização de aparelho de pesca por sucção;

b) deter a bordo das embarcações de pescas materiais ou substâncias mencionadas na alínea precedente.

### Art. 27.º (Protecção de algumas espécies marinhas)

1. São proibidas, salvo autorização especial da Comissão Internacional das Pescas para fins de investigação científica ou técnica, sob proposta do membro do governo responsável pela área das pescas:

a) A pesca, a captura e a detenção de todas as espécies de mamíferos marinhos;

b) A pesca, a captura e a detenção de tartarugas marinhas;

c) A caça, a captura, a detenção de todas as espécies de aves marinhas.

2. É proibida toda a comercialização das espécies visadas nas alíneas do número anterior.

### Art. 28.º (Marcação das embarcações e sinalização das artes de pesca fixas)

1. Os beneficiários de licença de pesca ficam obrigados à marcação das mesmas nos termos e nas condições que forem definidas, por via regulamentar.

2. As artes de pesca fixas ficarão igualmente sujeitas às sinalização que forem adoptadas.

### Art. 29.º (Fornecimento de dados e informações estatísticos)

Quaisquer pessoas autorizadas a pescar nas águas marítimas da Guiné-Bissau, nos termos da presente lei, devem fornecer ao serviço competente do departamento do Governo responsável pela área das pescas dados e informações estatísticos precisos sobre as capturas efectuadas nas condições e prazos exigidos pelo departamento do Governo responsável pela área das pescas e ficam obrigadas a observar as normas ou medidas prescritas pelo departamento do Governo responsável pela área área das pescas e destinadas a assegurar o conhecimento das capturas efectuadas.

### Art. 30.º (Arrumação das artes de pesca das embarcações não autorizadas a operar)

As artes de pesca das embarcações de pesca industrial que não tenham sido autorizadas a operar e que se encontrem nas águas marítimas da Guiné-Bissau devem estar recolhidas a bordo de maneira a não poderem ser facilmente utilizadas para a pesca.

### Art. 31.º (Comunicação da entrada, saída, posição e capturas das embarcações)

As embarcações de pesca industrial estrangeiras autorizadas a operar na zona economica exclusiva da Guiné-Bissau, devem comunicar ao departamanto do Governo responsável pela área das pescas, por rádio ou outro meio de comuncação apropriado, o momento da sua entrada e saída das águas marítimas da Guiné-Bissau, bem como a sua posição e as capturas, a intervalos de tempo que forem definidos.

## TÍTULO IV
### Estabelecimentos de Culturas Marinha

**Art. 32.º (Estabelecimentos de culturas marinhas)**
1. Constitui um estabelecimento de culturas marinhas áreas das águas salgadas ou salobras e os seus fundos, demarcadas, total ou parcialmente fechadas e quaisquer artefactos, flutuantes ou submersos, e instalações em terra firme que têm por fim a cultura de espécies marinhas.
2. A criação ou exploração de um estabelecimento de culturas marinhas está sujeita a autorização prévia do departamento do Governo responsável pela área das pescas.
3. A autorização referida no número anterior deve estabelecer medidas especiais relativas à criação e exploração de estabelecimentos de culturas marinhas, sem prejuízo das medidas regulamentares específicas que vierem a ser adoptadas.

## TÍTULO V
### Controlo de Qualidade e Exportação de Produtos da Pesca

SECÇÃO I
**Princípios Gerais**

**Art. 33.º (Controlo de qualidade)**
O departamento do Governo responsável pela área das pescas instituíra normas e mecanismos relativos ao controlo da qualidade do pescado e dos produtos da pesca para exportação.

**Art. 34.º (Estabelecimento de processamento do pescado)**
1. A instalação e o funcionamento de estabelecimentos de tratamento do pescado ou de produtos de pesca para exportação estão sujeitos à autorização do departamento do Governo responsável pela área das pescas.
2. Para efeito do disposto no número anterior, entende-se por estabelecimento de tratamento de pescado qualquer local ou instalação em que o pescado é enlatado, seco, posto em salmoura, salgado, fumado, refrigerado, posto em gelo ou congelado, transformado em farinha de peixe ou anida tratado de qualquer outra forma, para ser vendido no país ou no estrangeiro.
3. No caso de estabelecimento já existente, o departamento do Governo responsável pela área das pescas poderá conceder uma autorização temporária para permitir a realização definitiva das modificações necessárias do equipamento e das instalações.
4. O equipamento do processamento a bordo da embarcação ficará sujeito às condições definidas nos números anteriores.

**Art. 35.º (Normas e padrões de qualidade)**
O departamento do Governo responsável pela área das pescas promoverá a adopção de normas relativas ao processo de manipulação, elaboração e armazenamento dos produtos de pesca e adoptará as medidas necessárias para assegurar a sua fiscalização.

**Art. 36.º (Exportação dos produtos da pesca)**
A exportação dos produtos pesqueiros só deve ser feita após o serviço competente do departamento do Governo responsável pela área das pescas ter emitido o respectivo certificado de sanidade.

SECÇÃO II
**Controlo e Inspecção**

**Art. 37.º (Inspecção)**
1. O departamento do Governo responsável pela área das pescas deve designar agentes habilitados para assegurar o respeito das normas referidas nos artigos 33.º a 36.º do presente diploma.
2. Para efeitos dos disposto no número anteriores os agentes de inspecção podem:
   a) entrar e proceder a averiguações em qualquer estabelecimento de processamento de pescado durante o período de actividades;
   b) exigirir a apresentação de qualquer licença ou documento relativo ao funcionamento do estabelecimento e, em particular, os registos e estatísticas relativos ao pescado processado;
   c) recolher amostras do pescado.

**Art. 38.º (Suspensão de actividades de estabelecimentos de tratamento de pescado para exportação)**
O departamento do Governo responsável pela área das pescas pode ordenar a suspensão temporária das operações de estabelecimentos de tratamento de pesca do para exportação em caso de inobservância do disposto no artigo anterior.

TÍTULO VI
**Fiscalização**

CAPÍTULO I
**Organização e Procedimentos Gerais**

**Art. 39.º (Fiscalização da actividade pesqueira)**
A Fiscalização da actividade pesqueira nas águas marítimas da Guiné-Bissau será dirigida pela Comissão de Fiscalização Marítima, presidida pelo membro do Governo responsável pela área das pescas, integrando elementos do Ministério das Finanças e da Marinha de Guerra Nacional.

**Art. 40.º (Competência para a constatação das infracções)**
1. São agentes de fiscalização, agindo sob a superintendência do departamento do Governo responsável pela área das pescas, competentes para denunciar as infracções da presente lei e dos respectivos regulamentos:
   a) os inspectores de pesca, designados pelo departamento do Governo responsável pela área das pescas;

*b)* o agentes habilitados da Administração Marítima, no que se refere às actividades de pesca artesanal;

*c)* os comandantes e oficiais de navios e aviões de fiscalização das actividades de pescas;

*d)* os agentes da guarda fiscal e os agentes da fiscalização da Marinha e Portos.

**2.** Os agentes de fiscalização estarão sempre na posse de documento apropriado atestando o seu estatuto, emitido pelo departamento do Governo responsável pela área das pescas e que deverão apresentar no decurso das operações de fiscalização, sempre que lhes for solicitado.

### Art. 41.º (Poderes dos agentes de fiscalização)

Com vista a garantir a execução das disposições do presente diploma e do seus regulamentos, os agentes referidos no artigo anterior podem, mesmo na ausência de mandato especial, para o efeito:

*a)* dar ordem a qualquer embarcação de pesca que se encontre nas águas marítimas da Guiné-Bissau para parar de efectuar as manobras necessárias para facilitar a visita à embarcação em condições de segurança;

*b)* visitar qualquer embarcação de pesca tanto no mar como num porto;

*c)* ordenar que lhes sejam mostrados a licença de pesca, o livro de bordo de pesca ou qualquer outro documento relativo à embarcação ou às capturas que se encontrem a bordo;

*d)* ordenar que lhes sejam mostradas as redes e outras artes de pesca e capturas que se encontrem abordo;

*e)* visitar quaisquer locais em que tiverem motivos para pensar que se encontre pescado ilegalmente capturado;

*f)* examinar a produção de quaisquer estabelecimentos de tratamento de pescado assim como quaisquer documentos relativos às capturas que por eles transitem;

*g)* inspeccionar os documentos de sociedades ou empresas relativos às capturas realizadas ou transportadas pelas suas embarcações;

*h)* dar quaisquer ordens que sejam razoavelmente necessárias para fazer as verificações relativas à observância do presente diploma.

### Art. 42.º (Medidas preventivas)

**1.** No decurso de operações de fiscalização, se os agentes tiverem razões fundamentadas para crer que uma infracção ao presente diploma e aos seus regulamentos tiver sido praticada, podem apreender a título preventivo:

*a)* qualquer embarcação de pesca com as respectivas artes ou capturas a bordo, assim como quaisquer instrumentos que suspeitem terem sido empregues na prática da infracção;

*b)* quaisquer capturas que suspeitem terem sido efectuadas em consequência da prática de infracção ou que sejam conservadas em infracção ao presente diploma;

*c)* os materiais explosivos ou substâncias tóxicas ou equipamentos referidos no artigo 26.º que tiverem sido empregues ou sejam detidos a bordo das embarcações de pesca.

**2.** Os agentes, no decurso de operações de fiscalização, devem recolher todos os elementos de prova necessários, incluindo documentos relativos às capturas.

3. Nos casos em que se for plausível que uma infracção foi praticada, os agentes de fiscalização comunicarão o facto ao membro do Governo responsável pela área das pescas, no prazo máximo de 48 horas.

4. Se for absolutamente necessário para garantir a execução das condenações que poderão ser pronunciadas, qualquer embarcação de pesca apresada nos termos do parágrafos anterior e a sua tripulação podem ser conduzidas até ao porto mais conveniente da Guiné-Bissau e ser aí detida até ao final dos procedimentos e processos legalmente previstos.

5. O departamento do Governo responsável pela área das pescas será sempre consultado antes de qualquer medida de apresamento de uma embarcação nos termos do presente artigo.

6. A oportunidade de apresamento de uma embarcação, nos termos deste artigo, pode ser objecto de decisão da Comissão Internacional das Pescas.

### Art. 43.º (Mínimo de interferência e perturbações causadas às actividades de pesca)

1. As operações e inspecções de rotina referidas nos artigos anteriores, quando forem efectuadas no mar, serão conduzidas de modo a causar um mínimo de interferência e perturbações às actividades de pesca.

2. Os agentes de fiscalização limitarão as suas operações à constatação de factos relacionados com o respeitos das normas em vigor.

### Art. 44.º (Perseguição de uma embarcação de pesca)

1. O apresamento de uma embarcação de pesca pode ter lugar para além dos limites das águas marítimas da Guiné-Bissau, se a perseguição tiver sido iniciada no interior dos limites das referidas águas.

2. O direito de perseguição é exercido em conformidade com o direito internacional e cessa quando a embarcação de pesca entrar no mar territorial do Estado da sua bandeira ou de um Estado técnico.

3. O disposto no número anterior não prejudica as normas de acordos internacionais que poderão vir a ser celebrados.

4. Estes acordos poderão prever, à escala regional ou bilateral, a possibilidade de navios da Guiné-Bissau exercerem o direito de perseguição até dentro das águas sob jurisdição de outros Estados.

### Art. 45.º (Auto de notícia)

1. Ao constatarem a prática de uma infracção, os agentes de fiscalização levantarão de imediato, ou mais rapidamente possível após a sua prática, um auto de notícia que incluirá, entre outros elementos, uma exposição precisa dos factos e de todas as circunstâncias pertinentes, com a indicação das eventuais testemunhas.

2. O modelo de auto de notícias a utilizar pelos agentes de fiscalização será aprovado pelo departamento do Governo responsável pela área das pescas.

3. O auto de notícia será assinado pelos agentes de fiscalização, por eventuais testemunhas e, na medida do possível, pelo autor da infracção que poderá formular as suas observações e transmitido ao departamento do Governo responsável pela área das pescas para efeitos dos trâmites previstos no artigo seguinte.

4. Constituem elementos de prova em juízo as imagens fotográficas ou todos os elementos obtidos através de aparelho sonoros, instrumentos ou equipamentos

audio-visuais electronicos ou por quaisquer outros meios modernos de captação de imagens ou sons.

### Art. 46.º (Notificação do apresamento de um navio ou embarcação de pesca)

**1.** Os agentes de fiscalização após terem lavrado o auto de notícia da infracção contra um navio ou embarcação de pesca deverão notificá-lo imediatamente ao membro do Governo responsável pela área das pescas, que o enviará imediatamente ao Procurador-Geral da República ou ao representante do Ministério Público junto ao tribunal territorialmente competente, salvo se tenha decidido transigir, nos termos do artigo 62.º, n.ºs 2.º, 3.º, 4.º, 5.º, e 6.º do presente diploma.

**2.** O membro do Governo responsável pela área das pescas, em obediência ao disposto no número anterior providenciará as seguintes medidas:
  a) decidir sobre o destino das capturas a título de medida preventiva, em conformidade com as disposições do artigo 42.º do presente diploma;
  b) notificar do facto, ao Ministro dos Negócios Estrangeiros e das Comunidades, o qual disso informará o Governo do Estado cujo navio ou embarcação arvora o pavilhão.

**3.** Em todas as circunstâncias, deve o departamento do Governo responsável pela área das pescas transmitir o auto de notícia, o prazo de 24 horas ao Procurador-Geral ou ao representante do Ministério Público junto do tribunal territorialmente competente ou decidir pela aplicação da multa por força do disposto no artigo 54.º do presente diploma, se for o caso.

### Art. 47.º (Descrição dos objectos e capturas)

Na ocasião de apresamento ou apreensão, a título de medida conservatória, dos objectos e capturas referidas no artigo 42.º, os agentes de fiscalização redigirão uma descrição dos referidos objectos e capturas, especificando a sua quantidade e estado, fornecendo quaisquer outros dados pertinentes necessários.

### Art. 48.º (Destino provisório das capturas apreendidas a título de medida conservatória)

**1.** Se as capturas apreendidas nos termos do artigo 42.º que se encontram a bordo de uma embarcação de pesca apresada forem susceptíveis de se deteriorar, por falta de meios de conservação a bordo ou por qualquer outro motivo de natuerza técnica, serão as mesmas colocadas num entreposto frigorífico ou vendidas.

**2.** O produto da venda das capturas apreendidas será depositado à ordem das autoridades judiciais competenetes até ao fim dos procedimentos legais previstos.

**3.** O Governo da Guiné-Bissau declina qualquer responsabilidade quanto ao preço da venda do pescado, decorrente da sua deterioração ou da baixa de sua qualidade.

**4.** Se for condenado judicialmente que as capturas referidas no número anterior não foram, na realidade, efectudas em consequência da prática de uma infracção, serão as mesmas ou o produto da sua venda restituídos, ao seu proprietário.

### Art. 49.º (Relatório sobre a recolha de elementos de prova)

**1.** Qualquer agente que tiver efectuado recolhas de amostra de pescado ou quaisquer outros elementos de prova a bordo de uma embarcação de pesca ou de estabelecimentos objectos de inspecção nos termos do artigo 42.º deste diploma deverá redigir o respectivo relatório.

2. O relatório referido no número anterior definirá as espécies e as quantidades recolhidas e será assinado pela pessoa responsável em processo das capturas a quem será fornecida uma cópia do documento.

### Art. 50.º (Irresponsabilidade dos agentes de fiscalização por acções ou omissões praticadas de boa fé)

Os agentes de fiscalização não respondem por acções ou omissões praticadas de boa fé no exercício das suas funções, nos termos do presente diploma, salvo em caso de negligência ou de falta grave.

## CAPÍTULO III
## Infracções e Sanções

### Art. 51.º (Responsabilidade)

Os capitães ou mestres de embarcações de pesca, por um lado, e os armadores ou seus representantes legais, por outro lado, respondem individual e solidariamente pelas infracções ao presente diploma e seus regulamen-tos e demais legislação aplicável, presumindo-se que dos mesmos tiverem conhecimento e consentiram na prática de infracções realizadas por elementos a bordo ou transportados na suas embarcações de pesca.

### Art. 52.º (Actividades de embarcações de pesca industrial não autorizadas)

1. Todo o navio de pesca estrangeiro que empreenda operações de pesca no limites das águas marítimas da Guiné-Bissau sem que para tal tenha obtido devida autorização em conformidade com os artigos 13.º e 23.º do presente diploma, será confiscado *ex officio*, com as suas artes, engenhos e produtos de pesca em benefício do Estado, por decisão do membro do Governo responsável pela área das pescas.

2. Independentemente do confisco previsto no número anterior deve o tribunal aplicar ao navio infractor a multa fixadas nos termos do n.º 2 do artigo 54.º, do presente diploma.

3. A decisão prevista no número 1 não é susceptível de recurso.

4. Compete à Comissão interministerial das pescas decidir sobre o destino dos bens objectos e produtos confiscados nos termos das disposições do presente diploma, que são perdidos a favor do Estado.

### Art. 53.º (Regime financeiro das confiscações)

O Produto das multas e confiscações pronunciadas em aplicação do presente diploma será, após a dedução dos direitos e taxas e outros encargos, afectado o repartido por decreto adoptado em Conselho de Ministros, sob proposta do Presidente da Comissão Interministerial das Pescas.

### Art. 54.º (Infracções de pesca graves)

1. Constituem infracções de pesca graves:
*a*) a pesca em zonas proibidas ou em período de reprodução;

*b)* a inobservância das normas relativas às dimensões ou pesos mínimos das espécies;
*c)* a inobservância das normas relativas às capturas acessórias;
*d)* o uso de artes de pesca não autorizadas ou a manutenção a bordo de artes de pesca proibida ou não licenciadas ou cujas malhagens sejam inferiores aos mínimos fixados;
*e)* o emprego para a pesca ou transportes a bordo das substâncias, produtos e equipamentos referidos no artigo 26.º;
*f)* o desrespeito de normas aplicáveis relativas ao fornecimento de dados e informações sobre as capturas previstas no artigo 29.º do presente diploma e nos seus regulamentos;
*g)* o desrespeito de normas aplicáveis por força do artigo 30.º relativas à arrumação das artes de pesca;
*h)* o não cumprimento das obrigações de comunicação previstas no artigo 31.º;
*i)* a não observância das disposições do artigo 28.º relativas à marcação das embarcações de pesca;
*j)* a destruição ou danificação intencional das artes de pesca de terceiros;
*k)* o não cumprimento das normas relativas às actividades e ao estatutos dos observadores a bordo dos navios de pesca;
*l)* a destruição, ocultação ou a dissimulação das provas de uma infracção de pesca;
*m)* a manutenção a bordo ou o transporte de substâncias explosivas, venenosas ou tóxicas assim como o exercício da pesca com arma de fogo descargas eléctricas ou por outros processos susceptíveis de causar a morte ou o atordoamento dos espécimens, bem como lançamento ao mar de quaisquer objectos ou substâncias susceptíveis de prejudicar o meio marinho;
*n)* a manutenção a bordo, o transbordo, o desembarque, o transporte, a exposição ou a venda de peixes cuja pesca seja proibida ou que não tenham o tamanho ou o peso mínimo exidos.

2. As infracções de pesca graves serão punidas com uma multa de:
*a)* no mínimo, cento e cinquenta mil dólares americanos com-vertidos ao câmbio do dia em francos CFA;
*b)* no máximo, um milhão de dólares americanos con-vertidos ao câmbio do dia em francos CFA.

3. Compete à Comissão Interministerial das Pescas deliberar sobre a actualização anual dos montantes de multa previstos no número anterior.

4. Na definição do montante da multa serão tomadas em consideração todas as circunstâncias pertinentes, tais como as características da embarcação, o autor da infracção e o tipo de pesca praticado.

### Art. 55.º (Punibilidade da tentativa)

A tentativa é punível nos termos da infracções previstas no artigo 54º, sendo os limites mínimos e máximos previstos no correspondente tipo legal reduzidos pela metade.

### Art. 56.º (Outras infracções)

1. As infracções às disposições do presente diploma e dos seus regulamentos de execução que não forem expressamente definidas por este Decreto-Lei serão punidas com a multa até ao dobro do valor anual da licença.

2. Na definição do montante da multa serão tomadas em consideração todas as circunstâncias pertinentes, tais como as caraterísticas da embarcação, o autor da infracção e o tipo de pesca praticado.

**Art. 57.º (Agressão e obstrução com violência ou ameaça de violência contra um agente de fiscalização)**
Quem agredir ou impedir com violência a acção de um agente de fiscalização no exercício das suas funções ou ameaçar de violência ao referido agente sujeita-se à lei penal da Guiné-Bissau e à multa igual ao valor da licença.

**Art. 58.º (Falta de cooperação com os agentes de fiscalização)**
O capitão ou mestre de uma embarcação de pesca que não se revelar cooperativo na ocasião das operações de fiscalização será punido com uma multa de até 10% valor da licença anual.

**Art. 59.º (Reincidência)**
1. Em caso de reincidência do capitão ou do mestre da embarcação de pesca, as multas previstas no presente diploma serão elevadas para o dobro.
2. Para efeito do disposto no número anterior, há reincidência quando no prazo de um ano que preceder a prática de uma infracção, tiver sido praticada pelo infractor qualquer outra infracção às disposições do presente Decreto-Lei.

**Art. 60.º (Prazo para pagamento das multas)**
1. As multas por infracções ao presente diploma deverão ser pagas prazo máximo de quinze dias a contar do trânsito em julgado da sentença condenatória ou da sua aplicação pela Comissão Interministerial das Pescas, conforme os casos.
2. O prazo referido no número anterior poderá ser prorrogado por igual período, a pedido do armador ou do seu representante.
3. Na falta de pagamento de todas ou parte da multa, findo o prazo de prorrogação referido no número anterior, os bens eventualmente apreendidos reverterão a favor do Estado.

**Art. 61.º (Suspensão ou revogação administrativas da licença de pesca)**
A Comissão Interministerial das Pescas pode suspender ou revogar a licença de pesca de uma embarcação que tiver praticado uma infracção às disposições da presente lei, sem prejuízo das sanções previstas pelo presente capítulo.

## CAPÍTULO III
### Procedimentos Administrativos e Judiciais

**Art. 62.º (Procedimentos administrativos)**
1. Compete à Comissão Interministerial das Pescas aplicar as multas previstas no presente diploma, salvo as decorrentes das infracções definidas nos artigos 56.º e 57.º e remeter o auto de notícia das infracções ao presente diploma, através do membro do Governo responsável pela área das pescas, ao Procurador-Geral da República ou ao representante do Ministério Público junto do tribunal territorialmente competente.

**2.** O membro do Governo responsável pela área das pescas pode, mediante autorização expressa da Comissão Interministerial das Pescas, no decurso da acção judicial, transigir em nome do Estado, em relação às infracções visadas pelo presente diploma, salvo no que respeita a direito indisponíveis.

**3.** Na ausência de transacção, deve-se ordenar a condução do navio, se for o caso, ao porto da jurisdição do tribunal competente para ser entregue ao juízo e julgado num prazo de 48 horas.

**4.** A transacção pública e acção são incompatíveis.

**5.** O montante da transacção não pode ser inferior ao mínimo do montante da multa prevista para a infracção cometida e é paga num prazo de quinze dias subsequentes à transacção.

**6.** A Comissão Interministerial das Pescas pode, no quadro da transacção, requerer, através do membro do Govermo responsável pela área das pescas, a confiscação em benefícios do Estado, das capturas ou produtos da sua venda, dos engenhos e artes de pesca e outros instrumentos utilizados na prática da infracção.

### Art. 63.º (Suspensão ou retirada administrativa da licença de pesca e outras medidas a título de sanção)

**1.** O membro do Governo responsável pela área das pescas pode suspender ou retirar uma licença de pesca, logo que se constate que um navio ou embarcação de pesca tenha praticado uma infracção ao presente diploma, aos seus regulamentos de aplicação ou às condições às quais estão submetidas as licenças de pescas.

**2.** O membro do Governo responsável pela área das pescas pode igualmente proibir, a título provisório ou definitivo, o exercício da profissão nas águas marítimas da Guiné-Bissau, a todo o capitão ou membro da tripulação dum navio utilizado na prática duma infracção ao presente diploma, aos seus regulamentos de aplicação ou às condições às quais estão submetidas as licenças de pesca.

### Art. 64.º (Competências jurisdicionais)

As jurisdições da Guiné-Bissau são competentes para conhecer todas as infracções aos dispositivos do presente diploma e dos regulamentos adopados para a sua aplicação cometidas nas águas marítimas do país.

### Art. 65.º (Soltura de navios ou embarcações e da sua tripulação mediante pagamento de caução)

**1.** Por decisão do tribunal competente, os navios ou embarcações de pesca e sua tripulação serão imediatamente soltos a pedido do armador, do capitão ou do mestre do navio ou embarcação ou do seu representante local, antes do julgamento, desde que seja efectuado o pagamento duma caução suficiente.

**2.** A decisão jurisdicional referida no número anterior será pronunciada num prazo máximo de 48 horas após a aproposição junto do tribunal da competente acção visando a soltura do navio e da sua tripulação.

**3.** O montante da caução não será inferior aos custos do apresamento e detenção, do eventual repatriamento da tripulação e do montante da multa de que são passíveis os autores da infracção.

**4.** No caso das infracções para as quais o presente diploma prescreve ou autoriza a confiscação das capturas, dos engenhos de pesca e do navio, o tribunal pode acrescer ao valor da caução o valor das capturas, dos engenhos de pesca e do navio.

**Art. 66.º (Restituição da caução)**
A caução prevista no artigo anterior será imediatamente restituída:
a) se for pronunciada uma decisão absolvendo os arguidos;
b) se o tribunal condenar o ou os autores da infracção e se tiverem sido integralmente pagos as multas, as custas e outros encargos processuais sob responsabilidade dos autores, em conformidade com o julgamento, nos trinta dias seguintes a este último e, eventualmente, as penalidades de mora devidas.

CAPÍTULO VII
## Disposições Finais e Transitórias

**Art. 67.º (Responsabilidade do Estado)**
1. O Estado da Guiné-Bissau é civil e solidariamente responsável pelos prejuízos graves cometidos no decurso de operações de fiscalização, em particular por imobilização injustificada de um navio ou embarcação de pesca.
2. A indemnização devida nos termos do número anterior poderá ser paga por via de compensação, sob forma de tarifas de licença de pesca.

**Art. 68.º (Dúvidas)**
As dúvidas suscitadas pela aplicação do presente diploma serão resolvidas por despacho do membro do Governo responsável pela área das pescas, ouvido o Conselho de Ministros.

**Art. 69.º (Revogação)**
Ficam revogadas todas as disposições em contrário e, designadamente, os Decretos-Leis n.º 2/86, de 29 de Março, e n.º 4/94, de2 de Agosto, que são substituídos integralmente pelo presente diploma.

**Art. 70.º (Disposições transitórias)**
Até à aprovação de um novo regulamento de aplicação do presente diploma, mantém-se em vigor o Decreto nº 10/86, de 26 de Abril, na medida em que não for incompatível com as disposições deste diploma.

**Art. 71.º (Entrada em vigor)**
O presente Decreto-Lei entra imediatamente em vigor.

Aprovado em Conselho de Ministros de 16 de Agosto de 2000. – O Primeiro Ministro, Dr. *Caetano N'Tchama*. – O Ministro de Estado da Economia e Desenvolvimento Regional, Dr. *Helder Vaz Gomes Lopes* . – O Ministro das Finanças, Dr. *Purna Bia*. – Pelo A Ministra da Justiça, *António Artur Sanhá*.
Promulgado em 21 de Agosto de 2000.
Publique-se.
O Presidente da República, Dr. *Koumba Yalá*.

# 19.
# MINAS

# LEI N.º 1/2000
## de 24 de Julho

As pesquisas levadas a cabo no passado permitiram confirmar a disponibilidade de algumas potencialidades mineiras no território da Guiné-Bissau que justificam uma atenção na promoção de estudos para a exploração das ocorrências minerais já identificadas.

A dependência colectiva em que o mundo se encontra da produção e da distribuição dos recursos mineiros, a celeridade do desenvolvimento tecnológico a ditar frequentes mudanças na hierarquia dos seus valores relativos e absolutos, impulsionando para posição de destaque produtos outrora negligenciáveis, os consumos crescentes exigidos pela contínua subida do nível de vida, obrigam ao prosseguimento de acções de pesquisa, de investigação e de identificação de novos recursos minerais.

De igual modo a experiência tem demonstrado que a diversidade de características dos diferentes recursos geológicos, das técnicas para o seu aproveitamento e das consequências decorrentes da sua exploração, particularmente, tem gerado quase conflitos entre os titulares de direitos mineiros e os utilizadores do solo, pelo que se torna necessário estabelecer equilíbrios, por forma a permitir a boa vivência entre as partes numa base legal, em que o Estado impõe o estabelecimento de regras ajustadas e uma actualizada clarificação de conceitos e a definição dos direitos e deveres dos agentes envolvidos.

Considerando a fase actual da sociedade guineense, em que o Estado favoriza e incentiva a iniciativa privada, de acordo com a opção de uma economia de mercado, os investimentos privados, sejam eles nacionais ou estrangeiros, devem ser suficientemente incentivados sobretudo no sector mineiro, em que a Guiné-Bissau não tem tradição;

Tendo em conta que, as acções de pesquisa ou de exploração no sector mineiro, nesta fase embrionária, não devem ser considerados, à priori, como uma forma de aumento substancial das receitas públicas, através de impostos que possam ser cobrados, mas sim como um meio de melhoria de condições de vida social e económica dos cidadãos nacionais, quer através de criação de postos de trabalho, formação como na criação de infra-estruturas que permitem um desenvolvimento económico harmonioso e sustentado;

Tendo ainda em conta que a legislação vigente para o sector não é atraente ao investimento estrangeiro e muito menos contempla as carências em recursos técnicos, tecnológico e económicos internos do país:

Neste contexto, a presente lei (Lei das minas e dos minerais) visa disciplinar o uso e aproveitamento dos recursos minerais, exceptuando o petróleo que é regulado por diploma específico, e cria mecanismo para a sua implementação, assim como a preservação do meio ambiente, devendo ser suplementada por regulamentos a serem aprovados pelo Governo.

Assim, a Assembleia Nacional Popular decreta, nos termos da alínea c) do nº 1 do artigo 85º da Constituição da República o seguinte:

## LEI DE MINAS E DOS MINERAIS

### CAPÍTULO I
### Disposições Preliminares e Âmbito de Aplicação

#### Art. 1.º

Esta lei destina-se a estabelecer as disposições que regulam os direitos relativos aos recursos minerais do País, os regimes do seu aproveitamento, a competência para execução e fiscalização do cumprimento dos seus objectivos, (isto é, a prospecção, a mineração, o tratamento e a comercialização dos recursos minerais no território da Guiné-Bissau).

#### Art. 2.º

Esta lei abrange todos os assuntos relacionados com a exploração, extracção e a produção comercial de substâncias minerais porventura existentes no solo ou no subsolo e sob as águas territoriais, com excepção do petróleo.

A matéria desta Lei revoga todas as legislações sobre a matéria de prospecção, mineração, tratamento e comercialização em contrário, designadamente a Lei n.º 4/94, de 15 de Agosto de 1994.

#### Art. 3.º

O solo, o subsolo, as águas e todos os recursos minerais pertencem ao Estado e as suas posses são inalienáveis, imprescritíveis e inextinguíveis. Todos os direitos de posse, prospecção, extracção, tratamento e alienação de minerais e dos seus subprodutos são através do seu órgão encarregue do Sector. O órgão designado será responsável pela preservação, avaliação e produção dos recursos minerais. Para a prossecução de tal propósito, o Governo terá de desenvolver um sistema de registos, incentivar o investimento, regulamentar as operações minerais a nível nacional, e supervisioná-las de acordo com os princípios básicos de eficiência administrativa.

#### Art. 4.º

Através desta Lei, o Estado protege a mineração artesanal e promove a mineração convencional, por indivíduos e entidades legais tanto nacionais, como estrangeiros.

#### Art. 5.º

A indústria mineira é de interesse público e a promoção do investimento neste sector é de interesse nacional. A extracção mineira, em todas as suas fases, é considerada de interesse público. Consequentemente, e de acordo com esta lei, é apropriada a criação do incentivos para encorajar o investimento na indústria mineira e no seu desenvolvimento.

### Art. 6.º
Equadram-se no âmbito do sector de mineração e no seu desenvolvimento as seguintes actividades: reconhecimento, prospecção, exploração, extracção, obras genéricas de tratamento, transporte, produção comercial e comercialização para a venda de minerais e de produtos minerais. Para o exercício das referidas actividades, o Estado, os indivíduos, as entidades e as comunidades deverão respeitar as disposições constantes desta Lei.

### Art. 7.º
Os Direitos de Mineração serão concedidos e exercidos exclusivamente de acordo com um sistema sob o qual qualquer indivíduo ou qualquer entidade poderão ter acesso através de um processo público normalizado.

### Art. 8.º
Um Arrendamento de Mineração obriga o seu desenvolvimento. Esta obrigação consiste na realização de investimento para a produção de substâncias minerais, destinadas à comercialização.

## CAPÍTULO II
## Definições

### Art. 9.º
Nesta lei, os termos redigidos no singular podem representar o plural e, salvo se o contexto der lugar a um sentido distinto, serão aplicáveis as seguintes definições:

1. "Arbitrar" significa resolver disputas sujeitas ao Capítulo XXV desta Lei.

2. "Arrendamento" de Mineração "Significa uma área de terreno para utilização exclusiva pelo seu Titular, para o exercício dos respectivos Direitos de Mineração e a execução de Operações de Mineração, de acordo com os termos e as condições desta lei;

3. "Autoridade Competente" em relação a qualquer assunto, significa um agente da autoridade pública ou um gabinete público designados pelo Governo, que estejam devidamente autorizados a exercer e a executar os poderes e as funções conferidas por esta lei ou que sejam necessários para implementar os propósitos desta lei;

4. "Certificado de Abandono" significa um documento emitido pelo Ministério sujeito ao Capítulo XIX desta Lei, expondo as condições, se for o caso, as quais um Arrendamento de Mineração será concluído, de acordo com a solicitação do titular do mesmo;

5. "Comunidade" significa uma autoridade tradicional legal, reconhecida pelo Estado, para dirigir os afazeres de um grupo de pessoas ligadas por laços de tradição local, através de costumes tradicionais, ao abrigo do sistema legal;

6. "Contíguo", para efeitos desta Lei, significa que pelo menos um lado de um hectare Mineiro deverá ser comum a outro lado, de um (1) Hectare Mineiro adjacente. No caso de um Arrendamento de Mineração, um (1) lado de um Hectare Mineiro que compreenda uma Unidade de Arrendamento de Mineração, deve estar adjacente a um lado de um Hectare Mineiro que forme outra Unidade de Arrendamento de Mineração para fazer parte do Arrendamento de Mineração;

7. "Contrato de Acesso" significa um contrato celebrado voluntariamente ou através de Arbitragem, entre o Titular de um Direito de Mineração e qualquer proprietário, ocupante legal ou Comunidade, que tenham direitos reconhecidos pelo Governo à superfície de terras relativamente às quais subsista tal Direito de Mineração, ou que seja necessário proporcionar acesso às terras abrangidas pelo Direito de Mineração, para regular a Prospecção e as Operações de Mineração e/ou outras actividades a ser executadas nessas terras que esta Lei autorize;

8. "Direito de Mineração" significa os termos e as condições concedidos ao abrigo desta Lei, a um Titular de uma Licença de Prospecção, de uma Licença de Mineração Artesanal, de uma Licença de Mineração, de uma Licença de Retenção de Mina, de um Certificado de Abandono e Operações Minerais; ou qualquer outro acordo cuja data esteja dentro do período de dois anos imediatamente anterior à data de validade efectiva desta lei, celebrado entre o Órgão competente do Governo e um indivíduo ou uma entidade;

9. "Direito de Mineração Artesanal" significa um Direito Exclusivo de Mineração concedido a cidadãos nacionais originários, nos termos e condições desta Lei;

10. "Entidade" significa, entre outras coisas, um órgão estatal ou qualquer empresa, sociedade, consórcio ou grupo mineiro legal envolvidos em actividades comerciais, particularmente relacionadas com a indústria de mineração, devidamente registado e reconhecido pelo Governo;

11. "Hectare Mineiro" é uma unidade de medida, consistindo de um volume em forma de pirâmide, cujo vértice está situada no centro da terra, o limite exterior é a superfície terrestre e a projecção à superfície corresponde planimetricamente a um quadrado com cem (100) metros de cada lado, medido e orientado de acordo com o sistema de regras Mercator de Projecção Transversal, usado na escala de um para cinquenta mil (1:50 000) dos Mapas Topográficos Nacionais;

12. "Instalações de Mineração" significa qualquer edifício, fábrica, maquinaria, equipamento, ferramentas ou outros bens que tenham sido utilizados em actividades de mineração, estejam ou não fixados à terra, mas não inclui quaisquer madeiras ou outros materiais utilizados ou aplicados na construção ou no reforço de qualquer poço, carreira, galeria, terraço, canal, represa, ou outra obra;

13. "Interesse Público" significa um esfera de necessidades a que a iniciativa privada não pode responder e que são vitais para a comunidade na sua totalidade e para cada um dos seus membros.

14. "Licença de Mineração " Significa uma licença concedida para desenvolver, minerar, produzir, tratar, comercializar e vender minerais, produtos minerais e seus derivados produzidos em um Arrendamento de Mineração, de acordo com os termos e condições desta Lei;

15. "Licença de Mineração Artesanal" é um documento passado em benefício dos cidadãos nacionais originários. Este Direito de Mineração pode ser passado a um indivíduo ou uma Comunidade, permitindo que o titular desse direito de Mineração desenvolva actividades de mineração, na área concedida, de acordo com os termos e as condições desta Lei;

16. "Licença de Prospecção" significa uma Licença concedida ao abrigo dos termos e das condições do Capítulo VIII desta Lei;

17. "Material de Construção" significa materiais não metálicos, não produzidos ou adquiridos comercialmente e que são utilizados tradicionalmente em cons-

truções, para pavimentação de estradas ou fins agrícolas de natureza artesanal, e inclui areia, barro, cascalho, laterite, calcário, granito, filite e qualquer outra rocha utilizada para tais fins;

18. "Mina" significa qualquer local, fosso, poço, carreira, plano ou outra escavação e qualquer galeria, vala, pista, veio, filão, recife, salina ou obra que de algum modo envolva qualquer operação relacionada com a actividade mineira, executada juntamente com os edifícios, instalações, construções e dispositivos, quer estejam à superfície ou no subsolo, e que sejam usados no contexto de tal operação ou para extracção, o tratamento ou a preparação de qualquer mineral com o propósito de beneficiar ou refinar minerais;

19. "Mineração" significa a extracção e o tratamento de materiais naturais, quer sob a forma sólida, líquida ou gasosa, provenientes da superfície terrestre ou do seu subsolo, com o objectivo de obter e tratar tais materiais ou os seus derivados para a venda posterior;

20. "Mineral", para os fins desta Lei, significa qualquer substância material, orgânica, inorgânica metálica ou não metálica, que exista em forma sólida, líquida ou gasosa, que ocorra naturalmente à superfície terrestre, ou no seu subsolo, excluindo o petróleo;

21. "Ministério" ou "Secretaria de Estado" significa o Órgão do Governo responsável pela área mineral, das Minas e demais, com jurisdição sobre o empreendimento mineiro ou outro designado pelo mesmo e ainda as pessoas designadas por esse Órgão e seus funcionários;

22. " Ministro" ou "Secretário de Estado" significa o Ministro ou Secretário de Estado da Tutela do Sector Mineiro, ou as pessoas por ele designadas;

23. "Motivos de Força Maior" significa o impedimento ou a demora na execução de qualquer obrigação relacionada a esta Lei, por qualquer causa fora do controlo razoável por parte do indivíduo ou Entidade sujeitos a esta Lei, excluindo-se a falta de meios financeiros;

24. "Operações de Mineração" significa todos os processos levados a cabo na actividade mineira e inclui quaisquer processos utilizados directa ou indirectamente para tal fim;

25." Operações de Prospecção" significa todos os processos necessariamente levados a cabo no decurso da exploração e do desenvolvimento de um depósito mineral em um Arrendamento de Mineração;

26."Petróleo" significa um hidrocarboneto complexo gasoso/e ou líquido de ocorrência natural que, após a destilação e remoção de impurezas fornece uma série de combustíveis, produtos petroquímicos e lubrificantes, mas não inclui carvão ou xisto betuminoso;

27. "Plano Ambiental" significa o plano destinado a manter e proteger o meio ambiente na execução das Operações Mineiras, que está apenso à Licença de Mineração, como uma das condições que regulam essa Licença;

28. "Produção Comercial" significa a ocorrência de actividade comercial, sem contar o período de tempo durante o qual os minerais ou os concentrados de minério são transportados do Arrendamento de Mineração para serem testados, e sem se contar qualquer período de tempo durante uma fase de arranque das operações mineiras. Na determinação da data de inicio da Produção Comercial, deverão ser levadas em conta a primeira das ocorrências seguintes:

I. funcionamento de mina durante três (3) meses consecutivos, com um índice de produção equivalente, pelo menos, a oitenta por cento (80%) do índice de produção estipulado na Licença de Mineração atribuída ao Arrendamento de Mineração; ou

II. Se não houver instalações de mineração localizadas na área do Arrendamento de Mineração, o último dia do primeiro período de trinta (30) dias consecutivos durante o qual tenham sido transportadas substâncias minerais para fora da área do Arrendamento de Mineração, de forma regular e com o propósito de ganhar receitas; ou

III. No caso de existirem instalações de mineração na área do Arrendamento de Mineração como descritas na Licença de Mineração, o último dia de um período de sessenta (60) dias consecutivos em que, durante pelo menos quarenta e cinco (45) dias, as Instalações de Mineração existentes no local tenham processado minerais a um índice de oitenta por cento (80%) da sua capacidade nominal de produção.

29. "Prospecção" significa a procura de qualquer mineral, através dos métodos necessários para estabelecer a qualidade da fonte mineira de uma área, sujeita às disposições do Capítulo VIII desta Lei, com o objectivo de descobrir um deposito mineral que possa ter valor comercial;

30. "Requerimento de Produção Mineira" significa o grupo de registos e documentos exigidos pelo Artigo 103.º desta Lei que serve de base a emissão de uma Licença de Mineração, em conformidade com o Artigo 104º desta Lei;

31. "Retenção do Arrendamento de Mina" significa uma licença provisória concedida e renovável de acordo com as disposições previstas no Capítulo X desta Lei, desobrigando o seu beneficiário do desempenho das actividades de acordo com esta Lei, no caso de condições económicas adversas fora do controlo do Titular e quando tais condições forem consideradas de natureza temporária.

32. "Royalty" significa o pagamento ao Governo de uma percentagem sobre o valor do minério produzido.

33. "Fundo" significa o Fundo Nacional de mineração criado por esta lei nos termos da mesma para manter e administrar os fundos obtidos nos termos desta Lei para uso exclusivo da Direcção-Geral competente.

34. "FCFA" Franco da Comunidade Financeira Africana.

35. "Unidade de Arrendamento de Mineração" significa um grupo de quatro(4) Hectares Mineiros formando um quadrado, que será a unidade básica de medida mínima de um Arrendamento de Mineração, em situação contígua, em qualquer formato, e que deverá constituir um Arrendamento de Mineração, de acordo com os termos e condições do Artigo 65.º desta Lei;

## CAPÍTULO III
### Direitos de Mineração em Geral

#### Art. 10.º

Em conformidade com as disposições desta Lei, os direitos de prospecção, mineração, tratamento, comercialização e alienação de substâncias minerais serão adquiridos e mantidos ao abrigo e em conformidade com a mesma. Antes de se sujeitarem aos termos e às condições desta Lei, os Direitos de Mineração concedidos a indivíduos ou a entidades antes da entrada em vigor desta Lei prevalecerão até ao seu termo, ou por um período de dois (2) anos, conforme o que ocorrer primeiro.

### Art. 11.º

Salvo disposições em contrário consignada nesta e outra Lei, nenhuma das cláusulas desta Lei operará de forma a impedir que o proprietário ou o ocupante legal de qualquer terreno não abrangido por um Direito de Mineração extraia Materias de Construção, na abertura de estradas ou para fins agrícolas, quando os materiais assim extraídos se destinem a uso dessas terras e sem fins lucrativos.

### Art. 12.º

No exercício do direito de propriedade, o Estado poderá conceder Direitos de Mineração directamente a órgãos estatais, através de organismos descentralizados ou conferir a particulares, a entidades legais, nacional ou estrangeira, ou a uma Comunidade, devidamente reconhecidos pelo Governo.

### Art. 13.º

Nenhum, indivíduo e nenhuma Comunidade ou Entidade deverão fazer prospecção mineral excepto se tal for feito sob a autoridade do apropriado Direito de Mineração concedido e sujeito a esta Lei.

### Art. 14.º

Nenhum indivíduo, Entidade ou Comunidade terá o direito de extrair minerais, por qualquer meio, dentro do território nacional, sem uma Licença de Mineração, ou Licença de Mineração Artesanal emitida ao abrigo desta Lei.

### Art. 15.º

Ao abrigo desta Lei, podem ser concedidos os seguintes Direitos de Mineração:
1. Uma Licença de Mineração Artesanal;
2. Uma Licença de Prospecção;
3. Um Arrendamento de Mineração;
4. Uma Retenção do Arrendamento de Mina;
5. Uma Licença de Mineração; e
6. Um Certificado de Abandono de Operações de Mineração.

### Art. 16.º

As pessoas abrangidas por esta Lei são aquelas cujas funções estão de conformidade com as disposições legais em vigor no país.

### Art. 17.º

Os Direitos de Mineração Artesanal só serão concedidos a cidadãos nacionais originários.

### Art. 18.º

Os indivíduos ou Entidades estrangeiras que são os beneficiários dos Direitos de Mineração concedidos ao abrigo desta Lei receberão o mesmo tratamento dispensado a qualquer indivíduo ou qualquer Entidade nacional, salvo qualquer disposição em contrário estipulada nesta Lei.

## Art. 19.º
Um Direito de Mineração não será concedido ou mantido por:
1. Um indivíduo que:
I. Seja menor de dezoito anos de idade, ou;
II. Esteja falido ou venha a declarar falência nos termos de qualquer lei escrita, ou entre em acordo ou esquema de acordo com os seus credores, ou venha a se beneficiar de qualquer processo legal, destinado a auxiliar devedores falidos ou insolventes;
2. Uma Entidade que esteja em vias de liquidação, excluindo uma liquidação que faça parte integrante de um esquema para a restruturação da Entidade ou para fusão da Entidade com uma outra companhia; ou
3. Indivíduos ou Entidades que tenham sido condenados por uma infracção prevista ao abrigo dos termos e das condições desta Lei.

## Art. 20.º
Enquanto em exercício das suas funções a até três (3) anos após o seu término, os indivíduos a seguir indicados não poderão obter Direitos de Mineração em parte alguma do território nacional, quer individualmente, quer através de outra pessoa:
1. Os membros dos Órgãos de soberania nacional, os funcionários superiores e subalternos dos órgãos de Tutela do Sector Mineiro e das minas e das suas dependências;
2. Membros das Forças Armadas e Forças Paramilitares no activo;
3. Indivíduos que, nas Divisões administrativas do País, exerçam funções como governadores, presidentes, administradores, intendentes, comissários de polícia, representantes de divisão e seus subordinados, presidentes de municípios, conselhos municipais e notários, chefes de repartições de registo de bens imóveis, e membros do respectivo pessoal;
4. Salvo se designado pelo Titular, os administradores, empregados, trabalhadores, arrendatários, técnicos e conselheiros do Titular; dentro de uma área com um perímetro de dez (10) quilómetros do Arrendamento de Mineração onde trabalham, e;
5. Parentes consanguíneos dos indivíduos referidos neste Artigo, até o segundo grau, os seus conjugues e os respectivos familiares consanguíneos em primeiro grau.

## Art. 21.º
As proibições previstas no Artigo 20.º precedente não são extensivas aos Direitos de Mineração:
1. Adquiridos antes da tomada de posse de cargos públicos ou do início do período de função ou de emprego;
2. Pertencentes ao cônjuge do indivíduo impedido pela natureza das suas funções, se tais Direitos de Mineração tiverem sido adquiridos antes da nomeação para o cargo a exercer ou sucessão, devidamente comprovados;
3. De entidades em que o indivíduo impedido seja um sócio ou um accionista principal estabelecido antes desse indivíduo ter sido nomeado para um cargo público; o indivíduo impedido poderá continuar como sócio dessa Entidade, desde que não participe na administração ou na gestão da Entidade, e que as acções ou quotas dessa Entidade pertencentes ao indivíduo impedido sejam colocadas em fideicomisso para serem administrados sob o controle de uma terceira pessoa.

**Art. 22.º**
A aquisição total ou parcial de Direitos de Mineração por indivíduo ou Entidades referidos nos Artigos 19.º e 20.º, e os Direitos de Mineração assim adquiridos são nulos e inválidos e serão transferidos para o Estado a título gracioso. O anulamento será declarado pelo Ministro, ex-ofício ou, em caso de contestação por terceiros. Uma contestação relacionada com o disposto nos Artigo 19.º ou 20.º desta Lei pode ser apresentada ao Ministério em qualquer ocasião.

**Art. 23.º**
Um Direito de Mineração e os direitos por ele conferidos estarão sujeitos ás disposições desta Lei, e nenhuma regulamentação, ou outra legislação alterarão de forma alguma os Direitos de Mineração concedidos ao abrigo da presente Lei.

**Art. 24.º**
O tempo por qualquer razão gasto no processo de adjudicação em recursos contra despachos e/ ou em Arbitragem decorrentes da aplicação desta Lei não afectará a posse de um Direito de Mineração concedido ao abrigo desta Lei.

**Art. 25.º**
O Ministro não deverá rejeitar, cancelar, restringir nem negar de forma pouco razoável, o Direito de Mineração a um Titular, ou a um requerente a Titular de qualquer Direito de Mineração subordinado a esta Lei, excepto:
  1. Se ao Titular ou ao requerente forem fornecidos pormenores sobre as razões, ao abrigo desta Lei, em que o Ministro baseou a sua decisão; ou
  2. Em caso de inadimplemento por parte do Titular ou do requerente, por qualquer razão prevista nesta Lei, e o Ministro tiver notificado o Titular ou o requerente relativamente a tal inadimplemento, e durante um período de noventa (90) dias, o Titular ou o requerente não tenha iniciado a remediação dessa situação faltosa, ou;
  3. Se não for possível remediar uma situação faltosa, e o Titular ou o requerente não tenham oferecido uma compensação razoável.

## CAPÍTULO IV
### Direitos de Mineração e Direitos de Superfície

**Art. 26.º**
Sem autorização escrita da Autoridade Competente, o Titular de um Direito de Mineração não deverá desenvolver Operações de Mineração ou de Prospecção a uma distância de menos de cem(100) metros, ou de acordo com qualquer disposição em contrário desta lei, em qualquer terra designada e registada pela República da Guiné-Bissau, anteriormente á concessão de tal Direito de Mineração, que seja ou esteja:
  1. Destinada a servir de cemitérios;
  2. Local de algum monumento antigo ou monumento nacional;
  3. Local de qualquer edifício, ou represa e massa de água aí estabelecida, pertencente ao Estado;
  4. Um aeroporto ou aeródromo;

5. A menos de duzentos (200) metros de distância de qualquer instalação militar;

6. Reservada para qualquer linha ferroviária ou esteja a cem (100) metros de distância de qualquer linha ferroviária;

7. Em qualquer rua, estrada ou auto-estrada;

8. Integrada num Parque Nacional;

9. Contida dentro de uma Floresta Nacional ou seja usada como viveiro florestal, plantação, depósito de madeiras, serração, ou outra instalação usada em actividades florestais;

10. A formar os limites de qualquer cidade, município ou aldeia para os quais seja estabelecido um Conselho ao abrigo da legislação.

### Art. 27.º

Sem o consentimento do proprietário, do ocupante legal ou de seu agente devidamente autorizado, ou de uma autoridade tradicional devidamente reconhecida pelo Estado, o Titular de um Direito de Mineração não deverá exercer nenhum dos Direitos de Mineração que lhe tenham sido concedidos ao abrigo desta Lei, em nenhum, lugar situado a menos de cem (100) metros de um terreno:

1. Onde exista uma casa ou um edifício legalmente ocupados e habitados;

2. Que tenha sido desbastado ou lavrado ou preparado de qualquer outra forma, de boa fé, para o cultivo de produtos agrícolas ou em que estejam plantados produtos agrícolas;

3. Que seja o local de qualquer charco para gado, tanque ou represa de qualquer massa de água formada dessa maneira;

4. Que seja o local de qualquer poço, cisterna ou represa e massa de água formada dessa maneira, para ser usado como fonte de água potável para consumo humano;

5. Que seja ocupado por uma vila, sem a permissão escrita do chefe ou da Autoridade competente do distrito no qual a vila estiver situada; ou

6. Em qualquer terreno que não possa ser desenvolvido sem autorização prévia.

### Art. 28.º

Qualquer autorização concedida para os fins desde Capítulo IV pelo proprietário legal, pelo ocupante, pela Comunidade, pelo Ministro ou por uma Autoridade Competente deve ser concedida mediante determinadas, condições e contrapartidas razoáveis, conforme possa estar especificado nos termos de um Acordo de Acesso.

### Art. 29.º

O Governo reconhece o Direito do Titular a ter acesso ao local do Arrendamento de Mineração, de modo a desenvolver as Operações de Prospecção e Operações de Mineração. Por sua vez o Titular estará sujeito aos termos de qualquer Acordo de Acesso e assegurará que os Direitos de Acesso e os Direitos de Mineração possam ser convenientemente exercidos e, excepto da forma mínima necessária para a execução conveniente e apropriada das Operações de Prospecção e das Operações de Mineração. As referidas Operações não deverão ser executadas de modo a afectar negativamente os interesses nacionais ou de qualquer proprietário ou ocupante legal do terreno que sejam afectados por esses Direitos de Acesso e Direitos de Mineração.

### Art. 30.º

De acordo com os termos de qualquer Acordo de Acesso, o proprietário ou o ocupante legal de qualquer terreno abrangido por um Arrendamento de Mineração conservará o direito a pastorear gado ou a cultivar a superfície do terreno, na medida em que tal pastoreio ou cultivo não interfiram com os trabalhos de mineração e de prospecção, ou com outras operações a desenvolver ao abrigo do Direito de Mineração, mas não poderá modificar a superfície do terreno, alterar a utilização do terreno, ou erigir uma estrutura de qualquer tipo, sem o consentimento ou compensação ao Titular do Direito de Mineração, sob a condição de que, se tal consentimento for negado sem um motivo razoável, a questão será resolvida de acordo com o disposto no Capitulo XXV.

### Art. 31.º

O Titular de qualquer Direito de Mineração que requeira o uso exclusivo ou outra forma de utilização total ou parcial do Arrendamento de Mineração de modo a exercer os seus Direitos de Mineração, ou que possa necessitar de serventia para o acesso ao seu Arrendamento de Mineração poderá, de acordo com as leis relacionadas com tal aquisição, comprar, arrendar, ou adquirir o direito ao terreno através de um instrumento legal, para o seu uso, de acodo com as condições que possam ser acordadas entre o Titular e o proprietário, o ocupante legal ou as Autoridades Competentes da República da Guiné-Bissau. Se não for possível chegar a acodo entre as partes, o Titular poderá recorrer ao Ministro, o qual ordenará que as partes submetam a questão a arbitragem nos termos do artigo 180.º do Capítulo XXV.

### Art. 32.º

Sempre que, no exercício de um Direito de Mineração, ocorram perturbações dos direitos do proprietário ou do ocupante legal do terreno, ou sejam infligidos danos a quaisquer culturas, ás árvores, aos prédios, ao gado, ou a obras lá existentes, o Titular do Direito de Mineração, por virtude do qual tais operações sejam ou tenham sido levadas a cabo, estará sujeito a pagar uma indemnização nos termos da lei civil em vigor a tal proprietário ou a tal ocupante legal por tais perturbações ou danos, de acordo com os seus respectivos direitos ou interesses, caso existam.

## CAPÍTULO V
## Direitos de Mineração Artesanal

### Art. 33.º

Um Direito de Mineração Artesanal conferirá, ao indivíduo ou à Comunidade a quem tenha sido concedido ao abrigo desta Lei, direitos exclusivos de extracção mineira, de acordo com as disposições desta Lei e com quaisquer outros termos e condições porventura impostos pelo Ministro, relativamente á Licença de Mineração Artesanal, na área para a qual a Licença de Mineração Artesanal for concedida.

**Art. 34.º**
Qualquer cidadão nacional originário que tenha identificado um depósito mineral, poderá requerer ao Ministro, na forma prevista, a atribuição de uma Licença de Mineração Artesanal.

**Art. 35.º**
Uma Licença de Mineração Artesanal cobrirá uma área de um (1) a quatro (4) hectares mineiros contíguos.

**Art. 36.º**
Cada indivíduo ou Comunidade só poderá ser titular de uma (1) Licença de Mineração Artesanal, em qualquer momento e em relação a quaisquer terrenos existentes no território nacional.

**Art. 37.º**
Sempre que o Ministro tenha determinado que, na área específica em causa, as Operações Minerais serão levadas a cabo por uma Comunidade de acordo com as práticas usuais, ele autorizará tais operações, mediante a concessão de uma Licença de Mineração a um chefe ou outra pessoa que o Ministro possa designar por meio de um instrumento legal, por indicação da Comunidade.

**Art. 38.º**
Ao abrigo do disposto neste Capítulo V, dentro de um prazo de trinta (30) dias após o recebimento de um requerimento devidamente apresentado, o Ministro concederá uma Licença de Mineração Artesanal ao requerente, para que explore e proceda á extracção mineral do depósito referido no requerimento.

**Art. 39.º**
O Ministro não concederá uma Licença de Mineração Artesanal, e poderá suspender ou cancelar um Direito de Mineração Artesanal concedido, a qualquer indivíduo ou Comunidade:
1. Desqualificados pelas disposições desta Lei; ou
2. Que tenham sido condenados por uma infracção desta Lei.

**Art. 40.º**
Uma Licença de Mineração Artesanal permanecerá em vigor por um período de dois (2) anos, e será renovada, mediante requerimento, por períodos adicionais de dois (2) anos, desde que nenhuma das disposições deste Capítulo V impeça a concessão de um Direito de Mineração a seguir à expiração do Direito de Mineração então existente.

**Art. 41.º**
Uma Licença de Mineração Artesanal:
1. Identificará o indivíduo, através de uma fotografia sua e da assinatura ou impressão digital do seu polegar, ou, no caso de uma Comunidade, o representante designado pela Comunidade, que é Titular dos Direitos de Mineração para a Licença de Mineração Artesanal;

2. Relacionará, numa lista, os minerais em relação aos quais a Licença é concedida, e;

3. Será delineada com referência a pontos reconhecíveis, que sejam susceptíveis de levantamento topográfico e estejam ilustrados num mapa apenso à Licença de Mineração Artesanal.

### Art. 42.º

Não será concedida uma Licença de Mineração Artesanal em relação a uma área que já esteja sujeita a um Direito de Mineração, nem dentro ou sobre quaisquer área proibidas por esta Lei, a menos que uma dispensa abrangendo essas áreas proibidas específicas tenha sido emitida pela Autoridade Competente.

A área abrangida pela dispensa será delineada num mapa apenso á Licença de Mineração Artesanal.

### Art. 43.º

O Titular de uma Licença de Mineração Artesanal pagará ao Ministério uma taxa equivalente a cinco (5%) por cento dos minerais produzidos, em espécie ou em dinheiro, a título de direitos (Royalty) pelo privilégio concedido.

## CAPÍTULO VI
## Incentivos ao Investimento

### Art. 44.º

Será autorizado ao Titular de um Direito de Mineração para efeitos de Imposto sobre o Rendimento, a deduzir qualquer investimento em operações de prospecção e/ou em operações de Mineração, relativo a Actividades Mineiras referidas no Capítulo XXI.

### Art. 45.º

O Titular de um Direito de Mineração beneficiará de isenção de direitos alfandegários, de imposto e taxas fiscais, com excepção do imposto de Selos e emolumentos pessoas tributados pelo Estado no que diz respeito a toda a maquinaria e a todo o equipamento necessário para quaisquer actividades levadas a cabo ou a serem levadas a cabo nas Operações de Prospecção ou nas Operações de Mineração. A isenção a que o Investidor estará habilitado, ao abrigo do disposto neste artigo, será concedida após a apresentação dos documentos comprovativos da entrada no País dos equipamentos e maquinarias, confirmados pelo Ministério da Tutela, na sua forma aplicáveis, de conformidade com a Lei vigente e será válida enquanto o equipamento isento for usado para o seu fim original.

### Art. 46.º

Salvo conforme o previsto no Capítulo V, nenhum imposto sobre Royalty de qualquer natureza será pagável pelo Titular de um Direito de Mineração concedido ao abrigo desta Lei, relativamente à venda de qualquer mineral obtido no decorrer de qualquer Operação de Mineração executada no âmbito desse Direito de Mineração.

### Art. 47.º
As contas e os registos contabilísticos das Entidades serão mantidos e expressos em FCFA desde o início das operações no território nacional.

## CAPÍTULO VII
## Seguros e Indemnizações

### Art. 48.º
Na medida em que for possível obter seguros e garantias de indemnização que permitiram a cobertura de riscos dentro do território nacional, o Titular de uma Licença de Prospecção, de um Arrendamento de Mineração ou de uma Licença de Mineração obterão e manterão permanentemente, durante a vida do Direito de Mineração e durante um período subsequentemente apropriado, e farão que os seus empreiteiros obtenham e mantenham permanentemente, cobertura por seguros, contra os riscos de montantes que possam ser prudentes no contexto das normas da indústria mineira internacional, de acordo com as boas práticas no sector mineiro, para cobrir as Operações de Prospecção e as Operações de Mineração do Titular. O Titular fornecerá certificados ao Ministro, indicando que tal cobertura está em vigor, e fornecerá cópias de quaisquer apólices mantidas, se o Ministro o solicitar.

## CAPTULO VIII
## Licenças de Prospecção

### Art. 49.º
Todos os indivíduos, todas as Entidades e os seus encarregados de supervisão designados que participem em Operações de Prospecção têm de possuir um Licença de Prospecçâo válida.

### Art. 50.º
Uma Licença de Prospecção confere ao seu Titular o direito a desempenhar todos os actos e acções necessários, ou razoavelmente apropriados, para proceder à procura de depósitos minerais, durante um período de dois (2) anos. A Licença não confere ao seu Titular direitos exclusivos sobre qualquer área, ou qualquer prioridade no tocante ao requerimento de um Arrendamento de Mineração numa determinada área.

### Art. 51.º
Uma Licença de Prospecção não confere nenhum Direito de Mineração ao seu Titular, excepto o direito a:

1. Submeter espécimes minerais para análise, com um peso máximo de vinte (20) quilos cada, com o propósito de determinar a presença, a quantidade e a natureza dos minerais contidos no espécime;

2. Submeter a tratamento, não mais de um (1) metro cúbico de material, de forma a obter o espécime referido na alínea 1 do Artigo 51º, acima;

3. Abrir um furo, por qualquer processo, até uma profundidade de não mais de cinquenta (50) metros, à procura de espécimes minerais;

4. Escavar uma fossa, por qualquer processo, não superiores a três (3) metros de profundidade, largura e comprimento para obtenção de espécimes minerais;

5. Pesquisar e elaborar mapas da superfície da terra, com o propósito de localizar minerais, e;

6. Proceder a levantamentos, por meios geofísicos, geoquímicos, de fotografia aérea e por satélite, ou por meio de radar, à superfície da terra ou sobre a mesma.

### Art. 52.º

As actividades contempladas no Artigo 51.º, podem ser executadas em todo o território nacional. Com a excepção das actividades aéreas, estas actividades não poderão ser levadas a cabo em:

1. Áreas excluídas nos artigos 26.º e 27.º desta Lei, particularmente onde houver Arrendamento de Mineração ou em terras delimitadas por cerca ou cultivadas, a não ser que se obtenha primeiro um Acordo de Acesso, devidamente assinado pelo Titular do Arrendamento de Mineração ou pelo proprietário do terreno, conforme o caso, e pelo Titular da Licença de Prospecção, ou;

2. Em áreas urbanas ou em áreas de expansão urbana, em zonas reservadas á defesa nacional, em áreas arqueológicas, e em áreas de utilidade pública, a menos que a Autoridade Competente conceda um Acordo de Acesso.

### Art. 53.º

Um requerimento para a concessão de uma Licença de Prospecção deverá ser submetido ao Ministro, de acordo com a forma prescrita, acompanhado da taxa correspondente. O requerimento incluirá:

1. No caso do requerente ser um indivíduo, o seu nome, a sua morada e a sua nacionalidade;

2. Se o requerente for uma Entidade, o seu nome de registo, o seu endereço, e os nomes, as moradas e as nacionalidades dos administradores e de qualquer accionista que seja beneficiário de mais de cinco (5%) por cento do capital emitido, e;

3. Detalhes de qualquer Direito de Mineração previamente concedido ao indivíduo ou à Entidade requerente.

### Art. 54.º

O Ministro concederá uma Licença de Prospecção ao requerente, dentro de um prazo de sessenta (60) dias após receber um requerimento devidamente instruído, excepto se o candidato:

1. Estiver impedido de possuir uma Licença de Prospecção, ao abrigo das disposições desta Lei;

2. For Titular de outro Direito de Mineração e estiver a infringir qualquer condição inerente a esse Direito de Mineração, em violação de alguma das disposições desta Lei ou dos regulamentos com ela relacionados; ou

3. Tiver sido condenado por alguma contravenção desta Lei.

### Art. 55.º

A Licença de Prospecção:

1. Indicará a data de concessão da Licença;

2. No caso de um indivíduo ou pessoa singular, exibirá uma fotografia completa do rosto e a impressão digital do polegar do Titular da Licença, e assinatura autenticada.

3. O nome e a morada do Titular da Licença, ou;

4. No caso de uma Entidade, o nome e a morada da Entidade, além de uma lista com os nomes, os cargos e as moradas dos indivíduos responsáveis pela representação e administração da Licença de Prospecção da Entidade. As Entidades têm que possuir uma Licença de Prospecção para cada indivíduo que represente e administre o Direito de Mineração concedido á Entidade, e;

5. A nacionalidade do Titular.

### Art. 56.º

Para determinar a data de início da validade da Licença de Prospecção, o Ministro poderá levar em consideração qualquer período que não exceda seis (6) meses, a partir da data da concessão, de que o requerente possa necessitar para fazer os preparativos necessários para o início das operações.

### Art. 57.º

Mediante requerimento, uma Licença de Prospecção poderá ser renovada repitidamente pelo Ministro, por período não superior a dois (2) anos, conforme as necessidades do Titular, se o Titular da Licença de Prospecção estiver a cumprir os aspectos essenciais desta Lei.

### Art. 58.º

As Licenças de Prospecção, ou cópias autenticadas, devem estar sempre presentes no local de trabalho durante a execução de Operações de Prospecção.

### Art. 59.º

O Titular de uma Licença de Prospecção:

1. Iniciará as Operações de Prospecção dentro de sessenta (60) dias, a partir da data de concessão da Licença de Prospecção;

2. Apresentará ao Ministro, semestralmente, um relatório do progresso dos trabalhos desenvolvidos que servirá de suporte para efeitos do Artigo 57.º da presente Lei;

3. Requererá um Arrendamento de Mineração ao descobrir qualquer depósito mineral de possível valor comercial, dentro de trinta (30) dias da data da descoberta, ou se não o fizer;

4. Comunicará ao Ministro qualquer descoberta de um depósito mineral durante os sessenta (60) dias seguintes á descoberta, fornecendo, ao Ministro, um mapa com a identificação do local da descoberta, e um relatório contendo todas as informações obtidas que digam respeito á referida descoberta e aos minerais nela existentes.

### Art. 60.º

A taxa a pagar por uma Licença de Prospecção será:

1. No caso de um indivíduo que seja cidadão nacional, 60.000 FCFA (sessenta mil Francos CFA).

2. No caso de um indivíduo de nacionalidade estrangeira, 300.000 FCFA (trezentos mil Francos CFA).

3. No caso de uma pessoa que seja empregada ou agente de um Entidade, nacional ou estrangeira 600.000 FCFA (seiscentos mil Francos CFA).

## CAPÍTULO IX
## Arrendamentos de Mineração

**Art. 61.º**

Ao emitir um Arrendamento de Mineração, o Governo determina que se proceda á exploração e à extracção de substâncias minerais dentro da área do Arrendamento de Mineração, com vista á sua comercialização.

**Art. 62.º**

Ao abrigo do disposto nesta Lei, o Governo emite Arrendamentos de Mineração a favor de indivíduo(s) ou Entidades, nacionais ou estrangeiros, válidas por um prazo de vinte e cinco (25) anos. Um Arrendamento de Mineração, após a renovação de uma Licença de Mineração poderá ser renovado repetidamente por períodos adicionais de vinte e cinco (25) anos.

**Art. 63.º**

O Arrendamento de Mineração abrange todos os minerais que possam existir dentro da Área do Arrendamento.

**Art. 64.º**

Para os fins desta Lei, a unidade de medida utilizada será o Hectare Mineiro e a unidade básica de um Arrendamento de Mineração será uma Unidade de Arrendamento de Mineração.

**Art. 65.º**

Um Arrendamento de Mineração é constituído por uma Unidade de Arrendamento de Mineração ou por unidades de Arrendamento de Mineração contíguas, que formam uma área com uma superfície máxima de dez mil (10.000) hectares.

**Art. 66.º**

Um indivíduo ou uma Entidade pode ser Titular de vários Arrendamentos de Mineração.

**Art. 67.º**

Ao abrigo desta Lei, se mais de um requerimento de um Arrendamento de Mineração for devidamente submetido e recebido, a respeito da totalidade ou de uma parte da mesma área de terreno, os requerimentos serão adjudicados de acordo com a ordem da hora e da data em que foram recebidos; tal ordem será comprovada pelo recibo emitido pelo Ministério na altura da recepção dos requerimentos que apresentem essa sobreposição.

**Art. 68.º**

Qualquer requerimento de um Arrendamento de Mineração apresentado devidamente por um requerente ao abrigo desta Lei será registado imediatamente num registo mantido para esse fim, e a cada requerimento assim registado será atribuído um número, a data e a hora em que o requerimento foi recebido serão indicadas num recibo oficial entregue ao requerente.

**Art. 69.º**

O Ministério conservará um registo dos Arrendamentos de Mineração em mapas que tenham uma escala que mostre adequadamente a localização dos Arrendamentos de Mineração, de acordo com o sistema Mercator de Projecção Transversal, e um registo que mostre a situação actual dos Arrendamentos de Mineração no território nacional. Os mapas e o registo deverão indicar, com precisão, as alterações ocorridas na situação dos Arrendamentos, dentro de trinta (30) dias da ocorrência de quaisquer adições, eliminações ou alterações dos Arrendamentos de Mineração.

**Art. 70.º**

De acordo com outras disposições desta Lei, o Ministro concederá um Arrendamento de Mineração referente à totalidade ou a uma determinada parcela da área não detida ao abrigo de outro Arrendamento de Mineração preexistente, dentro de um prazo de trinta (30) dias do seu registo.

**Art. 71.º**

As condições de pagamento e as taxas a pagar por um Arrendamento de Mineração são as seguintes:

1. Ao receber o Arrendamento de Mineração, o respectivo Titular pagará ao Ministério, dentro de um prazo de trinta (30) dias, a Taxa correspondente ao primeiro ano do Arrendamento; e

2. Nos anos seguintes, a taxa de arrendamento será paga até 10 dias antes do término do prazo, e na hora normal do expediente do Ministério;

3. Se eventualmente o término do prazo mencionado no ponto 2, coincidir um feriado ou Sábado e Domingo, a taxa do arrendamento será paga no último dia útil anterior.

**Art. 72.º**

A taxa do Arrendamento de Mineração será de:

1. 600 FCFA (seiscentos Francos CFA) por ano, por Hectare Mineiro, durante os primeiros quatro (4) anos do Arrendamento; e

2. 1.200 FCFA (mil e duzentos FCFA) por ano, por Hectare Mineiro, a partir do quinto ano até o oitavo (8.º) ano, do Arrendamento de Mineração.

**Art. 73.º**

Um Arrendamento de Mineração reverterá em favor do Estado e poderá ser adquirido por terceiros se, passados oito (8) anos, o Titular do Arrendamento:

1. Não tiver requerido uma Licença de Mineração, ou não esteja a cumprir as obrigações impostas por essa Licença de Mineração;

2. Não tiver requerido uma extensão única de dois (2) anos, para desenvolver mais actividades de prospecção, a troco de uma taxa de Concessão Mineira anual equivalente a 2.400 FCFA (dois mil e quatrocentos Francos CFA) por Hectare Mineiro; ou

3. Não tiver submetido um Requerimento de Produção Mineira; ou

4. Não tiver requerido uma Retenção do Arrendamento de Mina, em vez de apresentar um Requerimento de Produção Mineira, ou o Titular estiver impossibilitado de cumprir as exigências da Licença de Mineração devido a condições de natureza não económica que estejam fora do seu controlo.

### Art. 74.º
Um Titular não poderá readquirir o mesmo Arrendamento de Mineração, ou qualquer parte do mesmo, durante os três (3) anos seguintes á expiração desse Arrendamento de Mineração.

### Art. 75.º
Dentro de cento e oitenta (180) dias após a emissão de um Arrendamento de Mineração, o terreno abrangido pelo Arrendamento deverá ser convenientemente inspeccionado, e os seus limites deverão ser assinalados com marcos colocados em cada um dos seus cantos e ao longo das partes laterais do perímetro exterior, com um intervalo mínimo de quinhentos (500) metros entre cada um deles. O não cumprimento das disposições deste Artigo e do Artigo 77.º, resultará na anulação do Arrendamento de Mineração.

### Art. 76.º
Os marcos devem ser feitos com um material permanente e devem estar identificados com o número do Arrendamento de Mineração e com a data da sua emissão. Os marcos de delimitação devem ser constituídos por cubos com trinta (30) centímetros de lado, afixados à terra por meio de uma estaca metálica com (30) centímetros de profundidade. Em áreas em que a superfície do solo seja constituída por rochas, os marcos serão cimentados á superfície da rocha. Em áreas pantanosas, os marcos serão constituídos por tubos de PVC, ou material similar, com trinta (30) milímetros de diâmtetro, espetados na terra e tendo uma extensão de um (1) metro projectada acima da água. Não serão colocados marcos em águas navegáveis. Nesses casos, os marcos serão colocados em cada uma das margens do curso de água, ao longo do limite de demarcação.

### Art. 77.º
Se, em algum momento durante o termo de validade de um Arrendamento de Mineração, os limites do mesmo forem modificados por qualquer razão, os novos limites terão de ser objecto de reconhecimento, e terão de ser assinalados com marcos dentro de um prazo de cento e oitenta (180) dias após essa emenda.

### Art. 78.º
Uma cópia autenticada do Arrendamento de Mineração terá de ser mantida no local de Arrendamento, sempre que esse local esteja ocupado ou que o Titular lá esteja a desenvolver qualquer espécie de trabalho.

## CAPÍTULO X
## Retenção do Arrendamento de Mina

### Art. 79.º
O Titular de um Arrendamento de Mineração e/ou de uma Licença de Mineração poderá, em qualquer altura durante o período de validade desse Arrendamento de Mineração, e mediante um pagamento ao Ministério de uma taxa de estudo de 3.000.000 FCFA (três milhões Francos CFA) requerer ao Ministro a concessão de uma Retenção do Arrendamento de Mina, invocando os seguintes motivos:
1. O Titular identificou um depósito mineral dentro da área do Arrendamento

de Mineração, susceptível de ter valor comercial, mas esse depósito mineral não pode ser explorado de imediato, devido a condições económicas situadas fora do controlo do Titular, que sejam ou possam ser de natureza temporária, ou;

2. As operações de Mineração não podem prosseguir, devido as condições adversas no mercados ou outros factores económicos situados fora do controlo do Titular, que sejam ou possam ser de caracter temporário.

### Art. 80.º

O requerimento da Retenção do Arrendamento de Mina será acompanhado por estudos a pareceres, preparados por peritos apropriados ou por consultores aceitos pela indústria mineira, abrangendo:

1. A extensão das condições económicas adversas, as perspectivas de recuperação, e a importância comercial, no futuro, do depósito mineral ou da mina, ou;
2. As condições do mercado, as tendências e os factores económicos relevantes que afectam o desenvolvimento ou a reabertura da mina; e quaisquer outras informações que o Ministro possa razoavelmente exigir, com respeito às propostas do requerente para a retenção e o desenvolvimento futuro do depósito, ou a produção futura a partir deste.

### Art. 81.º

O Ministro com base no parecer da DGM, se estiver satisfeito com as razões especificadas no requerimento e estiver convencido de que as Operações de Mineração poderão começar ou recomeçar no local do Arrendamento dentro de um período de seis (6) anos, concederá ao requerente a Retenção do Arrendamento de Mina dentro de sessenta (60) dias.

### Art. 82.º

A Retenção do Arrendamente de Mina pode ser concedido:
1. Por um período não superior a três(3) anos; e
2. Se, mediante requerimento do Titular, o Ministro continuar convencido de que o desenvolvimento comercial ou a produção não é possível até à data de expiração da Retenção do Arrendamento de Mina, o mesmo poderá ser renovado apenas por um período de três (3) anos.

### Art. 83.º

Porém antes de renovar a Retenção do Arrendamento de Mina, o Ministro, através da DGM poderá solicitar que o Titular lhe forneça quaisquer estudos actualizados, estimativas e avaliações das perspectivas económicas que possam razoavelmente ser exigidos, permitindo que o desenvolvimento da exploração do depósito mineral recomecem dentro dessa prorogação de três (3) anos;

### Art. 84.º

O Ministro pode impor condições ao titular, com vista á preservação do depósito mineral, da mina e/ou á restauração do meio ambiente dentro da área do Arrendamento de Mineração.

### Art. 85.º

Se o Ministro estiver convencido de que um Arrendamento de Mineração sujeito à Retenção do Arrendamento se tornou viável durante o período de validade da Retenção, ele poderá, mediante aviso ao Titular da Retenção, exigir que o Titular volte a cumprir as condições impostas por esta lei, no tocante à Retenção. Poderá depois, a qualquer momento, cancelar a Retenção do Arrendamento de Mina, decisão essa que o Titular poderá recorrer, dentro de um prazo de trinta (30) dias, e que estará sujeita a apreciação pelo Ministro dentro de sessenta (60) dias após a interposição de tal recurso.

### Art. 86.º

A taxa do Arrendamento de Mineração, pagável durante o período de validade da Retenção do Arrendamento será de 300 FCFA (trezentos Francos CFA) por ano, por Hectare Mineriro.

## CAPÍTULO XI
### Requerimento de Autorização para Produção Mineira

### Art. 87.º

Antes da extracção de substâncias minerais para produção comercial, o Titular de um Arrendamento de Mineração deverá apresentar ao Ministro um requerimento de Autorização para Produção Mineira, acompanhado do valor de 6.000.000 FCFA (seis milhões Francos CFA) como taxa de estudo.

### Art. 88.º

Nesta fase, o Titular poderá requerer que dois (2) ou mais Arrendamentos de Mineração contíguos sejam reunidas, para fins do requerimento de Autorização para Produção Mineração e da Licença de Mineração subsequente, se o depósito mineral transpuser os limites dos Arrendamentos, de mineira que a exploração mineira de ambos os Arrendamentos de Mineração, a partir de uma unidade mineira comum, seja o método mais prático e mais económico de extrair os minerais lá contidos.

### Art. 89.º

O requerimento de Autorização para produção Mineira deverá incluir ou estar acompanhado dos seguintes elementos:

1. Localização e plano de levantamento do Arrendamento de Mineração;

2. Uma descrição total da superfície terrestre dentro da área do Arrendamento de Mineração, seus usos, biosfera e clima;

3. Uma declaração a respeito do período de tempo estimado de funcionamento da mina;

4. Uma declaração completa, acompanhada por mapas, secções e planos necessários para descrever a geologia dos depósitos minerais contidos dentro da área do Arrendamento de Minerção, incluindo pormenores sobre todos os minerais conhecidos de que haja reservas possíveis, prováveis ou comprovadas, e os respectivos gruas de qualidade;

5. Uma descrição das condições de mineração e da mina, incluindo, entre outros elementos, mapas, planos e secções necessários para ilustrar adequadamente a mina em relação ao depósito, durante a vida útil da mina;

6. Uma descrição das instalações Mineiras e das instalações auxiliares da mina, incluindo, entre outros elementos, o moinho, centrais eléctricas, depósitos de refugos, maquinaria e oficinas;

7. O Programa social do requerente, relativamente a cidadãos nacionais no que se refere à contratação, à formação profissional e às condições de emprego, incluindo providências relativas a alojamento, instrução escolar e assistência médica para as pessoas empregadas pelo Titular, pelo seu cônjuge legal e pelos seus filhos;

8. O programa de Operações de Mineração que tiver sido proposto incluindo, entre outros elementos, uma previsão dos investimentos de capital, o ritmo estimado do processo de recuperação de minérios e de produtos minerais, e os métodos propostos para o tratamento e a eliminação dos desperdícios, do minério e dos minerais extraídos;

9. O Plano Ambiental, compilado de acordo com o disposto no Capítulo XII desta Lei, será elaborado por pessoas que, no conceito do sector mineiro, sejam consideradas convenientemente qualificadas e competentes para formular propostas para a prevenção da poluição, para o tratamento dos desperdícios, para a protecção e a reabilitação dos recursos das terras e dos recursos aquáticos, e para a eliminação ou a minimização de efeitos adversos sobre o meio ambiente no local de implantação das Operações Mineiras. As condições a que a concessão da Licença de Mineração estará subordinada incluirão condições relativas à conversão, à protecção, à preservação e à restauração do meio ambiente, conforme o Ministro determinar, e estarão sujeitas às disposições desta Lei, no que se refere a:

I. Reabilitação, nivelamento, replantação das ervas, rearborização ou reconstituição topográfica de qualquer parte do Arrendamento de Mineração que tenha sido danificada ou afectada adversamente pelas Operações de Mineração, e;

II. O enchimento, a obturação ou a vedação de furos no terreno escavações, poços e túneis, e;

10. Pormenores sobre as necessidades de infra-estruturas previstas e os métodos sugeridos para a sua implantação.

## CAPÍTULO XII
### Preservação do Meio Ambiente e Plano Ambiental

#### Art. 90.º

Os Titulares de um Arrendamento de Mineração terão de elaborar estudos de impacto ambiental e planos de gestão ambiental para evitar, minorar, controlar, reabilitar e compensar os efeitos ambientais e sociais derivados das suas actividades. O Plano Ambiental será aprovado pelo Ministro ouvido os Serviços competentes antes da emissão de uma Licença de Mineração.

#### Art. 91.º

O Plano Ambiental obedecerá às especificações e às práticas estabelecidas por normas internacionais para a gestão do meio ambiente, em relação ao modo como ele é afectado por Operações de Mineração.

#### Art. 92.º

O Ministro poderá exigir o depósito, pelo requerente do Arrendamento ou da Renovação de um Direito de Mineração, de uma ou mais cauções de garantia ou apólices de seguro para assegurar o cumprimento pelo requerente de todas as exigências e condições do Plano Ambiental.

### Art. 93.º

O Ministro deverá assegurar que o Plano Ambiental contenha:

1. Uma descrição do projecto e dos meios ambientais a serem aplicados, que deverão estar orientados para:

I. Conservar e proteger a flora e a fauna selvagens, o ar, água, as belezas paisagísticas, o solo, as comunidades nativas e as características de interesse cultural, arquitectónico, arqueológico, histórico ou geológico;

II. A prevenção, a fiscalização e o controlo da contaminação, da desarborização, da erosão e da sedimentação;

III. A rearborização e a restauração das áreas afectadas pelas Operações de Mineração;

IV. Programas de manutenção de reservatórios, equipamento, canalizações, tanques de armazenamento, estradas e obras civis em geral;

V. Planos de emergência e contra acidentes, para fazer face a derramamentos de produtos contaminantes em cursos de água, no mar e na terra;

VI. Meios de reacção a eventualidades e acidentes inesperados;

VII. Processos da recolha para a eliminação final de resíduos, lixos, detritos e obras civis complementares; e

VIII. Compensação, sob a forma de pagamentos, para a substituição de bens privados legalmente detidos antes da concessão do Arrendamento de Mineração, se tais bens forem afectados pelas Operações de Mineração;

2. Uma descrição cronológica das Operações de Mineração;

3. Um mapa da área do projecto, com um esboço do local ou dos locais onde as Operações de Mineração serão desenvolvidas e as suas áreas de influência possíveis;

4. Estudos de impacto ambiental, com os respectivos planos de gestão ambiental, para todas as fases do projecto das operações minerais, da construção, da operação e do desmantelamento do projecto;

5. Uma descrição do tratamento a ser dado a resíduos sólidos e fluentes líquidos e gasosos antes de serem descarregados no meio ambiente, e;

6. Programas permanentes de formação e consciencialização ambiental, dirigidos aos empregados do Titular, para estimular acções que minimizem o impacto ambiental.

### Art. 94.º

Os Titulares dos Direitos de Mineração que utilizem água nos seus trabalhos deverão devolvê-Ia ao seu curso original, ao lago ou à lagoa de onde foi retirada, isenta de contaminação, de modo a não afectar a saúde humana ou a vida normal da flora e da fauna.

### Art. 95.º

Se as Operações Minerais exigirem trabalhos em fossas abertas ou outras técnicas que obriguem á limpeza de solos, ervas, arbustos e/ou de árvores, o Titular do Direito de Mineração será obrigado a preservar, a armazenar e a substituir o solo, sempre que possível, e a replantar a área afectada com espécies naturais da área. Tais processos deverão obedecer às normas internacionais de protecção ambiental.

### Art. 96.º
Ao empilhar resíduos minerais ou metalúrgicos, o Titular tomará precauções estritas contra a contaminação do solo ou das áreas vizinhas, construindo quaisquer represas ou valas para despejos que sejam necessárias.

### Art. 97.º
Se existirem espécies vegetais e animais de comprovado valor científico ou económico dentro da área afectada pelas Operações Minerais, elas serão objecto de tratamento especial pelo Titular por forma a contribuir para a sua conservação.

### Art. 98.º
A gestão dos refugos, dos resíduos sólidos e líquidos, e das emissões gasosas produzidas pelas Operações de Mineração, dentro do território nacional, tem que obedecer às exigências seguintes:
  1. Refugos que, devido à sua natureza não sejam biodegradáveis, tais como o vidro, os plásticos, o alumínio, o ferro, e outros materiais serão transportados para locais pré-estabelecidos, para a sua eliminação; e
  2. Refugos que, devido à sua natureza não sejam biodegradáveis, tais como lixo e desperdícios domésticos, serão depositados em locais pré-estabelecidos e serão submetidos a um processo de decomposição, de modo a que se obtenham produtos, como o húmus, que servirão para programas de reabilitação das áreas afectadas.

### Art. 99.º
O Ministro, através dos Serviços Competentes, poderá ordenar a entrega de uma nota escrita, a um indivíduo ou a uma Entidade que seja ou tenha sido Titular de um Direito de Mineração, determinando que esse indivíduo ou essa Entidade tomem as medidas especificadas, dentro de um prazo determinado, para tornar efectivas quaisquer condições incluídas no Plano Ambiental apenso à Licença de Mineração, para a protecção do meio ambiente. Se o indivíduo ou Entidade a quem tenha sido entregue uma destas directivas faltar ao cumprimento dessas orientações, o próprio Ministro poderá ordenar a tomada de medidas necessárias para assegurar a sua execução, e os respectivos custos directos e indirectos constituirão uma dívida pagável à República da Guiné-Bissau pelo indivíduo ou pela Entidade a quem essas orientações tenham sido transmitidas.

### Art. 100.º
Sempre que o Ministro considerar que o Titular de uma Licença de Mineração está a utilizar práticas mineiras nocivas, aquele poderá transmitir ao Titular um aviso apropriado, através dos Serviços de Geologia e Minas, fornecendo dados detalhados sobre essas práticas, e exigir que o Titular responda por escrito, dentro de 90 dias, com uma explicação das razões por que o Titular não deverá pôr termo ao uso de tais práticas.

### Art. 101.º
Sempre que, decorrido o prazo concedido, o Titular não conseguir demonstrar satisfatoriamente ao Ministro que não está a utilizar práticas mineiras nocivas, ou que o emprego de tais práticas é justificado, o Ministro, emitirá um aviso de Arbi-

tragem, ao abrigo do disposto no Capítulo XXV desta Lei, que poderá resultar na emissão de uma ordem ao Titular para que deixe de empregar todas essas práticas ou as práticas especificadas nos avisos, a partir de uma determinada data, conforme estiver indicado no aviso e o Titular cumprirá essas directivas.

### Art. 102.º

Uma dívida contraída para com o Estado ao abrigo do disposto no Artigo 99.º é recuperável, independentemente de o indivíduo ou a Entidade em dívida tiver ou não sido processada ou condenada por uma infracção desta Lei.

## CAPÍTULO XIII
## Licença de Mineração

### Art. 103.º

Em conformidade com as outras disposições desta Lei, o Ministro, com parecer favorável dos Serviços de Geologia e Minas, concederá uma Licença de Mineração, dentro de um prazo de cento e vinte (120) dias a partir da data de apresentação ao Ministro de um Requerimento de Autorização para Produção Mineira pelo Titular de um Arrendamento de Mineração, se o requerente demonstrar, através do parecer de uma empresa de consultoria independente e reconhecida internacionalmente, que constituirá parte integrante do Requerimento de Autorização para Produção Mineira, que:

1. Existem reservas suficientes e que o grau de qualidade dos minerais justifica a sua produção comercial;

2. A área de terreno em relação à qual se pede uma Licença de Mineração não excede a área razoavelmente necessária para a execução do programa de Operações de Mineração proposto pelo requerente;

3. Avaliado segundo normas internacionalmente reconhecidas de boas práticas mineiras, o programa de Operações de Mineração proposto pelo requerente asseguraria o uso eficiente e benefício dos recursos minerais da área relativamente à qual se solicita a Licença de Mineração;

4. O Plano Ambiental do requerente obedece ás especificações e às práticas estabelecidas por normas internacionais para a gestão do meio ambiente, no tocante à forma como é afectado por Operações de Mineração;

5. Considera as dimensões e a natureza das Operações de Mineração propostas pelo requerente respeitantes ao emprego e à formação dos cidadãos nacionais são adequadas, e;

6. O requerente não está a infringir nenhuma das cláusulas do seu Arrendamento de Mineração, nem nenhuma das disposições desta Lei. Sob a condição de que o Ministro não rejeitará um requerimento com base no disposto neste número a menos que ao requerente tenham sido fornecidas informações pormenorizadas sobre falta de cumprimento das suas obrigações, e ele não tenha remediado essa situação dentro de um prazo de noventa (90) dias, ou, se essa infracção não for susceptível de remediação, o Titular não tenha oferecido uma compensação razoável a esse respeito.

### Art. 104.º

Uma Licença de Mineração será concedida pelo período de tempo que o requerente possa solicitar, sem exceder o prazo de validade restante do Arrendamento de Mineração, estando esse período sujeito a um limite máximo de vinte e cinco (25) anos. As Licenças de Mineração serão renovadas, mediante requerimento do Titular, por períodos adicionais de vinte e cinco (25) anos, observadas as disposições previstas nos artigos 109.º à 113.º.

### Art. 105.º

Uma Licença de Mineração:
1. Conterá a identificação completa do requerente;
2. Identificará o Arrendamento de Mineração aplicável;
3. Indicará a data de concessão da Licença de Mineração;
4. Indicará a data de expiração da Licença de Mineração, e;
5. Incluirá um plano do Arrendamento de Mineração, mostrando a área de terreno afectada pela mina, pelas suas instalações de apoio e pelas Operações de Mineração.

### Art. 106.º

À Licença de Mineração estarão apensos os seguintes documentos que constituirão parte integrante das respectivas condições:
1. O Programa de Operações de Mineração;
2. O Plano Ambiental do requerente, e;
3. As propostas do requerente a respeito do emprego, da assistência médica, do alojamento e da formação profissional daqueles cidadãos nacionais que serão empregados ou agentes do requerente no local da mina.

### Art. 107.º

O Titular de uma Licença de Mineração:
1. Desenvolverá a área mineira e levará a cabo as Operações de Mineração com os cuidados apropriados e de acordo com o programa das Operações de Mineração e o Plano Ambiental aprovados;
2. Empregará e procederá à formação profissional de cidadãos nacionais, de acordo com as suas propostas apensas à Licença de Mineração, e;
3. Demarcará a área mineira, conservá-la-á em condições seguras e protegerá o meio ambiente da forma prescrita.

### Art. 108.º

Uma Licença de Mineração confere ao seu Titular direitos exclusivos para levar a cabo Operações de Mineração e Operações de Prospecção dentro da área do Arrendamento de Mineração, e para executar todos os outros actos e acções que sejam necessários ou razoavelmente apropriados para o desenvolvimento dessas Operações, no âmbito da Licença de Mineração aprovada. Dentro dos limites do seu Arrendamento de Mineração poderá, pessoalmente ou por intermédio dos seus empregados ou agentes:
1. Celebrar o Contrato de Arrendamento de Mineração e tomar todas as medidas razoáveis, à superfície ou abaixo dela, para fins das Operações de Mineração;
2. Erigir o equipamento, as instalações e os edifícios necessários para fins da

extracção mineira, do transporte, da beneficiação ou do tratamento dos minerais recuperados no decorrer das Operações Minerais;

3. Dispor de qualquer produto mineral obtido, por venda ou por outros meios, dentro ou fora do território nacional;

4. Fazer prospecções dentro da área mineira, relativamente a quaisquer minerais, e;

5. Empilhar ou descarregar quaisquer produtos minerais ou desperdícios.

### Art. 109.º

O Titular de uma Licença de Mineração e de um Arrendamento de Mineração poderá, em qualquer momento, mas no mais tardar até um (1) ano antes da expiração dessa Licença e desse Arrendamento de Mineração, requerer ao Ministro a renovação da totalidade ou de qualquer parcela do Arrendamento de Mineração e da Licença de Mineração. Uma Licença de Mineração e um Arrendamento de Mineração podem ser renovadas repetidamente pelo Titular.

### Art. 110.º

Um Requerimento de Renovação será acompanhado por uma taxa de examinação de 3.000.000 FCFA (Três milhões de Francos CFA).

### Art. 111.º

O Requerimento de Renovação incluirá ou será acompanhado de:

1. Uma declaração sobre o período pretendido para a renovação, que não poderá exceder vinte e cinco (25) anos;

2. Os pormenores mais recentes a respeito das reservas possíveis, prováveis e confirmadas, e do respectivo grau de qualidade;

3. O investimento de capital, a efectuar durante o período de renovação;

4. Quaisquer alterações esperadas dos métodos de extracção e de tratamento do minério e do refugo;

5. Um programa proposto para as Operações de Mineração e o Plano Ambiental para o período de renovação, notando em particular quaisquer alterações do programa e do Plano originais que governam a Licença de Mineração corrente, e;

6. Se a renovação pretendida disser respeito a uma parcela do Arrendamento de Mineração, um plano que identifique tal parcela.

### Art. 112.º

Salvo quaisquer disposições em contrário contidas nesta Lei, a Licença de Mineração e o Arrendamento de Mineração serão renovados e emendados de modo a reflectir as condições do Requerimento de Renovação aprovado pelo Ministro, por um período não superior a vinte e cinco (25) anos. Esta concessão do Direito de Mineração será efectuada dentro de sessenta (60) dias a partir da data da recepção do requerimento de Renovação.

### Art. 113.º

O Ministro pode rejeitar um Requerimento de Renovação se:

1. O desenvolvimento da área de mineração não tiver sido processado com razoável cuidado;

2. Não restarem minerais em quantidades susceptíveis de serem produzidas, ou;

3. O requerente estiver a violar qualquer das condições do seu Arrendamento de Mineração ou da Licença de Mineração, ou qualquer das disposições desta Lei.

**Art. 114.º**
O Titular de uma Licença de Mineração deverá informar ao Ministro, por meio de uma exposição dos motivos que:

1. Pelo menos com noventa (90) dias de antecedência, se, sem ter abandonado o Arrendamento de Mineração, se proponha a suspender a produção da mina durante um período prolongado, não superior a cento e vinte (120) dias, ou;

2. Pelo menos com trinta (30) dias de antecedência, se pretender restringir ou reduzir temporariamente tal produção, durante um período que não exceda trinta (30) dias.

**Art. 115.º**
O Ministro, após o recebimento da notificação mencionada no Artigo 114º, fará com que o assunto seja investigado e:

1. Concederá a sua aprovação da suspensão ou da restrição da produção comercial, ou;

2. Solicitará uma audiência, durante a qual, se nela não se chegar a um acordo, redundará num processo de Arbitragem, que poderá resultar na comunicação de uma ordem ao Titular para que retome a produção integral da mina dentro de um certo prazo, ou;

3. Exigirá ao Titular o requerimento de uma Retenção do Arrendamento de Mina, se a produção for suspensa por um período superior a cento e vinte (120) dias.

CAPÍTULO XIV
**Relatórios, Registos e Documentação Exigida**

**Art. 116.º**
O Titular de um Direito de Mineração manterá, no local indicado como o seu endereço no seu contrato de Arrendamento de Mineração cópias completas e precisas dos registos respeitantes às suas Operações de Prospecção, que preservarão ou mostrarão, conforme for o caso:

1. As perfurações feitas;

2. As camadas geológicas atravessadas, com os registos (logs) detalhados das camadas;

3. Minerais descobertos;

4. Todos os mapas, relatórios geológicos, resultados de quaisquer levantamentos fotográficos, geoquímicos ou sísmicos, e todos os outros dados de natureza científica obtidos e/ou compilados pelo Titular ou pelos seus agentes, relativamente à área de mineração;

5. Os resultados de quaisquer análises ou processos de identificação dos minerais;

6. A interpretação geológica dos registos mantidos de acordo com o disposto nos números 1 à 5 deste Artigo;

7. A manutenção, a preservação e o armazenamento de todos os materiais, excluindo os que forem necessários para os testes, obtidos a partir de qualquer furo aberto dentro da área do Arrendamento de Mineração, e;

8. Os custos incorridos.

### Art. 117.º

No endereço referido na licença, o Titular de uma Licença de Mineração:

1. Manterá registos completos e exactos das suas Operações de Mineração;

2. Manterá registos financeiros, exactos e sistemáticos, das suas operações na área de mineração, bem como quaisquer outros livros de contabilidade e registos financeiros que sejam normalmente exigidos pelas normas de contabilidade reconhecidas internacionalmente; e, se o Titular estiver envolvido em qualquer outra actividade não relacionada com as suas Operações de Mineração ou em outras Operações de Mineração fora da Guiné-Bissau, manterá livros de contabilidade separados, respeitantes às sua Operações de Mineração no território nacional.

3. Fornecerá ao Ministério, através da DGM quaisquer relatórios, registos e outras informações que ocasionalmente possam ser exigidos, a respeito da execução de operações na área de mineração, que serão mantidos em sigilo e fornecerá simultaneamente, uma cópia de qualquer comunicado de imprensa publicado.

4. Submeterá o relatório financeiro anual, dentro de seis meses (6) após o término de cada ano fiscal, mostrando o lucro realizado ou o prejuízo sofrido durante o ano, e a situação financeira do Titular no fim desse ano fiscal; e

5. Manterá e preservará registos respeitantes à protecção do meio ambiente.

### Art. 118.º

Sempre que um Direito de Mineração termine, por abandono, redução, suspensão, cancelamento ou outra acção prevista ao abrigo desta Lei, ou que o termo de validade de um Direito de Mineração expire, o Titular anterior do Direito de Mineração, imediatamente antes da sua rescisão ou expiração, entregará, ao Ministério, por intermédio da DGM, relatórios e registos que, após o recebimento, passarão a ser de domínio público. Tais relatórios e registos incluirão cópias de:

1. Todos os registos mantidos pelo Titular anterior, ao abrigo das disposições desta Lei, a respeito do Direito de Mineração;

2. Todos os planos ou mapas da área de terreno, sujeitos ao Direito de Mineração que tenham sido preparados pelo Titular anterior ou de acordo com as instruções destes, e;

3. Quaisquer outros documentos que o Ministério possa razoavelmente exigir, mediante um aviso transmitido ao Titular anterior, pela DGM.

## CAPÍTULO XV
## Alteração dos Direitos de Mineração

### Art. 119.º

O Titular de um Arrendamento de Mineração e / ou de uma Licença de Mineração poderá apresentar ao Ministro, através da DGM, devidamente acompanhadas por uma taxa de estudo de 3.000.000 FCFA (três milhões Francos CFA) emendas respeitantes:

1. Ao Programa de Operações de Mineração;

2. Ao Plano Ambiental, ou;
3. Ao programa relativo aos empregados que sejam cidadãos nacionais, que não poderá ser inferior nem pior ao programa inicial.

**Art. 120.º**
Em qualquer altura e durante a vigência do Arrendamento de Mineração, o Titular poderá, com a autorização do Ministro, e de acordo com as condições que este possa impor, relativamente ao Arrendamento de Mineração ou à Licença de Mineração, aumentar ou diminuir o tamanho da área do Arrendamento.

**Art. 121.º**
Dentro de um prazo de sessenta (60) dias, o Ministro decidirá se aprova ou não a emenda, e, caso ele decida aprovar a emenda, os termos e as condições a que tal aprovação se sujeita, deverão estar garantidos.

**Art. 122.º**
Um requerimento apresentado ao abrigo do disposto neste Capítulo XV não será aprovado se isso prejudicar os Direitos de Mineração mantidos pelos vizinhos.

**Art. 123.º**
Uma aprovação concedida ao abrigo do disposto neste Capítulo poderá ser dada incondicionalmente, ou sujeita às condições que o Ministro determinar, e quaisquer dessas condições estarão especificadas no documento de anuência dessa aprovação.

**Art. 124.º**
Uma aprovação concedida ao abrigo do disposto neste Capítulo acompanhada por quaisquer condições a que ela esteja, será apensa ao contrato de Arrendamento de Mineração e/ou à Licença de Mineração.

CAPÍTULO XVI
**Continuidade do Prazo dos Direitos de Mineração**

**Art. 125.º**
Os Direitos de Mineração de um Titular continuarão em vigor quando o Titular, no termo do prazo de validade de um Direito de Mineração concedido ao abrigo desta Lei, tiver requerido:
1. A concessão de um Direito de Mineração adicional, ao abrigo do disposto nesta Lei, ou;
2. Uma renovação, modificação, negociação, recurso ou Arbitragem de uma disputa de qualquer questão derivada das disposições desta Lei, ou;
3. Tenha recebido um aviso de falta de cumprimento e esteja a remediar uma situação de falta de cumprimento das suas obrigações ao abrigo do disposto nesta Lei.

## CAPÍTULO XVII
## Transferência dos Direitos de Mineração

### Art. 126.º
Nenhum Direito de Mineração concedido ao abrigo desta Lei será objecto de transferência sem o consentimento do Ministro.

### Art. 127.º
Um requerimento de consentimento para a Transferência de Direitos de Mineração ao abrigo do disposto neste Capítulo conterá quaisquer elementos eventualmente necessários, de modo a permitir que o Ministro determine se o indivíduo ou a Entidade para quem tal transferência será feita satisfazem as exigências das disposições desta Lei.

### Art. 128.º
O requerimento de consentimento para a transferência será acompanhado do montante de 600.000 FCFA (seiscentos mil Francos CFA) como taxa de estudo.

### Art. 129.º
No âmbito deste Capítulo, constitui transferência de um Direito de Mineração o estabelecimento de uma associação de capital ("joint venture") ou de um consórcio mineiro, uma venda, uma hipoteca, um ónus ou outra forma de cessão ou encargo hipotecário. O Titular de um Direito de Mineração pode celebrar um acordo de opção, por meio de um instrumento legal, que poderia resultar na venda ou na cessação do Arrendamento de Mineração ou do Alvará de Retenção do Arrendamento de Mina, e tais opções e os termos da sua resolução final deverão ser submetidos ao Ministro, a título confidencial, para sua informação.

### Art. 130.º
Qualquer transação efectuada com o intuito de transferir um Direito de Mineração em contravenção das disposições desta Lei será nula e não produzirá nenhum efeito.

## CAPÍTULO XVIII
## Inadimplemento e Revogação dos Direitos de Mineração

### Art. 131.º
O Ministro pode, através de uma nota escrita entregue ao Titular de qualquer Direito de Mineração concedido ao abrigo desta Lei, suspender ou cancelar os Direitos em relação aos quais o Titular tenha:

1. Infringido, em qualquer altura, uma condição respeitante a um Direito de Mineração que, de acordo com as disposições desta Lei, ou de qualquer documento apenso a esse Direito de Mineração ou que faça parte dele de algum outro modo, seja uma condição cuja infracção possa resultar na revogação ou na suspensão desse Direito de Mineração;

2. Faltado ao cumprimento de qualquer exigência ou directiva legalmente aplicável, ao abrigo desta Lei;

3. Violado uma condição inerente a qualquer isenção ou autorização concedida ao abrigo do disposto nesta Lei;

4. Faltado ao pagamento de qualquer importância devida ao Estado, dentro de um prazo de trinta (30) dias da data em que esse pagamento seja devido, ou;

5. Ficado impedido de deter um Direito de Mineração, ao abrigo do disposto no Capítulo III desta Lei.

### Art. 132.º

O Ministro não suspenderá ou cancelará um Direito de Mineração, com base nos motivos enunciados no Artigo 131.º, desde que o Titular:

1. Não tenha recebido primeiro um aviso de infracção, que especifique os motivos por que o Direito de Mineração poderá ser suspenso ou cancelado;

2. Dentro de um prazo de cento e vinte (120) dias, a partir da data da entrega do aviso de infracção, ou dentro de outro prazo mais longo que o Ministro possa ter concedido, tenha começado e continuado a remediar a situação de infracção especificada, até que essa situação tenha sido rectificada, ou, se essa infracção não for susceptível de remediação, tenha oferecido uma compensação razoável a esse respeito; ou

3. Além de pagar quaisquer quantias devidas, dentro de um prazo de sessenta (60) dias do recebimento do aviso de infracção, pagará juros sobre as referidas quantias, à taxa de juro em vigor.

### Art. 133.º

Ocorrendo a revogação de um Direito de Mineração ao abrigo do disposto neste Capítulo, cessam todos os Direitos de Mineração do Titular nele previstos, mas o cancelamento dos Direitos de Mineração do Titular não afecta quaisquer condições obrigatórias associadas a esses Direitos de Mineração, ou quaisquer obrigações assumidas antes da revogação. Quaisquer acções judiciais que poderiam ter sido iniciadas ou prosseguidas contra o Titular anterior, poderão ser iniciadas ou continuadas contra ele.

## CAPÍTULO XIX
### Certificado de Abandono de Operações de Mineração

### Art. 134.º

O Titular de Arrendamento de Mineração e/ou de uma Licença de Mineração que deseje abandonar a totalidade ou alguma parte dos terrenos abrangidos pelo Arrendamento de Mineração e/ou pela Licença de Mineração requererá ao Ministro um Certificado de Abandono de Operações de Mineração, e pagará uma taxa de estudo no valor de 600.000 FCFA (seiscentos mil Francos CFA) pelo menos com noventa (90) dias de antecedência da data em que deseja que esse abandono se torne efectivo.

### Art. 135.º

Um requerimento de abandono deverá:

1. Identificar o terreno a ser abandonado e, se o requerimento só disser respeito a uma parte dos terrenos sujeitos a um Arrendamento de Mineração e/ou a uma

Licença de Mineração, incluirá um plano que identifique claramente a parcela a ser abandonada e a parcela a reter;

2. Indicar a data em que o requerente deseje que o abandono se torne efectivo;

3. Fornecer pormenores sobre as Operações de Prospecção e/ou as Operações de Mineração que tenham sido desenvolvidas ao abrigo do Arrendamento de Mineração e/ou da Licença de Mineração no terreno a ser abandonado, e;

4. Ser apoiado por quaisquer registos e relatórios respeitantes a essas Operações de Prospecção e/ou Operações de Mineração que o Ministro possa razoavelmente exigir.

### Art. 136.º

De acordo com o disposto neste Capítulo, o Ministro emitirá ao requerente, dentro de um prazo de trinta (30) dias, um Certificado de Abandono de Operações de Mineração, quer incondicional, quer sujeito a quaisquer condições relativas ao terreno abandonado que o Ministro porventura determine.

### Art. 137.º

No caso de um Certificado de Abandono relativo à totalidade dos terrenos abrangidos pelo Arrendamento de Mineração e/ou pela Licença de Mineração do Titular, o Arrendamento de Mineração e/ou a Licença de Mineração serão cancelados, com efeito a partir da data de emissão do Certificado de Abandono das Operações de Mineração.

### Art. 138.º

No caso de um abandono parcial, o Arrendamento de Mineração e/ou a Licença de Mineração serão emendados, de forma a reflectir esse abandono.

### Art. 139.º

O abandono de quaisquer terrenos não afecta nenhuma obrigação sujeita a esta Lei que tenha sido contraída antes da data de validade do abandono, e quaisquer acções judiciais que poderiam ter sido iniciadas ou prosseguidas contra o requerente do Certificado de Abandono de Operações de Mineração, relativamente a qualquer responsabilidade, poderão ser iniciadas ou prosseguidas contra esse requerente.

### Art. 140.º

O abandono de qualquer terreno não desobriga o Titular das suas obrigações relativas ao seu Plano Ambiental. A restauração do meio ambiente será uma das condições do Certificado de Abandono das Operação de Mineração.

### Art. 141.º

O Titular de um Arrendamento de Mineração e/ou de uma Licença de Mineração relativa a um terreno que deixe de estar sujeito a esse Direito de Mineração deverá retirar do terreno quaisquer Instalações de Mineração transportadas para esse terreno, ou aí erguidas, no decorrer das Operações de Mineração desenvolvidas ao abrigo do Direito de Mineração, dentro do prazo prescrito de seis (6) meses, a partir da data em que o terreno deixou de estar sujeito ao Direito de Mineração, ou dentro de um prazo mais longo que o Ministro proventura tenha concedido em caso especial, e terá de fazê-lo no prazo específicado na nota escrita, em caso especial. O

Ministro poderá ainda dar instruções ao abrigo do disposto nesta secção, mesmo que o prazo prescrito ainda não tenha expirado.

### Art. 142.º

Se as Instalações de Mineração não tiverem sido devidamente retiradas dentro do prazo prescrito, o Ministro poderá determinar que as Instalações sejam vendidas em hasta pública. Quaisquer Instalações de Mineração que não tenham sido vendidas após a realização da hasta pública poderão ser vendidas através de uma negociação directa.

### Art. 143.º

As verbas seguintes serão deduzidas do produto da venda prevista no Artigo 142.º, e serão destinadas para os fins indicados:

1. Os custos da venda e de quaisquer questões inerentes à venda ou com ela relacionadas;

2. Os custos da remoção, do terreno em causa, de quaisquer Instalações de Mineração que, após o leilão público, não tenham sido vendidas;

3. Qualquer quantia por liquidar, que diga respeito a compensação devida e pagável ao Estado ao abrigo das disposições desta Lei;

4. Qualquer saldo restante será pago ao Ministério, que o creditará numa conta fiduciária, e que poderá, contra a apresentação de um requerimento, usar esse fundo para efectuar pagamentos a qualquer pessoa que lhe pareça estar legalmente habilitada a eles; porém, se nenhuma pessoa apresentar uma reclamação dentro de um prazo de noventa (90) dias, esse valor reverterá para o Fundo de Mineração;

5. Se o produto de venda for inferior às vendas a serem deduzidas, esse déficit constituirá uma dívida, pagável ao Estado pelo indivíduo ou pela Entidade a quem foi dada a directiva relevante, e será recuperável em qualquer tribunal de jurisdição competente; e o produto apurado através da venda será usado para fazer face a tais verbas, da for-ma que o Ministro determinar, e;

6. Uma dívida pagável ao Estado ao abrigo das disposições desta Lei é recuperável, independentemente de a pessoa devedora ter ou não sido processada ou condenada por uma infracção a esta Lei.

## CAPÍTULO XX
## Impostos Sobre os Rendimentos

### Art. 144.º

Os Titulares de Licenças de Mineração calcularão os seus rendimentos ao fim de cada trimestre do ano civil, e em 31 de Março do ano seguinte pagarão o Imposto sobre os Rendimentos de Actividades Mineração ao Governo, de acordo com o disposto neste Capítulo.

### Art. 145.º

Exceptuando-se as taxas estabelecidas nesta Lei, o imposto de selo, os impostos ou taxas municipais que são directamente canalizados para o fundo local, destinado a escolas, hospitais, e à construção de estradas na região adjacente à área das operações de Mineração, fundo esse que será estabelecido antes da emissão da Licença de Mineração, o Titular de uma Licença de Mineração não estará sujeito a mais nenhum outro imposto, seja de natureza nacional ou local. O Governo, por intermédio do Ministério competente, emitirá ao Titular da Licença de Mineração um certificado de isenção fiscal, que será exibido pelo Titular aos responsáreis pela cobrança de impostos de qualquer natureza, com excepção dos impostos previstos nesta Lei. Quaisquer impostos adicionais de natureza nacional ou local que o Titular da Licença de Mineração for obrigado a pagar por conveniência ou necessidade serão deductíveis para efeitos de Imposto sobre os Rendimentos.

### Art. 146.º

Os Titulares de Licença de Mineração que venderem derivados minerais obtidos através das suas Operações de Mineração no que for considerado em estado refinado, de acordo com os padrões e preços internacionalmente reconhecidos, estarão sujeitos ao pagamento de um Imposto sobre os Rendimentos de Actividades de Mineração, incidente sobre os lucros anuais auferidos através da venda desses produtos, depois de feitas todas as deduções permitidas, a uma taxa de vinte e dois por cento (22%) por ano do produto dessas vendas.

### Art. 147.º

Os Titulares de Licenças de Mineração envolvidos em Operações de Mineração que exportarem ou venderem, localmente, produtos concentrados, a preços baseados em cotações internacionais, estarão sujeitos ao pagamento de um Imposto sobre os Rendimentos de Actividades de Mineração, incidente sobre os lucros anuais auferidos através da venda desses produtos, depois de feitas todas as deduções permitidas, a uma taxa de trinta por cento (30%) por ano do produto destas vendas.

### Art. 148.º

Os Titulares de Licenças de Mineração envolvidos em operações de Mineração que exportarem ou venderem, localmente, os seus produtos, a preços que apresentem uma margem de variação superior a cinco por cento (5%), relativamente às cotações publicadas e internacionalmente reconhecidas de um determinado produto mineral, estarão sujeitos ao pagamento de um Imposto sobre os Rendimentos de Actividades de Mineração, incidente sobre os lucros anuais auferidos através da venda desses produtos, depois de feitas todas as deduções permitidas, a uma taxa de quarenta e cinco (45%) por cento por ano do produto dessas vendas.

### Art. 149.º

A taxa de tributação pode ser alterada pelo Governo, de tempos em tempos, tendo em conta as taxas cobradas por outros Países que ocupam uma posição proeminente no sector mineiro internacional. Contudo, a taxa de tributação fixada será a taxa em vigor na data da emissão da Licença de Mineração e será garantida pelo Governo, por um período de cinco (5) anos ou durante o período restante do prazo de validade da Licença de Mineração, conforme o que for mais curto. Este processo será repetido a intervalos de cinco (5) anos, prevalecendo a taxa de tributação fixada no início de cada período de cinco (5) anos, enquanto a Licença da Mineração vigorar.

**Art. 150.º**
Aos Titulares de Licenças de Mineração não se aplicarão quaisquer regulamentos que possam ser promulgados e que exijam:
1. A realização de um empréstimo ao Estado, ou;
2. Pagamentos adiantados, ou a compra de obrigações ou títulos de qualquer tipo, destinados a assegurar o pagamento antecipado de Impostos sobre os Rendimentos de Actividades de Mineração ou de quaisquer outros impostos ao Governo.

CAPÍTULO XXI
### Deduções para Efeitos de Imposto Sobre os Rendimentos

**Art. 151.º**
Para efeitos do cálculo do Imposto sobre os Rendimentos de Actividades de Mineração, as definições seguintes prevalecerão sobre o uso destes mesmos termos, em quaisquer outras Leis em vigor:
1. "Ano de Débito à Produção" significa o ano de débito em que uma mina inicia ou recomeça pela primeira vez a Produção Comercial;
2. "Companhia Controladora" significa um indivíduo ou uma Entidade que é o accionista maioritário de outra Entidade;
3. "Data de Início da Produção", em relação a uma mina, significa a mais tardia das seguintes datas:
I. A data em que a mina iniciou pela primeira vez a Produção Comercial, ou;
II. A data de reinicio de Produção Comercial de uma mina, após a sua reabertura, quando já em Produção Comercial na data do seu encerramento, ou;
III. No caso de a mina ter mudado de dono e ter sido reorganizada, com um projecto substancialmente novo e novas instalações, a data em que iniciou pela primeira vez a Produção Comercial depois de tal reorganização;
4. "Despesa" significa despesa líquida, depois de se terem tomado em conta quaisquer abatimentos, devoluções ou recuperações de despesas;
5. "Despesa de Pré-produção" significa a Aplicação de Capital efectuada em anos fiscais anteriores ao Ano de Débito à Produção;
6. "Despesa de Prospecção" significa a despesa relativa às Operações de Prospecção, incluindo qualquer Dispêndio de Capital efectuado relativamente a tais Operações de Prospecção, e qualquer despesa associada aos gastos com Operações de Prospecção;
7. "Dispêndio de capital", em relação a Operações de Mineração, significa uma despesa:
I. Relacionada com qualquer equipamento, edifício, escola, hospital, estrutura, estrada, caminho de ferro, aeródromo, ou qualquer outro artigo necessário ao desenvolvimento de operações minerais à superfície, e;
II. Relacionada com a abertura de poços, incluindo gastos com reservatórios, câmaras de bombagem, estações, receptáculos de minério associados a um poço de operações mineiras subterrâneas, e;
III. Relacionada com o custo, a compra, ou o pagamento de um prémio pela criação ou o uso de qualquer patente, modelo, marca comercial, processo ou ainda outro dispêndio de uma natureza semelhante, e;

IV. Realizada antes do início da Produção Comercial, ou durante qualquer período de suspensão da produção, para levantamentos preliminares, furos, desenvolvimento ou gestão, e;

V. A título de juros pagáveis por qualquer empréstimo contraído para a execução de Operações de Mineração ou Operações de Prospecção;

8. "Estimativa de Vida", em relação a uma mina, significa o número de anos, não superior ao período de validade da Licença de Mineração, durante os quais se poderá esperar que as Operações de Mineração continuem depois do início do ano do débito;

9. "Património Líquido" em relação a uma companhia limitada por acções, significa:

I. As acções ordinárias emitidas que representam o capital, mas apenas na medida em que o capital representado por tais acções tenha sido integralmente realizado ou pago, e;

II. As acções emitidas, deferidas, preferidas, de preferência ou outras acções representativas do capital que possuam qualquer prioridade, mas apenas na medida em que o capital representado por tais acções tenha sido integralmente realizado ou pago, e desde que tais acções não possuam nenhuns direitos de reembolso antecipado à ordem, e;

III. Reservas de capital, desde que não possam ser distribuídas, excepto através da diminuição do capital ou por adição ao capital emitido, e;

IV. Reservas de receitas, na medida em que tenham permanecido constantes durante os doze meses anteriores; mas não incluindo:

    a) Empréstimos obrigacionistas ou obrigações sem garantias, revestidos ou não de direitos de conversão em acções;

    b) Empréstimos à ordem e a curto prazo;

    c) Cheques bancários a descoberto ou outras facilidades de crédito.

10. "Prejuízo Reconhecido" significa uma dedução permitida, de acordo com os Artigos 153.º, 156.º e 157.º deste Capítulo.

### Art. 152.º

Sempre que uma dedução seja permitida ao abrigo do disposto nesta Lei, qualquer dedução que seria permitida, se esta Lei não existisse, ao abrigo de qualquer outra lei fiscal em vigor, com respeito á mesma dedução, não será aplicável.

### Art. 153.º

Em conformidade com as outras disposições dos Artigos 154.º, 155.º e 158.º, o montante da Despesa de Prospecção efectuada pelo Titular de um Direito de Mineração no ano de lançamento de um débito, com respeito a uma área no território nacional em relação à qual tenha sido concedido um Direito de Mineração, será um Prejuízo Reconhecido e a sua dedução será permitida a esse Titular.

### Art. 154.º

Uma entidade que, ao abrigo desta Lei, tenha direito a uma dedução, relativamente a uma Despesa de Prospecção pode optar irrevogavelmente pela renúncia à dedução em benefício dos seus accionistas, mediante uma notificação por escrito entregue ao Ministro competente, dentro de um prazo de doze (12) meses após o fim do ano de débito em que a despesa de Prospecção é efectuada.

Feito isso, a dedução será autorizada – não à Entidade, mas aos seus accionistas em seu lugar – proporcionalmente às chamadas de acções pagas por eles durante o período contabilístico relevante; desde que essa repartição não se aplique a outro Titular de qualquer outro Direito de Mineração que esteja a operar no país.

### Art. 155.º

Sempre que um Titular de Direito de Mineração tenha direito a uma dedução respeitante a uma Despesa de Prospecção relativa a um Direito de Mineração, e posteriormente à data em que a despesa de Prospecção foi efectuada uma nova Entidade for criada pelo Titular de Direito de Mineração, e que se torne no seu principal accionista (a Companhia Controladora) da nova Entidade, e a Entidade, se torne a Titular do Direito de Mineração através da transmissão do Direito de Mineração, com o propósito de prosseguir as Operações de Prospecção, a Companhia Controladora pode, mediante notificação por escrito ao Ministro competente, dentro de um prazo de doze (12) meses após a constituição legal da nova Entidade optar irrevogavelmente pela renúncia à dedução relativamente à Despesa de Prospecção, em benefício da nova Entidade, sendo a dedução então permitida, não à Companhia Controladora mas à nova Entidade em seu lugar, sob condição:

1. De que esta dedução da Despesa de Prospecção não será aplicável para benefício de outro Titular de qualquer outro Direito de Mineração que esteja a operar no País, ou;

2. De que esta dedução não será transmissível para outra Entidade, que não seja controlada pelo Titular, a quem uma parte ou a totalidade do Arrendamento de Mineração e da Licença de Mineração seja vendida.

### Art. 156.º

Uma dedução respeitante a Despesa de Prospecção será considerada como prejuízo e será permitida dedução como prejuízo sofrido:

1. No caso do disposto nos Artigos 153.º e 154.º, no ano do débito em que a Despesa de Prospecção for efectuada, e;

2. No caso do disposto no Artigo 155.º, no ano do débito em que a nova Entidade assuma ou comece a executar as Operações de Prospecção e / ou Operações de Mineração.

### Art. 157.º

Em conformidade com a excepção prevista no Artigo 154.º e com as disposições do Artigo 156º, quando um Prejuízo Reconhecido exceder o rendimento do Titular dos Direitos de Mineração relativamente ao ano do débito em que ocorreu, o excesso será considerado como sendo um prejuízo sofrido no ano de débito seguinte, e assim sucessivamente, de um ano para outro, até que o Prejuízo Reconhecido fique extinto.

### Art. 158.º

Ao calcular um prejuízo sofrido pelo Titular de um Direito de Mineração em qualquer ano de débito, a Despesa de Prospecção e a Aplicação de Capital realizadas relativamente ao Direito de Mineração, e autorizadas como uma dedução, serão consideradas como deduzidas em último lugar.

**Art. 159.º**
Em conformidade com as outras disposições dos Capítulos XX e XXI, será autorizada uma dedução durante a determinação dos ganhos ou dos lucros derivados da execução de Operações de Mineração por qualquer Titular, num ano de débito, no tocante à Aplicação de Capital efectuado pelo Titular, numa mina que esteja em produção comercial durante o ano de débito.

**Art. 160.º**
A dedução das Aplicações de capital, relativamente ao ano de débito, no tocante a Operações de Mineração, será autorizada:
1. Quando o ano do débito for o Ano de Débito à Produção, a soma da Despesa de Pré-produção, desde que a dedução desse tal gasto não tenha já sido autorizado, e a Aplicação de Capital efectuada no ano de Débito a Produção; desde que, no último dia de qualquer ano de débito anterior ao Ano de Débito à Produção, o total da Despesa de Pré-produção efectuada em tal ano de débito exceder o saldo após a dedução do património líquido do Titular nesse dia, da Despesa de Prospecção efectuada em tal ano de débito e em todos os anos de débito anteriores nesse dia e for autorizada como prejuízo reconhecido, o excesso não será aumentado dessa forma relativamente a tal ano de débito, e;
2. Se o ano do débito for um ano de débito posterior ao Ano de Débito à Produção, o Dispêndio de Capital efectuado em tal ano de débito; a dedução permissível será calculada de acordo com a estimativa de vida da mina que tiver sido aprovada.

**Art. 161.º**
A Estimativa da mina aprovada no início do ano do débito basear-se-à na estimativa confirmada das reservas de minério da mina e apoiada por cálculos que mostrem a determinação das estimativas, tal como submetidas por escrito pelo Titular que está a desenvolver as Operações de Mineração.

**Art. 162.º**
As deduções de quaisquer juros sobre empréstimos a serem autorizadas em qualquer ano de débito não excederão os juros de quaisquer empréstimos que excedem um quociente de endividamento (quociente entre os capitais alheios e o capital próprio) superior a uma proporção de dois para um (2:1).

**Art. 163.º**
Se um Titular estiver a desenvolver Operações de Mineração numa mina que já se encontra na fase de Produção Comercial, e for também o proprietário, ou tiver o direito de explorar uma mina que não esteja contígua á mina em produção, e da qual o Titular tenha obtido um prejuízo no ano do débito, o montante de tal prejuízo poderá ser deduzido durante a determinação dos ganhos ou lucros das Operações de Mineração desse Titular nesse ano de débito, desde que o montante do imposto que de outro modo seria pagável por tal Titular nesse ano de débito não sofra uma redução superior a vinte (20%) por cento em consequência desta dedução.

**Art. 164.º**
Se uma mina cessar a Produção Comercial devido à expiração da vida da mina, ou se o Direito de Mineração tiver terminado, ou por qualquer outro motivo

considerado aceitável pelo Ministro competente, e o Titular que estava a executar as Operações de Mineração assim decidir irrevogavelmente, mediante comunicação por escrito enviada ao Ministro, dentro de um prazo de doze (12) meses após o fim do ano de débito em que a mina cessou a Produção Comercial, a dedução permitida para a determinação dos ganhos ou lucros resultantes das Operações de Mineração, com respeito ao Dispêndio de Capital na mina em cada um dos últimos seis (6) anos de débitos em que a mina tenha estado na fase de Produção Comercial, será um montante determinado dividindo por seis (6) a soma:

1. Do Dispêndio de Capital na mina não amortizado no início dos seis (6) anos de débitos, e;

2. Do Dispêndio de Capital na mina efectuado nos seis (6) anos de débitos.

### Art. 165.º

Em conformidade com as disposições dos Artigos 166.º, 167.º e 168.º, quando ocorrer a mudança de proprietário de uma mina, a contrapartida paga pelos elementos do activo qualificados como Dispêndios de Capital será, para fins do Imposto sobre o rendimento de Actividade de Mineração:

1. Considerado como um Dispêndio de Capital feito pelo novo proprietário, e;

2. Considerada como uma recuperação de capital pelo proprietário anterior, no ano de débito em que ocorrer a alteração.

### Art. 166.º

Sempre que ocorra uma alteração na titularidade de uma mina, as disposições do Artigo 167.º produzirão efeito relativamente à venda de qualquer propriedade, a respeito da qual tenham sido permitidas quaisquer deduções ao abrigo do disposto neste Capítulo, em qualquer caso que:

1. O comprador controle o vendedor, ou o vendedor controle o comprador, ou qualquer outra pessoa controle ambos;

2. Ou o Ministro determine, por referência à contrapartida pecuniária dada em troca dos bens, que a transacção não foi feita com independência e isenção.

### Art. 167.º

Se uma mina for vendida por um preço diferente daquele por que teria sido vendida no mercado livre, então de acordo com o disposto no Artigo 168.º, a transação produzirá as consequências que teriam tido lugar se a mina tivesse sido vendida pelo preço que seria obtido se ela tivesse sido vendida no mercado livre.

### Art. 168.º

Quando a venda for passível do disposto na Cláusula 1 do Artigo 166.º, e as partes contraentes assim o decidirem, irrevogavelmente, mediante notificação por escrito ao Ministro, então o disposto no Artigo 167.º não produzirá efeito, mas, em seu lugar, a transação produzirá as consequências que teriam tido lugar se a propriedade tivesse sido vendida por uma quantia equivalente ao valor residual do Dispêndio de Capital na propriedade ainda não amortizada imediatamente antes da realização da venda.

## CAPÍTULO XXII
### Da Inspecção e Auditoria

#### Art. 169.º

1. O Ministério, poderá efectuar vistorias de inspecção dos trabalhos de pesquisa para verificar "in loco" o fiel cumprimento das disposições desta Lei, correndo por conta do mesmo o custo das despesas de deslocação e da estadia da equipa técnica do órgão fiscalizador.
2. A pessoa ou Identidade deverá adoptar os princípios de contabilidade aceites universalmente mantendo os seus livros e registos permanentemente em dia, inclusive os de natureza técnica.
4. O Ministério poderá realizar por sua conta, auditorias nos livros e registos, se julgar que alguma informação não corresponder à realidade. Se nessa auditoria, ficar comprovado dolo ou má fé da Entidade no fornecimento de qualquer informação, correrão por conta desta os respectivos custos dos serviços sem prejuízo da aplicação das sanções previstas nesta Lei ou em outras pertinentes.

## CAPÍTULO XXIII
### Sanções

#### Art. 170.º

Qualquer indivíduo, Entidade ou Comunidade que viole os Artigos 13.º e 14.º do Capítulo III, e provado os factos, será condenado ao pagamento de uma multa nos seguintes termos.
1. Tratando-se de um indivíduo a multa não excederá 12.000.000 FCFA (doze milhões Francos CFA) devendo ainda o processo ser remetido ao Tribunal, com a acusação crime, para a respectiva instrução.
2. No caso ser uma Entidade ou Comunidade, a multa não excederá 60.000.000 FCFA (sessenta milhões Francos CFA) ou o equivalente em terrenos, benfeitorias nos terrenos, os respectivos produtos ou gado, e adicionalmente.
3. Qualquer indivíduo, Entidade ou Comunidade que for condenado por violação do Artigo 14.º do Capítulo III terá todos os seus materiais, equipamento, maquinaria e edifícios associados com a extracção de substâncias minerais confiscados, para venda em leilão, em benefício do Estado.

#### Art. 171.º

Qualquer pessoa que viole os Artigos 19.º ou 20.º, e provado os factos será condenada nos seguintes termos:
1. No caso de ser um Indivíduo, pagará uma multa no valor de 6.000.000 FCFA (seis milhões Francos CFA) devendo ainda o processo ser enviado ao Tribunal com acusação crime, para a respectiva instrução.
2. No caso de ser uma Entidade, pagará uma multa no valor de 30.000.000 FCFA (trinta milhões Francos CFA).

#### Art. 172.º

Qualquer Indivíduo, Entidade, Comunidade, Organização ou Grupo que sem uma justificação razoável, coloquem obstáculos ou entraves ao Titular de um

Direito de Mineração para a execução de qualquer Operação de Prospecção ou Operação de Mineração que o Titular esteja autoriza a realizar por esta Lei será condenado ao pagamento de uma multa nos seguintes termos:

1. Tratando-se de um indivíduo a multa não excederá 12.000.000 FCFA (doze milhões de FCFA) devendo ainda o processo ser remetido ao Tribunal com a acusação de crime para a respectiva instrução;

2. No caso de ser uma Entidade, Comunidade, Organização ou Grupo, a multa não excederá 30.000.000 FCFA (trinta milhões de Francos CFA).

### Art. 173.º

Qualquer indivíduo ou qualquer Entidade que forneça informações ou faça qualquer declaração que saiba ser falsa ou enganadora, em qualquer questão substancial subordinada a esta Lei, e qualquer Titular que, no âmbito de uma exigência, de divulgação de determinada informação, de execução de qualquer declaração, ou de resposta a qualquer indagação exigida por esta Lei, entregou ou facultou o acesso a algum documento, ou a quaisquer livros, que saiba que são falsos ou enganadores, relativamente a qualquer questão substancial, ser-lhe-à instaurado um processo no Ministério pelos Serviços competentes.

Provados os factos será condenado ao pagamento de uma multa no valor de 12.000.000 Francos CFA (doze milhões de Francos CFA).

### Art. 174.º

Será instaurado o respectivo processo á qualquer indivíduo ou qualquer Entidade se com a intenção de enganar:

1. Colocar, depositar ou colaborando na colocação ou no depósito de quaisquer minerais ou materiais em qualquer local; ou

2. Misturar ou causar a mistura de qualquer amostra com qualquer substância que altere substancialmente o valor dessa amostra ou que de alguma maneira altere a natureza dessa amostra.

### Art. 175.º

Qualquer pessoa, condenada por infracção ao abrigo do disposto no Artigo 174.º deste Capítulo XXIII ser-lhe-à aplicada a seguinte sanção:

1. No caso de ser um indivíduo, para além da multa que lhe for aplicada nos termos do n.º 2 deste artigo será de imediato o processo remetido ao Tribunal com queixa crime, para a respectiva instrução.

2. No caso de ser uma Entidade ou qualquer indivíduo que seja um administrador ou que participe de algum modo na gestão da Empresa ou pessoa jurídica que, conscientemente, autorizou ou permitiu o acto ou a omissão, será condenado ao pagamento de uma multa nos seguintes termos:

   a) Sendo indivíduo(s) associado(s), a multa será no montante de 30.000.000 FCFA (trinta milhões de Francos CFA);
   b) Sendo uma Entidade, a multa será de 120.000.000 FCFA (cento e vinte milhões de Francos CFA).

### Art. 176.º

Qualquer indivíduo ou Entidade que viole o estabelecido no Capítulo XII dá presente Lei e provado os factos será condenado ao pagamento de uma multa no valor de 6.000.000 Francos CFA (seis milhões de Francos CFA) por dia, enquanto presistir a violação.

### Art. 177.º

O não cumprimento das obrigações previstas nesta Lei acarreta ainda a aplicação das seguintes sanções:
a) Cancelamento da Licença Prospecção;
b) Cancelamento da Licença de Mineração Artesanal;
c) Cancelamento da Licença de Mineração;
d) Caducidade dos Direitos de Mineração.

### Art. 178.º

A aplicação das sanções compete ao Director-Geral com a excepção da alínea *d*) do artigo 177.º que é da exclusiva competência do Ministro de tutela.

## CAPÍTULO XXIV
## Caducidade

### Art. 179.º

A caducidade dos Direitos de Mineração será declarada quando o seu Titular:
a) Não ter pago as multas nos prazos legais;
b) Após ter sido multado, não houver iniciado os trabalhos de prospecção, mineração, ou tratamento dos minerais;
c) Após ter sido multado presistir na extracção de substância não autorizada, na prática de lavra ambiciosa ou na depredação do meio ambiente.

## CAPÍTULO XXV
## Arbitragem dos Conflitos

### Art. 180.º

Os conflitos resultantes ou relacionados com a interpretação, ou implementação, a adminstração dos Direitos de Mineração concedidos ao abrigo desta Lei e a ela sujeitos, ou os termos ou as condições de qualquer Direito de Mineração, serão resolvidos por meio de Arbitragem, se tais disputas não puderem ser resolvidos mutuamente, por via de conciliação no prazo de noventa (90) dias, a pedido de qualquer das partes.

### Art. 181.º

1. Serão aplicáveis as normas de arbitragem constantes no Código Processo Civil em vigor.
2. Se as partes inicialmente convencionarem aceitar o modelo da UNCITRAL (United Nations Commission ou Internacional Trad Law-Comission das Nações Unidas sobre o Direito Comercial Internacional) será aplicado o referido modelo.
3. Caso as partes não se pronunciarem sobre as normas a aplicar, aplicar-se-ão as normas de arbitragem constantes no Código Processo Civil em vigor.

**Art. 182.º**
A decisão arbitral obrigará todas as partes:
Nos conflitos que envolvam os ocupantes tradicionais das terras será sempre aplicado as normas de arbitragem constantes no Código Processo Civil em vigor.

CAPÍTULO XXVI
**Disposições Gerais**

**Art. 183.º**
1. Os recursos da DGM serão constituídos de receitas do Fundo Nacional de Mineração, instituído por esta Lei, e doutras dotações orçamentais e extra-orçamentais que lhe forem destinadas.
2. O Fundo de Mineração será constituído de:
   a) Valores pagos pelos Titulares de Direito de Mineração e demais disposições desta Lei;
   b) Das dotações consignadas no Orçamento Geral do Estado, em importância suficiente à complementação dos recursos necessários ao funcionamento dos programas de trabalho, da promoção da pesquisa e exploração dos recursos mineiros;
   c) Dos rendimentos das multas, dos depósitos e das aplicações do próprio Fundo.

Aprovado em 5 de Novembro de 1999. – O Presidente da Assembleia Nacional Popular, Arqº *Jorge Malú.*
Promulgado em 10 de Julho de 2000.
Publique-se.
O Presidente da República, Dr. *Koumba Yalá.*

# 20.
# CASTANHA DE CAJÚ

# DECRETO-LEI n.º 1/2001

A economia da Guiné-Bissau apresenta enormes potencialidade de investimento no sector de cajú, pelo que o Governo deve pautar-se pelas políticas de mercado e de livre concorrência que promovam o aumento do fluxo de capital e consequente investimento, bem assim, a captação e enriquecimento do sector privado, expansão e modernização de empresas.

De igual modo o sector cajueiro contribui para a geração de emprego, embora sazonal. Nesta matéria o Governo projecta para os próximos tempos o lançamento de micros e pequenas industrias de transformação da castanha de cajú, para assim, assegurar a produção de valor acrescentado, bem assim, a reorganização da fileira produtiva e comercial, objectivando maior competividade.

Daí que o sector cajueiro tem constituído preocupação do Governo por ser um dos mais estratégicos para o desenvolvimento económico da Guiné-Bissau pelo que urge dotá-lo de instrumentos ou normas reguladoras, com vista a disciplinar a intervenção no sector.

Tais intervenções, redutoras de espontaneidades e reguladoras de desempenho no sector de cajú, assentes em pressupostos de eficácia, de racionalidade e de competitividade nos mercados, corrigidas de limitações constrangedoras para facilitar a consecução dos objectivos de crescimento económico sustentável e duradoiro.

Por outro lado, e considerando que tal como noutras actividades comerciais deve ser reduzido ao mínimo os constrangimentos e desencorajar aqueles que não concoram para um mercado aberto a livre concorência.

Donde a necessidade de se pôr cobro a certas tendências maléficas, procedendo assim a adopção de novas regras que contribuam para o esforço da natureza do mercado, que se pretende mais aberto e capaz de promover o investimento e, ao mesmo tempo, dificultar a realização de certas práticas nocivas a manutenção da qualidade de castanha da Guiné-Bissau.

Tudo ponderado e após auscultação dos organismos representativos dos produtores comerciais e exportadores de castanha de cajú e, cumpridas as demais formalidades inerentes,

O Governo, sob a proposta do Ministro da Economia e Finanças, decreta, nos termos do artigo 100.º n.º 1, alíneas *b*) e *d*), da Constituição da República o seguinte:

### Art. 1.º (Âmbito de Aplicação)

O presente diploma aplica-se as pessoas singulares e colectivas que exerçam actividades de produção, comercialização, transformação e exportação da castanha de cajú.

### Art. 2.º (Instituição de Alvará)

**1.** Sem prejuízo do disposto nos Decretos n.º 30/94 de 8 de Agosto e 35/94 de 15 de Agosto, é instituído o Alvará de comercialização e o Alvará de Exportação de castanha de cajú, que conferem direito ao exercício da actividade de comercialização e de exportação da castanha de cajú.

**2.** A emissão dos Alvarás referidos no número anterior é da competência do membro do Governo responsável pela área do Comércio e processar-se-á nos termos e ao abrigo dos decretos nº 30/94 de 8 de Agosto e 35/94 de 15 Agosto de 19994.

**3.** O prazo de validade dos alvarás referidos no número 1 deste artigo é de um ano.

### Art. 3.º (Requisitos para comercializar)

Só podem ser autorizadas a realizar a campanha de comercialização de cajú, as pessoas singulares ou colectivas que preencham cumulativamente os seguintes requisitos:

*a)* estarem inscritas no Registo Nacional do Comerciante;
*b)* possuírem instalações próprias ou arrendadas, designadamente estabelecimentos comerciais ou armazéns nos termos da lei e em funcionamento durante todo o ano;
*c)* possuírem número de identificação fiscal;
*d)* apresentar Certidão de Quitação passada pela Direcção Geral das Contribuição e Impostos.

### Art. 4.º (Exportação e Investimento)

A concessão do alvará de exportação da castanha de Cajú está subordinada ao preenchimento pelo interessado dos requisitos referidos no artigo anterior, cumulativamente com os seguintes:

*a)* fazer prova de possuir instalações próprias ou arrendadas que satisfaçam as condições fitos-sanitárias apropriadas para realizarem a exportação;
*b)* demonstrar possuir contabilidade organizada em conformidade com a legislação em vigor;
*c)* apresentar certificado de capacidade financeira junto de um dos Bancos Comerciais domiciliados no país, em que conste a quantidade estimada de castanha de cajú a exportar.

**2.** Os exportadores da castanha de cajú, até 31 de Dezembro do primeiro ano de actividade, estão obrigados a apresentar ao Departamento de Promoção do Investimento Privado, DPIP, para aprovação, o respectivo plano de investimento económico no país.

### Art. 5.º (Apoio ao Sector do Cajú)

**1.** O Governo deverá afectar anualmente uma percentagem da sua receita resultante do pagamento de direitos e taxas incidentes sobre a exportação da castanha de cajú, às actividades de pesquisa, produção, comercialização e transformação deste bem.

**2.** São beneficiários das receitas constituídas conforme o n.º anterior, o Instituto Nacional de Pesquisa Agrária, a Comissão Nacional do Cajú e as associações do sector privado directamente envolvidas no sector.

**3.** A percentagem a conceder as entidades referidas no n.º 2 é fixada em despacho conjunto dos membros do Governo que têm a seu cargo as áreas de economia e finanças, da agricultura e do comércio.

### Art. 6.º (Certificado de Origem)

A exportação de castanha de cajú deve ser acompanhada de um Certificado de Origem emitido pelo Ministério responsável pela área do Comércio, mediante a apresentação de um Certificado Fito-Sanitário passado pelo Ministério responsável pela Agricultura.

### Art. 7.º (Comercialização Interna)

A campanha de comercialização da castanha de cajú, faz-se através da compra e venda em moeda nacional ou, de permuta por outra mercadoria, em função do seu valor no mercado.

### Art. 8.º (Qualidade)

**1.** É proibida a colheita prematura da castanha de cajú, sujeitando-se o infractor as sanções da lei.

**2.** Os produtores e comerciantes devem proceder à secagem ao sol, da castanha de cajú por um período não inferior a setenta e duas horas antes do ensacamento e armazenagem, obedecendo às condições técnicas recomendáveis.

**3.** Optando pelo ensacamento logo após a secagem ao sol, o período desta deve ser pelo menos de oito horas consecutivas.

**4.** É proibido o ensacamento de castanha de cajú em sacos de arroz reciclado, designadamente de polietileno ou de substância similar.

**5.** É proibido humidificar a castanha de cajú através da sua imersão na água devendo ser comercializada completamente seca.

**6.** Compete aos serviços do Ministério responsável pela agricultura realizar inspecções periódicas a todas as instalações agrícolas e comerciais onde esteja armazenada castanha de cajú, a fim de averiguar o grau de humidade artificial, a recolha prematura e o cumprimento da norma sobre secagem.

**7.** Compete aos serviços do Ministério responsável pelo comércio realizar inspecções periódicas a todas as instalações agrícolas e comerciais onde são captadas, comercializadas e armazenadas a castanha de cajú, a fim de averiguar o grau do cumprimento escrupuloso das regras e regulamentos de comercialização e exportação.

### Art. 9.º (Comissão Nacional do Cajú)

**1.** Sem prejuízo das competências do INPA, à Comissão Nacional do Cajú sob a tutela do membro do Governo responsável pelo sector do comércio, compete o seguinte:
   *a)* Elaborar e velar pela implementação das medidas relativas a comercialização e transformação da castanha de cajú;
   *b)* Promover a concertação dos interesses dos produtores, intermediários, exportadores e industriais de castanha de cajú;
   *c)* Emitir parecer sobre a interpretação e aplicação do presente Decreto Lei;
   *d)* Exercer outras competências que lhe forem superiormente determinadas.

**2.** A Comissão Nacional do Cajú elaborará o seu Estatuto próprio, que será submetido a aprovação do membro do Governo com competência no sector do comércio.

**3.** Por despacho conjunto dos membros do Governo que tenham a seu cargo áreas da economia e finanças e do comércio são nomeados os representantes desses departamentos governamentais e ainda os representantes dos departamentos da indústria e da agricultura na Comissão Nacional do Cajú.

**4.** Integram ainda a Comissão, os representantes das associações de classe directamente interessadas no sector cajueiro, das instituições e personalidades de reconhecida competência técnica na matéria, que são nomeados, por despacho conjunto dos membros do governo que tenham a seu cargo áreas da economia e finanças do comércio.

**6.** Durante o período da campanha, a Comissão em colaboração com o DPIP publicará, mensalmente, os preços indicativos de exportação da Castanha de Cajú no mercado internacional.

### Art. 10.º (Abertura da Campanha)

Ficam os membros do Governo que tenham a seu cargo as áreas de economia e finanças, do comércio e da Agricultura, encarregados de fixar, por despacho conjunto, a data oficial de abertura da campanha de comercialização da castanha de cajú, em cada ano.

### Art. 11.º (Penalidades)

**1.** O exercício de actividade regulada no presente diploma, por pessoa que não esteja autorizada, sujeita o infractor a sofrer a confiscação de toda a castanha do cajú com que for encontrada na sua posse e, a aplicação de uma multa no valor de um milhão de Francos CFA.

**2.** Aquele que reincidir na actividade referida no n.º 1, sujeita-se a confiscação de toda a castanha do cajú com que for encontrado e, a aplicação de uma multa no valor de cinco milhões de Francos CFA.

**3.** Quem não cumprir com as normas sobre colheita, secagem ensacamento e acondicionamento da castanha de cajú sujeita-se a aplicação de uma multa entre cem mil e um milhão de Francos CFA, conforme a gravidade da infracção.

**4.** A reincidência na infracção prevista no n.º 3 antecedente sujeita o seu autor a aplicação de uma multa no valor de cinco milhões de Francos CFA e ao cancelamento do respectivo Alvará.

**5.** A não execução do plano de investimento referido no n.º 2 do artigo 4.º, um ano após a sua aprovação é sancionada com o cancelamento do alvará e aplicação de uma multa correspondente a 15% do valor total exportado pelo infractor no ano anterior.

### Art. 12.º (Dúvidas)

As dúvidas que surjam na aplicação e ou interpretação do presente diploma serão resolvidas por despacho conjunto dos Ministros responsáveis pela área da Economia e Finanças e do Comércio, precedido da audição da Comissão Nacional do Cajú, da Associação Nacional dos Agricultores da Guiné-Bissau e da Câmara de Comércio, Indústria e Agricultura.

**Art. 13.º (Revogação)**

Ficam revogadas as disposições que contrariem o presente diploma, designadamente o Decreto n.º 2/2000 de 6 de Abril, excepto o n.º 1 do Artigo 14.º, sobre a instituição da Comissão Nacional da Castanha de Cajú.

**Art. 14.º (Entrada em Vigor)**

O Presente Decreto-Lei entra imediatamente em vigor.

Aprovado em Conselho de Ministros de 12 de Abril de 2001. – O Primeiro Ministro, Dr. *Faustino Fudut Imbali.* – O Ministro da Economia e Finanças, Engº *Rui Duarte Barros.*

Promulgado em 18 de Abril de 2001.

Publique-se.

O Presidente da República, Dr. *Koumba Yalá.*

# APÊNDICES[1]

## APÊNDICE I – TABELA DE LEGISLAÇÃO DE DIREITO FINANCEIRO

| DESCRIÇÃO | NÚMERO | PUBLICAÇÃO |
|---|---|---|
| Constituição da República da Guiné-Bissau | Constituição aprovada a 16 de Maio de 1984 (alterada pela Lei Constitucional n.º 1/91, de 9 de Maio, pela Lei Constitucional n.º 2/91, de 4 de Dezembro, pela Lei Constitucional n.º 1/93, de 21 de Fevereiro, pela Lei Constitucional n.º 1/95, de 1 de Dezembro, e pela Lei Constitucional n.º 1/96, de 16 de Dezembro de 1996) | *Boletim Oficial* n.º 19, de 16 de Maio de 1984; Suplemento ao *Boletim Oficial* n.º 18, de 9 de Maio de 1991; Suplemento ao *Boletim Oficial* n.º 48, de 4 de Dezembro de 1991 e 3.º Suplemento ao *Boletim Oficial* n.º 48, de 6 de Dezembro de 1991[2]; 2.º Suplemento ao *Boletim Oficial* n.º 8, de 21 de Fevereiro de 1993; Suplemento ao *Boletim Oficial* n.º 49, de 4 de Dezembro de 1995; *Boletim Oficial* n.º 50, de 16 de Dezembro de 1996 |
| Regimento da Assembleia Nacional Popular | Lei n.º 7/94, de 5 de Dezembro, da Assembleia Nacional Popular (alterada pela Lei n.º 3/96, de 24 de Abril) | Suplemento ao *Boletim Oficial* n.º 49, de 5 de Dezembro de 1994; Suplemento ao *Boletim Oficial* n.º 18, de 24 de Abril de 1996 |
| Lei de Enquadramento do Orçamento Geral do Estado (*Aprova a Lei de enquadramento do Orçamento do Estado para o ano económico de 1987*)[3] | Lei n.º 3/87, de 9 de Junho, da Assembleia Nacional Popular | 3.º Suplemento ao *Boletim Oficial* n.º 23, de 9 de Junho de 1987 |

---

[1] Indica-se na primeira coluna a denominação convencional do diploma em texto normal, e, bem assim, o sumário do *Boletim Oficial* – na versão do diploma base, mesmo quando haja posteriores alterações – em itálico e entre parêntesis.

[2] Ambos os suplementos, apesar de apresentarem uma data diferente, reproduzem a Lei Constitucional n.º 2/91.

[3] Apesar do sumário do *Boletim Oficial*, o conteúdo da Lei não é, no entanto, limitado a esse ano, tratando-se de uma verdadeira lei de enquadramento orçamental, que ainda hoje vigora.

| | | |
|---|---|---|
| Fundos Autónomos (*Estabelece o regime da actividade financeira dos Fundos Autónomos*) | Decreto n.º 25/93, de 15 de Março, do Governo | *Boletim Oficial* n.º 11, de 15 de Março de 1993 |
| Lei das Autarquias Locais (*Lei base das Autarquias Locais, atribuições das Autarquias Locais e competências dos respectivos órgãos*) | Lei n.º 5/96, de 16 de Setembro, da Assembleia Nacional Popular | *Boletim Oficial* n.º 38, de 16 de Setembro de 1996 |
| Lei das Finanças Locais (*Visa Autonomia Financeira e Patrimonial das Autarquias*) | Lei n.º 7/96, de 9 de Dezembro, da Assembleia Nacional Popular | *Boletim Oficial* n.º 49, de 9 de Dezembro de 1996 |
| Princípios Gerais de Contabilidade Pública (*Reestrutura a Contabilidade Pública*) | Decreto n.º 51/85, de 30 de Dezembro, do Governo | 3.º Suplemento ao *Boletim Oficial* n.º 52, de 30 de Dezembro de 1985 |
| Plano Oficial de Contabilidade (*Aprova o Plano Oficial de Contabilidade*) | Decreto n.º 18/94, de 16 de Maio, do Governo | *Boletim Oficial* n.º 20, de 16 de Maio de 1994 |
| Lei Orgânica do Tribunal de Contas (*Cria o Tribunal de Contas e aprova a respectiva Lei Orgânica, bem como as normas regulamentares relativas a Fiscalização Prévia, Prestação de Contas, Processo, Emolumentos e Direcção de Serviços, que fazem parte integrante do presente diploma*) | Decreto-Lei n.º 7/92, de 27 de Novembro, do Governo | Suplemento ao *Boletim Oficial* n.º 47, de 27 de Novembro de 1992 |

## APÊNDICE II – TABELA DE LEGISLAÇÃO DE DIREITO DA ECONOMIA

| DESCRIÇÃO | NÚMERO | PUBLICAÇÃO |
|---|---|---|
| Bases Gerais das Empresas de Capitais Públicos (*Aprova as Bases--Gerais das Empresas de Capitais Públicos, cujo texto é parte integrante do presente Decreto*) | Decreto n.º 55/93, de 25 de Outubro, do Governo | *Boletim Oficial* n.º 43, de 25 de Outubro de 1993 |
| Lei Quadro das Privatizações (*Aprova Lei Quadro das Privatizações*) | Decreto n.º 5/92, de 10 de Agosto, do Governo | *Boletim Oficial* n.º 32, de 10 de Agosto de 1992 |
| Código do Investimento (*Aprova o Código do Investimento, anexo ao presente Decreto-Lei, e que dele faz parte integrante*) | Decreto-Lei n.º 4/91, de 14 de Outubro, do Governo | *Boletim Oficial* n.º 41, de 14 de Outubro de 1991 |
| Zonas Francas (*Autoriza a criar zonas francas em qualquer parte do Território Nacional*) | Decreto-Lei n.º 3/91, de 14 de Outubro | *Boletim Oficial* n.º 41, de 14 de Outubro de 1991 |
| Lei das Instituições Financeiras (*Aprova a Lei das Instituições Financeiras da Guiné-Bissau, a qual faz parte integrante deste Decreto*) | Decreto n.º 31/89, de 27 de Dezembro, do Governo, alterado pelo Decreto n.º 14/94, de 25 de Abril | 2.º Suplemento ao *Boletim Oficial* n.º 52, de 27 de Dezembro de 1989; *Boletim Oficial* n.º 17, de 25 de Abril de 1994 |
| Lei Orgânica do Banco Central da Guiné-Bissau (*Aprova a Lei Orgânica do Banco Central da Guiné-Bissau, a qual faz parte integrante deste Decreto*) | Decreto n.º 32/89, de 27 de Dezembro, do Governo | 2.º Suplemento ao *Boletim Oficial* n.º 52, de 27 de Dezembro de 1989 |

| Convenção Miga (*Ratifica a CONVENTION PORTANT CREATION DE LAGENCE MULTILATERAL DE GARANTIE DES INVESTISSEMENTS, cujo texto em francês e respectiva tradução em português vão anexos à presente Resolução*) | Resolução 4/87, de 5 de Junho | Suplemento ao *Boletim Oficial* n.º 23, de 5 de Junho de 1987 |
|---|---|---|
| Terra (*Lei da Terra*) | Lei n.º 5/98, de 23 de Abril, da Assembleia Nacional Popular | Suplemento ao *Boletim Oficial* n.º 17, de 28 de Abril de 1998 |
| Pescas (*Sobre Recursos Pesqueiros e Direito de Pesca nas Águas Marítimas da Guiné-Bissau*) | Decreto-Lei n.º 6-A/2000, de 22 de Agosto, do Governo | *Boletim Oficial* n.º 34, de 22 de Agosto de 2000 |
| Minas (*Visa disciplinar o uso e aproveitamento dos Recursos Minerais, exceptuando o Petróleo que é regulado por Diploma específico e cria mecanismos para a sua Implementação*) | Lei n.º 1/2000, de 24 de Julho, do Governo | *Boletim Oficial* n.º 30, de 24 de Julho de 2000 |
| Castanha de Cajú (*Aprova o diploma que aplica as pessoas singulares e colectivas que exerçam actividade de produção, comercialização, transformação e exportação de castanha de cajú*) | Decreto-Lei n.º 1/2001, de 24 de Abril, do Governo | Suplemento ao *Boletim Oficial* n.º 17, de 24 de Abril de 2001 |

# ÍNDICE

Nota de Apresentação .................................................................... 7
Plano da Obra ................................................................................ 11

## 1.ª PARTE
## DIREITO FINANCEIRO

### CAPÍTULO I
### Finanças Estaduais

1. Constituição da República da Guiné-Bissau ............................. 17
2. Regimento da Assembleia Nacional Popular ........................... 31
3. Lei de Enquadramento do Orçamento Geral do Estado .......... 39
4. Fundos Autónomos .................................................................... 47

### CAPÍTULO II
### Finanças Locais

5. Lei das Autarquias Locais ......................................................... 55
6. Lei das Finanças Locais ............................................................. 69

### CAPÍTULO III
### Contabilidade Pública

7. Princípios Gerais de Contabilidade Pública ............................. 81
8. Plano Oficial de Contabilidade ................................................. 95

### CAPÍTULO IV
### Fiscalização Financeira

9. Lei Orgânica do Tribunal de Contas ........................................ 155

## 2.ª PARTE
## DIREITO DA ECONOMIA

### CAPÍTULO I
### Diplomas Estruturantes

10. Bases Gerais das Empresas de Capitais Públicos .................. 183

11. Lei Quadro das Privatizações ............................................................. 201
12. Código do Investimento .................................................................... 211
13. Zonas Francas .................................................................................. 223
14. Lei das Instituições Financeiras ........................................................ 227
15. Lei Orgânica do Banco Central da Guiné-Bissau ............................... 251
16. Convenção Miga ............................................................................... 269

## CAPÍTULO II
### Sectores Económicos

17. Terra ................................................................................................. 309
18. Pescas .............................................................................................. 329
19. Minas ................................................................................................ 351
20. Castanha de Cajú ............................................................................. 397

**Apêndices** ............................................................................................. 405